Die Bewertung des menschlichen Lebens im Haftungsrecht

ÖKONOMISCHE ANALYSE DES RECHTS

SCHRIFTENREIHE

LAW AND ECONOMICS

Herausgegeben von Michael Adams

Band 8

PETER LANG
Frankfurt am Main · Berlin · Bern · Bruxelles · New York · Oxford · Wien

Carsten Merten

Die Bewertung des menschlichen Lebens im Haftungsrecht

PETER LANG
Internationaler Verlag der Wissenschaften

Bibliografische Information der Deutschen Nationalbibliothek
Die Deutsche Nationalbibliothek verzeichnet diese Publikation in der Deutschen Nationalbibliografie; detaillierte bibliografische Daten sind im Internet über <http://www.d-nb.de> abrufbar.

Zugl.: Hamburg, Univ., Diss., 2007

D 18
ISSN 1619-053X
ISBN 978-3-631-57334-1

www.peterlang.de

Vorwort

Eschede, Kaprun, Bad Reichenhall - nach großen Schadensereignissen mit einer Vielzahl an Todesopfern vernimmt man in aller Regelmäßigkeit die Frage, wie „so etwas passieren konnte". Gleiches gilt für andere alltägliche Unglücksfälle, zum Beispiel einen Autounfall, bei denen ein Mensch sein Leben verliert. Oftmals stellt sich im Nachhinein heraus, dass die Verantwortlichen die notwendigen Sorgfaltsanforderungen nicht oder nur unzureichend beachtet und den Tod eines oder gar einer Vielzahl von Menschen zu vertreten haben. Gleichwohl führt die Tötung eines Menschen nach dem geltenden deutschen Haftungsrecht nicht zu einer Verpflichtung zur Zahlung eines Schadensersatzes.

Diese Rechtslage lässt unberücksichtigt, dass wir alle unserem Leben einen Wert beimessen und daher im Falle der Tötung einen Verlust erleiden. Dem steht jedoch keine Zahlungsverpflichtung des Schädigers gegenüber. Damit wird die Bewertung des Lebens im deutschen Zivilrecht praktisch mit Null angesetzt. Aber auch der Wert, den das familiäre Umfeld dem Leben des Getöteten beimisst, wird vom deutschen Recht nur sehr eingeschränkt berücksichtigt. Die Ausgestaltung der Ersatzpflicht des Unterhaltsschadens macht deutlich, dass der Gesetzgeber den Hinterbliebenen keine irgendwie als „Bereicherungsmöglichkeit" bewertete Zahlung zukommen lassen will. Auch der seelische Schmerz über den Verlust eines Familienangehörigen, sofern er keine eindeutigen krankhaften Ausmaße annimmt, wird nicht als ersatzfähiger immaterieller Schaden anerkannt.

Vor diesem Hintergrund geht die vorliegende Arbeit der Frage nach, warum das deutsche Haftungsrecht sich der Vermeidung von tödlichen Unfällen nicht verpflichtet sieht und ob diese „Anreizlücke" gerechtfertigt ist. Dazu bedient sie sich der ökonomischen Theorie des Haftungsrechts. Auf ihrer Grundlage wird gezeigt, dass das Haftungsrecht keine optimale Anreizstruktur zur Verhütung tödlicher Unfälle darstellt, und ein konkreter Lösungsvorschlag erarbeitet. Eine drohende Schadensersatzzahlung für den Verlust des Lebens beeinflusst das Verhalten potentieller Haftpflichtiger und hält sie dazu an, diesen Schaden zu vermeiden. Dazu ist es notwendig, dem menschlichen Leben einen Wert zuzumessen. Es bleibt zu hoffen, dass die Ergebnisse der vorliegenden Arbeit in zukünftige rechtspolitische Überlegungen Eingang finden werden, um dem menschlichen Leben den bestmöglichen Schutz der Rechtsordnung zur Seite zu stellen. Andernfalls bliebe das Schadensaufkommen in Gestalt der Anzahl der Getöteten zu hoch und der Schadensvermeidungsaufwand zu niedrig.

Herrn Professor Dr. Michael Adams, meinem Doktorvater, bin ich zu großem Dank verpflichtet. Er regte die Bearbeitung des Themas an und ermöglichte mir die Freiheit für die Anfertigung der vorliegenden Arbeit. Zudem war er mir ein großartiger wissenschaftlicher Lehrer, der stets als Ansprechpartner zur Verfügung stand. Herrn Professor Dr. Thomas Eger und Herrn Professor Dr. Dr. h.c. Marian Paschke danke ich für die zügige Anfertigung des Zweitgutachtens bzw. die Unterstützung bei der Abwicklung des Promotionsverfahrens. Ebenfalls danken möchte ich meinen ehemaligen Kollegen am Lehrstuhl von Herrn Professor Dr. Adams, Herrn PD Dr. Henning Curti sowie Herrn Dr. Christian Eilinghoff. Für all meine ökonomischen Fragestellungen hatten sie stets ein offenes Ohr und waren immer bereit, in die wissenschaftliche Diskussion einzusteigen. Für die mir gewährten Freiheiten bei der abschließenden Fertigstellung des Manuskriptes bedanke ich mich schließlich auch bei Herrn Professor Dr. Helmut Siekmann.

Nicht vergessen möchte ich an dieser Stelle meine lieben Eltern, die mich stets gefördert und unterstützt haben. Dafür sowie für ihre Großzügigkeit danke ich Ihnen und auch meiner lieben Omi herzlich. Mein abschließender Dank geht an meine zukünftige Ehefrau Simone. Sie hat meine häufige Abwesenheit vor der Einreichung der Dissertation geduldig ertragen und mich stets unterstützt, motiviert und mir in entscheidenden Phasen der Arbeit den Rücken freigehalten. Ihr ist diese Arbeit gewidmet.

Hamburg, im Mai 2007 *Carsten Merten*

Inhaltsverzeichnis

Kapitel 1: Einführung

A. Themenstellung

Das Leben ist geschütztes Rechtsgut in § 823 I BGB. Legt man dessen Wortlaut zu Grunde, so stellt sich die Rechtslage im Fall der Tötung eines Menschen folgendermaßen dar: „Wer vorsätzlich oder fahrlässig das Leben (...) eines anderen widerrechtlich verletzt, ist dem anderen zum Ersatz des daraus entstehenden Schadens verpflichtet." Der unvoreingenommene Leser mag unter Heranziehung dieses Rechtssatzes zu dem Ergebnis kommen, dass der „Verletzer" des Lebens, sofern seine Handlung vorsätzlich oder fahrlässig war und die Verletzung widerrechtlich im Sinne des Gesetzes erfolgte, zum Ersatz des daraus entstandenen Schadens verpflichtet ist. Auch wenn es dem Rechtsanwender Schwierigkeiten bereiten sollte, den Schaden im Fall der Verletzung des Lebens, also der Tötung zu bestimmen, d.h. aus welchen Schadensposten sich dieser Schaden zusammensetzt und wie dieser Schaden konkret zu berechnen ist, so ist bei wörtlicher Auslegung der Norm als Konsequenz des schädigenden Verhaltens die Verpflichtung zur Gewährung eines Schadensersatzes auszumachen.

Zieht man zur Überprüfung dieses vorläufigen Ergebnisses einen Kommentar zum Bürgerlichen Gesetzbuch zu Hilfe, so stellt sich heraus, dass die Verletzung des Lebens zwar Tötung eines Menschen bedeutet[1], der Getötete jedoch keinerlei Ansprüche mehr hat[2]. Da im Gesetz dritte Personen nicht benannt werden, die als Anspruchsinhaber an Stelle des Getöteten treten, bedeutet dies im Umkehrschluss, dass der „Verletzer" wegen der Vernichtung des Lebens als solchem keinerlei Schadensersatzansprüchen ausgesetzt ist. Dem Opfer selbst oder dem aufgrund des Erbfalls entstehenden Nachlass' bzw. dem Erben oder der Erbengemeinschaft stehen keinerlei Schadensersatzansprüche aus der Tatsache der Vernichtung eines Menschenlebens zu. Der Verlust des Lebens wird damit nicht als ein ersatzfähiger immaterieller Schaden anerkannt.

Insgesamt verlieren die Kommentare zum Bürgerlichen Gesetzbuch über diesen Zustand nicht viele Worte. Längere Ausführungen argumentieren damit, dass der Getötete wegen der Tötung selbst keinen Anspruch gegen den Täter habe, da ein Toter keinen Anspruch haben könne, da ihm die Rechtsfähigkeit fehle bzw. mit dem Tod ende.[3] Auch die Erben haben in diesem Fall keinen Anspruch, da

---

[1] *Sprau*, in: Palandt, Bürgerliches Gesetzbuch, 65. Auflage, München, 2006, § 823 Rn. 3.

[2] Vgl. *Mertens*, in: Münchener Kommentar zum Bürgerlichen Gesetzbuch, Band 5, 3. Auflage, München, 1997, Vor §§ 823-853 Rn. 72; *Staudinger*, in: Bürgerliches Gesetzbuch, Handkommentar, 2. Auflage, Baden-Baden, 2002, § 823 Rn. 4.

[3] *Zeuner* (in: Soergel, Bürgerliches Gesetzbuch, Band 5/2 (Stand: Frühjahr 1998), 12. Auflage, Stuttgart, 1999, § 823 Rn. 15) folgert daraus, dass „Ansprüche wegen eines durch den Tod verursachten Schadens nicht mehr für den Verletzten selbst entstehen, sondern nur für Dritte (vgl. insbesondere §§ 844, 845 BGB)."

ein solcher bereits in der Person des Getöteten entstanden sein müsste.[4] Zum Teil wird noch auf die Möglichkeit einer Haftung aus § 823 II BGB in Verbindung mit den strafrechtlichen Vorschriften der §§ 211 ff. des StGB hingewiesen. Ein sich hieraus eröffnender Anwendungsbereich wird - vor dem Hintergrund der geltenden Rechtslage konsequenterweise - jedoch nicht genannt.[5] Diese Einordnung wird in der Rechtsprechung bestätigt. In einer Entscheidung zur Höhe eines vor dem Tod des Opfers entstandenen Schmerzensgeldanspruchs führt der VI. Senat des Bundesgerichtshofs aus, dass der Gesetzgeber „die Zerstörung des Lebens als solche nicht mit einer zivilrechtlichen Sühne belegt" habe.[6] Nach Ansicht des OLG Düsseldorf gehe der Gesetzgeber davon aus, „dass derjenige, der durch eine rechtswidrige Handlung getötet wird, kein Schmerzensgeld wegen seines Todes beanspruchen kann."[7]

Angesichts der herausgehobenen Stellung des Rechtsguts Leben, insbesondere auch im Hinblick auf das Grundrecht „auf Leben und körperliche Unversehrtheit" in Art. 2 II 1 GG, überrascht, dass eine Diskussion oder Infragestellung dieses Ergebnisses sowohl in der Kommentarliteratur[8] als auch im übrigen Schrifttum nur vereinzelt stattfindet[9]. Demgegenüber befürworten *Adams* und *Brüggemeier*, dass die Tötung als solche auch einen zivilrechtlichen Schadensersatzanspruch auslösen sollte. Als Argument wird dabei insbesondere der Präventionsgedanke ins Feld geführt.[10]

---

4 *Greiff*, in: Planck, Kommentar zum Bürgerlichen Gesetzbuch, II. Band, 2. Hälfte, 4. Auflage, Berlin, 1928, § 844 Anm. 2 (S. 1829 f.).

5 Vgl. *Sprau*, in: Palandt, Bürgerliches Gesetzbuch, 65. Auflage, München, 2006, § 823 Rn. 3.

6 BGH, NJW, 1976, S. 1147 (S. 1149).

7 OLG Düsseldorf, recht und schaden (r + s), 1996, S. 228 (S. 229).

8 Vgl. beispielsweise *Wagner*, in: Münchener Kommentar zum Bürgerlichen Gesetzbuch, Band 5, 4. Auflage, München, 2004, § 823 Rn. 66 mit Verweis auf § 844 Rn. 5.

9 So erschöpft sich ein großes Lehrbuch zum Schuldrecht in der lapidaren Feststellung, dass die Verletzung des Lebens leicht als Tötung zu definieren sei und sich Ansprüche nach Maßgabe der §§ 844-846 BGB ergeben, vgl. *Larenz/Canaris*, Lehrbuch des Schuldrechts, II. Band: Besonderer Teil, 2. Halbband, 13. Auflage, München, 1994, S. 377. Kritisch zur dargestellten Rechtslage beispielsweise *Kötz/Wagner*, Deliktsrecht, 10. Auflage, München, 2006, Rn. 737 ff.; *Schäfer/Ott*, Lehrbuch der Ökonomischen Analyse des Zivilrechts, 4. Auflage, Berlin, 2005, S. 365 ff.; *Stahmer*, Entschädigung von Nichtvermögensschäden bei Tötung, Hamburg, 2004, S. 304 ff.

10 *Adams*, Ökonomische Analyse der Gefährdungs- und Verschuldenshaftung, Heidelberg, 1985, S. 174 ff.; *ders.*, Warum kein Ersatz von Nichtvermögensschäden?, in: *Ott/Schäfer (Hrsg.)*, Allokationseffizienz in der Rechtsordnung, Berlin, 1989, S. 210 (S. 217); *Brüggemeier*, Haftungsfolgen, Entwicklungstendenzen im europäischen und deutschen Schadensersatzrecht, in: *Ott/Schäfer (Hrsg.)*, Die Präventivwirkung zivil- und strafrechtlicher Sanktionen, Tübingen, 1999, S. 171 (S. 188 ff.); *ders.*, Prinzipien des Haftungsrechts, Ei-

Überwiegend konzentriert sich die Diskussion auf das sogenannte Angehörigenschmerzensgeld. Hierunter wird die Gewährung eines originären Schmerzensgeldes für die Hinterbliebenen im Fall der Tötung eines nahen Angehörigen verstanden. Für die Hinterbliebenen soll es zum einen eine „billige Entschädigung“ für die immateriellen Einbußen darstellen, die sich aus dem Verlust eines nahe stehenden Menschen ergeben. Zum anderen wird es auch als angemessene Sanktion der rechtswidrigen Tötungshandlung selbst angesehen.[11] Die zivilrechtliche Abteilung des 66. Deutschen Juristentages hat im September 2006 gegen die Einführung eines Angehörigenschmerzensgeldes gestimmt.[12] Im vorbereitenden Gutachten hatte *Wagner* einen solchen Schritt zwar empfohlen, gleichwohl aber

---

ne systematische Darstellung auf rechtsvergleichender Grundlage, Baden-Baden, 1999, S. 194 f.

11 Zur Diskussion vgl. *Brüggemeier*, Prinzipien des Haftungsrechts, Eine systematische Darstellung auf rechtsvergleichender Grundlage, Baden-Baden, 1999, S. 171 (mit weiteren Nachweisen in Fn. 881), S. 193 ff.; *Frank*, Schadensersatzansprüche bei Tötung des Versorgers (§ 844 Abs. 2 BGB), in: *Hohloch/Frank/Schlechtriem (Hrsg.)*, Festschrift für Hans Stoll, Tübingen, 2001, S. 143 (S. 155 ff.); *Huber*, Schmerzensgeld ohne Schmerzen bei nur kurzzeitigem Überleben der Verletzung im Koma - eine sachlich gerechtfertigte Transferierung von Vermögenswerten an die Erben?, NZV, 1998, S. 345 (S. 351 ff.); *Jaeger*, Höhe des Schmerzensgeldes bei tödlichen Verletzungen im Lichte der neuen Rechtsprechung des BGH, VersR, 1996, S. 1177 ff.; *Kadner*, Schmerzensgeld für Angehörige - Angemessener Ausgleich immaterieller Schäden oder exzessiver Ersatz mittelbarer Schäden?, ZEuP, 1996, S. 135 ff.; *Krüger-Nieland*, Referat zur Verpflichtung zum Geldersatz für immaterielle Schäden, in: *Ständige Deputation des Deutschen Juristentages (Hrsg.)*, Verhandlungen des fünfundvierzigsten Deutschen Juristentages, Band II, Berlin, 1965, C 31 ff.; *Odersky*, Schmerzensgeld bei Tötung naher Angehöriger, München, 1989; *Stein*, in: Münchener Kommentar zum Bürgerlichen Gesetzbuch, Band 5, 3. Auflage, München, 1997, § 847 Rn. 16 mit weiteren Nachweisen zum Diskussionsstand und die Einführung eines entsprechenden Anspruchs befürwortenden Stimmen in Fn. 81 f.; *Stoll*, Empfiehlt sich eine Neuregelung der Verpflichtung zum Geldersatz für immateriellen Schaden?, in: *Ständige Deputation des Deutschen Juristentages (Hrsg.)*, Gutachten für den 45. Deutschen Juristentag, Band I, Teil 1, München, 1964, S. 145 ff.; ausführlich dazu *Stahmer*, Entschädigung von Nichtvermögensschäden bei Tötung, Hamburg, 2004.

12 Im Fall der Tötung naher Angehöriger fiel das Abstimmungsergebnis verhältnismäßig knapp aus (41 Zustimmungen : 45 Ablehnungen : 4 Enthaltungen), für den Fall der Tötung und schweren Verletzung naher Angehöriger war es deutlicher (27 Zustimmungen : 57 Ablehnungen : 9 Enthaltungen), vgl. Beschlüsse des 66. Deutschen Juristentages, Stuttgart, 19. bis 22. September 2006, A. Abteilung Zivilrecht, Thema: Neue Perspektiven im Schadensersatzrecht - Kommerzialisierung, Strafschadensersatz, Kollektivschaden (www.djt.de, 25.10.2006). Auch der 33. deutsche Verkehrsgerichtstag im Jahre 1995 sah in dieser Frage weiteren Diskussionsbedarf, vgl. *Händel*, 33. Deutschen Verkehrsgerichtstag, NJW, 1995, S. 1602 f.

als nicht vordringlich eingestuft.[13] Einen Schadensersatz für den Verlust des menschlichen Lebens lehnt er hingegen ab. Maßgebliches Argument ist die Befürchtung eines dadurch entstehenden „moralischen Risikos“. Die Erben könnten dazu verleitet werden, Unglücksfälle herbeizuführen, um in den Genuss der Entschädigung zu kommen.[14] Dementsprechend war diese Fragestellung auch nicht Gegenstand der Abstimmungen des Juristentages 2006.

Es dürfte dem allgemeinen Kenntnisstand innerhalb der deutschen Gesellschaft entsprechen, dass die Vernichtung eines Menschenlebens nach der derzeitigen Rechtslage keinen zivilrechtlichen Schadensersatzanspruch auslöst. Die Tötung eines Menschen ruft in weiten Kreisen der Bevölkerung wahrscheinlich in erster Linie Assoziationen mit dem Strafrecht hervor. Das menschliche Leben ist geschütztes Rechtsgut insbesondere in den §§ 211 (Mord), 212 (Totschlag), 213 (Minder schwerer Fall des Totschlags) und 222 (Fahrlässige Tötung) des Strafgesetzbuches.[15] Sofern die Verletzung des Rechtsguts Leben den objektiven Tatbestand einer dieser Straftaten gegen das Leben erfüllt und der Täter vorsätzlich bzw. fahrlässig und zudem rechtswidrig und schuldhaft gehandelt hat, unterliegt er diesem öffentlich-rechtlichen Sanktionssystem.[16] Mögliche Rechtsfolgen sind u.a. die Verhängung einer Freiheitsstrafe oder einer Geldstrafe, wobei letztere auch neben einer Freiheitsstrafe verhängt werden kann.[17] Erfolgt die Straftat im Zusammenhang mit dem Führen eines Kraftfahrzeugs oder unter Verletzung der Pflichten eines Kraftfahrzeugführers, wobei in erster Linie an eine fahrlässige Tötung im Rahmen der Teilnahme am Straßenverkehr zu denken ist, so kann

---

[13] *Wagner*, Neue Perspektiven im Schadensersatzrecht – Kommerzialisierung, Strafschadensersatz, Kollektivschaden, Gutachten A für den 66. Deutschen Juristentag, in: *Ständige Deputation des Deutschen Juristentages (Hrsg.)*, Verhandlungen des sechsundsechzigsten Deutschen Juristentages, Stuttgart 2006, Band I, Gutachten, Teil A, München, 2006, A 62 ff.

[14] *Wagner*, Neue Perspektiven im Schadensersatzrecht – Kommerzialisierung, Strafschadensersatz, Kollektivschaden, Gutachten A für den 66. Deutschen Juristentag, in: *Ständige Deputation des Deutschen Juristentages (Hrsg.)*, Verhandlungen des sechsundsechzigsten Deutschen Juristentages, Stuttgart 2006, Band I, Gutachten, Teil A, München, 2006, A 61 f.; zustimmend *Medicus*, Zum 66. Deutschen Juristentag, Neue Perspektiven im Schadensersatzrecht - Kommerzialisierung, Strafschadensersatz, Kollektivschaden, JZ, 2006, S. 805 (S. 808).

[15] Zu den Einzelheiten hinsichtlich des geschützten Rechtsguts vgl. *Eser*, in: Schönke/Schröder, Strafgesetzbuch, Kommentar, 27. Auflage, München, 2006, Vorbem §§ 211 ff. Rn 12 ff.; *Fischer*, in: Tröndle/Fischer, Strafgesetzbuch und Nebengesetze, 53. Auflage, München, 2006, Vor § 211 Rn. 1 ff.; *Kühl*, in: Lackner/Kühl, Strafgesetzbuch Kommentar, 25. Auflage, München, 2004, Vor § 211 Rn. 1 ff.

[16] Allgemein zum Lebensschutz aus der Sicht des Strafrechts *Laber*, Der Schutz des Lebens im Strafrecht, Frankfurt/Main, 1997.

[17] Zu den Einzelheiten vgl. §§ 38 ff. StGB.

als Nebenstrafe ein Fahrverbot oder als Maßregel der Besserung und Sicherung die Entziehung der Fahrerlaubnis angeordnet werden.[18]

Das Beispiel einer möglichen strafbaren Handlung im Straßenverkehr führt den Blick jedoch zur Ausgestaltung der zivilrechtlichen Haftung zurück. Fahrzeughalter und Fahrzeugführer unterliegen neben der verschuldensabhängigen Deliktshaftung im Rahmen des § 823 I BGB auch der in den §§ 7 I sowie 18 I StVG geregelten Gefährdungshaftung. Diese ist unabhängig von einem Verschulden. Neben dem Straßenverkehrsgesetz (StVG) schützen auch die übrigen Gesetze der Gefährdungshaftung das Rechtsgut Leben.[19] Doch selbst bei Vorliegen aller sonstigen Tatbestandsmerkmale führt die Vernichtung eines Menschenlebens als immaterieller Schaden auch im Anwendungsbereich der Gefährdungshaftung letztlich nicht zu einer Schadensersatzverpflichtung.

Das Nebeneinander von straf- und zivilrechtlicher Sanktion lässt sich damit wie folgt skizzieren: Abhängig vom Grad der subjektiven Vorwerfbarkeit als vorsätzlich oder fahrlässig steht eine strafrechtliche Sanktion immer dann im Raume, wenn der Tod eines Menschen als tatbestandsmäßiger Erfolg eintritt und alle weiteren Voraussetzungen einer Strafbarkeit vorliegen. Trotz des Vorliegens eines Verschuldens vermag dies gleichwohl keine (verschuldensabhängige) Haftung nach § 823 I oder II BGB auszulösen. Hat der Täter unter den gleichen Voraussetzungen weder vorsätzlich noch fahrlässig gehandelt, so bleibt die Tötung eines Menschen auch ohne strafrechtliche Sanktion. Zwar wäre in dieser Konstellation das fehlende Verschulden allein kein Hindernis für das Eingreifen eines verschuldensunabhängigen Gefährdungshaftungstatbestands, doch löst die Tötung eines Menschen auch hier keine zivilrechtliche Verpflichtung aus.

Diese Ausgangslage bietet Anlass zu fragen, ob die fehlende zivilrechtliche Sanktionierung der Vernichtung eines Menschenlebens gerechtfertigt ist. Weiterhin muss geklärt werden, ob lediglich im Anwendungsbereich der Gefähr-

---

18 Vgl. hierzu §§ 44, 69 ff. StGB. Des weiteren kommen unter den jeweiligen besonderen Voraussetzungen als mögliche Rechtsfolgen einer Straftat in Betracht die Nebenfolgen Verlust der Amtsfähigkeit, der Wählbarkeit und des Stimmrechts (§§ 45 ff. StGB), eine Strafaussetzung zur Bewährung (§§ 56 ff. StGB), eine Verwarnung mit Strafvorbehalt (§§ 59 ff. StGB), das Absehen von Strafe (§ 60 StGB), Verfall und Einziehung (§§ 73 ff. StGB) sowie die Maßregeln der Besserung und Sicherung, welche neben der bereits erwähnten Entziehung der Fahrerlaubnis, freiheitsentziehende Maßnahmen wie z.B. die Unterbringung in einer Entziehungsanstalt oder in Sicherungsverwahrung (vgl. §§ 63 ff. StGB), die Anordnung von Führungsaufsicht (§§ 68 ff. StGB) und eines Berufsverbots (§§ 70 ff. StGB) umfassen.

19 Geschütztes Rechtsgut ist das Leben - neben Körper, Gesundheit und Sacheigentum - beispielsweise in § 7 I StVG, § 1 I ProdHaftG, §§ 1 I, 2 I HaftpflG, § 1 UmweltHaftG, § 32 I GenTG, §§ 33 ff. LuftverkG und §§ 25 ff. AtomG (i.V.m. den Bestimmungen des Pariser Übereinkommens und des Gemeinsamen Protokolls); § 84 I ArznMG schützt Leben, Körper und Gesundheit, nicht aber Sacheigentum.

dungshaftung eine das Strafrecht ergänzende zivilrechtliche Haftung sinnvoll wäre oder ob generell eine verschuldensabhängige Deliktshaftung neben einer strafrechtlichen Strafandrohung vorzugswürdig ist.

Die dargestellte Regelungslücke des Zivilrechts hat insbesondere bei Unfällen mit einer Vielzahl an Todesopfern zu Bestrebungen geführt, Haftpflichtprozesse in den Vereinigten Staaten von Amerika anzustrengen, weil sich die Kläger, Hinterbliebene etwaiger Todesopfer wie auch Überlebende der Katastrophen, dort Schadensersatz, Schmerzensgeld und einen adäquaten Ersatz der Schäden erhoffen. Als Beispiele aus dem deutschen Raum sind hier das ICE-Unglück von Eschede[20] und der Flugunfall bei Überlingen am Bodensee[21] zu nennen. Auch Geschädigte der bereits Jahre zurückliegenden Flugkatastrophe von Ramstein haben eine Klage in den Vereinigten Staaten erwogen[22]. Auch bei Unfällen im

---

20 Vgl. *Wenglorz/Ryan*, „Die Katze in der Mikrowelle?", Anmerkungen zum US-amerikanischen System der punitive damages, RIW, 2003, S. 598 (S. 600); ausführlich dazu *Willingmann*, Eschede, Concorde, Kaprun und die Folgen - Gründe und Konsequenzen der Bewältigungskultur aktueller Großschadens-Ereignisse, in: *Deutsche Gesellschaft für Reiserecht (Hrsg.)*, DGfR Jahrbuch 2001, Baden-Baden, 2002, S. 29 ff. Im Jahr 2004 hat ein New Yorker Bundesgericht eine entsprechende Klage gegen die Deutsche Bahn AG abgewiesen, da weder eine geschäftliche Tätigkeit in den USA festgestellt werden könne, noch ein Verzicht auf die Immunität vor einer gerichtlichen Inanspruchnahme vorläge, die einem Unternehmen zusteht, das sich im Eigentum eines ausländischen Staates befindet; vgl. *Winkler/Graf von der Recke*, US-amerikanischer Gerichtsstand für Klagen gegen ausländische Unternehmen - Aktuelle Entwicklungen in der amerikanischen Rechtsprechung, NZG, 2005, S. 241 (S. 242).

21 Mit Urteil vom 27.7.2006 hat das LG Konstanz dem Grunde nach entschieden, die Bundesrepublik Deutschland hafte allein für die Fehler der Schweizer Flugsicherung Skyguide, die auch Teile des süddeutschen Luftraums überwacht. Die Übertragung der Luftraumüberwachung sei rechtswidrig. Klägerin ist die russische Fluglinie Bashkirian Airlines, deren Passagiermaschine am 1.6.2002 bei Überlingen mit einem Frachtflugzeug kollidierte. Dabei starben 71 Menschen. Die Klägerin macht Ersatzansprüche geltend für das zerstörte Flugzeug und begehrt die Freistellung von Entschädigungsansprüchen der Hinterbliebenen. Eine Bezifferung der Anspruchshöhe solle erst nach einer rechtskräftigen Rechtsgrundentscheidung erfolgen; vgl. Focus Online vom 27.7.2006, Absturz von Überlingen, Deutschland haftet allein für Flugzeugkatastrophe (http://focus.msn.de/panorama/welt/absturz-von-ueberlingen_nid_32623.html, 27.7.2006).

22 Entsprechend äußerte sich der Anwalt von fünf Geschädigten, der frühere Bundesinnenminister *Gerhart Baum*, nachdem das LG Koblenz deren Klage auf Schmerzensgeld wegen eines posttraumatischen Belastungssyndroms als verjährt abgewiesen hatte. Bei dem Unglück am 28.8.1988 waren auf der US-amerikanischen Airbase Ramstein drei italienische Kunstflugmaschinen zusammengestoßen und in die Zuschauermenge gestürzt. Dabei starben 70 Menschen, 450 wurden verletzt, viele von ihnen schwer. Für körperliche Schäden erhielten die Opfer insgesamt bereits rund 15 Millionen Euro Entschädigung; vgl. Spiegel Online vom 4.9.2003, Urteil: Klage der Ramstein-Opfer abgewiesen (www.spiegel.de/panorama/0,1518,264267,00.html) und 28.8.2003, Ramstein-Entschä-

europäischen Ausland besteht diese Tendenz, so z.B. nach dem Brand der Gletscherbahn im österreichischen Kaprun[23] sowie dem Absturz einer Concorde bei Paris[24]. Unabhängig von der Frage, ob die US-amerikanischen Gerichte ihre internationale Zuständigkeit in diesen Fällen überhaupt bejahen[25], werden in Deutschland von einer weit verbreiteten öffentlichen Meinung mit dem amerikanischen Schadensersatzrecht in erster Linie für das deutsche Rechtssystem unvorstellbar hohe Schadensersatzzahlungen in Verbindung gebracht. Neben der grundsätzlichen Infragestellung der Herleitung von Schadensersatzansprüchen aus der Tötung eines Menschen wird dies häufig als ein Argument gegen eine „Amerikanisierung“ des deutschen Haftungsrechts und die Ausweitung der Schadensersatzpflicht herangezogen.[26] Dabei werden aber die näheren Umstände einschlägiger Entscheidungen amerikanischer Gerichte, das Schicksal erstinstanzlicher Entscheidungen im weiteren Instanzenzug sowie die Besonderheiten des amerikanischen Zivilprozessrechts, insbesondere hinsichtlich Geschworenenprozessen, Kostenersatz, Gruppen- oder Verbandsklagen sowie der Möglichkeit der Verhängung eines Strafschadensersatzes nicht hinreichend berücksichtigt.

Vor diesem Hintergrund ist die Ausgestaltung der zivilrechtlichen Haftung in Deutschland bei der Tötung eines Menschen zu analysieren und die Frage ob des Bestehens einer Regelungslücke zu beantworten. Thematisiert wird also insbesondere nicht die Frage, ob die Unterhaltspflicht gegenüber einem ungewollten Kind ein Schaden im Rechtssinne darstellt[27] oder ob ein Ersatzanspruch eines behindert geborenen Kindes gegen den behandelnden Arzt besteht, der diese

---

digung: „Die Regierung ist engherzig“ (www.spiegel.de/panorama/0,1518,263283,00.html).

[23] 2003 verneinte ein Bundesgericht in New York die Zuständigkeit, weil die sogenannte *general jurisdiction* nicht gegeben sei. Diese allgemeine, nicht anspruchsgebundene Zuständigkeit ist eröffnet, sofern ein Unternehmen kontinuierlich und systematisch in den USA tätig ist (*doing continous and systematic business*); vgl. *Winkler/Graf von der Recke*, US-amerikanischer Gerichtsstand für Klagen gegen ausländische Unternehmen - Aktuelle Entwicklungen in der amerikanischen Rechtsprechung, NZG, 2005, S. 241 (S. 245).

[24] Vgl. *Wenglorz/Ryan*, „Die Katze in der Mikrowelle?“, Anmerkungen zum US-amerikanischen System der punitive damages, RIW, 2003, S. 598 (S. 600).

[25] Allgemein zu diesem sogenannten Forum shopping vgl. *Koch*, Klagetourismus für höheren Schadensersatz bei Großschäden? Forum shopping in den USA und seine Grenzen, in: *Koch/Willingmann (Hrsg.)*, Modernes Schadensmanagement bei Großschäden, Baden-Baden, 2002, S. 15 ff.

[26] Vgl. *Hirte*, Spielt das amerikanische Rechtssystem verrückt?, NJW, 2002, S. 345 f.

[27] Vgl. zu dieser Problematik *Heinrichs*, in: Palandt, Bürgerliches Gesetzbuch, 65. Auflage, München, 2006, Vorb v § 249 Rn. 47 ff. mit weiteren Nachweisen, insbesondere auch zur Rechtsprechung des Bundesverfassungsgerichts.

Behinderung nicht erkannt hat[28]. Es geht demnach nicht um das Problem, ob aus der Tatsache, dass ein Mensch lebt, Schadensersatzansprüche erwachsen. Vielmehr wird gerade das Gegenteil untersucht: Welche Schadensersatzansprüche sollte die Tötung eines Menschen auslösen?

B. Begriffliche Einordnung

Gemäß der Themenstellung wird das Rechtsgut des menschlichen Lebens und seine Bewertung im Haftungsrecht untersucht. In der Rechtswissenschaft wird im Rahmen des Haftungsrechts unterschieden zwischen dem haftungsbegründenden und dem haftungsausfüllendem Tatbestand. Gegenstand dieser Untersuchung ist der Schutz des Rechtsguts Leben durch die haftungsbegründenden Tatbestände des Deliktsrechts, insbesondere die §§ 823 I und II, 844 und 845 BGB sowie die Tatbestände der Gefährdungshaftung. Letztere werden nur dann in ihren Einzelheiten dargestellt, wenn dies der Zusammenhang erfordert. Im Übrigen beschränken sich die Ausführungen auf die zur verschuldensabhängigen Deliktshaftung bestehenden Unterschiede. Sofern alle Tatbestandsmerkmale der entsprechenden Anspruchsgrundlage verwirklicht sind, besteht die Haftung dem Grunde nach. Dies sagt aber noch nichts aus über die Art und Weise des zu leistenden Schadensersatzes sowie die Höhe einer eventuellen Geldentschädigung. Die maßgeblichen Normen in diesem Fragenkreis sind die §§ 249 ff. BGB. Sie regeln den Inhalt und den Umfang der Schadensersatzpflicht. Gegenstand der §§ 249 ff. BGB ist die Frage nach der Haftungsausfüllung, nicht der Haftungsbegründung; ihnen kommt somit eine Art „Assistentenrolle“ bzw. „dienende Funktion“ zu.[29] Anwendbar sind die §§ 249 ff. BGB grundsätzlich bei deliktischen als auch bei Ansprüchen aus Gefährdungshaftung. Bei letzteren sind in der Regel darüber hinaus insbesondere summenmäßige Haftungsbeschränkungen[30] zu beachten.

Die Haftungsbegründung betreffende Fragestellungen werden häufig unter dem Oberbegriff des Haftungsrecht diskutiert und die Haftungsausfüllung betreffende Fragen als Schadensrecht bezeichnet.[31] In der vorliegenden Arbeit werden beide Begriffe synonym verwandt und zwar zur Bezeichnung aller letztlich eine Verpflichtung zur Zahlung eines Schadensersatzes auslösenden und dessen Hö-

---

[28] Zu diesem auch unter dem Schlagwort *wrongful life* oder *wrongful birth* behandelten Problemkreis vgl. beispielhaft *Jaeger/Luckey*, Schmerzensgeld, 2. Auflage, Krefeld, 2005, Rn. 327 ff. mit weiteren Nachweisen.

[29] *Oetker*, in: Münchener Kommentar zum Bürgerlichen Gesetzbuch, Band 2 a, 4. Auflage, München, 2003, § 249 Rn. 2.

[30] Vgl. dazu beispielhaft die Regelungen in § 12 StVG, § 10 ProdHaftG, § 9 f. HaftpflG, § 15 UmweltHaftG, § 37 LuftverkG sowie § 31 AtomG.

[31] So z.B. *Heinrichs*, in: Palandt, Bürgerliches Gesetzbuch, 65. Auflage, München, 2006, Vorb v § 249 Rn. 1.

he bestimmenden Parameter, also sowohl hinsichtlich der Haftungsbegründung als auch der Haftungsausfüllung. In diesem Sinne werden auch der Begriff des Deliktsrechts und das Prinzip der Gefährdungshaftung verwandt. Sofern nur auf den haftungsbegründenden oder haftungsausfüllenden Teilbereich der Schadensersatzverpflichtung Bezug genommen werden soll, wird ausdrücklich darauf hingewiesen.

C. Gang der Darstellung

Für die Beantwortung der Frage, welche Schadensersatzansprüche die Tötung eines Menschen auslösen sollte, ist es notwendig, die Aufgabe des Schadensersatzrechts herauszuarbeiten. Ferner ist die Berechtigung des Grundsatzes der Nichtersetzbarkeit immaterieller Schäden im Allgemeinen und für den Fall der Tötung eines Menschen zu hinterfragen. Hierbei werden Sichtweise und Argumente der klassischen Rechtswissenschaft Eingang finden. Die entsprechende Rechtslage in Deutschland wird in Kapitel 3 dargestellt.

Vorangestellt ist in Kapitel 2 die ökonomische Theorie des Haftungsrechts. Die Erkenntnisse der ökonomischen Analyse des Rechts dienen als Grundlage der Untersuchung, da sie ein geeignetes Analyseschema zur Verfügung stellen. Ein solches Vorgehen erscheint auch deswegen sinnvoll, da diese in den Vereinigten Staaten von Amerika fest etablierte Wissenschaftsdisziplin Methoden entwickelt hat, die es ermöglichen, dem menschlichen Leben einen monetären Wert zuzuordnen, um hieraus beispielsweise Schlussfolgerungen für die Ausgestaltung rechtlicher Regulierungen zu ziehen. In Kapitel 5 werden diese Zusammenhänge vertieft dargestellt.

Rechtsvergleichend werden in Kapitel 4 die Voraussetzungen und Rechtsfolgen einer deliktischen Haftung in den USA in die Darstellung einbezogen, da dort im Fall der Tötung eines Menschen vergleichsweise hohe Schadensersatzzahlungen möglich sind. Dabei sind auch die Besonderheiten des US-amerikanischen Prozessrechts zu berücksichtigen, die einen Einfluss auf die Höhe des Schadensersatzes haben können, zumal darin ein wesentlicher Ursprung der Bedenken vor einer „Amerikanisierung“ des deutschen Rechts liegt. Auch im Vergleich mit anderen europäischen Rechtsordnungen stellt das deutsche Rechtssystem eines der restriktivsten bei der Anerkennung einer Schadensersatzverpflichtung bei der Tötung eines Menschen dar. Aus diesem Grunde werden überblicksartig auch die entsprechenden Regelungen in ausgewählten europäischen Nachbarländern mit in die Darstellung einbezogen.[32]

---

[32] Vgl. dazu die umfassende rechtsvergleichende Untersuchung zum deutschen, französischen und englischen Recht von *Stahmer*, Entschädigung von Nichtvermögensschäden bei Tötung, Hamburg, 2004.

Schließlich wird in Kapitel 6 ein Änderungsvorschlag für das deutsche Haftungsrecht unterbreitet. Trotz des bereits angeschnittenen Dualismus' mit dem öffentlich-rechtlichen Regulierungssystem, insbesondere dem Strafrecht, liegt der Schwerpunkt der vorliegenden Untersuchung auf der Ausgestaltung der zivilrechtlichen Haftung bei der Tötung eines Menschen. Auf strafrechtliche und verfassungsrechtliche Fragen wird jedoch dann eingegangen, wenn der jeweilige Zusammenhang dies erfordert.

Kapitel 2: Ökonomische Theorie des Haftungsrechts

Die ökonomische Analyse des Rechts nutzt die Erkenntnisse der Wirtschaftswissenschaften. Ziel ist es, Kriterien herauszuarbeiten, mit deren Hilfe man beurteilen kann, welche von mehreren möglichen Entscheidungen im Hinblick auf die sich aus ihr ergebenden gesamtgesellschaftlichen Auswirkungen die bessere ist. Demgemäß werden Rechtsnormen und Gerichtsentscheidungen danach beurteilt, ob sie zur Förderung ökonomischer Effizienz geeignet sind. Rechtliche Regelungen sollen so ausgestaltet und angewandt werden, dass knappe Ressourcen effizient verwendet und somit die gesamtgesellschaftlichen Kosten minimiert werden. Eine solche „optimale Allokation der Ressourcen" führt zur angestrebten Maximierung des gesamtgesellschaftlichen Nutzens.[33] Die volkswirtschaftlich knappen Ressourcen sollen demnach dort eingesetzt werden, wo sie den größten erzielbaren Nutzen stiften. Obwohl dieser Nutzen gesamtgesellschaftlich maximiert werden soll, ist der zu Grunde liegende Maßstab der Nutzen jedes einzelnen Mitglieds der Gesellschaft. Erst aus der Summe der Einzelnutzen ergibt sich der gesamtgesellschaftliche Nutzen und nicht aus wie auch immer gearteten Gemeinwohl-Vorstellungen.

A. Aufgabe des Haftungsrechts

Aus dem wohlfahrtstheoretischen Ansatz der ökonomischen Analyse des Rechts ergibt sich für das Schadensrecht die Aufgabe, das Schadensaufkommen und den Schadensvermeidungsaufwand auf ein gesamtgesellschaftlich optimales Niveau zu steuern. Zur Erreichung dieses Ziels muss das Haftungsrecht den Mitgliedern der Gesellschaft Anreize setzen, die sicherstellen, dass das gesamtgesellschaftlich nützliche Maß an Kosten für die Verhinderung von Schäden auch tatsächlich aufgewendet wird.[34]

I. Grundlagen

Nach der grundlegenden Arbeit von *Calabresi*[35] wird die Anzahl an Unfällen durch die generalpräventive Wirkung der Haftungsregeln bestimmt. Dem liegt die Annahme zu Grunde, dass die Zahl der in einer Gesellschaft auftretenden Unfälle und somit auch die Zahl der Verletzten und Toten auf Entscheidungen zurückzuführen ist, die den aus der potentiell unfallverursachenden Handlung

---

[33] Grundlegend dazu *Posner*, Economic Analysis of Law, 4. Auflage, Cambridge (Massachusetts), 1992, S. 1 ff.

[34] *Cooter/Ulen*, Law and Economics, 4. Auflage, Boston, 2004, S. 307 ff.; *Shavell*, Foundations of Economic Analysis of Law, Cambridge (Massachusetts), 2004, S. 175 ff.; *Posner*, Economic Analysis of Law, 4. Auflage, Cambridge (Massachusetts), 1992, S. 163 ff.; *Schäfer/Ott*, Begründung und Bemessung des Schadensersatzes wegen entgangener Sachnutzung, ZIP, 1986, S. 613 (S. 618).

[35] *Calabresi*, The Costs of Accidents - A Legal and Economic Analysis, New Haven, 1970.

erwachsenden Nutzen und die daraus möglicherweise entstehenden Kosten gegeneinander abwägen.[36] Ziel des Haftungsrechts ist es, ein bestimmtes Schadensrisiko in Gestalt der möglichen Kosten demjenigen aufzubürden, der dieses Risiko mit dem geringsten Aufwand beherrschen kann. Diese Partei ist der sogenannte *cheapest cost avoider*.[37]

Diese Herangehensweise steht im Gegensatz zu dem von der Zivilrechtsdogmatik im Rahmen des Ausgleichsprinzips angewandten Verursacherprinzips, nach dem derjenige den Schaden zu ersetzen hat, der ihn verursacht hat. *Adams*[38] kritisiert das Prinzip als inhaltsleer, da an einem Schadenseintritt stets zwei Seiten ursächlich beteiligt sind, da beide Externalitäten, also Auswirkungen auf die jeweils andere Person, bei der Ausübung ihrer Handlungen verursachen. Mit Hilfe des Haftungsrecht soll erreicht werden, diese Externalitäten zu internalisieren, d.h. jede Person mit den Kosten der von ihr ausgeübten Tätigkeit zu belasten, so dass sie bei der Ausübung einer Tätigkeit sowohl den privaten Nutzen als auch die externalisierten Kosten berücksichtigt. Diese Koordinierungsfunktion des Haftungsrechts kann dadurch erreicht werden, dass jede Seite für diejenigen Schäden haftet, die vom Handlungsmuster einer sogenannten „integrierten Person" abweichen. Dazu hat man sich Verletzer und Opfer als in einer Person vereinigt vorzustellen und zu fragen, welche Tätigkeiten in welchem Umfang diese Person ausüben würde angesichts der mit den jeweiligen Tätigkeiten einhergehenden unfallbedingten Kosten und Nutzengewinne. Dieses Modell kann als „Referenzsystem" für die Steuerung menschlicher Aktivitäten und der dabei auszuübenden Sorgfalt auf ein angemessenes Niveau durch das Haftungsrecht angesehen werden.[39]

Ziel ist folglich, dass der Handelnde alle positiven und negativen Auswirkungen seiner Handlungen berücksichtigt. Hierbei dient das Haftungsrecht als Anreizsystem, um diese externen Effekte zu internalisieren. Sofern Handlungen zu externen Effekten in Form einer Rechtsgutsverletzung und eines daraus folgenden Schadens führen, wird der Handelnde mit einer Verpflichtung zur Zahlung eines Schadensersatzes belastet. Dies zwingt ihn, die externen Effekte in seine Überlegungen einzubeziehen. Aufgabe des Haftungsrechts ist es, eine abschreckende Wirkung im Hinblick auf mögliche externe Effekte zu entfalten.

---

[36] *Calabresi*, The Costs of Accidents - A Legal and Economic Analysis, New Haven, 1970, S. 26 und 68 ff.

[37] *Calabresi*, The Costs of Accidents - A Legal and Economic Analysis, New Haven, 1970, S. 140 ff.; *Shavell*, Foundations of Economic Analysis of Law, Cambridge (Massachusetts), 2004, S. 189 f., spricht insoweit vom *"least-cost avoider"*.

[38] *Adams*, Ökonomische Analyse der Gefährdungs- und Verschuldenshaftung, Heidelberg, 1985, S. 149 ff.

[39] *Adams*, Ökonomische Analyse der Gefährdungs- und Verschuldenshaftung, Heidelberg, 1985, S. 165 ff.

Allerdings sollen Schäden nicht um jeden Preis verhindert werden. Erst aus dem Verhältnis von Schadensvermeidungsaufwand und Schadenskosten lässt sich beurteilen, ob eine Handlung ökonomisch sinnvoll ist. Es stellt eine Verschwendung von Ressourcen dar, wenn die Kosten zur Vermeidung eines Schadens größer sind als die zu erwartenden Kosten des Schadens selbst. Folglich gibt es eine Obergrenze, bis zu der es sich lohnt, Aufwendungen zur Vermeidung eines Schadens zu tätigen. Daraus folgt auch, dass ein toleriertes Ausmaß an Schäden existiert, deren Vermeidung kostspieliger wäre, als der Wertverlust im Falle eines Schadens.[40] Die Abwägung zwischen Schadensvermeidungsaufwand und Schadenskosten erfolgt im Rahmen einer Grenzwertbetrachtung. Danach muss der Aufwand zur Verhinderung eines Schadens so lange um eine Einheit (beispielsweise 1 Euro) gesteigert werden, wie dies eine Absenkung der Schadenskosten um mindestens eine Einheit (also mindestens 1 Euro) zur Folge hat.[41] Führt ein zur Verhinderung von Unfällen zusätzlich eingesetzter Euro beispielsweise nur zu einer Verringerung der zu erwartenden Schäden um 0,90 Euro, so stellt dies eine Ressourcenverschwendung dar. Der entstehende Schaden ist dann von der Zivilrechtsordnung hinzunehmen und führt nicht zu einem Schadensersatzanspruch.

II. Steuerungsfunktion und endlicher Wert des Lebens

Diese Überlegungen lassen sich nicht mit der These vereinbaren, dass das menschliche Leben einen unendlich hohen Wert habe. Wäre dem so, müssten alle nur erdenklichen Anstrengungen unternommen werden, Leben zu schützen und zu retten. Der Schadensvermeidungsaufwand würde, ebenso wie der Wert des Lebens, gegen unendlich tendieren. Die Ausgangsthese eines unendlichen Werts des Lebens lässt sich aber mit im Alltag beobachtbaren Vorgängen widerlegen.

Täglich treffen Menschen Entscheidungen, denen eine Bewertung des Lebens zu Grunde liegt bzw. für die eine solche Abschätzung mit ursächlich ist. So wird bei einem Autokauf neben anderen Einflussfaktoren[42] beispielsweise abgewogen zwischen einem kleinen, kraftstoffsparenden, aber nicht so sicheren und einem sichereren Fahrzeug mit einem höheren Kraftstoffverbrauch. Gleiches gilt bei der Entscheidung über den Erwerb zusätzlicher technischer Sicherheitseinrichtungen, wie z.B. Seiten- oder Kopf-Airbags oder elektronischer Fahrstabilitäts-

---

40 *Cooter/Ulen*, Law and Economics, 4. Auflage, Boston, 2004, S. 320 ff.; *Shavell*, Foundations of Economic Analysis of Law, Cambridge (Massachusetts), 2004, S. 178 ff.; *Kötz/Wagner*, Deliktsrecht, 10. Auflage, München, 2006, Rn. 59 ff.; *Schäfer/Ott*, Begründung und Bemessung des Schadensersatzes wegen entgangener Sachnutzung, ZIP, 1986, S. 613 (S. 618).

41 Vgl. dazu *Pindyck/Rubinfeld*, Mikroökonomie, 6. Auflage, München, 2005, S. 138 ff.

42 Z.B. Platzangebot, Komfort oder Image.

systeme. Da die Sicherheitsausstattung des Wagens das Risiko von (tödlichen) Verletzungen bei einem Unfall beeinflusst, fließt auch dieser Faktor in die Kaufentscheidung ein und bestimmt die Zahlungsbereitschaft für die entsprechende Sicherheitseinrichtung mit. Damit wird implizit eine Bewertung des durch die Unfallrisiken gefährdeten Lebens vorgenommen.[43] Der Konsument überlegt sich in diesem Beispielsfall, ob er eine zusätzliche Sicherheitsausstattung, die die Wahrscheinlichkeit von (tödlichen) Verletzungen um ein gewisses Maß reduziert, überhaupt wünscht und welchen Preis er dafür zu zahlen bereit ist. Diesem Abwägungsvorgang liegt folglich (auch) eine Einschätzung hinsichtlich der Bedeutung der körperlichen Unversehrtheit und des Lebens durch die jeweilige Person zu Grunde. Die offenbarte Zahlungsbereitschaft stellt zudem einen Ansatzpunkt für eine monetäre Bewertung der in Rede stehenden Rechtsgüter dar.

Ein weiteres Beispiel schließt sich an bei der Betrachtung der Teilnahme am Straßenverkehr selbst. Die Entscheidung des Gesetzgebers, den Autoverkehr mit bestimmten Geschwindigkeiten zuzulassen, birgt für jedermann erkennbar Gefahren für das menschliche Leben. Diese offenbaren sich in täglich auftretenden Unfällen.[44] Auch tödliche Verletzungen werden in Kauf genommen ohne darüber nachzudenken, den Autoverkehr vollständig zu verbieten. Offensichtlich findet hier eine Abwägung der aus dem Straßenverkehr erwachsenden Vorteile mit den einhergehenden Nachteilen statt. Dies stellt eine typische Kosten-Nutzen-Analyse im Sinne der ökonomischen Analyse des Rechts dar, die eine Bewertung des dem Unfallrisiko ausgesetzten menschlichen Lebens einschließt.

Eine entsprechende Abwägung findet aber nicht nur durch Individuen, sondern auch seitens staatlicher Institutionen statt. In den Vereinigten Staaten von Amerika werden beispielsweise die aus öffentlichen Regulierungen erwachsenden Kosten und Nutzen analysiert und bewertet.[45] Sofern eine Regulierung zur Verhinderung von Todesfällen führt, so z.B. im Gesundheitssektor, im Bereich des Umweltschutzes oder bei der Produktsicherheit, wird in diesem Zusammenhang auch dem menschlichen Leben ein monetärer Wert zugeordnet.

Damit bleibt festzuhalten, dass dem menschlichen Leben unter wohlfahrtsökonomischen Gesichtpunkten kein unendlicher Wert zukommt. Es stellt sich aber die Frage, welcher Wert dem menschlichen Leben im Rahmen des Schadensersatzrechts zu Grunde gelegt werden kann bzw. sollte.

---

[43] Vgl. *Viscusi*, The Value of Life in Legal Contexts: Survey and Critique, American Law and Economics Review, 2000 (2/1), S. 195.

[44] *Adams*, Ökonomische Analyse der Gefährdungs- und Verschuldenshaftung, Heidelberg, 1985, S. 174.

[45] Vgl. *Viscusi*, The Value of Life in Legal Contexts: Survey and Critique, American Law and Economics Review, 2000 (2/1), S. 195.

III. Berücksichtigung aller materiellen und immateriellen Einbußen

Wie wichtig diese Wertzumessung ist, wird vor dem Hintergrund eines weiteren Prinzips des Schadensersatzrechts deutlich. Danach kann das Haftungsrecht die soeben dargestellte Steuerungsfunktion nur erfüllen, wenn grundsätzlich alle durch eine Rechtsgutsverletzung hervorgerufenen Schäden als Kosten berücksichtigt werden. Dies gilt vom Grundsatz her sowohl für materielle als auch für immaterielle Schäden. Eine grundlegende Differenzierung ist hier nicht gerechtfertigt, weil auch immaterielle Schäden, wie der Verlust des Lebens, einen Nutzenverlust darstellen. Dies gilt umso mehr, je größer die immaterielle Einbuße ist. Für diesen Fall sind nämlich selbst die Kosten zu vernachlässigen, welche durch die Schwierigkeiten bei der Bewertung dieser immateriellen Einbußen entstehen. Soweit diese aber möglich ist, spricht vom Grundsatz her nichts dagegen, diese Schäden im Rahmen der Kalkulation des notwendigen Schadensvermeidungsaufwands zu berücksichtigen. Würden einzelne Kosten nicht berücksichtigt, würde unter Umständen ein zu niedriger Schadensvermeidungsaufwand betrieben. Dies gilt wiederum umso mehr, je größer sich die immaterielle Einbuße darstellt.[46]

Da die Tötung eines jeden Menschen einen Wohlfahrtsverlust darstellt[47], muss folglich auch der Wert des menschlichen Lebens im Rahmen des Schadensersatzrechts in der Kosten-Nutzen-Abwägung hinsichtlich einer zu tödlichen Unfällen bzw. zum Tode führenden Tätigkeit berücksichtigt werden. Ein Haftungsregime muss die gesamten sozialen Kosten von tödlichen Unfällen minimieren. Bei dem danach zu ermittelnden effizienten Tätigkeits- und Vorsorgeniveau jeder Person müssen neben der Unfallwahrscheinlichkeit und den Unfallvermeidungskosten gerade auch die Unfallkosten mit einbezogen werden.[48]

Allerdings halten sich Individuen nicht lediglich an normative Verhaltensstandards. Deshalb muss die Verletzung dieser Regeln mit Sanktionen verknüpft sein. Diese müssen so ausgestaltet sein, dass es für den einzelnen sinnvoll ist, einen bestimmten Aufwand zur Vermeidung eines sanktionierenden Schadensersatzes zu betreiben. Liegt der Schadensersatz unter dem wirklichen Schaden, so wird ein potentieller Schädiger nur einen (geringeren) Schadensvermeidungsaufwand betreiben, der dem (zu niedrigen) drohenden Schadensersatz entspricht,

---

46 *Shavell*, Economic Analysis of Accident Law, Cambridge (Massachusetts), 1987, S. 133 ff.

47 Vgl. *Adams*, Ökonomische Analyse der Gefährdungs- und Verschuldenshaftung, Heidelberg, 1985, S. 175 ff.

48 *Adams*, Ökonomische Analyse der Gefährdungs- und Verschuldenshaftung, Heidelberg, 1985, S. 36 ff.

nicht jedoch einen den zu erwartenden Kosten des tatsächlichen Schadens entsprechenden Aufwand.[49]

Da in Deutschland die Vernichtung eines Menschenlebens keine Schadensersatzverpflichtung auslöst[50], wird insofern kein Anreiz vermittelt, einen der drohenden Schadensersatzzahlung und dem Risiko eines Schadenseintritts entsprechenden Schadensvermeidungsaufwand zu betreiben. Folglich stellt das zivilrechtliche Haftungssystem im Hinblick auf die Tötung eines Menschen grundsätzlich keine sinnvolle Anreizstruktur dar. Es ist davon auszugehen, dass der in Deutschland zur Verhinderung unfallbedingter Todesfälle betriebene Aufwand zu gering ist.

B. Ansätze zur Bewertung eines Menschenlebens

Sollte jedoch bei Vorliegen aller sonstigen Voraussetzungen einer zivilrechtlichen Haftung aus der Tötung eines Menschen die Verpflichtung zur Zahlung eines Schadensersatzes erwachsen, muss ein Maßstab zur Bestimmung der Höhe dieser Zahlungsverpflichtung gefunden werden. Ausgangspunkt für die Bemessung des Schadensersatzes muss der Wert sein, der bei der Tötung eines Menschen vernichtet wird. Es stellt sich die Frage nach dem „Wert des menschlichen Lebens" und auf welche Weise dieser bestimmt und ihm ein monetärer Betrag zugewiesen werden kann. Dies mag ethischen Überzeugungen widersprechen, nach denen der Wert eines Menschenlebens unendlich ist. Als problematisch erweist sich von diesem Standpunkt allerdings auch die derzeit geltende zivilrechtliche Rechtslage, die der Tötung eines Menschen keine Sanktion folgen lässt und dem menschlichen Leben insofern jeglichen Wert abspricht.

Auch der daraus folgende (Fehl-)Anreiz des geltenden deutschen Zivilrechts, der zu nicht angemessenen Anstrengungen bei der Verhütung von Todesfällen verleitet, ist nur schwerlich mit einer - nicht in Zweifel zu ziehenden - ethischen Überzeugung zu vereinbaren, die ein Menschenlebens als unendlich wertvoll ansieht. Es ist zwar mit der Zielsetzung des Haftungsrechts nach dem Verständnis der ökonomischen Theorie des Rechts nicht vereinbar, jedwede Anstrengungen zur Vermeidung von Todesfällen zu unternehmen. Gleichwohl würde die Anwendung der dargestellten Grundsätze eines effizienten Haftungssystems im Vergleich zur geltenden Rechtslage zu einer Steigerung des Aufwands zur Verhütung von Todesfällen führen. Dass ein Haftungssystem mit einer entsprechenden Wirkung einer ethischen Überprüfung eher standhalten würde als die bestehenden Regelungen, dürfte auf der Hand liegen.

---

49 *Cooter/Ulen*, Law and Economics, 4. Auflage, Boston, 2004, S. 320 ff.; *Shavell*, Economic Analysis of Accident Law, Cambridge (Massachusetts), 1987, S. 6 ff.; *Schäfer/Ott*, Begründung und Bemessung des Schadensersatzes wegen entgangener Sachnutzung, ZIP, 1986, S. 613 (S. 618 f.).

50 Vgl. dazu die einleitenden Ausführungen auf S. 13 ff.

Die tatsächliche Berechnung des Schadensersatzes für den Fall der Vernichtung eines Menschenlebens ist eine bislang nicht abschließend geklärte Streitfrage. Dies liegt insbesondere an dem selbstverständlichen, hier aber noch einmal zu betonenden Umstand, dass es sich bei dem menschlichen Leben um ein immaterielles Rechtsgut handelt, für das ein legaler Markt und damit auch ein „Marktwert“ nicht existiert. Einige Autoren sehen die mit einer Bewertung verbundenen Schwierigkeiten gar als so unüberwindbar an, dass sie im Ergebnis die unveränderte Beibehaltung der gegenwärtigen deutschen Rechtslage als die bessere Lösung ansehen[51]; ein für die vorliegende Arbeit an dieser Stelle unbefriedendes Ergebnis.

Einige Ansätze zur Bewertung des menschlichen Lebens legen dabei zu Grunde, dass der „Wert des Lebens“ aus drei Komponenten bestehe[52]:

- dem Wert, den ein Mensch selbst dem Rest seines Lebens beimisst,
- dem Wert, den ihm nahe stehende Personen seinem Überleben beimessen, sowie
- dem Wert, den die Gesellschaft insgesamt seinem Überleben beimisst.

Diese Herangehensweise offenbart aber zunächst nur, dass die Beantwortung der Fragestellung nach dem Wert eines Menschenlebens grundsätzlich aus zwei unterschiedlichen Blickwinkeln erfolgen kann: zum einen aus der Sicht eines Individuum und seiner Bewertung des eigenen Lebens, zum anderen aus der Sicht dritter Personen. Wie der gesuchte Wert konkret bestimmt werden kann und welche Tatsachen dabei zu berücksichtigen sind, bleibt noch unbeantwortet. Im Hinblick auf den Wert, den einem Individuum nahe stehende Dritte seinem Überleben beimessen, bleibt beispielsweise unbeantwortet, ob dabei sowohl materielle Verluste, beispielsweise in Gestalt entgangener Unterhaltsleistungen, als auch immaterielle Einbußen, z.B. der Seelenschmerz aufgrund des Verlusts eines nahen Angehörigen, in Ansatz zu bringen sind. Auch beantwortet der in Rede stehende Ansatz nicht die konkrete Wertzumessung.

Für die Bestimmung eines konkreten monetären Werts eines menschlichen Lebens kommen grundsätzlich zwei unterschiedliche methodische Ansätze in Frage: der *sogenannte* statistische Wert eines menschlichen Lebens (*value of a statistical life*) sowie der Wert des vernichteten Humankapitals. Erst nach der Darstellung der diesen Methoden zu Grunde liegenden Zusammenhängen kann sinnvollerweise entschieden werden, welcher Ansatz für die Bemessung eines Schadensersatzanspruchs herangezogen werden sollte.

---

51 In diesem Sinne *Kötz/Wagner*, Deliktsrecht, 10. Auflage, München, 2006, Rn. 739.

52 *Jones-Lee,* The Value of Transport Safety, Oxford Review of Economic Policy, 1990 (6/2), S. 39 (S. 40 ff.); *Ott/Schäfer*, Schmerzensgeld bei Körperverletzungen - Eine ökonomische Analyse, Diskussionsbeiträge zu Ökonomie und Recht, Nr. 2, Hamburg, 1990, S. 20; *dies*., Schmerzensgeld bei Körperverletzungen, JZ, 1990, S. 563 (S. 570); *Stahmer*, Entschädigung von Nichtvermögensschäden bei Tötung, Hamburg, 2004, S. 213.

I. Das vernichtete Humankapital

Als eine Möglichkeit der Bewertung des menschlichen Lebens kommt der Wert des mit der Tötung eines Menschen vernichteten Humankapitals in Betracht. Unter dem Humankapital versteht man das Wissen, die Fähigkeiten und die Erfahrung, „die einer Einzelperson mehr Produktivität verleihen und es ihr ermöglichen, im Laufe ihres Lebens höhere Einkünfte zu erzielen".[53] Das Humankapital verkörpert damit in erster Linie die von einem Individuum angehäuften Fertigkeiten und das durch Schul-, Aus- und Weiterbildung erworbene Wissen.[54] Wer beispielsweise studiert, eine Berufsausbildung macht oder sich im Beruf weiterbildet, investiert in sein Humankapital. Die Frage, ob und wie eine Einzelperson in ihr Humankapital investieren sollte, ob sich beispielsweise ein Universitätsabschluss lohnt, kann mit Hilfe der Wirtschaftswissenschaften beantwortet werden.[55]

Aus dieser Investitionsentscheidung lässt sich jedoch nicht unmittelbar ableiten, ob und in welcher Weise das erworbene Humankapital den Wert eines Menschenlebens beeinflusst. Für eine solche Bewertung kann jedoch das bei der Tötung vernichtete Humankapital in Gestalt des Lebenszeiteinkommens eine mögliche Bezugsgröße darstellen. Dabei ist es notwendig, den Gesamtbetrag des erst in der Zukunft hypothetisch anfallenden Lebenszeiteinkommens wertmäßig auf den Zeitpunkt des Todes zu beziehen. Dieser gegenwärtige Wert eines erwarteten zukünftigen Geldstroms wird allgemein als diskontierter Gegenwartswert oder Barwert bezeichnet.[56] Der diskontierte bzw. abgezinste Wert der durch den Tod hervorgerufenen Einkommensverluste entspricht dem gegenwärtigen Wert des Lebenszeiteinkommens des Getöteten und stellt dessen (Brutto-)Anteil am Bruttosozialprodukt dar.[57]

In einer Variante der Berechnung des Lebenszeiteinkommens werden darüber hinaus die zu erwartenden Konsumausgaben des Getöteten in Abzug gebracht. Man spricht dann vom abgezinsten Nettowert der Einkommensverluste. In dieser Form wird der Barwert des Lebenszeiteinkommens in der Regel von US-amerikanische Zivilgerichten herangezogen, um in Tötungsfällen die Einkom-

---

53 *Pindyck/Rubinfeld*, Mikroökonomie, 6. Auflage, München, 2005, S. 738.

54 *Viscusi/Harrington/Vernon*, Economics of Regulation and Antitrust, 4. Auflage, Cambridge (Massachusetts), 2005, S. 721.

55 Zu den Einzelheiten vgl. *Pindyck/Rubinfeld*, Mikroökonomie, 6. Auflage, München, 2005, S. 738 ff.

56 Zu den Einzelheiten der Berechnung vgl. *Pindyck/Rubinfeld*, Mikroökonomie, 6. Auflage, München, 2005, S. 718 ff.

57 *Viscusi/Harrington/Vernon*, Economics of Regulation and Antitrust, 4. Auflage, Cambridge (Massachusetts), 2005, S. 721.

mensverluste des Getöteten zu bemessen.[58] Dabei entscheiden das Gericht bzw. die Mitglieder der Jury über den Betrag der Einkommensverluste, der als Schadensersatz an die Hinterbliebenen gezahlt werden muss.

Ein weiterer Ansatzpunkt für die Bestimmung des vernichteten Humankapitals ist der individuelle Anteil am Steueraufkommen, also die Summe der vom Getöteten voraussichtlich gezahlten Steuern.[59] Dieser Betrag entspricht seinem finanziellen Nettobeitrag an die Gesellschaft, sofern die aus Steuermitteln an den Getöteten selbst ausgekehrten Beträge berücksichtigt werden. Allerdings vernachlässigt diese Vorgehensweise diejenigen Beträge, die aus dem Einkommen des Getöteten voraussichtlich an dessen Familie oder an sich selbst ausgekehrt werden.[60]

Bei allen drei im Ansatz dargestellten Varianten der Berechnung des vernichteten Humankapitals ist insbesondere die Behandlung derjenigen Personengruppen problematisch, die netto keine Beiträge (mehr) an die Gesellschaft leisten, wie z.B. ältere, bereits im Ruhestand befindliche Menschen. Sofern sie kein Arbeitseinkommen beziehen und auch hinsichtlich anderer Einkünfte keinerlei Steuerpflicht unterliegen, erbringen sie weder einen Beitrag zum Bruttosozialprodukt noch einen Steueranteil an den Staat. Unter diesen Voraussetzungen wäre der monetäre Wert des vernichteten Humankapitals mit Null anzusetzen. Bei Personen, die noch keine Leistungen an die Gesellschaft erbringen, wie z.B. Kinder, ergibt sich eine andere Schwierigkeit. Hier kann zwar davon ausgegangen werden, dass sie einmal Beiträge an die Gesellschaft erbracht hätten, wenn sie nicht getötet worden wären und - eventuell nach Abschluss einer Ausbildung - eine Erwerbstätigkeit aufgenommen hätten. Problematisch ist aber, ob und auf welcher hypothetischen Grundlage entsprechende Berechnungen vorzunehmen sein sollten. Gleiches gilt für nicht am Arbeitsmarkt teilnehmende Personen, wie z.B. Arbeitssuchende oder Hausfrauen.

Auf diese Probleme wird im Rahmen der Darstellung der US-amerikanischen Gerichtspraxis in Tötungsfällen zurückzukommen sein[61], wo dieser vom vernichteten Humankapital abgeleitete Ansatz der Bewertung des menschlichen Lebens zur Anwendung gebracht wird. Anfänglich wurden entsprechende Me-

---

58 *Viscusi/Harrington/Vernon*, Economics of Regulation and Antitrust, 4. Auflage, Cambridge (Massachusetts), 2005, S. 720 ff.

59 Vgl. hierzu beispielsweise *Schelling*, The Life You Safe May Be Your Own, in: *Chase (Hrsg.)*, Problems in Public Expenditure Analysis, 1966, S. 127 (S. 139 ff.).

60 *Viscusi/Harrington/Vernon*, Economics of Regulation and Antitrust, 4. Auflage, Cambridge (Massachusetts), 2005, S. 721.

61 Vgl. dazu ausführlich Kapitel 4 auf S. 143 ff.

thoden auch von Teilen der US-amerikanischen Bundesregierung im Rahmen von Kosten-Nutzen-Analysen öffentlicher Regulierungen angewandt.[62]

II. Der statistische Wert eines Menschenlebens

Im Anwendungsbereich von Kosten-Nutzen-Analysen öffentlicher Regulierungen sowie auch in der allgemeinen ökonomischen Diskussion konzentriert sich die Frage der Bewertung des menschlichen Lebens allerdings auf den sogenannten statistischen Wert eines menschlichen Lebens, dem *value of a statistical life*.[63] Das zu Grunde liegende Modell leitet sich aus den Erkenntnissen der ökonomischen Literatur zur *Public Finance*, dem öffentlichen Finanzwesen, ab.[64] Als grundlegendem Prinzip wird dabei von der Annahme ausgegangen, dass der Wert des Nutzengewinns jeder öffentlichen Regulierung abhängig ist von der Zahlungsbereitschaft der Staatsbürger für den aus der jeweiligen Regulierung resultierenden Nutzen. Angewandt auf eine bestimmte (Todesfall-)Risiken reduzierende Regulierung ergibt sich der Wert eines Lebens in diesem Kontext aus der Zahlungsbereitschaft derjenigen, die in den Genuss der durch die Regulierung vermittelten Risikoverminderung kommen. Aufgrund der breiten Basis der betroffenen Individuen wird begrifflich vom sogenannten statistischen Wert eines menschlichen Lebens gesprochen.[65] Sprachlich wäre es allerdings treffender, in diesem Zusammenhang von der Bewertung der Reduzierung tödlicher Risiken zu sprechen.[66]

Das Konzept des statistischen Wertes eines Menschenlebens setzt bei der Frage an, welchen Wert ein Individuum seinem eigenen Leben beimisst. Zu deren Beantwortung wird eine bestimmte Zahlungsbereitschaft eines Individuums abgefragt, aus der ein Rückschluss auf die der jeweiligen Antwort innewohnenden Bewertung des eigenen Lebens gezogen wird. Dabei wird ermittelt, welchen Betrag ein Individuum bereit ist aufzuwenden, um für sich kleine, d.h. relativ unwahrscheinliche Todesfallrisiken auszuschließen bzw. welcher Betrag an das Individuum ausgezahlt werden muss, damit es sich einem bestimmten, ebenfalls kleinen Todesfallrisiko aussetzt. Die erste Alternative wird begrifflich als *willingness to pay* (kurz: *WTP*)-Ansatz, die zweite als *willingness to accept* (kurz:

---

62 *Viscusi*, The Value of Life in Legal Contexts: Survey and Critique, American Law and Economics Review, 2000 (2/1), S. 195 (S. 197).

63 *Viscusi*, The Value of Life in Legal Contexts: Survey and Critique, American Law and Economics Review, 2000 (2/1), S. 195 (S. 196).

64 Vertiefend dazu *Stokey/Zeckhauser*, A Primer for Policy Analysis, New York, 1978.

65 Vgl. zum Ganzen: *Viscusi*, The Value of Life in Legal Contexts: Survey and Critique, American Law and Economics Review, 2000 (2/1), S. 195 (S. 197).

66 *Posner/Sunstein*, Dollars and Death, University of Chicago Law Review, 2005 (72), S. 537 (S. 557); *Sunstein*, Valuing Life: A Plea for Disaggregation, Duke Law Journal, 2004 (54), S. 385 (S. 404 ff.).

WTA)-Ansatz bezeichnet. Aus der daraus gewonnenen Bewertung des eigenen Lebens wird aufgrund der empirischen Vorgehensweise der statistische Wert eines Menschenlebens hochgerechnet.[67]

Kosten-Nutzen-Analysen öffentlicher Regulierungen, z.B. auf dem Gebiet der Gesundheitsvorsorge, der Produktsicherheit oder des Umweltschutzes sind der Hauptanwendungsfall dieses Konzepts, insbesondere in den Vereinigten Staaten von Amerika[68]. Das *US Office of Management and Budget* empfiehlt allen Regierungsbehörden diese Herangehensweise bei der Bewertung des Nutzens von Regulierungen bzw. Regulierungsteilen, die Einfluss auf die Gesundheit bzw. das Sterblichkeitsrisiko der Bevölkerung haben.[69] Beispielhaft sei hier der Report der *United States Environmental Protection Agency (EPA)* an den Kongress über Kosten und Nutzen des *Clean Air Act* für die Jahre 1990 bis 2010[70] genannt. Dieser Bericht befasst sich u.a. mit der ökonomischen Bewertung der Auswirkungen der Regulierung auf die Gesundheit der Bevölkerung und berücksichtigt bei der Kosten-Nutzen-Analyse die Schätzungen zum statistischen Wert des Lebens verschiedener Studien.[71] Kosten-Nutzen-Analysen öffentlicher Regulierungen werden auch in Großbritannien, Kanada sowie verschiedenen Multinationalen Organisationen vorgenommen.[72] Im Jahr 2000 beschloss zudem die Europäische Kommission die Erarbeitung von Richtlinien zur Verbesserung von Kosten-Nutzen-Analysen.[73]

---

67 Ausführlich dazu Kapitel 5 auf S. 179 ff.

68 Ein Überblick der Anwendung des *value of statistical life*-Konzepts im Rahmen der Erarbeitung von Regulierungen seitens der US-amerikanischen Administration findet sich bei *Viscusi*, The Value of Life in Legal Contexts: Survey and Critique, American Law and Economics Review, 2000 (2/1), S. 195 (S. 208 ff.).

69 *Viscusi*, Misuses and Proper Uses of Hedonic Values of Life, Harvard Law School, Cambridge (Massachusetts), Discussion Paper No. 292, 8/2000, S. 6 (http://www.law.harvard.edu/programs/olin_center/papers/pdf/292.pdf, 16.12.2006).

70 *United States Environmental Protection Agency*, The Benefits and Costs of the Clean Air Act 1990 to 2010, EPA Report to Congress Nr. 410-R-99-001, 1999 (http://www.epa.gov/air/sect812/1990-2010/fullrept.pdf, 8.7.2006).

71 *United States Environmental Protection Agency*, The Benefits and Costs of the Clean Air Act 1990 to 2010, EPA Report to Congress Nr. 410-R-99-001, 1999, S. 69 ff. (http://www.epa.gov/air/sect812/1990-2010/fullrept.pdf, 8.7.2006).

72 Ausführlich dazu *Viscusi/Aldy*, The Value of a Statistical Life: A Critical Review of Market Estimates throughout the World, Journal of Risk and Uncertainty, 2003 (27/1), S. 5 (S. 53 ff.).

73 *EU-Kommission (Hrsg.)*, Workshop on the Value of Reducing the Risk of Ill-Health or Fatal Illness, Brüssel, 13. November 2000, (http://europa.eu.int/comm/environment/enveco/others/proceedings_of_the_workshop.pdf, 8.7.2006).

Damit lässt sich festhalten, dass grundsätzlich Methoden bestehen, mit deren Hilfe dem menschlichen Leben ein monetärer Wert beigemessen werden kann. Eine Entscheidung, welche der überblicksartig dargestellten Möglichkeiten im Rahmen des zivilrechtlichen Haftungssystems herangezogen werden sollte, kann erst nach einer Analyse des Gesamtsystems der zivilrechtlichen Haftung im Fall der Tötung eines Menschen getroffen werden. Vor diesem Schritt ist allerdings zu berücksichtigen, dass neben dem Zivilrecht das öffentliche Recht in besonderem Maße dazu bestimmt ist, das Rechtsgut Leben vor Beeinträchtigungen Dritter zu schützen.

C. Zivilrechtliche Haftung und öffentlich-rechtliche Regulierung

Es stellt sich die Frage, ob ein hinreichender Rechtgüterschutz bereits durch das öffentliche Recht sichergestellt wird und damit eine zivilrechtliche Haftung für die Vernichtung eines Menschenlebens überflüssig ist.

I. Die Grundstruktur des Zusammenwirkens der Normbereiche

Hierbei ist das Verständnis des grundlegenden Zusammenspiels von zivil- und öffentlich-rechtlichem Normensystem[74] von besonderer Bedeutung. Grundsätzlich stehen einem Rechtssystem verschiedene Möglichkeiten zur Verfügung, um eine verhaltenssteuernde Wirkung zu entfalten. So kann das Recht das menschliche Verhalten unmittelbar durch Zwang oder tatsächliche Hindernisse beschränken oder mit der Androhung von Sanktionen arbeiten, um das Verhalten der Adressaten zu beeinflussen. Eine rechtliche Maßnahme kann sowohl vor als auch nach einer unerwünschten Handlung sowie erst nach dem Eintritt eines Schadens greifen. Ferner kann eine Intervention von privater Seite oder durch staatliche Institutionen erfolgen. Schließlich kann hinsichtlich der Rechtsfolgen unterschieden werden. Denkbar sind beispielsweise eine Verpflichtung zum Schadensersatz, die Verhängung von (Geld- oder Freiheits-)Strafen oder die Aufforderung zu bestimmten Verhaltensweisen durch den Erlass von Verwaltungsakten. Die Kombination dieser Möglichkeiten im Zusammenspiel mit der Bestimmung des jeweiligen Anwendungsrahmens determiniert die generelle Struktur eines Rechtssystems. Auf welche Weise ein Rechtssystem seinen Regelungsauftrag wahrnimmt bzw. wahrnehmen sollte, bestimmt sich unter verschiedenen Aspekten. Die Durchsetzbarkeit der Sanktionen sowie die Kosten der zur Auswahl stehenden Maßnahmen stellen jedoch maßgebliche Kriterien bei der Auswahlentscheidung dar.[75]

---

74 Aus rechtswissenschaftlicher Sicht vgl. hierzu *Hoffmann-Riem/Schmidt-Aßmann (Hrsg.)*, Öffentliches Recht und Privatrecht als wechselseitige Auffangordnungen, Baden-Baden, 1996.

75 Grundlegend zum Ganzen: *Shavell*, The Optimal Structure of Law Enforcement, Journal of Law and Economics, 1993 (36), S. 255 ff.

II. Das Verhältnis zum Strafrecht

In der zivilrechtlichen Literatur wird betont, dass es gerade die Aufgabe des Strafrechts sei, eventuell bestehende Anreizlücken des zivilrechtlichen Haftungssystems zu schließen bzw. Anreizdefiziten entgegenzuwirken. Da das Strafrecht sowohl die vorsätzliche als auch die fahrlässige Tötung mit Strafe bedrohe, entfalte es einen Anreiz, Todesfälle zu vermeiden. Deshalb sei eine Präventionslücke, die vom Zivilrecht ausgefüllt werden müsse, nicht gegeben.[76] Dies ist jedoch eine verkürzte, wesentliche Aspekte außer Acht lassende Sichtweise. Zwar lässt sich das oft gehörte Argument, dass Strafe keine abschreckende Wirkung hat, nicht aufrechterhalten. Neben der zu erwartenden Strafhöhe hat aber die Wahrscheinlichkeit der Verurteilung einen entscheidenden, da relativ stärkeren Einfluss auf das Kalkül des Täters, ob er eine Straftat begeht. Zu einer Erhöhung der Verurteilungswahrscheinlichkeit und damit zu einer Stärkung der abschreckenden Wirkung würde bereits eine weniger großzügige Einstellungspraxis, insbesondere nach § 153 a StPO führen.[77]

Im Vergleich zum strafrechtlichen Sanktionssystem kommen einer zivilrechtlich ausgestalteten Haftung für den Fall der Tötung eines Menschen jedoch entscheidende Vorteile zu. Zunächst ist festzustellen, dass strafrechtliche Sanktionen keinen Ersatz für die Anreize einer verschuldensunabhängigen Gefährdungshaftung darstellen. Jede Bestrafung setzt ein persönliches Verschulden (Vorsatz oder Fahrlässigkeit) des Täters voraus. Eine verschuldensunabhängige Gefährdungshaftung greift unabhängig davon ein.[78]

Auch wird die Unterlassung von Forschungstätigkeit zur Unfallverhütung nicht als strafbare „Fahrlässigkeit" angesehen.[79] Damit blendet das strafrechtliche Sanktionssystem diese Möglichkeit der Verhinderung von (tödlichen) Unfällen gänzlich aus. Das zivilrechtliche Produkthaftungsrecht hingegen setzt den An-

---

76 *Wagner*, in: Münchener Kommentar zum Bürgerlichen Gesetzbuch, Band 5, 4. Auflage, München, 2004, § 844 Rn. 5; *Medicus*, Zum 66. Deutschen Juristentag, Neue Perspektiven im Schadensersatzrecht - Kommerzialisierung, Strafschadensersatz, Kollektivschaden, JZ, 2006, S. 805 (S. 808).

77 Vertiefend dazu *Curti*, Abschreckung durch Strafe, Eine ökonomische Analyse der Kriminalität, Wiesbaden, 1999.

78 Eine Steuerung von Aktivitätsniveaus, also beispielsweise die Frage, wie viele Kilometer jemand mit seinem Pkw zurücklegt bzw. zurücklegen sollte oder ob der Kfz-Verkehr überhaupt zugelassen werden sollte, gelingt den Haftungssystemen nur unzureichend; vgl. dazu *Adams*, Ökonomische Analyse der Gefährdungs- und Verschuldenshaftung, Heidelberg, 1985, S. 124 ff.; *ders.*, New Activities and the Efficient Liability Rules, in: *Faure/van den Bergh (Hrsg.)*, Essays in Law and Economics - Corporations, Accident Prevention and Compensation for Losses, Antwerpen, 1989, S. 103 ff.

79 Vgl. zum Ganzen *Adams*, Ökonomische Analyse der Gefährdungs- und Verschuldenshaftung, Heidelberg, 1985, S. 15 (Fn. 45) und S. 183 f.

reiz, ein Produkt selbst im Hinblick auf noch unbekannte Gefahren hin zu beobachten. Eine Verletzung dieser sogenannten Produktbeobachtungspflicht kann Grundlage eines Schadensersatzanspruchs sein.[80]

Zudem schaffen die Sanktionen des Strafrechts keine geeigneten Anreize zur Berücksichtigung der sozialen Kosten unfallverursachender Handlungen, da die Höhe einer Geldstrafe entscheidend von der persönlichen (Einkommens-) Situation des Täters abhängig ist.[81] Wird keine Geld-, sondern eine Freiheitsstrafe verhängt, so ist zu beachten, dass diese zunächst überwiegend zur Bewährung ausgesetzt wird. Damit sind sowohl die Geld- als auch die Freiheitsstrafe nicht in der Lage, Anreize zu vermitteln, die zur wirksamen und durchgängig richtigen Berücksichtigung der sozialen Kosten unfallverursachender Handlungen notwendig sind.[82] Vielmehr finden die Unfallkosten auf der strafrechtlichen Rechtsfolgenseite nur eine eingeschränkte Berücksichtigung. Vorbedingung eines effizienten (zivilrechtlichen) Haftungssystems ist hingegen, dass grundsätzlich alle materiellen und immateriellen Einbußen bei der Bemessung des Schadensersatzes berücksichtigt werden.[83]

Wird hingegen eine Freiheitsstrafe vollstreckt, so weist diese strafrechtliche Sanktion erheblich höhere soziale Kosten auf als eine zivilrechtlich begründete Verpflichtung zum Schadensersatz.[84] Es ist nämlich zu berücksichtigen, dass Gefängnisinsassen „nicht mehr so produktiv wie außerhalb des Gefängnisses arbeiten können und somit einen geringeren Beitrag zur Wohlfahrt leisten."[85] Ferner fallen Kosten für den Bau und den Unterhalt der Gefängnisse an.

Eine strafrechtliche Verurteilung ist zudem weitaus schwerer zu erlangen als ein obsiegendes Zivilurteil. Denn im Strafrecht ist ein zur Verurteilung ausreichender Nachweis von Fahrlässigkeit schwieriger zu erreichen als im Zivilrecht, da das strafrechtliche Verfahren höhere Anforderungen an das Beweisverfahren stellt und eine Beweislastverteilung zugunsten des Angeklagten besteht.[86] Diese

---

[80] BGHZ 80, S. 199 ff.; *Sprau*, in: Palandt, Bürgerliches Gesetzbuch, 65. Auflage 2006, § 823 Rn. 172.

[81] *Adams*, Ökonomische Analyse der Gefährdungs- und Verschuldenshaftung, Heidelberg, 1985, S. 183 f.

[82] *Adams*, Ökonomische Analyse der Gefährdungs- und Verschuldenshaftung, Heidelberg, 1985, S. 183 f.

[83] Siehe dazu oben auf S. 27 in diesem Kapitel.

[84] Grundlegend dazu *Becker*, Crime and Punishment: An Economic Approach, Journal of Political Economy, 1968 (76/2), S. 169 ff.

[85] *Curti*, Abschreckung durch Strafe, Eine ökonomische Analyse der Kriminalität, Wiesbaden, 1999, S. 32.

[86] *Adams*, Ökonomische Analyse der Gefährdungs- und Verschuldenshaftung, Heidelberg, 1985, S. 183 f.

Notwendigkeit ist aus verfassungsrechtlichen Gründen aber wiederum der Möglichkeit geschuldet, als Rechtsfolge eine freiheitsentziehende Strafe zu verhängen. Insgesamt verursacht ein Strafprozess gesamtgesellschaftlich erheblich höhere soziale Kosten als ein Zivilprozess.

Es zeigt sich, dass sich der Anwendungsbereich von Zivilrecht und Strafrecht unterscheiden. Darüber hinaus entfalten beide Rechtsgebiete eine nicht vergleichbare Anreizwirkung, da sich sowohl die tatbestandlichen Voraussetzungen als auch die zur Verfügung stehenden Rechtsfolgen stark unterscheiden. Im Vergleich mit dem Zivilrecht leidet das strafrechtliche System im vorliegenden Zusammenhang in entscheidenden Punkten sowohl von der Tatbestands- als auch von der Rechtsfolgenseite her betrachtet an einem Anreizdefizit. Insgesamt wird damit auch deutlich, dass Zivil- und Strafrecht bei der Steuerung menschlichen Verhaltens nur in begrenztem Umfang Substitute darstellen.[87] Damit ist auch die These abzulehnen, dass eine Präventionslücke, die vom Zivilrecht ausgefüllt werden müsse, nicht gegeben sei.

III. Das Verhältnis zum Verwaltungs- und Verfassungsrecht

Neben dem Strafrecht wird der öffentlich-rechtliche Regulierungsrahmen insbesondere durch sanktionsbewehrte Ge- und Verbote des Verwaltungsrechts ausgefüllt. Die entsprechenden Vorschriften sind äußerst vielfältig und in den verschiedensten Regelungsbereichen zu finden. Diese reichen vom allgemeinen Gefahrenabwehrrecht, über das Umweltschutzrecht, das Produktsicherheitsrecht, die Straßenverkehrsordnung, das Baurecht bis hin zum Lebensmittelrecht, um nur einige, nicht erschöpfende Beispiele zu nennen. Als Regulierungsformen kommen ferner Normen des Versicherungsprivat- und Versicherungsaufsichtsrechts in Betracht. Eine verhaltenssteuernde Wirkung entfaltet auch das Steuerrecht über die Vermittlung von Anreizen durch die steuerrechtliche Belastung oder Begünstigung bestimmter Verhaltensweisen.[88] In diesem Regelungszusammenhang fällt der Blick jedoch zuvorderst auf das höchstrangige innerstaatliche Recht, das Grundgesetz.

---

87 *Adams*, Ökonomische Analyse der Gefährdungs- und Verschuldenshaftung, Heidelberg, 1985, S. 184 (Fn. 283).

88 Vgl. *Kötz/Wagner*, Deliktsrecht, 10. Auflage, Neuwied, 2006, Rn. 61. Zu den Auswirkungen der Erhöhung der Tabaksteuer auf die Verringerung des Zigarettenkonsums vgl. beispielhaft *Deutsches Krebsforschungszentrum/Institut für Gesundheitsökonomie und Klinische Epidemiologie der Universität zu Köln (Hrsg.)*, Auswirkungen der Tabaksteuererhöhungen von 2002 bis 2004, 2005 (http://www.tabakkontrolle.de/pdf/Factsheet_Tabaksteuererhoehungen_2002_2004.pdf, 3.5.2006).

1. Das Grundrecht auf Leben (Art. 2 II 1 GG)

Vor dem Hintergrund der in Art. 1 I und Art. 2 II 1 GG[89] enthaltenen Grundrechte zum Schutz der Menschenwürde und des Rechts auf Leben[90] betont das Bundesverfassungsgericht den hohen Stellenwert, der dem menschlichen Leben nach der Verfassungsordnung zukommt. Die Menschenwürde sieht das Verfassungsgericht als „obersten Wert" des grundgesetzlichen Wertesystems[91] und dessen „tragendes Konstitutionsprinzip"[92] an. Das Grundrecht auf Leben betrachtet es als einen „Höchstwert" innerhalb der grundgesetzlichen Ordnung[93], welches „die vitale Basis der Menschenwürde und die Voraussetzung aller anderen Grundrechte darstellt".[94] Gleichwohl sind die Grundrechte auf Leben und körperliche Unversehrtheit der deutschen Verfassungstradition lange fremd gewesen. Erst nach dem Ende des Zweiten Weltkriegs erfolgte ein Umdenken. Angesichts der lebensvernichtenden und menschenverachtenden Ereignisse während der nationalsozialistischen Herrschaft entstand das Bedürfnis nach einer verfassungsrechtlichen Absicherung der Schutzgüter des menschlichen Lebens und der körperlichen Unversehrtheit.[95] Im Expertenentwurf von Herrenchiemsee war das Grundrecht auf Leben und körperliche Unversehrtheit aller-

---

89 Eine Kodifikation des in Art. 2 II 1 GG geschützten Grundrechts auf Leben findet sich in der internationalen Rechtsordnung in Art. 3 Allgemeine Erklärung der Menschenrechte vom 10.12.1948 (AEMR), in Art. 2 (Europäische) Konvention zum Schutze der Menschenrechte und der Grundfreiheiten vom 4.11.1950 (EMRK) sowie in Art. 6 Internationaler Pakt über bürgerliche und politische Rechte vom 19.12.1966 (IPbpR); vgl. *Schulze-Fielitz*, in: *Dreier (Hrsg.)*, Grundgesetz Kommentar, Band I, 2. Auflage, Tübingen, 2004, Art. 2 II Rn. 6.

90 In diesem Zusammenhang ist allerdings eine Vermischung von Menschenwürdegarantie und Lebensschutz zu vermeiden, da ansonsten die grundgesetzliche Wertung hinsichtlich des gemäß Art. 2 II 3 GG nicht vorbehaltlos gewährten Grundrechts auf Leben verloren ginge. Demnach liegt nicht bei jeder Verletzung des Grundrechts auf Leben auch eine Verletzung der Menschenwürde vor; vgl. *Siekmann/Duttge*, Staatsrecht I, Grundrechte, 3. Auflage, Frankfurt/Main, 2000, Rn. 214.

91 BVerfGE 6, S. 32 (S. 41); BVerfGE 50, S. 166 (S. 175); BVerfG, NJW, 1986, S. 2241; NJW, 1998, S. 519 (S. 521); NJW, 2006, S. 751 (S. 757).

92 BVerfGE 6, S. 32 (S. 36); 50, S. 166 (S. 175); 87, S. 209 (S. 228); BVerfG, NJW, 1986, S. 2241; NJW, 1998, S. 519 (S. 521); NJW, 2006, S. 751 (S. 757); nach BVerfGE 45, S. 187 (S. 227) gehören Achtung und Schutz der Menschenwürde „zu den Konstitutionsprinzipien des Grundgesetzes", die Menschenwürde stelle „den höchsten Rechtswert innerhalb der verfassungsmäßigen Ordnung dar."

93 BVerfGE 46, S. 160 (S. 164); 49, S. 24 (S. 53); BVerfG, NJW, 2006, S. 751 (S. 753).

94 BVerfGE 39, S. 1 (S. 42); BVerfG, NJW, 1999, S. 3399 (S. 3401).

95 Zu den historischen Beweggründen vgl. BVerfGE 18, S. 112 (S. 117 ff.); 39, S. 1 (S. 36 f.) sowie *Siekmann/Duttge*, Staatsrecht I, Grundrechte, 3. Auflage, Frankfurt/Main, 2000, Rn. 228 mit weiteren Nachweisen.

dings noch nicht enthalten. Anknüpfend an die Regelungen in einigen Landesverfassungen nach 1945[96] fand es Eingang in den Beratungen des Parlamentarischen Rates und wurde in der 3. Lesung im Plenum endgültig formuliert. Seit der Verkündung des Grundgesetzes am 23. Mai 1949 ist das Grundrecht auf Leben und körperliche Unversehrtheit nicht verändert worden.[97]

a. Grundrechtseingriff

Ein Eingriff in die Grundrechte liegt bei jeder Beeinträchtigung des Lebens oder der körperlichen Unversehrtheit eines Menschen vor, sofern sie einem Träger hoheitlicher Gewalt zuzurechnen ist.[98] Dabei ist es unerheblich, ob der Eingriff zielgerichtet oder unbeabsichtigt erfolgt, die Folgen unmittelbar oder bloß mittelbar eintreten oder ob es sich um rechtliche oder rein tatsächliche Beeinträchtigungen handelt.[99] Aus Gründen eines effektiven Grundrechtsschutzes wird eine Beeinträchtigung von Leben und Gesundheit nicht nur bei deren Verletzung, sondern bereits bei Lebens- und Gesundheitsgefährdungen angenommen[100], wenn die Intensität der Gefährdung mit einer Verletzung vergleichbar ist.[101] Wesentlicher Maßstab ist hierbei die Wahrscheinlichkeit einer Verletzung, die sich nach Art, Nähe und Ausmaß der möglichen Gefährdung bestimmt. Dabei sind die Art und der Rang des verfassungsrechtlich geschützten Rechtsguts sowie die zu seinem Schutz bereits vorhandenen Regelungen ebenfalls von Bedeutung.[102] Ist die Verletzung des Lebens oder ein schwerwiegender Gesundheitsschaden ernsthaft zu befürchten, so geht das Bundesverfassungsgericht von einer Grundrechtsbeeinträchtigung in Form der Lebensgefährdung aus.[103] Eine solche Lebensgefährdung und damit einen Eingriff in das Recht auf Leben hat das Verfassungsgericht beispielsweise angenommen im Fall der gerichtlichen Verweigerung von Räumungsschutz nach § 765 a ZPO bei Wohnraummietverhältnissen,

---

96 Art. 5 II Verf. Bremen, Art. 3 Verf. Hessen, Art. 3 Verf. Rheinland-Pfalz und Art. 1 S. 2 Verf. Saarland; vgl. *Schulze-Fielitz*, in: *Dreier (Hrsg.)*, Grundgesetz Kommentar, Band I, 2. Auflage, Tübingen, 2004, Art. 2 II Rn. 1.

97 *Schulze-Fielitz*, in: *Dreier (Hrsg.)*, Grundgesetz Kommentar, Band I, 2. Auflage, Tübingen, 2004, Art. 2 II Rn. 4; *Siekmann/Duttge*, Staatsrecht I, Grundrechte, 3. Auflage, Frankfurt/Main, 2000, Rn. 228.

98 *Siekmann/Duttge*, Staatsrecht I, Grundrechte, 3. Auflage, Frankfurt/Main, 2000, Rn. 232.

99 *Schulze-Fielitz*, in: *Dreier (Hrsg.)*, Grundgesetz Kommentar, Band I, 2. Auflage, Tübingen, 2004, Art. 2 II Rn. 44.

100 BVerfGE 49, S. 89 (S. 141 f.); 51, 324 (S. 346 f.); 66, S. 39 (S. 57 f.).

101 *Murswiek*, Die staatliche Verantwortung für die Risiken der Technik, Berlin, 1985, S. 127 ff.; *Siekmann/Duttge*, Staatsrecht I, Grundrechte, 3. Auflage, Frankfurt/Main, 2000, Rn. 232.

102 Vgl. BVerfGE 49, S. 89 (S. 142).

103 BVerfGE 51, S. 324 (S. 347).

wenn der Mieter seinen dahingehenden Antrag mit seiner Suizidgefährdung begründet.[104]

b. Staatliche Schutzpflicht gegenüber Eingriffen privater Dritter

Das Grundgesetz und die Grundrechte selbst vermitteln grundsätzlich keinen direkten Schutz und somit auch keine unmittelbaren Anreize zum Schutz des menschlichen Lebens vor Beeinträchtigungen durch Privatpersonen.[105] Nach der ganz überwiegenden Ansicht im Staatsrecht entfalten die Grundrechte und das Grundgesetz als objektive Wertordnung keine allgemeine unmittelbare Drittwirkung[106], sondern binden auch im Privatrecht gemäß Art. 1 III GG ausschließlich die öffentliche Gewalt in ihren Funktionen als Richter und Gesetzgeber.[107] Aus Art. 2 II 1 i.V.m. Art. 1 I 2 GG leitet das Bundesverfassungsgericht aber den staatlichen Auftrag ab, das Leben und die körperliche Unversehrtheit vor rechtswidrigen Eingriffen von Seiten anderer zu bewahren.[108] Grundlegend führt dazu die erste Entscheidung des Verfassungsgerichts zur Problematik des Schwangerschaftsabbruchs im Jahre 1975 aus, dass die Schutzpflicht des Staates umfassend sei und nicht nur unmittelbare staatliche Eingriffe in das sich entwickelnde Leben verbiete, sondern dem Staat auch gebiete, „sich schützend und

---

[104] BVerfGE 52, S. 214 (S. 220 f.); BVerfG, NJW, 1991, S. 3207; 1994, S. 1272 f.; 1994, S. 1719 f.; 1998, S. 295 f.; vgl. dazu *Schuschke*, Lebensschutz contra Eigentumsgarantie – Zu den Grenzen des § 765 a ZPO in der Räumungsvollstreckung, NJW, 2006, S. 874 ff. Weitere Beispiele aus der Rechtsprechung des Bundesverfassungsgerichts bei *Schulze-Fielitz*, in: *Dreier (Hrsg.)*, Grundgesetz Kommentar, Band I, 2. Auflage, Tübingen, 2004, Art. 2 II Rn. 46.

[105] Ausnahmen sind die Koalitionsfreiheit in Art. 9 III GG, das Widerstandsrecht in Art. 20 IV GG und wohl auch der Schutz der Menschenwürde; vgl. *Siekmann/Duttge*, Staatsrecht I, Grundrechte, 3. Auflage, Frankfurt/Main, 2000, Rn. 1034; *Jarass*, Bausteine einer umfassenden Grundrechtsdogmatik, Archiv des öffentlichen Rechts, 1995 (120), S. 345 (S. 351 ff.).

[106] Vgl. *Dreier*, in: *Dreier (Hrsg.)*, Grundgesetz Kommentar, Band I, 2. Auflage, Tübingen, 2004, Vorb. Rn. 69 ff. mit ausführlichen Nachweisen.

[107] *Siekmann/Duttge*, Staatsrecht I, Grundrechte, 3. Auflage, Frankfurt/Main, 2000, Rn. 1035 ff. Grundlegend dazu aus der Sicht des Privatrechts *Canaris*, Grundrechte und Privatrecht, AcP, 1984 (184), S. 201 ff.

[108] BVerfGE 39, S. 1 (S. 41); 46, S. 160 (S. 164); 88, S. 203 (S. 251); BVerfG, Europäische Grundrechte-Zeitschrift, 1996, S. 120; NJW, 2006, S. 751 (S. 757); wohingegen BVerfGE 49, S. 89 (S. 132, 142) allein auf Art. 1 I 2 GG abstellt und BVerfGE 53, S. 30 (S. 57); 56, S. 54 (S. 73 f.) nur Art. 2 II GG als Grundlage heranzieht; zur Vermischung der normativen Grundlagen des Grundrechts auf Leben und körperliche Unversehrtheit sowie der Menschenwürde vgl. bereits oben in Fn. 90.

fördernd vor dieses Leben zu stellen".[109] Die Schutzpflicht erstreckt sich somit auch und gerade auf die Gefährdung des Lebens durch Privatpersonen.[110]

Bei der Erfüllung dieser Schutzpflicht hat der Staat einen weiten Einschätzungs-, Wertungs- und Gestaltungsspielraum[111], dem er beispielsweise durch Erlass entsprechender materieller Vorschriften nachkommen kann[112]. In der Entscheidung zum Schwangeren- und Familienhilfegesetz von 1992 legt das Bundesverfassungsgericht hingegen einen strengeren Maßstab an. Danach liegt eine Schutzpflichtverletzung bereits vor, wenn der Einschätzungsspielraum nicht „in vertretbarer Weise" ausgeübt werde.[113] Es ist aufgrund der besonderen Umstände des Einzelfalls auch möglich, dass sich die Möglichkeiten des Staates bei der Mittelauswahl auf eine denkbare Maßnahme beschränken, sofern nur diese eine effektive Erfüllung der Verpflichtung zum Lebensschutz ermöglicht.[114] Trotz dieser Unterschiede bei der Bestimmung, ob das konkrete staatliche Handeln oder Unterlassen eine Schutzpflichtverletzung darstellt, betont das Bundesverfassungsgericht, dass es grundsätzlich in der Eigenverantwortung der staatlichen Organe liege, wie sie ihren Schutzpflichten nachkommen.[115] Eine verfassungswidrige Schutzpflichtverletzung liegt regelmäßig nur dann vor, wenn die staatlichen Organe vollkommen untätig bleiben oder die bisherigen Maßnahmen gänzlich unzulänglich sind.[116] Erreichen die Maßnahmen zum Schutz des menschlichen Lebens nicht dieses notwendige Maß, so konkretisiert sich darin das so genannte „Untermaßverbot" des staatlichen Handelns.[117] Wird der Gesetzgeber

---

[109] BVerfGE 39, S. 1 (S. 42); 46, S. 160 (S. 164).

[110] BVerfGE 66, S. 39 (S. 61); dazu auch *Wagner*, in: Münchener Kommentar zum Bürgerlichen Gesetzbuch, Band 5, 4. Auflage, München, 2004, Vorbemerkung § 823 Rn. 58.

[111] BVerfGE 77, S. 170 (S. 214 f.); 79; S. 174 (S. 202); 92, S. 26 (S. 46); BVerfG, NJW, 2006, S. 751 (S. 760). Zum Dreiecksverhältnis zwischen Staat, potentiellem Störer und Gefährdetem sowie weiteren Einzelheiten des grundrechtlichen Schutzauftrags an den Staat vgl. *Siekmann/Duttge*, Staatsrecht I, Grundrechte, 3. Auflage, Frankfurt/Main, 2000, Rn. 237 ff.

[112] Neben solchen normativen kann der Staat auch tatsächliche Maßnahmen („Schutzvorkehrungen") ergreifen, vgl. BVerfGE 88, S. 203 (S. 254, 261) zum Schwangeren- und Familienhilfegesetz 1992.

[113] BVerfGE 88, S. 203 (S. 254, 261 ff.).

[114] BVerfGE 46, S. 160 (S. 164 f.).

[115] BVerfGE 46, S. 160 (S. 164); 96, S. 56 (S. 64); BVerfG, NJW, 2006, S. 751 (S. 760).

[116] BVerfG, JZ, 1997, S. 897; NJW, 1998, S. 975 (S. 976); NJW, 1998, S. 2961 (S. 2962).

[117] BVerfGE 88, S. 203 (S. 254); *Siekmann/Duttge*, Staatsrecht I, Grundrechte, 3. Auflage, Frankfurt/Main, 2000, Rn. 238 ff., 988 f.; ausführlich zum grundrechtlichen Schutzauftrag des Staates *Stern*, Das Staatsrecht der Bundesrepublik Deutschland, Band III/1, München, 1988, S. 931 ff.; aus der Sicht des Privatrechts *Canaris*, Grundrechte und Privatrecht, AcP, 1984 (184), S. 201 (S. 225 ff.).

tätig und es stellen sich im Zeitverlauf Unzulänglichkeiten der Gesetzgebung heraus, so sind die entsprechenden Vorschriften nachzubessern.[118]

2. Zivilrechtlicher Lebensschutz und verfassungsrechtliches Untermaßverbot

Vor diesem Hintergrund stellt sich die Frage, ob es einen Verstoß gegen das verfassungsrechtlich gebotene Untermaßverbot darstellt, dass das geltende Zivilrecht die Tötung eines Menschen nicht mit einer Schadensersatzverpflichtung belegt. Sollte dies zu bejahen sein, so bestünde bereits von Verfassungs wegen eine Pflicht des Gesetzgebers, diesen Zustand zu beseitigen.

Teilweise wird vertreten, dass lediglich die vollständige Streichung des Rechtsguts Leben aus dem Kanon der in § 823 I BGB aufgeführten Rechtsgüter einen Verstoß gegen die staatliche Schutzpflicht für das menschliche Leben darstelle.[119] Angesicht der vorgefundenen Rechtslage erstaunt diese Feststellung zunächst. Denn der praktisch verbleibende Anwendungsbereich des § 823 I BGB beschränkt sich im Hinblick auf das Rechtsgut Leben im Wesentlichen auf die Möglichkeit des präventiven Rechtsschutzes.[120] Da aber die zivilrechtlichen Vorschriften des Deliktsrechts grundsätzlich als Ausprägung der staatlichen Schutzpflicht einzuordnen sind und dem Gesetzgeber nach der Rechtsprechung des Bundesverfassungsgerichts im Hinblick auf die Art und Weise des Lebensschutzes ein weiter Ermessens- und Gestaltungsspielraum eingeräumt wird, führt der auf Unterlassungsansprüche verengte Anwendungsbereich nicht zwingend zur Annahme eines Verfassungsverstoßes. Denn selbst unter Anwendung des (strengeren) Maßstabs des Bundesverfassungsgerichts aus der Entscheidung zum Schwangeren- und Familienhilfegesetz von 1992, nach dem eine Schutzpflichtverletzung bereits vorliegt, wenn der Einschätzungsspielraum nicht „in vertretbarer Weise“ ausgeübt werde, lässt sich eine Verletzung der staatlichen Schutzpflicht nicht ableiten. Trotz der bereits dargelegten Anreizdefizite des Strafrechts dürfte sich der Gesetzgeber insoweit noch im Rahmen seines Ermessens- und Gestaltungsspielraums bewegen, da er seine Schutzpflicht insbesondere im Wege der öffentlich-rechtlichen Regulierung erfüllt.

Da hier aber eine Vielzahl an Vorschriften aus den verschiedensten Regelungsbereichen dem Lebensschutz sowohl mittelbar als auch unmittelbar dienen, erscheint es nicht durchführbar, die aufgeworfene verfassungsrechtliche Fragestellung einer pauschalen Antwort zuführen zu wollen. Die entsprechenden Versu-

---

118 BVerfGE 56, S. 54 (S. 78 f.).

119 *Wagner*, in: Münchener Kommentar zum Bürgerlichen Gesetzbuch, Band 5, 4. Auflage, München, 2004, Vorbemerkung § 823 Rn. 58.

120 Vgl. dazu die Ausführungen im folgenden Kapitel auf S. 74 f.

che in der juristischen Literatur[121] können bei einer abstrakten Herangehensweise der Vielzahl an denkbaren Gefahren für das menschliche Leben in den vielfältigen Situationen des täglichen Lebens nicht gerecht werden. Stattdessen wäre es möglich und auch notwendig, einzelne Regulierungsbereiche herauszugreifen und diese der in Rede stehenden verfassungsrechtlichen Prüfung zu unterziehen. So könnte z.B. der Bereich der Kraftfahrzeugsicherheit dahingehend untersucht werden, ob die gesetzlich vorgeschriebene, alle zwei Jahre durchzuführende Hauptuntersuchung der Kraftfahrzeugsicherheit und damit auch dem Lebensschutz genüge tut und ein verfassungsrechtlich vertretbares Regulierungsmaß aufweist.

Eine allgemeingültige Beantwortung dieser verfassungsrechtlichen Frage kann und soll die vorliegende Arbeit nicht leisten. Deren Themenstellung betrifft die zivilrechtlich orientierte Frage nach der richtigen Ausgestaltung des Haftungsrechts für den Fall der Tötung eines Menschen. Die wechselseitige Beeinflussung von Zivil- und Verfassungsrecht bedeutet andererseits aber auch, dass ein effizientes zivilrechtliches Haftungssystem eine verfassungskonforme Ausgestaltung des staatlichen Schutzauftrags darstellt.[122]

Zu berücksichtigen ist ferner, dass sich eine Entscheidung der verfassungsrechtlichen Problematik direkt nur auf die verantwortlichen staatlichen Organe auswirken würde. Sofern das staatliche Handeln dem Untermaßverbot nicht gerecht wird und ein Verfassungsverstoß festzustellen ist, müsste der Gesetzgeber tätig werden und die Unzulänglichkeiten der Gesetzgebung beheben. Für die handelnden Subjekte des Privatrechts als betroffene Individuen, deren Rechtsgüterschutz in Frage steht, hätte ein entsprechender Verfassungsverstoß nur eingeschränkte Rechtsfolgen.

Ein Unterlassen des Gesetzgebers kann grundsätzlich nicht Gegenstand einer Verfassungsbeschwerde sein.[123] Eine Ausnahme ist nach der Rechtsprechung des Bundesverfassungsgerichts nur für den Fall anzuerkennen, dass der Inhalt und der Umfang der Pflicht des Gesetzgebers zum Tätigwerden im Wesentlichen einem ausdrücklichen Auftrag des Grundgesetzes zu entnehmen sind.[124] Stellt das Gericht einen Verstoß gegen das Untermaßverbot fest, darf es gleichwohl nicht anstelle des Gesetzgebers handeln, d.h. eine hypothetische, seiner Rechtsauffassung nach angemessene gesetzliche Regelung zur Grundlage der Entscheidung machen. Das Verfassungsgericht kann lediglich feststellen, dass

---

[121] Vgl. beispielhaft *Stahmer*, Entschädigung von Nichtvermögensschäden bei Tötung, Hamburg, 2004, S. 236 ff. mit vielfältigen Nachweisen zur juristischen Diskussion.

[122] *Adams*, Ökonomische Analyse der Gefährdungs- und Verschuldenshaftung, Heidelberg, 1985, S. 178.

[123] BVerfGE 1, S. 97 (S. 100); 11, S. 255 (S. 261).

[124] BVerfGE 6, S. 257 (S. 264 f.); 8, S. 1 (S. 9 f.); 11, S. 255 (S. 261).

ein Verfassungsverstoß vorliegt. Die praktische Bedeutung einer solchen Entscheidung ist in der Tatsache zu erblicken, dass der Gesetzgeber verfassungsrechtlich zu einem entsprechenden Handeln, d.h. zum Erlass neuer oder zur Nachbesserung bestehender Normen verpflichtet wird.[125]

Da eine bestimmte Handlungspflicht der Legislative im Allgemeinen nicht gegeben ist, scheidet bereits aus diesem Grund ein an die Untätigkeit des förmlichen Gesetzgebers, d.h. des Bundestages sowie der Landesparlamente anknüpfender Amtshaftungsanspruch regelmäßig aus.[126] Darüber hinaus hat der Bundesgerichtshof (BGH) eine Amtshaftung für legislatives Unrecht bislang stets abgelehnt und dies mit der fehlenden Drittbezogenheit der Amtspflicht der für die Gesetzgebung verantwortlichen Amtsträger begründet.[127] Ein Schadensersatzanspruch aus Amtshaftung setzt nach Art. 34 GG und § 839 I BGB[128] voraus, dass ein Amtsträger „die ihm einem Dritten gegenüber obliegende Amtspflicht" verletzt. Als Dritte im Sinne dieser Vorschriften und mögliche Anspruchsinhaber kommen daher nur diejenigen Personen oder Personenkreise in Betracht, deren Belange durch die Amtspflichtverletzung unmittelbar berührt sind. Im Hinblick auf das Tätigwerden bzw. Untätigbleiben des Gesetz- oder Verordnungsgebers argumentiert der BGH, dass deren verantwortliche Amtsträger lediglich Aufgaben gegenüber der Allgemeinheit wahrnähmen, da Gesetze oder Verordnungen generell-abstrakte Regelungen darstellten.[129] Insofern ist selbst eine vom Regelungsbereich des Gesetzes oder der Verordnung erfasste Person kein anspruchsberechtigter Dritter eines Amtshaftungsanspruch im Sinne

---

[125] Vgl. BVerfGE 6, S. 257 (S. 265 f.); 8, S. 1 (S. 20).

[126] *Papier*, in: Münchener Kommentar zum Bürgerlichen Gesetzbuch, Band 5, 4. Auflage, München, 2004, § 839 Rn. 261.

[127] Im Ergebnis lehnt der BGH in diesen Fällen eine Haftung auch unter dem Gesichtspunkt des (rechtswidrigen) enteignungsgleichen Eingriffs ab, vgl. dazu BGHZ 100, S. 136 (S. 145 ff.). Einen Amtshaftungsanspruch hat der BGH weitestgehend auch in den Fällen des sogenannten normativen Unrechts abgelehnt. Darunter versteht man untergesetzliche Normen, also Rechtsverordnungen, Satzungen und Verwaltungsvorschriften die gegen höherrangiges Recht verstoßen, vgl. *Reinert*, in: *Bamberger/Roth (Hrsg.)*, Kommentar zum Bürgerlichen Gesetzbuch, Band 2, München, 2005, § 839 Rn. 57 mit weiteren Nachweisen; allerdings kann in dieser Fallgruppe der enteignungsgleiche Eingriff Grundlage für eine Staatshaftung sein, sofern die untergesetzliche Norm an einem eigenen, nicht auf ein Parlamentsgesetz zurückgehenden Nichtigkeitsgrund leidet, vgl. dazu BGHZ 111, S. 349, (S. 353).

[128] Zum Verhältnis der Normen im Rahmen einer einheitlichen Anspruchsgrundlage vgl. *Maurer*, Allgemeines Verwaltungsrecht, 16. Auflage, München, 2006, § 26 Rn. 7 ff.

[129] BGHZ 56, S. 40 (S. 46); 84, S. 292 (S. 300); 87, S. 321 (S. 335); BGHZ 91, S. 243 (S. 249 f.); 102, S. 350 (S. 367); BGH, NJW, 1989, S. 101; NVwZ-RR, 1993, S. 450.

von Art. 34 GG und § 839 I BGB.[130] Ausnahmen von diesem Grundsatz können nach dem BGH lediglich bei so genannten Maßnahme- oder Einzelfallgesetzen in Betracht kommen, da in diesen Fällen die Belange von Einzelpersonen unmittelbar berührt sein können.[131]

Eine Erweiterung hat die staatliche Haftung für legislatives Unterlassen hingegen durch die Rechtsprechung des Europäischen Gerichtshofs (EuGH) zur Haftung der Mitgliedstaaten für die Nichtumsetzung von Richtlinien der Europäischen Union (EU) erfahren.[132] Danach haben EU-Bürger einen gemeinschaftsrechtlichen Staatshaftungsanspruch gegen die Mitgliedstaaten auf Ersatz derjenigen Schäden, die ihnen in Folge der nicht erfolgten Umsetzung von EU-Richtlinien in mitgliedstaatliches Recht entstehen. Rechtsgrundlage des Anspruchs ist somit nicht das nationale Recht der Mitgliedstaaten, sondern das Gemeinschaftsrecht. Nach der Rechtsprechung des EuGH müssen für einen Schadensersatzanspruch drei Voraussetzungen erfüllt sein: zunächst muss die Verleihung von Rechten an die Bürger das Ziel der nicht umgesetzten Richtlinie sein; darüber hinaus muss der Inhalt dieser Rechte auf der Grundlage der Richtlinie bestimmt werden können und schließlich muss ein unmittelbarer kausaler Zusammenhang bestehen zwischen dem Verstoß gegen die dem Mitgliedstaat auferlegte Verpflichtung und dem bei den Geschädigten eingetretenen Schaden.[133]

3. Vorzüge des Haftungsrechts gegenüber öffentlich-rechtlicher Regulierung

Abgesehen von diesem europarechtlich geprägten Sonderfall der Staatshaftung unterliegen die Rechtsgüter Leben und körperliche Unversehrtheit zwar grundrechtlichen Schutzpflichten. Diese vermitteln mangels unmittelbarer Drittwirkung allerdings keine direkten Anreize zum Schutz des menschlichen Lebens vor von Privatpersonen beherrschbaren Todesfallrisiken. Der Staat selbst unter-

---

[130] Dieses Ergebnis und die Argumentation des BGH werden in der rechtswissenschaftlichen Literatur vielfach kritisiert, vgl. dazu beispielhaft: *Papier*, in: Münchener Kommentar zum Bürgerlichen Gesetzbuch, Band 5, 4. Auflage, München, 2004, § 839 Rn. 98 ff., 261 sowie *Maurer*, Allgemeines Verwaltungsrecht, 16. Auflage, München, 2006, § 26 Rn. 51 ff., jeweils mit weiteren Nachweisen.

[131] BGHZ 56, S. 40 (S. 46); 84, S. 292 (S. 300); BGH, NJW, 1989, S. 101; BGH, NVwZ-RR, 1993, S. 450 f. für Verordnungen, die inhaltlich dem Regelungsgehalt von Maßnahme- oder Einzelfallgesetzen entsprechen.

[132] Grundlegend dazu die Entscheidungen EuGH, NJW, 1992, S. 165 ff. - *Francovich*; 1996, S. 1267 ff. - *Brasserie du Pêcheur*; vgl. zum Folgenden auch *Papier*, in: Münchener Kommentar zum Bürgerlichen Gesetzbuch, Band 5, 4. Auflage, München, 2004, § 839 Rn. 98 ff. mit weiteren Nachweisen.

[133] EuGH, NJW, 1992, S. 165 (S. 166 f.) - *Francovich*; 1996, S. 1267 (S. 1270) - *Brasserie du Pêcheur*.

liegt ebenfalls nur schwach ausgeprägten Anreizen zur Wahrnehmung und Ausfüllung seines verfassungsrechtlichen Schutzauftrages. Sofern der Gesetzgeber oder die Exekutive in ihrer Eigenschaft als Verordnungsgeber diesem Auftrag nicht nachkommen, kann aber das Zivilrecht als Korrektiv eingreifen. In Fällen, in denen der Staat seiner Pflicht zum Erlass notwendiger Regulierungen nicht oder nur unzureichend nachkommt, vermag das Zivilrecht den Handelnden die richtigen Anreize zu vermitteln, sofern es alle möglichen Nutzenverluste, also auch den Tod von Menschen, berücksichtigt. Gleiches gilt für die Fälle, in denen Gesetz- und Verordnungsgeber bestehende Regulierungen bewusst zurücknehmen, um damit zum oftmals eingeforderten und angekündigten „Bürokratieabbau" beizutragen.

Ferner ist zu berücksichtigen, dass die öffentlich-rechtliche Form der Regulierung bei neuen oder unbekannten Risiken, die beispielsweise im Rahmen der Entwicklung neuer Technologien entstehen können, Schwächen aufweist. Denn die öffentlich-rechtlichen Standards knüpfen an den aktuellen Stand der Technik an. Eine Pflicht zur Erforschung von Risiken und Weiterentwicklung der Sicherheitsstandards lässt sich praktisch nicht umsetzen. Demgegenüber ist das Haftungsrecht in der Lage, Anreize zur Fortentwicklung der Sicherheitstechnik zu geben. Damit einhergehend wird der Staat von der Aufgabe entlastet, selbst die für eine Regulierung notwendigen Informationen zu den in Frage stehenden Risiken zu sammeln, auszuwerten und einer Normierung in Gesetzesform zuzuführen.[134] Im Rahmen des Haftungsrechts wird hingegen derjenige mit diesen Kosten belastet, der auch die Vorteile ihrer Nutzung erlangen möchte.[135]

Von grundlegender Bedeutung für das Verhältnis von öffentlich-rechtlicher Regulierung und zivilrechtlichem Haftungsrecht sind damit die durch die Regulierungsform selbst entstehenden Kosten. Diese können auf der Ebene der Normsetzung ebenso anfallen wie bei deren Durchsetzung, wozu insbesondere die Überwachung der handelnden Subjekte durch den Staat notwendig ist. Sofern dabei höhere Kosten entstehen als bei der Vermittlung von Anreizen durch das privatrechtliche Haftungssystem, stellt dies einen grundlegenden Vorzug des

---

134 *Shavell*, Liability for Harm versus Regulation of Safety, in: *Wittman (Hrsg.)*, Economic Analysis of the Law, Selected Readings, Malden (Massachusetts), 2003, S. 59 (S. 63 ff.); *Wagner*, Haftung und Versicherung als Instrumente der Techniksteuerung, VersR, 1999, S. 1441 (S. 1444).

135 Eine andere Sichtweise ist hier nur dann angezeigt, wenn es um die Entwicklung risikoträchtiger Technologien geht, die einen großen Nutzen für die Allgemeinheit haben, ein einzelner oder ein Unternehmen jedoch nicht bereit sind, die entsprechenden Kosten zu tragen. Gleiches gilt beispielsweise für die Entwicklung neuer Medikamente, die einen hohen Nutzen für die Allgemeinheit hätten. Deren Entwicklung unterbleibt aber, sofern die Entwicklungskosten den zu erwartenden Nutzen aus der Vermarktung überschreiten. Als Beispiel sei hier die Entwicklung von auf die besonderen Erfordernisse in Entwicklungsländern abgestimmten Aids-Medikamenten genannt.

Haftungsrechts gegenüber der Regulierung durch öffentlich-rechtliche Vorschriften dar. Dem Haftungsrecht kommt hier der Vorteil zu Gute, dass es seine präventive Wirkung von selbst entfaltet und sich damit gewissermaßen selbst vollzieht.[136] Eine staatliche Regulierung ist demgegenüber weitaus aufwändiger und mit höheren Kosten verbunden, da etwaige Risiken zunächst erkannt und einer geeigneten Regelung unterworfen werden müssen, die schließlich auch durchzusetzen ist.[137] Nur für den Fall, dass trotz der präventiven Wirkung des Haftungsrechts ein Schaden eintritt, sind die Kosten der haftungsrechtlichen Schadensabwicklung, beispielsweise für die gerichtliche Durchsetzung von Schadensersatzansprüchen, zu berücksichtigen.[138]

Schließlich weist eine ordnungsrechtliche Regulierung auch im Hinblick auf ihre präventive Wirkung Schwächen gegenüber dem Haftungsrecht auf. Selbst wenn gesetzliche Ge- oder Verbote das Verhalten steuern sollen und ihre Nichtbefolgung strafrechtliche Sanktionen nach sich zieht, so wirkt sich auf der Rechtsfolgenseite das bereits im Rahmen der Erwägungen zum Strafrecht beschriebene Anreizdefizit aus. Die Nutzenverluste, beispielsweise in Form des Verlusts eines Menschenlebens, berücksichtigt das Sanktionssystem nur unzureichend. Das Anreizsystem des Haftungsrechts könnte hier die richtigen Anreize setzen, sofern die Tötung selbst auch mit einbezogen wird.

Die somit möglichen Vorteile des zivilrechtlichen Haftungsrechts gegenüber der Regulierung durch öffentlich-rechtliche Vorschriften seien anhand zweier Beispiele verdeutlicht: dem Einsturz der Eissporthalle in Bad Reichenhall sowie dem Problem der Verantwortlichkeit der Zigarettenhersteller für Gesundheitsschäden und Todesfälle, die durch die von ihr hergestellten Produkte verursacht werden.

a. Beispiel 1: Die Regulierung von Tabakprodukten

Die Produktion und der Verkehr von Tabakprodukten ist in Deutschland maßgeblich in den öffentlich-rechtlichen Vorschriften des Vorläufigen Tabakgeset-

---

[136] *Shavell*, Liability for Harm versus Regulation of Safety, in: *Wittman (Hrsg.)*, Economic Analysis of the Law, Selected Readings, Malden (Massachusetts), 2003, S. 59 (S. 60 ff.).

[137] Die fehlende Flexibilität des öffentlich-rechtlichen Regulierungsrahmens, resultierend aus dem Wunsch nach weitgehender Standardisierung einerseits und der Berücksichtigung unterschiedlich gelagerter Einzelfälle andererseits, stellt auch *Steiner*, Schadensverhütung als Alternative zum Schadensersatz, Köln, 1983, S. 152 f., heraus.

[138] *Adams*, Ökonomische Analyse der Produkthaftung, in: *ders. (Hrsg.)*, Ökonomische Theorie des Rechts, Konzepte und Anwendungen, 2. Auflage, Frankfurt/Main, S. 183 (S. 228 f.); *Wagner*, Haftung und Versicherung als Instrumente der Techniksteuerung, VersR, 1999, S. 1441 (S. 1453), weist darauf hin, dass diese Kosten maßgeblich von dem für die haftungsrechtliche Zuordnung der Schäden notwendigen Aufklärungsaufwand abhängig seien.

zes (VorlTabakG)[139], der TabakVO und der AromenVO geregelt. Diese Vorschriften eröffnen den Herstellern nun aber einen so weiten Spielraum bei der Herstellung von Zigaretten, dass selbst krebserzeugende Stoffe, Krebsverdachtsstoffe sowie Stoffe, die bei der Pyrolyse Kanzerogene entstehen lassen, in großer Anzahl als „erlaubte" Herstellungszutaten in den öffentlich-rechtlichen Vorschriften genannt werden. Ferner sind Substanzen aufgeführt, die zur Suchtverstärkung beitragen und Kindern und Jugendlichen den Raucheinstieg erleichtern. In Deutschland wurden diese Zusammenhänge im Jahre 2005 vom Deutschen Krebsforschungszentrum in Heidelberg offenbart.[140] Vor dem Hintergrund der dramatischen gesundheitsschädlichen Auswirkungen des Rauchens, allein in Deutschland sterben pro Jahr zwischen 110.000 und 140.000 Menschen an den Folgen tabakbedingter Krankheiten[141], stellt sich die Frage nach der zivilrechtlichen Haftung der Zigarettenhersteller.[142]

Grundsätzlich ergibt sich aus öffentlich-rechtlichen Vorschriften kein Zwang, ein Produkt in einer bestimmten Art und Weise zu konstruieren.[143] Den Herstellern verbleibt folglich ein weiter Gestaltungsspielraum bei der Herstellung ihrer Produkte. Für eine Haftung sowohl nach den deliktsrechtlichen Vorschriften als auch nach dem ProdHaftG besteht Einigkeit, dass selbst eine lebensmittelrechtlich statthafte Zugabe[144] kein hinreichender Grund für die Ablehnung eines Konstruktionsfehlers und damit einer Haftung ist. Zwar begründet die Einhal-

---

139 Vormals: Lebensmittel- und Bedarfsgegenständegesetz (LMBG).

140 *Deutsches Krebsforschungszentrum (Hrsg.)*, Erhöhte Gesundheitsgefährdung durch Zusatzstoffe in Tabakerzeugnissen - Konsequenzen für die Produktregulation, Heidelberg, 2005. Zu weitergehenden Nachweisen vgl. *Deutsches Krebsforschungszentrum (Hrsg.)*, Die Tabakindustriedokumente I: Chemische Veränderungen an Zigaretten und Tabakabhängigkeit, Heidelberg, 2005, S. 15 ff.

141 Die Ergebnisse der Studien von *John/Hanke* (Tabakrauch-attributable Mortalität in den deutschen Bundesländern, Das Gesundheitswesen, 2001 (63), S. 363 ff.) sowie *Peto/Lopez/Boreham/Thun* (Mortality from Smoking in Developed Countries 1995-2000, Mortality from Smoking in Developed Countries 1995-2000, 2. Auflage, 2006 [http://www.ctsu.ox.ac.uk/~tobacco/C4085.pdf, 22.12.2006]) und *Welte/König/Leidl* (The costs of health damage and productivity losses attributable to cigarette smoking in Germany, European Journal of Public Health, 2000 (10/1), S. 31 ff.) liegen am oberen bzw. unteren Rand dieser Größenordnung. Von 140.000 tabakbedingten Todesfällen geht die *Deutsche Hauptstelle für Suchtgefahren (Hrsg.)*, Informationen zur Suchtkrankenhilfe 1/2003, Aktionsplan Tabak 2003, 2003, S. 9 (http://www.dhs-intern.de/pdf/Aktionsplan_Tabak_2003.pdf, 15.11.2004) aus.

142 Ausführlich dazu *Merten*, Zigaretten - ein fehlerhaftes Produkt, Zivilrechtliche Haftung und strafrechtliche Verantwortung der Zigarettenindustrie, VersR, 2005, S. 465 ff.

143 Begründung des Regierungsentwurfs des Produkthaftungsgesetzes, BT-Drucks. 11/2447, S. 19.

144 Zugelassene Fremdstoffe sind in Anlage 1 zu § 1 TabakVO aufgeführt.

tung gesetzlicher Schutzvorschriften, zu der insbesondere das VorlTabakG und die TabakVO zählen, grundsätzlich den „Anschein, dass das Produkt den berechtigten Sicherheitserwartungen der Allgemeinheit entspricht“[145]. Wenn der Hersteller entsprechende Vorschriften befolgt, so zeigt dies, dass er ein fehlerfreies Produkt anstrebt.[146] Eine Haftung ist gemäß § 1 II Nr. 4 ProdHaftG aber nur ausgeschlossen, wenn es sich um zwingende Rechtsvorschriften handelt. Dies sind Normen, die dem Hersteller im Detail[147] eine bestimmte Beschaffenheit seiner Erzeugnisse bindend vorschreiben, ohne eine Abweichungsmöglichkeit zu eröffnen. Der Hersteller muss somit vor die Wahl gestellt sein, das Produkt entweder im Sinne der gesetzlichen Vorschriften oder überhaupt nicht herzustellen.[148]

Die Vorschriften des VorlTabakG und der TabakVO schaffen eine solche Zwangslage nun aber gerade nicht. Sie legen nur Mindestanforderungen an das Produkt Zigarette und keinen zwingend einzuhaltenden Produktionsprozess fest.[149] Dementsprechend ist auch anerkannt, dass insbesondere Regelungen, die bestimmte Inhaltsstoffe zulassen oder verbieten (sogenannte Positiv- bzw. Negativlisten), keine zwingend haftungsausschließenden Rechtsvorschriften darstellen.[150]

Gleichwohl sind die staatlichen Organe bislang nicht tätig geworden, um diesen Risiken für Leib und Leben der Konsumenten zu begegnen. Im Rahmen der gesetzlichen Ermächtigungen wären sie befugt und unter verfassungsrechtlichen Aspekten[151] wohl auch verpflichtet, von den Verordnungsermächtigungen in §§ 20 III, 21 VorlTabakG Gebrauch zu machen. Diese ermöglichen und fordern

---

[145] So ausdrücklich in der Begründung des Regierungsentwurfs des Produkthaftungsgesetzes, BT-Drucks. 11/2447, S. 19.

[146] Begründung des Regierungsentwurfs des Produkthaftungsgesetzes, BT-Drucks. 11/2447, S. 19; *Oechsler*, in: Staudinger, Kommentar zum Bürgerlichen Gesetzbuch, §§ 826-829 - Produkthaftungsgesetz, 13. Bearbeitung, Berlin, 2003, § 3 ProdHaftG Rn. 94.

[147] Vgl. hierzu die Begründung des Regierungsentwurfs des Produkthaftungsgesetzes, BT-Drucks. 11/2447, S. 15.

[148] *Wagner*, in: Münchener Kommentar zum Bürgerlichen Gesetzbuch, Band 5, 4. Auflage, München, 2004, § 1 ProdHaftG Rn. 49; *Sprau*, in: Palandt, Bürgerliches Gesetzbuch, 65. Auflage, München, 2006, § 1 ProdHaftG Rn. 20.

[149] *Zekoll*, Die Haftung der Zigarettenindustrie - amerikanische Erfahrungen und deutsche Perspektiven, NJW, 1999, S. 2722 (S. 2723 in Fn. 18); *Buchner/Wiebel*, Die Fehlerhaftigkeit des Produkts Zigarette, VersR, 2001, S. 29 (S. 34); *Thiele*, Die zivilrechtliche Haftung der Tabakindustrie, Tübingen, 2003, S. 116.

[150] *Wagner*, in: Münchener Kommentar zum Bürgerlichen Gesetzbuch, Band 5, 4. Auflage, München, 2004, § 1 ProdHaftG Rn. 49.

[151] Dazu *Merten*, Zigaretten – ein fehlerhaftes Produkt, Zivilrechtliche Haftung und strafrechtliche Verantwortung der Zigarettenindustrie, VersR, 2005, S. 465 (S. 474).

ein Einschreiten des zuständigen Verordnungsgebers, wenn die Auswirkungen der Produktumgestaltung über die Zielsetzung des VorlTabakG und der Tabak-VO hinausgehen. Dies ist der Fall, wenn *zusätzliche* Risiken geschaffen werden, die über das unvermeidliche gesundheitliche Risiko des Rauchens hinausgehen. Diese Voraussetzungen sind nach den Erkenntnissen des Deutschen Krebsforschungszentrums beim Produkt Zigarette gegeben, da die in Rede stehenden Zusatzstoffe ein bereits gefährliches Produkt noch gefährlicher machen.[152]

An dieser Stelle wird die Wirkung des zivilen Haftungsrechts deutlich. Die Verantwortung des Herstellers erschöpft sich nicht in der Einhaltung der lebensmittelrechtlichen Vorschriften.[153] Neben den öffentlich-rechtlichen Vorschriften unterliegen die Hersteller den allgemeinen zivilrechtlichen Pflichten hinsichtlich Konstruktion und Fabrikation ihrer Produkte sowie der Instruktion der Verbraucher. Bereits die Begründung des Regierungsentwurfs des Produkthaftungsgesetzes geht davon aus, dass die Einhaltung des gesetzlich Erlaubten, im Beispielsfall der Vorschriften zur Regulierung von Tabakprodukten, eine Haftung nicht zwingend ausschließt, da derartige Vorschriften u.a. schnell veralten können[154] und häufig nicht abschließend sind.[155]

Darüber hinaus gebietet die Produktbeobachtungspflicht[156] den Herstellern, nach dem Bemerken eines Gefahrenpotentials entsprechende Gegenmaßnahmen zu ergreifen.[157] Zumindest ab dem Bekanntwerden der aufgezeigten jüngsten Forschungsergebnisse müsste die Tabakindustrie den Herstellungsprozess verändern.[158] Eine suchterhöhende und gezielt auf den Konsum Minderjähriger abzie-

---

[152] *Deutsches Krebsforschungszentrum (Hrsg.)*, Die Tabakindustriedokumente I: Chemische Veränderungen an Zigaretten und Tabakabhängigkeit, Heidelberg, 2005, passim.

[153] OLG Düsseldorf, VersR, 2003, S. 912 (S. 914).

[154] Amtliche Begründung des Produkthaftungsgesetzes, BT-Drucks. 11/2247, S. 19.

[155] Vgl. zum Ganzen: *Oechsler*, in: Staudinger, Kommentar zum Bürgerlichen Gesetzbuch, §§ 826-829 - Produkthaftungsgesetz, 13. Bearbeitung, Berlin, 2003, § 3 ProdHaftG Rn. 95.

[156] Dazu BGHZ 80, S. 199 ff.; *Sprau*, in: Palandt, Bürgerliches Gesetzbuch, 65. Auflage, München, 2006, § 823 Rn. 172.

[157] Zum Umfang der Gefahrabwendungspflichten vgl. BGH, NJW, 1990, S. 906 (S. 907) und NJW, 1994, S. 3349 (S. 3350), danach muss ein Hersteller „einen erkannten Produktmangel bereits dann abstellen, wenn seine Konkurrenten ihre Produkte noch nicht umgestellt haben […] und wenn noch keine neue DIN-Norm erlassen ist."

[158] Es ist jedoch davon auszugehen, dass die gesundheitsschädlichen und tödlichen Auswirkungen der Produktionsmethoden den Herstellern lange bekannt sind und auch gezielt eingesetzt werden; vgl. dazu *Merten*, Zigaretten - ein fehlerhaftes Produkt, Zivilrechtliche Haftung und strafrechtliche Verantwortung der Zigarettenindustrie, VersR, 2005, S. 465 (S. 470 ff.) mit weiteren Nachweisen.

lende Manipulation der Produkte ist ebenso zu unterlassen, wie die Verwendung krebserzeugender und krebsverdächtiger Stoffe.

Das Beispiel veranschaulicht die grundsätzlich bestehenden Vorzüge des Zivilrechts gegenüber dem öffentlich-rechtlichen Sanktionssystem. Gleichwohl konnte eine Haftung der Zigarettenhersteller für die gesundheitsschädlichen und tödlichen Auswirkungen des derzeitigen Herstellungsprozesses ihrer Produkte bislang nicht erreicht werden. Dies liegt, abgesehen von dem zurzeit bestehenden Anreizdefizit im Hinblick auf die Tötung eines Menschen, jedoch nicht in der grundsätzlichen Ausgestaltung des zivilen Haftungssystems. Vielmehr weigern sich die Zivilgerichte bislang, die neuen Erkenntnisse zum Herstellungsprozess und die dahinter stehende Motivation der Hersteller zur Kenntnis zu nehmen und in die rechtliche Bewertung einzubeziehen.[159]

b. Beispiel 2: Die baurechtliche Überwachungskontrolle

Beim Einsturz der Eissporthalle in Bad Reichenhall im Januar 2006 wurden 34 Personen schwer verletzt, 15 Menschen fanden den Tod. Es wurde bereits festgestellt, dass dieser Verlust an Menschenleben und die darin zu erblickenden immateriellen Einbußen insbesondere auf der Rechtsfolgenseite des straf- aber auch des öffentlich-rechtlichen Sanktionssystem nicht in richtiger Weise berücksichtigt werden. Demzufolge ist es auch nicht hinreichend, wenn die derzeit laufenden staatsanwaltlichen Ermittlungen gegen die Verantwortlichen wegen fahrlässiger Tötung und fahrlässiger Körperverletzung zur Eröffnung eines strafrechtlichen Verfahrens und einer Verurteilung der Verantwortlichen führen sollten.[160] Das Beispiel „Bad Reichenhall" veranschaulicht, dass auch öffentlich-rechtliche Regulierungen Anreizlücken aufweisen, die durch eine zivilrechtliche Haftung geschlossen werden können. Zudem verdeutlicht es die Problematik der im Rahmen des Ordnungsrechts anfallenden Kosten.

Unmittelbar nach dem Unglück wurde die Einführung eines sogenannten „Bau-TÜV" gefordert, um die Gebäudesicherheit zu gewährleisten. Ähnlich wie im Bereich der Kraftfahrzeugsicherheit hätte dies bedeutet, dass bestimmte, insbesondere von der Öffentlichkeit genutzte Gebäude in regelmäßigen Abständen

---

[159] Zuletzt OLG Hamm, NJW, 2005, S. 295 ff.; kritisch dazu *Adams/Merten*, EWiR § 1 ProdHaftG 1/04, S. 935 f.

[160] Nach einem Bericht der Süddeutschen Zeitung (Nr. 270 vom 23.11.2006, Ermittlungen nach dem Unglück mit 15 Toten und 34 Verletzten: Die Chronik der Schlampereien) liege die Verantwortung für den Einsturz des Hallendaches nach dem derzeitigen Ermittlungsstand der Staatsanwaltschaft, die sich dabei maßgeblich auf die Gutachten von Sachverständigen der Technischen Universität München und des TÜV Süd stützt, zu 8,5% bei dem seinerzeit mit Planung und Bauaufsicht beauftragten Architekturbüro, zu 14,5% bei der Stadt Bad Reichenhall als Bauherrin und Aufsichtsbehörde sowie bei drei bauausführenden Firmen zu jeweils 9,6%, 26% und 20,7%. Ein Rest von 5,6% haben die Gutachter nicht zuordnen können.

auf etwaige Mängel und damit verbundene Risiken untersucht werden sollten. Diese Forderung wurde fallengelassen, nachdem man erkannte, dass die gegenwärtigen Bausachverständigen eine solche Aufgabe bereits zeitlich nicht bewältigen könnten. Auch wenn die Eigentümer der Bauwerke die Kosten der Sachverständigen übernähmen, hätte die Überwachung eines solchen Verfahrens administrative Kosten verursacht. Statt eines kostspieligen „Dauer-TÜV" sollte nach Ansicht des bayerischen Innenministers *Beckstein* sowie des TÜV Süd die Verantwortung der Eigentümer in den Vordergrund treten.[161]

Die zivilrechtliche Haftung ist geeignet, Lücken des bestehenden Bauordnungsrechts hinsichtlich der Gewährleistung einer dauerhaften Standsicherheit von Gebäuden zu schließen. Das Bauordnungsrecht greift im Wesentlichen nur bei der Errichtung eines Gebäudes ein. Grundsätzlich erteilt die Bauaufsichtsbehörde einen Prüfauftrag an einen sogenannten Prüfingenieur. Dieser ist ein auf dem Gebiet des Baurechts besonders qualifizierter Bauingenieur, der die ihm übertragenen Aufgaben als beliehener Unternehmer des öffentlichen Rechts „an Stelle" der Bauaufsichtsbehörde ausführt. Nach der Prüfung, die nach den Bauprüfverordnungen und deren Verwaltungsvorschriften auch die Dauerhaftigkeit des Materials und der Konstruktion sowie die Richtigkeit der bautechnischen Nachweise und Zeichnungen umfasst, legt er seine Prüfungsergebnisse der unteren Bauaufsichtsbehörde vor.[162]

Einschnitte bei dieser Form der Überwachung ergeben sich bereits aufgrund von Ausnahmevorschriften, die den Verzicht auf einen besonders qualifizierten Sachverständigen bei der Überwachung der Bauausführung und zum Abschluss der Errichtung ermöglichen. Ein staatlicher Bauherr hat zudem die Möglichkeit, auf eine Nachprüfung der Standsicherheitsberechnungen durch einen außerhalb der Verwaltung stehenden Dritten zu verzichten, sofern die höhere Bauaufsichtbehörde dem Bauvorhaben zugestimmt hat.[163]

Vollkommen anders stellt sich die Rechtslage hingegen nach Fertigstellung eines Gebäudes dar. Eine präventive Standsicherheitskontrolle weisen die derzeitigen Bauordnungen der Länder nicht auf. Ein Einschreiten der Behörden ist erst bei konkreten Anhaltspunkten für eine Gefährdung der öffentlichen Sicherheit möglich.[164] Eine allgemeine Überwachungskontrolle sehen die bauordnungs-

---

161 Vgl. dazu sueddeutsche.de vom 6.2.2006, Gebäude-Sicherheit: Bundesländer lehnen Bau-TÜV ab (http://www.sueddeutsche.de/deutschland/artikel/693/69624/, 16.12.2006); Süddeutsche Zeitung Nr. 109 vom 12.5.2006, S. 34, Pfusch und Planungsfehler bei vielen Hallen.

162 *Kluth*, Bad Reichenhall ist überall! - Zur baurechtlichen Überwachungskontrolle, NJW, 2006, S. 822.

163 *Kluth*, Bad Reichenhall ist überall! - Zur baurechtlichen Überwachungskontrolle, NJW, 2006, S. 822.

164 So z.B. nach § 76 III HmbBauO.

rechtlichen Vorschriften nicht vor.[165] Dieses nach der Errichtung eines Gebäudes bestehende Defizit beim präventiven Rechtsschutz vermag das zivile Haftungsrecht auszufüllen, allerdings nur bei richtiger Ausgestaltung und Berücksichtigung aller materiellen und immateriellen Einbußen. Die mittlerweile erzielte außergerichtliche Einigung zwischen der Versicherungskammer Bayern und den Geschädigten sowie den Hinterbliebenen der Opfer des Halleneinsturzes von Bad Reichenhall beinhaltet nach Medienberichten eine Zahlung von insgesamt rund zwei Millionen Euro.[166] Diese Entschädigung berücksichtigt nicht den immateriellen Verlust der Menschenleben selbst, sondern lediglich Schmerzensgeld, Heilbehandlungskosten und Unterhaltszahlungen.

D. Zusammenfassung

Nach der geltenden Rechtslage hat die Tötung eines Menschen in erster Linie strafrechtliche Sanktionen zur Folge. Im Vergleich mit einem effizient gestalteten zivilrechtlichen Haftungssystem weist das Strafrecht jedoch sowohl von der Tatbestands- als auch von der Rechtsfolgenseite her ein Anreizdefizit auf. Zudem verursacht ein Strafprozess höhere soziale Kosten als ein Zivilprozess. Bei der Steuerung menschlichen Verhaltens stellen Zivil- und Strafrecht nur in begrenztem Umfang Substitute dar.

Auch für das Verhältnis des Zivilrechts zur Regulierung durch öffentliches Recht wird deutlich, dass beide Rechtsgebiete einander ergänzen.[167] Aus der Tatsache, dass bestimmte öffentlich-rechtliche Vorschriften (auch) dem Lebensschutz dienen, kann nicht gefolgert werden, dass ein präventiver Lebensschutz über die verhaltenssteuernden Anreize des Haftungsrechts überflüssig ist. Dies gilt sowohl für unerkannte, nicht bzw. noch nicht behobene als auch für bewusst in Kauf genommene Anreizdefizite des öffentlichen Rechts.

Im Hinblick auf den - auch verfassungsrechtlich - höchsten Stellenwert des menschlichen Lebens ist es daher nicht gerechtfertigt, den Schutz des Lebens

---

165 Auf der 112. Bauministerkonferenz am 6.2.2006 hat allerdings Bundesbauminister *Tiefensee* eine Überwachungskontrolle für öffentliche Gebäude in Bundesverwaltung bis Ende des Jahres angekündigt, vgl. *Kluth*, Bad Reichenhall ist überall! - Zur baurechtlichen Überwachungskontrolle, NJW, 2006, S. 822 f.

166 Über die Höhe der jeweiligen Ansprüche einzelner Geschädigter wurde Stillschweigen vereinbart; vgl. Focus-Online vom 16.11.2006, Bad Reichenhall - Zwei Millionen Euro für die Opfer (http://www.focus.de/panorama/welt/bad-reichenhall_nid_39406.html); Süddeutsche Zeitung Nr. 265 vom 17.11.2006, S. 34, Entschädigung für Opfer von Bad Reichenhall.

167 In diesem Sinne auch *Shavell*, Liability for Harm versus Regulation of Safety, in: *Wittman (Hrsg.)*, Economic Analysis of the Law, Selected Readings, Malden (Massachusetts), 2003, S. 59 (S. 63 f.)

ausschließlich dem öffentlichen Recht zu übertragen und die Vorteile eines präventiv wirkenden Haftungsrechts ungenutzt zu lassen.

Nach den Erkenntnissen der ökonomischen Analyse des Rechts hat das Haftungsrecht eine Steuerungsfunktion und soll so ausgestaltet sein, dass das Schadensaufkommen und der Schadensvermeidungsaufwand auf ein gesamtgesellschaftlich optimales Niveau gelenkt werden. Da das menschliche Verhalten von den zu erwartenden Folgen, beispielsweise einer drohenden Schadensersatzzahlung, beeinflusst wird, kann das Zivilrecht verhaltenssteuernd wirken. Es wurde gezeigt, dass ein Haftungssystem seine optimale Anreizwirkung nur dann entfalten kann, wenn alle Nutzenverluste bei der Höhe des angedrohten Schadensersatzes berücksichtigt werden, also insbesondere auch die immateriellen Einbußen. Da die Vernichtung eines Menschenlebens nicht zu einer Schadensersatzpflicht führt, besteht hier grundsätzlich keine optimale Anreizstruktur.

Vor einer Gesamtwürdigung sind jedoch alle zivilrechtlichen Folgen zu berücksichtigen, die im Fall der Tötung eines Menschen entstehen können. Es sind also insbesondere möglicherweise entstehende Unterhaltsansprüche und deren Höhe zu erörtern. Von Bedeutung ist auch, unter welchen Voraussetzungen und in welcher Höhe etwaige (andere) immaterielle Schäden im Fall der Tötung eines Menschen ersatzfähig sind. Hier ist beispielsweise an die sogenannten Schockschäden naher Angehöriger des Getöteten zu denken. Ferner ist von Interesse, welche Erwägungen der dargestellten Rechtslage zu Grunde liegen. Hier sind die in der Rechtswissenschaft vertretenen Ansichten zur Funktion des Schadensersatzrechts zu erörtern. Diese unterscheiden sich von der in diesem Kapitel grundlegend dargestellten Sichtweise der ökonomischen Analyse des Rechts und kommen dementsprechend mit anderen Argumenten zu abweichenden Ergebnissen kommen. Dabei sind auch die in der Rechtswissenschaft angeführten Gründe zu berücksichtigen, welche für eine nur eingeschränkte Ersatzfähigkeit immaterieller Schäden angeführt werden.

Kapitel 3: Rechtslage in Deutschland

A. Historische Entwicklung der Ersatzfähigkeit immaterieller Schäden

Obwohl der Wortlaut des haftungsbegründenden Tatbestands des § 823 I BGB das Leben als geschütztes Rechtsgut benennt, führt die bereits dargestellte Auslegung der Norm[168] in Verbindung mit der eingeschränkten Ersatzfähigkeit immaterieller Schäden auf der Ebene des haftungsausfüllenden Schadensrechts zum Ausscheiden eines Anspruchs für die Verletzung des Lebens. Gleiches gilt für die bereits einleitend genannten Tatbestände der Gefährdungshaftung.[169] Dieses Ergebnis fügt sich jedoch ein in die in der Rechtswissenschaft vorherrschende Ansicht zur Funktion des Haftungsrechts[170] sowie in das, insbesondere auch historisch bedingte zivilrechtliche Verständnis der Wiedergutmachung immaterieller Schäden.

Der Grundsatz der Nichtersatzfähigkeit immaterieller Schäden, der heute in § 253 I BGB kodifiziert ist, beruht auf der Erwägung des historischen Gesetzgebers, dass es dem deutschen Rechts- und Sittlichkeitsbewusstsein widerstrebe, die immateriellen Lebensgüter auf die gleiche Linie mit den Vermögensgütern zu stellen und einen immateriellen Schaden mit Geld aufzuwiegen.[171] Dementsprechend wird im älteren Schrifttum häufig argumentiert, dass das „deutsche Rechtsgefühl" die Entgegennahme von Geld für immaterielle Schäden verbiete. Im Hinblick auf die Rechtslage in anderen Ländern des westlichen Kulturkreises wird diese Aussage jedoch „als nicht diskussionswürdig" einstuft.[172]

Historisch betrachtet ist der deutschen Rechtsordnung die Zahlung eines Schadensersatzes für die Tötung eines Menschen indes nicht fremd. Im Bußenstrafrecht des Mittelalters, das auf den Gedanken des Racherechts zurückgeht, wurden durch Missetaten entstandene Unrechtstaten durch Bußen geahndet.[173] Entwickelt hat sich dieses Sanktionssystem aus den Bemühungen der Kirche und der Obrigkeit, die Fehde, eine nach germanischem Recht anerkannte Privatra-

---

[168] Vgl. dazu die einleitenden Ausführungen auf S. 13 ff.

[169] Vgl. hierzu die Nachweise in Fn. 19.

[170] Siehe dazu die Ausführungen in diesem Kapitel auf S. 104 ff.

[171] Protokolle zum Entwurf des BGB, Band I, S. 622.

[172] So ausdrücklich *Stoll*, Empfiehlt sich eine Neuregelung der Verpflichtung zum Geldersatz für immateriellen Schaden?, in: *Ständige Deputation des Deutschen Juristentages (Hrsg.)*, Gutachten für den 45. Deutschen Juristentag, Band I, Teil 1, München, 1964, S. 143.

[173] Vgl. zum Folgenden *Eisenhardt*, Deutsche Rechtsgeschichte, 4. Auflage, München, 2004, Rn. 99.

che[174], zu Gunsten eines „Zwangs zur Sühne" zurückzudrängen. Als Grundlage wurden sogenannte „Bußkataloge" für die meisten denkbaren Rechtsverletzungen aufgestellt. Als Buße für die Tötung eines „gemeinfreien Mannes" war das sogenannte „Wergeld" vorgesehen. Dieses wurde auch als Manngeld bezeichnet und findet bereits im Sachsenspiegel Erwähnung.[175] Wurde das „Wergeld" der Sippe zugewandt, der der Getötete angehörte, so stellte dies den „Abkauf des Racherechts" dar. Darüber hinaus kann es aber auch als immaterieller Schadensersatz für die Tötung angesehen werden.[176] In der weiteren Entwicklung fielen die festen Bußsätze allerdings fort und wurden von Richtern in einem Ermessensrahmen festgesetzt. Als in einem weiteren Schritt die Buße nicht mehr nur an die Sippe, sondern vermehrt auch an die öffentliche Gewalt zu leisten war, war der Übergang von der Sühneleistung zur strafrechtlichen Geldstrafe vollzogen.[177]

In den Beratungen der 1. Kommission zum Bürgerlichen Gesetzbuch zur Ersatzfähigkeit immaterieller Schäden wird anerkannt, dass „auch die so genannten idealen, nicht minder wie die dinglichen Rechte einen absoluten Schutz verdienenden Rechtsgüter gegen widerrechtliche Verletzung gesichert werden müssten, dass es ferner nach der Aufgabe der Rechtsordnung nicht genüge, den Schutz ausschließlich in das Strafrecht zu verlegen, da auf diesem Wege die Schadloshaltung des Verletzten nicht erreichbar sei, obschon die nur durch Gewährung eines Äquivalents in Geld denkbare Entschädigung des Verletzten doch gleichfalls zu den Postulaten der Rechtsordnung gehöre".[178] In dieser Ansicht scheint zwar die grundsätzliche Unterscheidung in materielle und immaterielle Schäden zu verwässern, woraus konsequenterweise auch eine relativ umfassende Pflicht zum Geldersatz für immaterielle Schäden gefolgert wird. Doch bezieht sich diese Aussage nicht auf den ideellen Schaden des Todes.

Bereits im 19. Jahrhundert wandte sich beispielsweise *Mataja*[179] gegen die Annahme, immaterielle Schäden seien grundsätzlich nicht ersatzfähig. Denn auch

---

174 Im Rahmen der sogenannten gewöhnlichen Fehde war es der Verwandtschaft eines Getöteten gestattet, am Missetäter und seinen Verwandten Rache zu üben. Durch den förmlichen Abschluss eines Sühnevertrages konnte die Fehde abgewendet werden. Dies führte zu einem Friedensschluss der Fehdeparteien; vgl. *Eisenhardt*, Deutsche Rechtsgeschichte, 4. Auflage, München, 2004, Rn. 94.

175 *Slizyk*, Beck'sche Schmerzensgeld-Tabelle, 4. Auflage, München, 2001, S. 3.

176 *Schmidt*, Einführung in die Geschichte der deutschen Strafrechtspflege, 3. Auflage, 1983, unveränderter Nachdruck 1995, § 7, S 25.

177 *Eisenhardt*, Deutsche Rechtsgeschichte, 4. Auflage, München, 2004, Rn. 99.

178 Protokolle zum Entwurf des BGB, Band I, S. 1049 f.

179 Das Recht des Schadenersatzes vom Standpunkte der Nationalökonomie, Leipzig, 1888.

ein immaterielles Gut[180] habe insbesondere für den Besitzer eine nicht zu leugnende Bedeutung, welche es einer Bewertung zugänglich mache. Ein bezifferbarer Wert ergebe sich aus der Überlegung, dass der Inhaber zu einem angemessenen Preis bereit sei, dass (immaterielle) Interesse zu verkaufen.[181] Allerdings zieht *Mataja* hieraus keine ausdrücklichen Schlussfolgerungen für die Frage nach einer Schadensersatzverpflichtung für den Fall der Tötung eines Menschen.[182]

Interessanterweise fingierte der erste Entwurf zum Bürgerlichen Gesetzbuch in § 722 II einen Vermögensschaden des Getöteten, soweit durch den Tod ein an seine Person gebundenes Vermögensrecht erlöschen oder der Erwerb eines entsprechenden Rechts verhindert würde.[183] Auf dieser Grundlage könnte ein, wie auch immer gearteter und dem Getöteten aus der Tötung als solcher zustehender Ersatzanspruch als noch in der Person des Getöteten entstanden angesehen werden. Dieser wäre dann nach den allgemeinen Vorschriften vererblich. In den Beratungen der zweiten Kommission wurde darüber hinausgehend gefordert, eine Ersatzpflicht wegen der Vernichtung der Arbeitskraft aufzunehmen. Die entsprechenden Anträge wurden jedoch abgelehnt. Dies wurde damit begründet, dass in den Fällen, wo der Getötete selbst als verletzt erscheine, ein Ersatzanspruch bereits nach den allgemeinen Vorschriften entstehe und vererblich sei. Ansprüche der Erben selbst seien nur im Rahmen der §§ 844 und 845 ersatzfähig[184], sofern sie gesetzliche Unterhaltsansprüche gegen den Getöteten hatten oder die Beerdigungskosten tragen müssen.[185]

---

[180] Dabei stellt *Mataja* (Das Recht des Schadenersatzes vom Standpunkte der Nationalökonomie, Leipzig, 1888, S. 178) die „Lustempfindungen des Menschen", z.B. das „Vergnügen bei einem Theaterbesuch, beim Verzehren einer Speise, beim Betrachten eines vergilbten Liebesbriefes etc." heraus.

[181] *Mataja*, Das Recht des Schadenersatzes vom Standpunkte der Nationalökonomie, Leipzig, 1888, S. 160 ff. Diese Herangehensweise entspricht im Grundsatz dem *willingness to accept*-Ansatz im Rahmen der Modelle zur Berechnung des statistischen Werts eines Menschenlebens; vgl. dazu die Ausführungen auf S. 32 ff. in Kapitel 2 sowie ausführlich in Kapitel 5 auf S. 179 ff.

[182] Den Zusammenhang zu der „Tötung zum Nulltarif" nach deutschem Recht offenbart *Winkler*, Ökonomische Analyse des Rechts - vor Hundert Jahren!, German Working Papers in Law and Economics, 2003, Paper 16, S. 10 (http://www.bepress.com/cgi/viewcontent.cgi?article=1068&context=gwp, 2.6.2005) mit weiteren Nachweisen.

[183] Vgl. *Greiff*, in: Planck, Kommentar zum Bürgerlichen Gesetzbuch, II. Band, 2. Hälfte, 4. Auflage, Berlin, 1928, § 844 Anm. 2, S. 1830.

[184] Vgl. *Greiff*, in: Planck, Kommentar zum Bürgerlichen Gesetzbuch, II. Band, 2. Hälfte, 4. Auflage, Berlin, 1928, § 844 Anm. 2, S. 1830.

[185] Zu den Einzelheiten sogleich in diesem Kapitel auf S. 75 ff.

Allgemein beruht die Einschränkung des Geldersatzes für immaterielle Schäden auf zwei wesentlichen Argumenten des historischen Gesetzgebers. Erstens sei die Annahme von Geld für ideelle Einbußen nicht ehrenhaft und widerspreche dem deutschen Rechtsgefühl. Dahinter verbirgt sich die Ansicht, dass der Gefahr einer Kommerzialisierung der ideellen Lebensgüter begegnet werden müsse.[186] Diese Befürchtung ist auch dem heutigen (Rechts-)Verständnis nicht fremd. Immer wieder findet man Stimmen in den Rechtswissenschaften, die dementsprechend vor einer „Amerikanisierung" des deutschen Rechtssystems warnen.[187]

Allerdings werden dabei häufig pauschale und wenig ausdifferenzierte Erwägungen ins Feld geführt, die eine Auseinandersetzung mit der als Vergleich herangezogenen US-amerikanischen Rechtsordnung vermissen lassen.[188] Schließlich führt der Begriff der Kommerzialisierung, im heutigen alltäglichen Sprachgebrauch wird häufig auch der negativ besetzte Begriff der „Ökonomisierung" gebraucht, auch in die Irre, da es nicht um die Frage geht, ob ideelle Rechtsgüter zu einem handelbaren Gut gemacht werden sollen. Vielmehr geht es um den Schutz dieser Rechtsgüter und die Entscheidung, ob deren rechtswidrige Verletzung mit der Zahlung eines Schadensersatzes sanktioniert werden soll, auch wenn eine Geldleistung den Schaden nicht oder nur unvollständig aufwiegen kann.[189]

Das zweite aus der Entstehungsgeschichte des Bürgerlichen Gesetzbuches abzuleitende Argument für eine Einschränkung der Ersatzfähigkeit immaterieller Schäden beruht auf den -unbestreitbaren - Schwierigkeiten bei der Bemessung eines Schadensersatzes in derartigen Fällen. Daraus könnte man einerseits den Schluss ziehen, dass der Gesetzgeber die mit der Ermittlung immaterieller Schäden notwendigerweise einhergehenden hohen Informationskosten vermeiden

---

186 *Krüger-Nieland*, Referat zur Verpflichtung zum Geldersatz für immaterielle Schäden, in: *Ständige Deputation des Deutschen Juristentages (Hrsg.)*, Verhandlungen des fünfundvierzigsten Deutschen Juristentages, Band II, Berlin, 1965, C 31 (C 34).

187 Vgl. *Hirte*, Spielt das amerikanische Rechtssystem verrückt?, NJW, 2002, S. 345 f. und beispielhaft das LG Arnsberg, NJW, 2004, S. 232 (S. 234).

188 Vgl. *Merten*, Zigaretten - ein fehlerhaftes Produkt, Zivilrechtliche Haftung und strafrechtliche Verantwortung der Zigarettenindustrie, VersR, 2005, S. 465 f. zur Aussage des LG Arnsberg in NJW, 2004, S. 232 (S. 234), dass in seinem klageabweisenden Urteil im Prozess eines geschädigten Rauchers gegen den Hersteller der Tabakerzeugnisse wenig differenziert argumentiert: „Amerikanische Verhältnisse sind insoweit auf das deutsche Rechtssystem nicht übertragbar."

189 In diesem Sinne auch *Krüger-Nieland*, Referat zur Verpflichtung zum Geldersatz für immaterielle Schäden, in: *Ständige Deputation des Deutschen Juristentages (Hrsg.)*, Verhandlungen des fünfundvierzigsten Deutschen Juristentages, Band II, Berlin, 1965, C 31 (C 34).

wollte und dementsprechend den grundsätzlichen Ausschluss der Ersatzfähigkeit immaterieller Schäden als effiziente Lösungsmöglichkeit ansah.[190]

Andererseits waren diese letztendlich dem Richter obliegende Entscheidung über die Höhe des Geldersatz und seine Unwägbarkeiten Anlass zur Sorge, da dem Richter damit „eine dem deutschen Recht fremde Souveränität eingeräumt“ werde.[191] Der Blick auf die damit betroffene Rechtssicherheit ist zwar anerkennenswert. Die Sorge erscheint aber als unbegründet, angesichts der bis zum heutigen Tage vielfach im Wege der richterlichen Rechtsfortbildung entwickelten Lösungsansätze für Problemkreise, die vom Gesetzgeber nicht gesehen oder aber auch gezielt der Rechtsprechung zur abschließenden Lösung überlassen wurden und werden. Die Rechtsprechung hat bewiesen, dass sie grundsätzlich zur praxisgerechten Lösung auch schwieriger Wertungs- und Bewertungsprobleme in der Lage ist.

Aus dem aufgezeigten historischen Verständnis ergibt sich, dass die Tötung bzw. der Verlust des Lebens in der deutschen Rechtswissenschaft nicht als ein ersatzfähiger Schaden des Opfers und der Getötete insoweit nicht als Verletzter anerkannt wird. Allerdings beantwortet dies noch nicht die Frage, ob und inwieweit das zivilrechtliche System des Schadensersatzrechts in seiner Gesamtheit auf die Tötung eines Menschen reagiert. Dabei sind alle im Zusammenhang mit der Tötung eines Menschen denkbaren Schäden und Ersatzberechtigten zu berücksichtigen.

B. Das Rechtsgut Leben im deutschen Schadensersatzrecht

Wesentliche Voraussetzungen für einen Schadensersatzanspruch sind die Rechtsgutsverletzung und das Vorliegen eines Schadens.

I. Die Verletzung des Lebens

Da die Verletzung des Lebens gleichbedeutend mit der Tötung ist, stellt sich zunächst die Frage, wann der Mensch im Rechtssinne als tot anzusehen ist. Die Entscheidung über den genauen Zeitpunkt des Todes ist nach der geltenden Rechtslage insbesondere im Erbrecht von Bedeutung. Ebenso wie im Bereich des Strafrechts, nimmt auch die ganz überwiegende Ansicht im Zivilrecht den Hirntod als maßgebliche Zäsur zwischen Leben und Tod an.[192] Teilweise wird

---

[190] *Taupitz*, Ökonomische Analyse des Haftungsrechts – Eine Zwischenbilanz, AcP, 1996 (196), S. 114 (S. 142).

[191] *Krüger-Nieland*, Referat zur Verpflichtung zum Geldersatz für immaterielle Schäden, in: *Ständige Deputation des Deutschen Juristentages (Hrsg.)*, Verhandlungen des fünfundvierzigsten Deutschen Juristentages, Band II, Berlin, 1965, C 31 (C 35 f.).

[192] OLG Frankfurt/Main, NJW, 1997, S. 3099 f.; *Hager*, in: Staudinger, Kommentar zum Bürgerlichen Gesetzbuch, §§ 823-825, 13. Bearbeitung, Berlin, 1999, § 823 Rn. B 1; *Schmitt*, in: Münchener Kommentar zum Bürgerlichen Gesetzbuch, Band 1, 5. Auflage,

auch differenziert und dies nur für die Frage der Rechtmäßigkeit einer Organentnahme vertreten und im Hinblick auf das Ende der Rechtsfähigkeit erst das Erlöschen der letzten Lebensfunktionen, also der Herz- und Kreislaufstillstand als maßgeblicher Zeitpunkt angesehen.[193] Sofern Atmung und Kreislauf bei einer intensivmedizinischen Therapie künstlich aufrechterhalten werden, könnte sich daraus allerdings ein Anreiz ergeben, eine Behandlung gerade um etwaiger zivilrechtlicher Folgen willen über die medizinisch gebotene Dauer hinaus auszudehnen.[194] Ein etwaiger Haftpflichtiger müsste dann beispielsweise länger für schadensbedingte Aufwendungen aufkommen, die sich aus der Körperverletzung als Durchgangsstadium zum Tod ergeben. Aus diesem Grund wird in solchen Fallgestaltungen wiederum ein Abstellen auf den Hirntod als richtig angesehen.[195] Insgesamt erscheint eine solche Differenzierung aber wenig praktikabel und auch nicht erforderlich. In Übereinstimmung mit der medizinischen Wissenschaft und den Ansichten in anderen Rechtsgebieten sollte der Hirntod als maßgeblicher Todeszeitpunkt angesehen werden.

Der Beginn des Lebens und der damit einhergehende Rechtsgüterschutz werden von einem Teil der rechtswissenschaftlichen Literatur mit dem Beginn der Rechtsfähigkeit nach § 1 BGB, d.h. „mit der Vollendung der Geburt" gleichgesetzt.[196] Da § 823 I BGB die Verletzung des Lebens „eines anderen" voraussetze, müsse dieser andere rechtsfähig, also geboren sein. Erst dann könne er auch Träger von Rechten[197], also insbesondere des Rechtsguts Leben sein. Dem ist der BGH für den Fall vorgeburtlicher Gesundheitsschädigungen entgegengetreten. Zwar entstehe ein etwaiger Ersatzanspruch erst mit der Erlangung der Rechtsfähigkeit nach der Vollendung der Geburt. Da aber die Leibesfrucht dazu bestimmt sei, als Mensch ins Leben zu treten, seien sie und das später geborene Kind identische Wesen. Verletzungen der Leibesfrucht werden daher jedenfalls

---

München, 2006, § 1 Rn. 21 f.; *Heinrichs*, in: Palandt, Bürgerliches Gesetzbuch, 65. Auflage, München, 2006, § 1 Rn. 3; *Edenhofer*, in: Palandt, Bürgerliches Gesetzbuch, 65. Auflage, München, 2006, § 1922 Rn. 2; jeweils mit weiteren Nachweisen.

193 So z.B. *Westermann*, in: *Erman/Westermann (Hrsg.)*, Bürgerliches Gesetzbuch, Band 1, 11. Auflage, Köln, 2004, § 1 Rn. 5; *Medicus*, Allgemeiner Teil des BGB, 9. Auflage, Heidelberg, 2006, Rn. 1052.

194 OLG Frankfurt/Main, NJW, 1997, S. 3099 (S. 3100).

195 *Leipold*, in: Münchener Kommentar zum Bürgerlichen Gesetzbuch, Band 9, 4. Auflage, München, 2004, § 1922 Rn. 12 f.

196 *Flad*, in: Planck, Kommentar zum Bürgerlichen Gesetzbuch, II. Band, 2. Hälfte, 4. Auflage, Berlin, 1928, § 823 Anm. B.II.1.a), S. 1714; *Mertens*, in: Münchener Kommentar zum Bürgerlichen Gesetzbuch, Band 5, 3. Auflage, München, 1997, § 823 Rn. 72; *Laufs*, Haftung für Nachkommenschaftsschäden nach § 823 BGB, NJW, 1965, S. 1053 f.

197 Vgl. *Laufs*, Haftung für Nachkommenschaftsschäden nach § 823 BGB, NJW, 1965, S. 1053 f.

mit Vollendung der Geburt zu einer Verletzung der Gesundheit des (dann rechtsfähigen) Menschen.[198] Auch im Schrifttum wird überwiegend vertreten, dass bereits der Embryo dem Schutz des § 823 I BGB unterliege.[199]

Die Frage nach der Reichweite des pränatalen Schutzes hat insbesondere Auswirkungen auf den persönlichen Anwendungsbereichs der vorliegenden Fragestellung. Für deren generelle Entscheidung ist dieser Problemkreis jedoch nicht von unmittelbarer Bedeutung, weshalb eine vertiefte Behandlung der Problematik an dieser Stelle unterbleiben kann. Es sei jedoch darauf hingewiesen, dass dem Nasciturus auch in einer Reihe von Einzelbestimmungen des BGB Rechte zugewiesen werden, so insbesondere in erbrechtlichen Normen.[200] Im Rahmen des später im Einzelnen darzustellenden § 844 II BGB[201] wird im Fall der Tötung einem Unterhaltsberechtigten auch dann ein Anspruch gegen den Ersatzpflichtigen auf den sogenannten Unterhaltsschaden gewährt, wenn der Unterhaltsberechtigte im Zeitpunkt der Verletzung bereits gezeugt war.

II. Erbrechtliche Folgen der Verletzung des Lebens

Mit dem Tode einer Person geht deren Vermögen gemäß § 1922 I BGB als Ganzes auf den oder die Erben über. Die Erbschaft besteht aus der Gesamtheit der Rechtsverhältnisse des Erblassers und umfasst auch die Verbindlichkeiten des Erblassers und diejenigen Rechtsverhältnisse, die nicht vermögensrechtlicher Art sind. Grundsätzlich sind alle dinglichen und persönlichen Vermögensrechte und Verbindlichkeiten vererblich. Auch die Ansprüche und Verbindlichkeiten aus unerlaubten Handlungen werden vererbt.[202] Dies gilt mittlerweile auch für

---

[198] BGHZ 58, S. 48 (S. 50 f.).

[199] *Hager*, in: Staudinger, Kommentar zum Bürgerlichen Gesetzbuch, §§ 823-825, 13. Bearbeitung, Berlin, 1999, § 823 Rn. B 3, 41 ff. mit weiteren Nachweisen; *Selb*, Schädigung des Menschen vor Geburt - ein Problem der Rechtsfähigkeit?, AcP, 1966 (166), S. 76 ff.; *Stoll*, Zur Deliktshaftung für vorgeburtliche Gesundheitsschäden, in: *Dietz/Hübner (Hrsg.)*, Festschrift für Hans Carl Nipperdey, Band I, München, 1965, S. 739 (S. 760 f.); *Wagner*, in: Münchener Kommentar zum Bürgerlichen Gesetzbuch, Band 5, 4. Auflage, München, 2004, § 823 Rn. 67, 87 ff; *Spickhoff*, in: Soergel, Bürgerliches Gesetzbuch, Band 12 (Stand: Sommer 2005), 13. Auflage, Stuttgart, 2005, § 823 Rn. 31 sieht beispielsweise bereits „den extrakorporal erzeugten Embryo als vom deliktischen Lebensschutz des § 823 Abs. 1 erfasst."

[200] So z.B. die Erbfähigkeit des Gezeugten in § 1923 II BGB oder die Möglichkeiten der Pflegschaft für eine Leibesfrucht in § 1912 BGB.

[201] Siehe dazu die Ausführungen auf S. 75 ff. in diesem Kapitel.

[202] *Edenhofer*, in: Palandt, Bürgerliches Gesetzbuch, 65. Auflage, München, 2006, § 1922 Rn. 12.

einen vor der Tötung in Person des Opfers entstandenen Schmerzensgeldanspruch.[203]

Unvererblich sind hingegen regelmäßig die höchstpersönlichen Rechte des Erblassers, wie z.B. das Namensrecht sowie die an seine Person gebundenen Rechte, wie z.B. ein Nießbrauch, ein personengebundenes Altenteilsrecht oder eine beschränkt persönliche Dienstbarkeit. Unterhaltsansprüche sind ebenfalls nicht vererblich, allerdings nur soweit sie nicht rückständig oder fällig sind.[204]

Zwar sind nicht nur die vor dem Tod bereits vollständig entstandenen Ansprüche vererblich, sondern auch noch werdende oder schwebende Rechtsbeziehungen sowie bedingte oder künftige Rechte und z.B. auch Gestaltungsrechte wie das Rücktritts-, Kündigungs- oder Anfechtungsrecht.[205] Führt die eine deliktische oder Gefährdungshaftung auslösende Verletzungshandlung aber auch zum Tode des Geschädigten, so stellt sich die Frage, welche denkbaren Schäden und Ansprüche hieraus entstehen können. Zu untersuchen ist folglich, ob neben den bereits vor dem Tod entstandenen und auf die Erben übergehenden Ansprüche weitere Schäden gerade aus der Tatsache der Tötung bzw. des Todes selbst erwachsen.

III. Denkbare Schäden bei der Verletzung des Lebens

Bereits sprachliche Voraussetzung eines Schadensersatzanspruchs[206] ist das Vorliegen eines Schadens. Ausgehend von der gemeinrechtlichen Tradition wird in der Rechtswissenschaft bei der Definition überwiegend an ein sogenanntes „natürliches Schadensverständnis“[207] bzw. einen „Schaden im natürlichen Sinne“[208] angeknüpft.[209] Als Schaden wird danach jede unfreiwillige Einbuße des Geschädigten bezeichnet, die er infolge eines bestimmten Ereignisses an seinen Le-

---

203 *Heinrichs*, in: Palandt, Bürgerliches Gesetzbuch, 65. Auflage, München, 2006, § 253 Rn. 26; vgl. zum Schmerzensgeldanspruch eingehend S. 87 ff. in diesem Kapitel.

204 *Edenhofer*, in: Palandt, Bürgerliches Gesetzbuch, 65. Auflage, München, 2006, § 1922 Rn. 36 f. mit weiteren Nachweisen.

205 *Edenhofer*, in: Palandt, Bürgerliches Gesetzbuch, 65. Auflage, München, 2006, § 1922 Rn. 26 mit weiteren Nachweisen.

206 Zum Anwendungsbereich eines Unterlassungs- und Beseitigungsanspruch im Rahmen von § 823 I BGB siehe S. 74 f. in diesem Kapitel.

207 Vgl. z.B. *Lange/Schiemann*, Schadensersatz, 3. Auflage, Tübingen, 2003, S. 27.

208 Vgl. nur *Heinrichs*, in: Palandt, Bürgerliches Gesetzbuch, 65. Auflage, München, 2006, Vorb v § 249 Rn. 7.

209 Zu abweichenden Begriffsbestimmungen vgl. *Lange/Schiemann*, Schadensersatz, 3. Auflage, Tübingen, 2003, S. 29 ff.

bensgütern, wie z.B. Gesundheit, Ehre, Eigentum oder Vermögen erleidet.[210] Bei der Ermittlung des Schadens im jeweiligen Einzelfall sind jedoch nicht die Einbußen an den einzelnen Rechtsgütern maßgeblich. Vielmehr erfolgt eine Gesamtbetrachtung der Vermögenslage nach der sogenannten Differenzmethode. Dabei wird die gegenwärtige Lage nach Eintritt des Schadens mit derjenigen Lage verglichen, die ohne Eintritt des Schadensereignisses hypothetisch bestehen würde. Diese auf *Mommsen*[211] zurückgehende Definition findet auch Ausdruck in der gesetzlichen Regelung des § 249 I BGB[212], wonach der Schadensersatzpflichtige den Zustand herzustellen hat, „der bestehen würde, wenn der zum Ersatz verpflichtende Umstand nicht eingetreten wäre“. Die für die Praxis jedoch entscheidende Frage, ob und inwieweit ein Schaden zu ersetzen ist, lässt sich aus dieser Begriffsdefinition nicht endgültig ableiten. Anders als nach dem Verständnis der ökonomischen Analyse des Rechts, nach dem grundsätzlich alle Schäden zu ersetzen sind, richtet sich die Ersatzfähigkeit maßgeblich nach der Art des Schadens. Dabei ist zwischen unmittelbaren und mittelbaren sowie insbesondere zwischen materiellen und immateriellen Schäden zu unterscheiden.

1. Materielle und immaterielle Schäden

Nach § 253 I BGB kann „wegen eines Schadens, der nicht Vermögensschaden ist“, eine Geldentschädigung nur in den durch das Gesetz bestimmten Fällen verlangt werden. Neben den hier nicht einschlägigen §§ 611 a II und 651 f II BGB benennt § 253 II BGB diese Ausnahmen eines Geldersatzes für immaterielle Schäden.[213] Der in der Praxis wichtigste Anwendungsfall ist der seit 1. August 2002[214] in § 253 II BGB geregelte Schmerzensgeldanspruch. Anders als die Verletzung des Körpers oder der Gesundheit ist die Verletzung des Lebens in § 253 II BGB nicht aufgeführt. Findet sich keine entsprechende Regelung, so ist ein immaterieller Schaden nur nach der Grundregel des § 249 I BGB im Wege der Naturalrestitution ersetzbar. Dazu muss der gleiche wirtschaftliche Zustand wiederhergestellt werden, der ohne das Schadensereignis bestehen wür-

---

210 *Heinrichs*, in: Palandt, Bürgerliches Gesetzbuch, 65. Auflage, München, 2006, Vorb v § 249 Rn. 7.

211 *Mommsen*, Beiträge zum Obligationenrecht II, Zur Lehre von dem Interesse, Braunschweig, 1855.

212 *Lange/Schiemann*, Schadensersatz, 3. Auflage, Tübingen, 2003, S. 27 ff. und 43 f.

213 Außerhalb des BGB finden sich entsprechende Regelungen beispielsweise in § 97 II UrhG, § 7 III StrEG sowie im Bereich der Gefährdungshaftung in § 8, S. 2 ProdHaftG oder § 11, S. 2 StVG.

214 Geändert durch das „Zweite Gesetz zur Änderung schadensersatzrechtlicher Vorschriften“ (2. SchÄndG), BGBl. I, 2002, S. 2674.

de.[215] So muss beispielsweise ein beschädigtes Kraftfahrzeug repariert werden oder nach einer ehrverletzenden Äußerung ein Widerruf derselben erfolgen. Im Fall der Tötung scheidet diese Form des Schadensersatzes naturgemäß aus und auch in anderen Fällen ideeller Schäden hat die Naturalherstellung nur geringe praktische Bedeutung[216]. Aus diesem Grunde ist die Unterscheidung zwischen einem materiellem - oder auch Vermögensschaden - und einem immateriellen Schaden von besonderer Bedeutung.

Bei der Abgrenzung hilft jedoch die Anknüpfung an das in der Wirklichkeit verletzte Rechtsgut nicht unmittelbar weiter.[217] Dies ist insbesondere im Hinblick auf das durch die Tötung verletzte Rechtsgut Leben von Bedeutung. Das menschliche Leben ist ein immaterielles Gut. Dessen Verletzung verursacht aber vielfach Vermögensnachteile, wie den Verlust von Unterhaltsleistungen oder die Kosten der Beerdigung.[218] Diese materiellen Schäden sind Gegenstand der Regelungen in § 844 I und II sowie § 845 BGB.[219]

Daneben stellt der Tod aber zuvorderst einen immateriellen Schaden dar, nämlich in Gestalt des verlorenen Lebens, also des Lebendigseins an sich. Die schadensrechtlich relevante Einbuße stellen folglich die verlorenen Lebensjahre bis zu einem natürlichen Todeseintritt, aber beispielsweise auch der Verlust der mit dem Leben verbundenen Genüsse und Freuden dar.

Dem Rechtsgut Leben kommt insofern eine Art Doppelnatur zu: zum einen als verletztes, rein ideelles Gut, aus dem ein immaterieller Schaden entsteht. Dieser hat nach dem geltenden Recht allerdings keine Schadensersatzverpflichtung zur Folge. Auf der anderen Seite kann die Tötung eines Menschen aber auch ausgleichsfähige materielle Schäden hervorrufen.

2. Arbeitskraft und Erwerbsschaden

Als Ausgangspunkt für die Bemessung eines solchen Vermögensschadens kommt nach der Terminologie der Rechtswissenschaft die Kommerzialisierungsthese in Betracht. Danach liegt eine in Geld messbare Einbuße vor, wenn

---

[215] BGH, NJW, 1985, S. 793; *Heinrichs*, in: Palandt, Bürgerliches Gesetzbuch, 65. Auflage, München, 2006, § 249 Rn. 2 f.

[216] *Heinrichs*, in: Palandt, Bürgerliches Gesetzbuch, 65. Auflage, München, 2006, § 253 Rn. 3.

[217] Vgl. auch *Heinrichs*, in: Palandt, Bürgerliches Gesetzbuch, 65. Auflage, München, 2006, Vorb v § 249 Rn. 7.

[218] Klassische Beispiele, für einen aus der Verletzung eines immateriellen Rechtsgutes entstehenden materiellen Schaden, sind z.B. die Arztkosten und der Verdienstausfall nach einer Körperverletzung oder die Belastung mit einer Unterhaltsverpflichtung nach einer fehlgeschlagenen Sterilisation.

[219] Ausführlich dazu auf S. 75 ff. sowie 85 f. in diesem Kapitel.

nach der Verkehrsauffassung ein Markt vorhanden ist, auf dem dieses Gut gehandelt bzw. angeboten und nachgefragt wird. Sofern ein Markt vorhanden ist, handelt es sich um ein vermögenswertes Recht, welches bei einer Verletzung durch Geld ausgeglichen werden kann.[220]

Auf dieser Grundlage kommt bei der Verletzung des immateriellen Rechtsguts Leben die vernichtete Arbeitskraft eines Getöteten als mögliche materielle Einbuße in Betracht. Die Arbeitskraft wird auf dem Arbeitsmarkt nachgefragt und angeboten.[221] Einigkeit besteht in der Rechtswissenschaft, dass das Arbeitsergebnis als Vermögenswert anzusehen ist, so dass ein verletzungsbedingter Verdienstausfall bzw. ein entgangener Gewinn unstreitig nach § 252 BGB zu ersetzen sind.[222] Wie aber ist zu entscheiden, wenn sich der Wegfall der Arbeitsfähigkeit nicht auf das wirtschaftliche Ergebnis auswirkt oder der Geschädigte gar nicht erwerbstätig sein wollte? Hier wäre ein Schadensersatzanspruch nur gegeben, wenn die Arbeitkraft als solche ein vermögenswertes Gut wäre. Dies ist in den Rechtswissenschaften umstritten.

Ruland sieht die Arbeitskraft selbst als ein vermögenswertes Recht an und ordnet es als das sowohl volkswirtschaftlich als auch individuell wichtigste wirtschaftliche Gut ein.[223] Nach dieser Ansicht liegt bereits in der Beeinträchtigung der Erwerbsfähigkeit ein haftungsrechtlich relevanter Schaden. Die Rechtsprechung und die herrschende Meinung in der Literatur verneinen dies.[224] Demzufolge lehnt der BGH einen Schadensersatzanspruch eines selbständigen Unternehmers ab, dessen Ausfall der Arbeitskraft sich nicht auf das Betriebsergebnis auswirkt. Ausgangspunkt der Begründung des BGH ist die These, dass Arbeitskraft und Erwerbsfähigkeit menschliche Eigenschaften seien, deren Verletzung noch keine vermögensrechtliche Ersatzpflicht auslöse.[225] Deshalb könne ein haftungsrechtlich relevanter Schaden bei Wegfall der Arbeits- bzw. Erwerbsfähig-

---

220 *Oetker*, in: Münchener Kommentar zum Bürgerlichen Gesetzbuch, Band 2 a, 4. Auflage, München, 2003, § 249 Rn. 40 ff.

221 Wird ein noch nicht (z.B. ein Kind) oder zur Zeit der Tötung nicht Erwerbsfähiger (z.B. ein Arbeitssuchender) getötet, so stellt sich das Problem, ob das hypothetisch zu erzielende Arbeitseinkommen einer Schadensberechnung zu Grunde zu legen ist.

222 *Oetker*, in: Münchener Kommentar zum Bürgerlichen Gesetzbuch, Band 2 a, 4. Auflage, München, 2003, § 249 Rn. 78 f., § 252 Rn. 18 ff., 24 ff.

223 *Ruland*, Die Arbeitskraft als vermögenswertes Rechtsgut im Schuldrecht, Pfaffenweiler, 1984, S. 58 f.

224 BGHZ 50, S. 306 f.; 54, S. 45 (S. 50 ff.); 90, S. 334 (S. 336 f.); BGH, NJW, 1970, S. 1411 (S. 1412); NJW, 1995, S. 1023 (S. 1024); mit vielfältigen Nachweisen zum Streitstand *Oetker*, in: Münchener Kommentar zum Bürgerlichen Gesetzbuch, Band 2 a, 4. Auflage, München, 2003, § 249 Rn. 78 ff.

225 BGHZ 54, S. 45 (S. 50).

keit auch nicht unter dem Gesichtpunkt des sogenannten „normativen Schadensbegriffs“[226] hergeleitet werden.[227]

Der Wegfall oder die Minderung der Fähigkeit zum Erwerb stellen also erst dann einen materiellen Schaden dar, wenn sie - so zu sagen in einer zweiten Stufe - zu einem darüber hinausgehenden Vermögensnachteil, z.B. einer konkreten Minderung des Erwerbseinkommens führen.[228] Die Beeinträchtigung der Erwerbsfähigkeit sieht der BGH haftungsrechtlich in erster Linie als mit den Rechtsgütern der körperlichen Unversehrtheit sowie der Gesundheit verbunden an. Deren Verletzung kann unmittelbar - also bereits in der ersten Stufe - nur zu einer Schadensersatzverpflichtung für immaterielle Schäden in Gestalt des sogenannten Schmerzensgeldes führen.[229] Dass auch und gerade die Verletzung des Lebens (auf der ersten Stufe) einen immateriellen Schaden darstellt und darüber hinaus (in der zweiten Stufe) zum endgültigen Verlust der Erwerbsfähigkeit führt, erscheint für den BGH in diesem Zusammenhang nicht erwähnenswert. Vor dem Hintergrund des geltenden Rechtsverständnisses, nach dem ein Toter keine Ansprüche mehr haben könne[230], ist dies allerdings auch folgerichtig.

Allerdings sieht der BGH in den Fällen des sogenannten Haushaltsführungsschadens einen Vermögensschaden unabhängig davon begründet, ob eine Ersatzkraft tatsächlich beschäftigt und entsprechende Aufwendungen gemacht werden.[231] Im Rahmen einer Alleinverdiener- bzw. „Hausfrauenehe“ leistet ein Ehegatte gemäß § 1360, S. 2 BGB seinen vollen Beitrag zur Unterhaltspflicht, sofern er den Haushalt führt. Wird der haushaltsführende Ehegatte verletzt, so

---

226 Im Wesentlichen wird dabei aufgrund wertender Betrachtung ein Vermögensschaden bejaht, obwohl nach der Differenzmethode kein Schaden vorliegt; vgl. BGHZ 50, S. 304 (S. 306); 51, S. 109 (S. 111); 54, S. 45 (S.49 ff.); allgemein zum Verdienstausfall *Medicus*, Schuldrecht I, Allgemeiner Teil, 16. Auflage, München, 2005, Rn. 645 ff.

227 BGHZ 54, S. 45 (S. 49 ff.); 90, S. 334 (S. 336 f.).

228 Bei der Ermittlung eines nach den §§ 842, 843 BGB zu ersetzenden Erwerbsschadens sind zwar die Beweiserleichterungen des § 252 S. 2 BGB und § 287 I ZPO anzuwenden. Dies berechtigt jedoch nicht zur Schätzung eines abstrakten Mindesterwerbsschadens. Vielmehr muss der Kläger konkrete Anhaltspunkte für die Ermittlung des Erwerbsschadens vortragen. Allerdings sind hieran keine zu hohen Anforderungen zu stellen, sofern aufgrund der konkreten Umstände eine verlässliche Prognose der Fortentwicklung des Erwerbslebens nicht möglich ist; vgl. hierzu BGH, NJW, 1995, S. 1023 ff.

229 Vgl. BGHZ 54, S. 45 (S. 49 f.).

230 Vgl. dazu die einleitenden Ausführungen auf S. 13 ff.

231 BGHZ (GSZ) 50, S. 304 (S. 306); NJW, 1983, S. 1425 ff. Soweit es im Beschluss des Großen Senats für Zivilsachen in BGHZ (GSZ) 50, S. 304 (S. 305) heißt, „Inhaltlich wurde ein Schaden bereits im Wegfall der Arbeitskraft selbst gesehen.“, wird in BGHZ 54, S. 45 (S. 51) klargestellt, dass damit der Ausfall der Arbeitsleistung, nämlich der Haushaltsführung durch die Ehefrau, gemeint sei.

steht ihm selbst ein Anspruch auf Ersatz dieses Erwerbsschadens nach den §§ 842, 843 BGB zu.[232] Unter dem Erwerbsschaden ist folglich der Ausfall derjenigen Arbeitsleistung zu verstehen, die dem Unterhaltsbedürfnis der übrigen Familienmitglieder geschuldet und damit Teil des Familieneinkommens ist.[233] Gleiches gilt für die Partner einer gleichgeschlechtlichen Lebenspartnerschaft, die einander gemäß § 5 LPartG zum Unterhalt verpflichtet sind.[234] Umstritten ist dies hingegen für die Partner einer nichtehelichen Lebensgemeinschaft, da zwischen diesen keine Unterhaltsverpflichtung i.S.v. § 1360 S. 2 BGB besteht. Teilweise wird dies als unschädlich angesehen, da es im Rahmen der Ersatzfähigkeit nach §§ 842, 843 BGB nicht auf das Bestehen einer familienrechtlichen Unterhaltspflicht ankomme.[235] Überwiegend wird ein Haushaltsführungsschaden bei einer nichtehelichen Lebensgemeinschaft jedoch abgelehnt, wenn sie nicht der Erfüllung der gesetzlichen Unterhaltspflicht dient. Eine Ausnahme sei nur zu machen, sofern die Haushaltsführung auf Grund einer vertraglichen Regelung erfolge, insbesondere soweit sie als Gegenleistung zur Unterhalts- oder Versorgungsleistung des Partners erfolge.[236]

Im Fall der Tötung des haushaltsführenden Ehegatten ist der Anspruch auf Ersatz des Haushaltsführungsschadens gemäß § 844 II BGB geltend zu machen.[237] In diesem Fall handelt es sich um einen Unterhaltsschaden, der den Hinterbliebenen zusteht und von diesen geltend zu machen ist. Sofern eine Ersatzkraft beschäftigt wird, ist der aufzuwendende Bruttolohn als Unterhaltsschaden zu ersetzen. Stellen die Hinterbliebenen keine Ersatzkraft an, so ist der objektive Wert der entgangenen Haushaltsführung in Ansatz zu bringen. Dabei ist auf die fiktiven Kosten einer qualifizierten Ersatzkraft abzustellen, wobei nach der Rechtsprechung der hypothetische Nettolohn zu Grunde zu legen ist.[238]

---

232 *Brüggemeier*, Prinzipien des Haftungsrechts, Eine systematische Darstellung auf rechtsvergleichender Grundlage, Baden-Baden, 1999, S. 172; ausführlich dazu *Triebold*, Schadensersatzansprüche bei Tötung oder Verletzung einer Hausfrau und Mutter und Bewertung der Haushaltsarbeit, Münster, 1995, S. 28 ff.

233 BGH, NJW, 1982, S. 2866.

234 *Wagner*, in: Münchener Kommentar zum Bürgerlichen Gesetzbuch, Band 5, 4. Auflage, München, 2004, §§ 842, 843 Rn. 53.

235 LG Zweibrücken, NJW, 1993, S. 3207 f.; *Wagner*, in: Münchener Kommentar zum Bürgerlichen Gesetzbuch, Band 5, 4. Auflage, München, 2004, §§ 842, 843 Rn. 53.

236 OLG Düsseldorf, NJW-RR, 2006, S. 1535 f. mit weiteren Nachweisen, insbesondere aus der Rechtsprechung der OLG; ebenso *Sprau*, in: Palandt, Bürgerliches Gesetzbuch, 65. Auflage, München, 2006, § 843 Rn. 8.

237 BGH, NJW, 1983, S. 1425 ff.; siehe dazu auch die Ausführungen auf S. 78 ff. in diesem Kapitel.

238 BGHZ 86, S. 372 (S. 376 ff.); 104, S. 113 (S. 120 f.); BGH, NJW, 1982, S. 2866 (S. 2867); NJW, 1984, S. 977 (S. 979). Ausführlich zur Anspruchshöhe mit Berech-

Wird der Haushaltsführungsschaden im Fall der Tötung als Unterhaltsschaden nach § 844 II BGB geltend gemacht, ist das Bestehen einer gesetzlichen Unterhaltspflicht Voraussetzung des Anspruchs. Folglich kann auch der überlebende Partner einer gleichgeschlechtlichen Lebenspartnerschaft den Haushaltsführungsschaden geltend machen, sofern der getötete Partner den Haushalt geführt hat. Bei der Tötung des haushaltsführenden Partners einer nichtehelichen Lebensgemeinschaft scheidet ein entsprechender Unterhaltsanspruch hingegen aus.

Begründet wird die Pflicht zur Ersatzleistung mit den Grundsätzen der sogenannten Lehre vom normativen Schaden.[239] Für die Beurteilung eines Vermögensschadens sind nach der Ansicht des BGH die Verwertungsmöglichkeit und der daraus resultierende Nutzen der Arbeitskraft entscheidend. Hierfür ist es nicht erforderlich, die dazu notwenige Arbeitkraft selbst als ein vermögenswertes Rechtsgut anzuerkennen.[240] Allerdings erklärt dies noch nicht abschließend die abweichende Behandlung zum eingangs geschilderten Beispiel des verletzten Unternehmers, sofern dieser keinen entgangenen Gewinn als Schadensersatz geltend machen kann. Der Unterschied zum Haushaltsführungsschaden liegt jedoch darin begründet, dass letzterer an die Tatsache anknüpft, dass die gesetzliche Unterhaltspflicht nicht erfüllt werden kann. Insofern hat der Geschädigte das Recht, eine Ersatzkraft einzustellen. Tut er dies - aus welchen Erwägungen auch immer - nicht, so soll der Haftpflichtige daraus keinen Vorteil ziehen.[241]

Wird ein Mensch getötet, so kann er seine Arbeits- bzw. Erwerbsfähigkeit endgültig nicht mehr verwerten. Unabhängig von der Frage, ob die damit unwiderruflich vernichtete menschliche Arbeitskraft selbst ein vermögenswertes Recht des Getöteten war, stellen die entgangenen Lohn- und Gehaltsansprüche einen grundsätzlich ersatzfähigen materiellen Schaden dar. Die Tötung eines Menschen hat neben dem immateriellen Schaden des Lebensverlusts als eine wesentliche materielle Einbuße einen Erwerbsminderungsschaden zur Folge hat. Ob dieser - anders als nach der geltenden Rechtslage - im Falle der Verletzung des Rechtsguts Leben zu ersetzen sein sollte, betrifft zwar nicht die Kernfrage der

---

nungsbeispielen *Pardey*, Berechnung von Personenschäden, 3. Auflage, Heidelberg, 2005, Rn. 409 ff. und 1045 ff. Zu den Auswirkung auf die Schadenshöhe bei sogenannten „überobligationsmäßigen“ Aushilfstätigkeiten im Rahmen der Haushaltsführung von hierzu nicht verpflichteten Dritten vgl. *Wagner*, in: Münchener Kommentar zum Bürgerlichen Gesetzbuch, Band 5, 4. Auflage, München, 2004, § 844 Rn. 64 f.

239 BGHZ (GSZ) 50, S. 304 (S. 306); kritisch zum normativen Schadensbegriff *Oetker*, in: Münchener Kommentar zum Bürgerlichen Gesetzbuch, Band 2 a, 4. Auflage, München, 2003, § 249 Rn. 23, 78 ff.; *Heinrichs*, in: Palandt, Bürgerliches Gesetzbuch, 65. Auflage, München, 2006, Vorb v § 249 Rn. 13, 42.

240 BGHZ 54, S. 45 (S. 49 f.).

241 *Oetker*, in: Münchener Kommentar zum Bürgerlichen Gesetzbuch, Band 2 a, 4. Auflage, München, 2003, § 249 Rn. 82, 86.

vorliegenden Arbeit. Legt man dem Erwerbsminderungsschaden hypothetisch die statistische Lebenserwartung des Getöteten zu Grunde, so offenbart sich die Parallele zur Bemessung des Werts des menschlichen Lebens über den Ansatz des vernichteten Humankapitals in Form des entgangenen Lebenszeiteinkommens. Dessen Berücksichtigung ist bei der Behandlung von Tötungsfällen durch US-amerikanische Gerichte gängige Praxis.[242] Bei der Frage, welcher Ansatz für eine Bewertung des menschlichen Lebens im Haftungsrecht herangezogen werden sollte, ist auf die vorstehenden Erwägungen zurückzukommen.

3. Unmittelbare und mittelbare Schäden

Als unmittelbare (Objekt-)Schäden werden die Einbußen am geschützten Rechtsgut selbst bezeichnet. Beeinträchtigungen an anderen Rechtsgütern und dem sonstigen Vermögen des Geschädigten stellen dagegen mittelbare Schäden dar, die auch als Vermögensfolgeschäden bezeichnet werden.[243] Grundsätzlich umfasst die Schadensersatzpflicht nach dem BGB beide Schadensarten. Die Unterscheidung ist jedoch bedeutsam bei der Bestimmung des Schadensumfangs im Falle der sogenannten hypothetischen Kausalität. Danach ist nach überwiegender Ansicht der unmittelbare Objektschaden auch dann auszugleichen, wenn spätere Ereignisse hypothetisch zu einem Wegfall des Schadensobjekts geführt hätten. Da es um den Ersatz eines abgeschlossenen Schadens geht, soll der Gläubiger nicht auch noch mit dem sogenannten Sachrisiko, also der zukünftigen Entwicklung des Objekts der Schädigung belastet werden. Bei den Vermögensfolgeschäden wird diese hypothetische Kausalität hingegen berücksichtigt und führt zu einer Kürzung etwaiger Schadensersatzansprüche.[244]

Die Vermögensfolgeschäden sind nicht zu verwechseln mit den sogenannten Mangelfolgeschäden im Leistungsstörungsrecht, welche in Folge eines Sachmangels an einem Kaufgegenstand oder dem Gegenstand eines Werkvertrags an sonstigen Rechtsgütern des Käufers oder Bestellers auftreten.[245] Da sie zwin-

---

[242] Vgl. dazu bereits auf S. 30 ff. in Kapitel 2 sowie ausführlich Kapitel 4 auf S. 143 ff.

[243] Vgl. *Lange/Schiemann*, Schadensersatz, 3. Auflage, Tübingen, 2003, S. 62 f.

[244] BGHZ 29, S. 207 (S. 215 f.), BGH, JZ, 1960, S. 409 (S. 410 f.); BGH, LM Nr. 15 zu § 249 (Ba) BGB; *Heinrichs*, in: Palandt, Bürgerliches Gesetzbuch, 65. Auflage, München, 2006, Vorb v § 249 Rn. 15, 102; *Oetker*, in: Münchener Kommentar zum Bürgerlichen Gesetzbuch, Band 2 a, 4. Auflage, München, 2003, vor § 249 Rn. 205 ff. mit weiteren Nachweisen. Als „Reserveursache" können „nachträglich auftretende Umstände nur berücksichtigt werden, wenn sie der Sache als Schadensanlage im Zeitpunkt der Schädigung bereits innewohnten und binnen kurzem denselben Schaden herbeigeführt hätten", vgl. BGHZ 125, S. 56 (S. 62); ähnlich bereits BGHZ 29, S. 207 (S. 215 f.); kritisch dazu *Lange/Schiemann*, Schadensersatz, 3. Auflage, Tübingen, 2003, S. 188 ff.

[245] BGHZ 58, S. 85 (S. 87 ff.); 67, S. 1 (S. 5 f.); 77, S. 214 (S. 217); zur Behandlung des Mangelfolgeschadens nach dem am 1.1.2002 in Kraft getretenen Gesetz zur Modernisierung des Schuldrechts vom 26.11.2001 (BGBl. I, 2001, S. 3138) vgl. *Heinrichs*, in: Pa-

gend an den Rechtsgütern des Vertragspartners außerhalb des Werkes oder der Kaufsache entstehen, kann ein Mangelfolgeschaden auch in der Verletzung des Lebens begründet sein.[246]

Neben diesem immateriellen Mangelfolgeschaden sind die aus der Tötung eines Menschen grundsätzlich denkbaren Schäden wie folgt zusammenzufassen und einzuordnen:

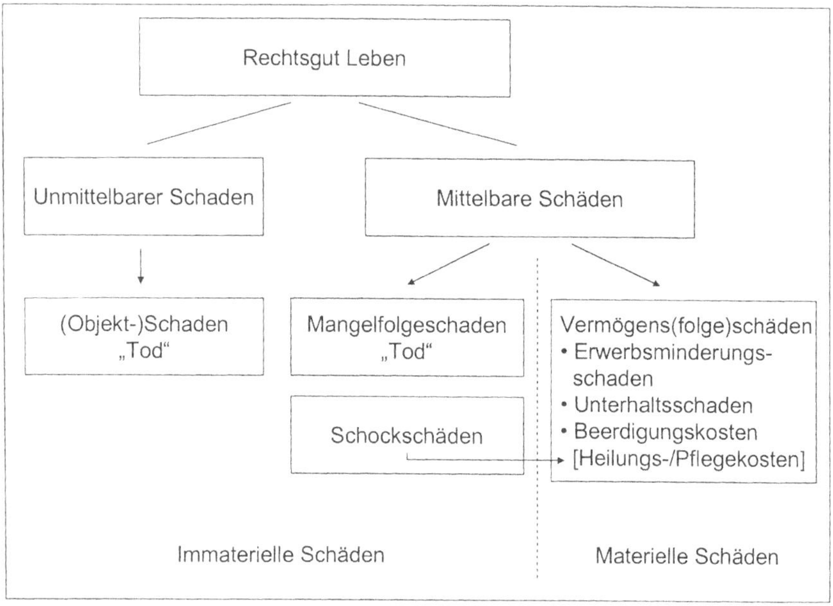

Abbildung 1: Denkbare Schäden bei der Verletzung des Lebens

Die Verletzung des Rechtsguts Leben stellt zunächst einen unmittelbaren immateriellen Schaden dar. Der Verlust des Lebens kann darüber hinaus sowohl zu mittelbaren Vermögensfolgeschäden als auch zu mittelbaren immateriellen Schäden führen. Letztere können insbesondere in Gestalt der sogenannten Schockschäden[247] auftreten. Darunter werden Gesundheitsbeschädigungen ver-

landt, Bürgerliches Gesetzbuch, 65. Auflage, München, 2006, § 280 Rn. 18, 20; *Putzo*, in: Palandt, Bürgerliches Gesetzbuch, 65. Auflage, München, 2006, § 437 Rn. 35; *Sprau*, in: Palandt, Bürgerliches Gesetzbuch, 65. Auflage, München, 2006, § 634 Rn. 8.

246 So ausdrücklich auch *Heinrichs*, in: Palandt, Bürgerliches Gesetzbuch, 65. Auflage, München, 2006, § 280 Rn. 18.

247 Ein Überblick findet sich bei *Heinrichs*, in: Palandt, Bürgerliches Gesetzbuch, 65. Auflage, München, 2006, Vorb v § 249 Rn. 71.

standen, die jemand in Folge des Todes - oder auch der Verletzung - eines Angehörigen erleidet. Ein ersatzfähiger Schockschaden setzt grundsätzlich eine schwerwiegende Körper- bzw. Gesundheitsverletzung im Anwendungsbereich des § 823 I BGB voraus und ist auf die nächsten Angehörigen beschränkt.[248] Im Hinblick auf deren Körperverletzung stellen die anfallenden Heilungs- und Pflegekosten unmittelbare Vermögensfolgeschäden dar.[249] In Abbildung 1 erfolgt die Einordnung gleichwohl bei den mittelbaren Schäden, da insofern der unmittelbare („Objekt"-)Schaden des Todes den Anknüpfungspunkt darstellt.

Abgesehen von diesen in engen Grenzen ersatzfähigen immateriellen Schäden kommen als mögliche Vermögensschäden neben dem bereits erwähnten Erwerbsminderungsschaden[250] und den Beerdigungskosten insbesondere Ansprüche wegen entgangener Unterhaltsleistungen als Folge der Tötung eines gesetzlich Unterhaltsverpflichteten in Betracht.[251]

IV. Kreis der Ersatzberechtigten

Entsprechend der Einteilung in unmittelbare und mittelbare Schäden unterscheidet das Schadensrecht zwischen den unmittelbar und mittelbar Geschädigten. Im Recht der unerlaubten Handlungen werden nach dem sogenannten Tatbestandsprinzip[252] grundsätzlich nur die Schäden ersetzt, die bei der Person entstehen, zu deren Gunsten die Voraussetzungen der Schadensersatznorm vorliegen. Anspruchsberechtigt sind also nur die Personen, deren durch die Anspruchsgrundlage geschützte Rechtsgüter verletzt wurden.[253] Obwohl die sogenannten Schockschäden in der im vorigen Abschnitt dargestellten Abbildung 1[254] im Hinblick auf die Verletzung des Rechtsguts Leben als mittelbare Schäden einzuordnen sind, können sich die Anspruchsberechtigten unmittelbar auf die Anspruchsgrundlage des § 823 I BGB und die dort geschützten Rechtsgüter der körperlichen Unversehrtheit und der Gesundheit berufen.[255] Die Schockgeschä-

---

[248] Ausführlich zu den Anspruchsvoraussetzungen sowie der Höhe der zugesprochenen Schmerzensgelder in diesem Kapitel auf S. 95 ff.

[249] Vgl. *Lange/Schiemann*, Schadensersatz, 3. Auflage, Tübingen, 2003, S. 62 f.

[250] Siehe dazu die Ausführungen auf S. 64 ff. in diesem Kapitel.

[251] Voraussetzungen und Höhe dieser Ansprüche werden im folgenden Abschnitt ab S. 75 ausführlich dargestellt.

[252] Vgl. *Heinrichs*, in: Palandt, Bürgerliches Gesetzbuch, 65. Auflage, München, 2006, Vorb v § 249 Rn. 108.

[253] Vgl. *Mertens*, in: Münchener Kommentar zum Bürgerlichen Gesetzbuch, Band 5, 3. Auflage, München, 1997, § 844 Rn. 1.

[254] Oben auf S. 70.

[255] Missverständlich formuliert dies *Heinrichs*, in: Palandt, Bürgerliches Gesetzbuch, 65. Auflage, München, 2006, Vorb v § 249 Rn. 110, wonach bei Schockschäden wegen

digten selbst sind damit unmittelbar Geschädigte und in den aufgezeigten engen Grenzen ersatzberechtigt. Auch die übrigen in Abbildung 1 aufgezeigten immateriellen Schäden treten bei den unmittelbar Geschädigten ein.

Anders verhält es sich bei den materiellen (Vermögensfolge-)Schäden. Ein Unterhaltsschaden tritt denknotwendig immer bei demjenigen ein, dessen Leben nicht unmittelbar verletzt wurde. Grundsätzlich kann solch ein mittelbar geschädigter Dritter einen eigenen Anspruch auf Schadensersatz aufgrund der Verletzung oder Tötung eines anderen nicht geltend machen. Im Vertragsrecht[256] wird hiervon bei Vorliegen eines Vertrages zu Gunsten Dritter oder eines Vertrages mit Schutzwirkung zu Gunsten Dritter eine Ausnahme, und der begünstigte Dritte zum Ersatzberechtigten gemacht.[257] Im Anwendungsbereich der unerlaubten Handlungen wird der Kreis der Ersatzberechtigten insbesondere durch gesetzlich bestimmte Ausnahmefälle auch auf mittelbar Geschädigte erweitert. Solche Ausnahmebestimmungen stellen die im folgenden Abschnitt[258] zu erörternden §§ 844 II und 845 BGB dar.[259] In jedem Fall kann ein mittelbar Ersatzberechtigter nur den von ihm selbst erlittenen Schaden geltend machen.[260] Dies gilt naturgemäß auch für den Erben des Ersatzberechtigten.[261] Nach Ansicht des BGH kann ein Erbe aber keinen Ersatz für den Wegfall von Arbeitsleistungen verlangen, die der Erblasser im Falle seines Weiterlebens hypothetisch zu Gunsten des Erben erbracht hätte.[262]

---

des Todes eines nahen Angehörigen „auch im Verhältnis zu einem mittelbar Betroffenen der Tatbestand einer haftungsbegründenden Norm erfüllt wird".

256 Begrifflich spricht man in diesem Zusammenhang vom sogenannten Relativitätsgrundsatz, vgl. *Heinrichs*, in: Palandt, Bürgerliches Gesetzbuch, 65. Auflage, München, 2006, Vorb v § 249 Rn. 108 mit Verweis auf Einl v § 241 Rn. 5.

257 Vgl. *Heinrichs*, in: Palandt, Bürgerliches Gesetzbuch, 65. Auflage, München, 2006, Vorb v § 249 Rn. 108 f.

258 S. 78 ff.

259 Darüber hinaus kann der Anspruchsinhaber unter den besonderen Voraussetzungen der anerkannten Fallgruppen der Drittschadensliquidation den Schaden eines nur mittelbar und somit grundsätzlich nicht ersatzberechtigten Geschädigten liquidieren. Dadurch wird der Schaden gewissermaßen zum Anspruchsinhaber und zur Anspruchsgrundlage gezogen. Der geschädigte Dritte kann aber regelmäßig auch die Abtretung des Schadensersatzanspruchs zur eigenen Durchsetzung verlangen. Zu den Einzelheiten der weiteren Voraussetzungen vgl. *Heinrichs*, in: Palandt, Bürgerliches Gesetzbuch, 65. Auflage, München, 2006, Vorb v § 249 Rn. 110, 112 ff.

260 BGH, NJW, 1952, S. 1249.

261 Vgl. zu dieser Konstellation BGH, NJW, 1962, S. 911; VersR, 1972, S. 460 ff.; LM Nr. 25 zu § 823 (F) BGB.

262 BGH, NJW, 2004, S. 2894 f.

Unabhängig von der Frage seiner Ersatzfähigkeit, nimmt der Erwerbsminderungsschaden im Hinblick auf den Kreis der Ersatzberechtigten eine Zwischenstellung ein. Zwar verliert der Getötete mit dem Leben auch die Möglichkeit der Verwertung seiner Arbeitskraft und ist in diesem Zusammenhang als unmittelbar Geschädigter anzusehen. Gleichzeitig stehen die verlorenen Einkünfte aber auch etwaigen Unterhaltsberechtigten nicht mehr zur Verfügung. Grundsätzlich sind letztere damit mittelbar geschädigt. Dieser (mittelbare) Unterhaltsschaden stellt gewissermaßen die Kehrseite des zuvor behandelten (unmittelbaren) Erwerbsminderungsschadens dar. Allerdings bleibt der Umfang des entgangenen Unterhalts naturgemäß hinter dem verlorenen Lebenszeiteinkommens zurück, da hier insbesondere der Selbstbehalt des Getöteten für den eigenen Bedarf hypothetisch in Abzug zu bringen ist.

V. Art und Weise des Schadensersatzes

Es wurde bereits festgestellt, dass die Art des zu Grunde liegenden Schadens im Wesentlichen bestimmt, in welcher Form der Schadensersatz zu leisten ist.[263] Die Art und Weise der Ersatzleistung stellt sich als ein Zusammenspiel von Naturalrestitution, Geldersatz und sogenannter „billiger Entschädigung" bei immateriellen Schäden dar. Naturgemäß kann die Tötung als der unmittelbare („Objekt"-)Schaden aus der Verletzung des Lebens nicht durch eine Wiederherstellung im Wege der Naturalrestitution rückgängig gemacht werden. Gleiches gilt, wenn sich die Tötung als Mangelfolgeschaden verwirklicht. Aber auch der Ersatz der anderen mittelbaren immateriellen Schäden, namentlich der Gesundheitsbeeinträchtigungen im Rahmen der sogenannten Schockschäden, kann nicht in Natur erfolgen. Bei letzteren kommt nach der geltenden Rechtslage allerdings ein Schmerzensgeldanspruch nach § 253 II BGB in Betracht. Die Vorschrift nimmt die immateriellen Rechtsgüter der körperlichen Unversehrtheit sowie der Gesundheit ausdrücklich aus von dem Grundsatz der Nichtersatzfähigkeit immaterieller Schäden. Andererseits verhindert die Vorschrift aber auch, dass eine „billige Entschädigung" für den Fall der Tötung eines Menschen gefordert werden kann, da dass Rechtsgut Leben in § 253 II BGB nicht benannt ist.

Sofern nicht die Sonderregelungen für einen (Schmerzensgeld-)Ersatz bei immateriellen Schäden einschlägig sind, eröffnet § 249 II BGB bei materiellen Schäden die Möglichkeit der Geldleistung an Stelle der Naturalrestitution nach § 249 I BGB. In der überwiegenden Anzahl der praktischen Fälle kommt diese Alternative des Geldersatzes zur Anwendung. Die durch die Gesundheitsschädigung durch einen Schockschaden, welcher die „Verletzung einer Person" im Sinne von § 249 II BGB darstellt, notwendig werdenden Behandlungskosten, sind in Geld ersatzfähige materielle Vermögensfolgeschäden. Ein Schadensersatz in Geld ist darüber hinaus gemäß § 251 BGB auch zu leisten, soweit die

---

[263] Siehe dazu die Ausführungen auf S. 63 in diesem Kapitel.

Naturalrestitution unzureichend, unverhältnismäßig oder nicht möglich ist. Gemäß § 252 BGB würde dieser Schadensersatz auch den entgangenen Gewinn umfassen. Zu diesen im Grundsatz ersatzfähigen Vermögensfolgeschäden zählen die übrigen in Abbildung 1[264] aufgeführten denkbaren Einbußen wie der Erwerbsminderungs- und der Unterhaltsschaden sowie die Beerdigungskosten.

Würde nicht die bereits aufgezeigte Einschränkung der Ersatzfähigkeit immaterieller Schäden entgegenstehen, wäre über diese Argumentation auch der in der Tötung selbst und originär liegende immaterielle Schaden über § 251 I BGB grundsätzlich ersatzfähig. Denn die für eine Anwendbarkeit des § 251 I BGB erforderliche Unmöglichkeit der Herstellung in Natur ist mit der Unumkehrbarkeit des Todes gerade gegeben. Bei hypothetischer Anwendung dieser Vorschrift könnte statt der tatsächlich nicht möglichen Naturalrestitution Schadensersatz in Geld verlangt werden. Tatsächlich hat die Verletzung des in § 823 I BGB genannten Rechtsguts Leben jedoch keine unmittelbare zivilrechtliche Schadensersatzverpflichtung zur Folge.

C. Zivilrechtliche Ansprüche im Fall der Tötung eines Menschen

Die zivilrechtlichen Rechtsfolgen bei der Tötung eines Menschen sind maßgeblich in den §§ 844 und 845 BGB sowie dem Anspruch auf Schmerzensgeld in § 253 II BGB geregelt. Teilweise wird dabei vertreten, dass die Nennung des Rechtsguts Leben in § 823 I BGB lediglich deklaratorischen Charakter habe im Hinblick auf die Anwendbarkeit der §§ 844 und 845 BGB.[265] Von praktischer Bedeutung ist die Benennung in § 823 I BGB jedoch im Hinblick auf die Möglichkeit des negatorischen Rechtsschutzes.[266]

I. Präventiver Rechtsschutz nach § 823 BGB

Zum Schutz der in § 823 I BGB genannten Rechtsgüter können Unterlassungs- und Beseitigungsansprüche geltend gemacht werden.[267] Im vorliegenden Kontext ist der Anwendungsbereich eines Beseitigungsanspruchs jedoch nicht von

---

[264] Oben auf S. 70 in diesem Kapitel.

[265] *Larenz/Canaris*, Lehrbuch des Schuldrechts, II. Band: Besonderer Teil, 2. Halbband, 13. Auflage, München, 1994, S. 377.

[266] *Von Bar*, Deliktsrecht, in: *Bundesminister der Justiz (Hrsg.)*, Gutachten und Vorschläge zur Überarbeitung des Schuldrechts, Band II, Köln, 1981, S. 1681 (S. 1697).

[267] Vgl. hierzu die Darstellung der Entwicklung der Rechtssprechung des Reichsgericht und des BGH jeweils mit weiteren Nachweisen bei *von Bar*, Deliktsrecht, in: *Bundesminister der Justiz (Hrsg.)*, Gutachten und Vorschläge zur Überarbeitung des Schuldrechts, Band II, Köln, 1981, S. 1681, S. 1722 f.; zu Einzelheiten vgl. auch *Larenz/Canaris*, Lehrbuch des Schuldrechts, II. Band: Besonderer Teil, 2. Halbband, 13. Auflage, München, 1994, S. 672 ff.

Belang, da eine „Störung des Rechtsguts Leben" gleichbedeutend ist mit der Tötung, welche nun aber nicht rückgängig gemacht, nicht beseitigt werden kann.

Allerdings ist ein präventiver Schutz für das Rechtsgut Leben denkbar. Folglich kommt ein entsprechender Unterlassungsanspruch zum Schutz des Lebens in Betracht. Weitgehend anerkannt ist dabei auch ein vorbeugender Unterlassungsanspruch des - durch die Eltern vertretenen - Embryos gegen potentielle Schädiger.[268] Die mangelnde Rechtsfähigkeit des Embryos wird dabei als unerheblich angesehen und die Leibesfrucht zumindest als verletzungsfähig anerkannt.[269] Entgegen dem Wortlaut des § 1004 I 2 BGB, der für einen begründeten Anspruch die Gefahr „weiterer Beeinträchtigungen" voraussetzt, ist es ausreichend, dass der erstmalige Eintritt einer Beeinträchtigung droht.[270] Solange aber das Stadium der drohenden Rechtsgutsverletzung im Anwendungsbereich eines Unterlassungsanspruchs nicht überschritten ist, ist der Untersuchungsgegenstand der vorliegenden Arbeit nicht tangiert.

II. Ersatzansprüche Dritter bei Tötung (§ 844 BGB)

Im vorangehenden Abschnitt wurde festgestellt, dass dem Getöteten aus der Tötung zwar ein Schaden im zivilrechtlichen Sinne erwächst, ihm aber kein Ersatzanspruch zusteht. Unter Anwendung des deliktsrechtlichen Prinzips, dass nur demjenigen Ersatzansprüche gegen den Schädiger zustehen, in dessen Rechtsgüter rechtswidrig eingegriffen wurde[271], dürften auch dritten Personen keine Schadensersatzansprüche zustehen, die aus der Rechtsgutsverletzung in Gestalt der Tötung des Opfers resultieren. Von diesem Grundsatz macht das Bürgerliche Gesetzbuch in den §§ 844, 845 BGB jedoch eine Ausnahme und gewährt denjenigen Personen originäre Ersatzansprüche, die gesetzliche Unterhaltsansprüche gegen den Getöteten hatten oder die Beerdigungskosten tragen müssen. Diese eigenen Ansprüche der Hinterbliebenen sind scharf zu trennen von den vor dem Ableben entstandenen Ansprüchen des Getöteten, die die Hinterbliebenen in ihrer Eigenschaft als Erben gemäß § 1922 BGB von Todes wegen erwerben.

---

[268] Vgl. *Hager*, in: Staudinger, Kommentar zum Bürgerlichen Gesetzbuch, §§ 823-825, 13. Bearbeitung, Berlin, 1999, § 823 Rn. B 4; *Coester-Waltjen*, Der nasciturus in der hirntoten Mutter, in: *Lange/Nörr/Westermann (Hrsg.)*, Festschrift für Joachim Gernhuber, Tübingen, 1993, S. 837 (S. 846).

[269] Siehe dazu die Ausführungen auf S. 59 ff. dieser Arbeit, insbesondere die Nachweise in Fn. 198 f.

[270] Ist dabei zur Abwendung einer drohenden Störung ein bloßes Unterlassen nicht ausreichend, so kann der Unterlassungsanspruch auch in Gestalt eines sogenannten Verhinderungsanspruchs bzw. vorbeugenden Beseitigungsanspruchs in Betracht kommen, vgl. *Larenz/Canaris*, Lehrbuch des Schuldrechts, II. Band: Besonderer Teil, 2. Halbband, 13. Auflage, München, 1994, S. 705 f.

[271] Siehe dazu die Ausführungen auf S. 71 in diesem Kapitel.

§ 844 BGB ist bei allen unerlaubten Handlungen, einschließlich der Billigkeitshaftung nach § 829 BGB, der Amtshaftung nach § 839 BGB und der Gefährdungshaftung des Tierhalters gemäß § 833 BGB anwendbar.[272] Allgemeine Anspruchsvoraussetzung ist die Tötung eines Menschen. Diese muss allerdings nicht vom Verschulden des Schädigers umfasst sein. Letzteres muss sich nur auf die zu Grunde liegende Körperverletzung beziehen, da der Tod des Unterhaltspflichtigen zur haftungsausfüllenden und nicht zur haftungsbegründenden Kausalität gehört.[273] Damit ist es ausreichend, dass die Tötung als ein in den Schutzbereich der Verletzung fallender Folgeschaden auftritt.[274]

Für die Entstehung der Ersatzpflicht ist es aber in jedem Fall notwendig, dass der Getötete zumindest wegen der Verletzung[275] einen Anspruch gegen den Schädiger gehabt hätte. Maßgeblicher Zeitpunkt bei der Berücksichtigung eines vertraglichen Haftungsausschlusses oder einer gesetzlichen Haftungsfreistellung ist folglich der Zeitpunkt der Körperverletzung.[276] Dabei müssen sich die Anspruchsberechtigten ein etwaiges Mitverschulden des Getöteten gemäß §§ 846, 254 BGB anrechnen lassen.[277]

Die in den §§ 844, 845 BGB geregelten Ansprüche stellen eng auszulegende Sonderregelungen dar. Eine darüber hinaus gehende Ersatzpflicht im Wege einer analogen Anwendung kommt sowohl im Hinblick auf die ersatzfähigen Schäden als auch den ersatzberechtigten Personenkreis nicht in Betracht.[278] So ist z.B. der reine Vermögensschaden, der durch die Aufhebung einer Lebensgemeinschaft zwischen Angehörigen entsteht, ebenso wenig ersatzfähig wie der Verlust der mit der Lebensgemeinschaft verbundenen Steuervorteile.[279]

---

272 *Wagner*, in: Münchener Kommentar zum Bürgerlichen Gesetzbuch, Band 5, 4. Auflage, München, 2004, § 844 Rn. 7 ff. mit weiteren Hinweisen zur Anwendbarkeit bei vertraglicher Haftung und im öffentlichen Recht.

273 Vgl. BGHZ 132, S. 39 (S. 42) zu § 844 II BGB.

274 Vgl. *Wagner*, in: Münchener Kommentar zum Bürgerlichen Gesetzbuch, Band 5, 4. Auflage, München, 2004, § 844 Rn. 14.

275 Die Anknüpfung an den unmittelbar aus der Tötung erwachsenden Schaden kommt nicht in Frage, da der Getötete insoweit nicht als geschädigt angesehen wird; vgl. dazu die einleitenden Ausführungen auf S. 13 ff.

276 *Mertens*, in: Münchener Kommentar zum Bürgerlichen Gesetzbuch, Band 5, 3. Auflage, München, 1997, § 844 Rn. 4.

277 Dazu eingehend *Kötz/Wagner*, Deliktsrecht, 10. Auflage, München, 2006, Rn. 728 ff.

278 BGHZ 7, S. 30 (S. 33 f.); *Mertens*, in: Münchener Kommentar zum Bürgerlichen Gesetzbuch, Band 5, 3. Auflage, München, 1997, § 844 Rn. 3; *Thomas*, in: Palandt, Bürgerliches Gesetzbuch, 65. Auflage, München, 2006, § 844 Rn. 1; jeweils mit weiteren Nachweisen.

279 BGH, NJW, 1979, S. 1501 (S. 1502).

1. Beerdigungskosten (§ 844 I BGB)

Die Pflicht zur Erstattung der Beerdingungskosten nach § 844 I BGB beruht auf dem Gedanken, dass der Schädiger zumindest die Kosten zu tragen hat, die unmittelbare Folge der Tötung sind.[280] Dies ist insofern überraschend, da die Beerdigungskosten aufgrund der Endlichkeit des menschlichen Lebens zu einem späteren Zeitpunkt ohnehin angefallen wären. Da die Beerdigungskosten einen mittelbaren Vermögensfolgeschaden darstellen, müsste dieser Aspekt an sich bei der sogenannten hypothetischen Kausalität Berücksichtigung finden[281] und nach den allgemeinen Regeln zu einem Ausschluss der Ersatzfähigkeit dieser Kosten führen. Im Rahmen von § 844 I BGB findet eine Berücksichtigung dieses hypothetischen Kausalverlaufs bzw. eine Vorteilsanrechnung jedoch nicht statt.[282]

Ersatzberechtigt sind diejenigen Personen, die ansonsten zur Tragung der Beerdigungskosten verpflichtet wären. Nach § 1968 BGB sind dies in erster Linie die Erben des Getöteten. Sind diese nicht zur Zahlung bereit oder ist aus anderen Gründen von ihnen die Bezahlung nicht zu erlangen, so sind gemäß § 1615 II BGB die gegenüber dem Getöteten zum Unterhalt verpflichteten Personen zur Zahlung der Beerdigungskosten verpflichtet. Damit kommen sie als nachrangige Gläubiger des Anspruchs aus § 844 I BGB in Betracht, gefolgt von Personen, die sich vertraglich zur Übernahme der Kosten verpflichtet haben. Als letztrangiger Gläubiger kommt der Träger der Sozialversicherung in Frage, der nach § 15 BSHG die Zahlung übernimmt, soweit diese den Verpflichteten nicht zugemutet werden kann.[283]

Der Umfang der Ersatzpflicht bestimmt sich nach den Kosten, die im Rahmen einer standesgemäßen Bestattung für den Beerdigungsakt als solchen und die Beerdigungsfeierlichkeiten anfallen. Dabei sind in den Kreisen des Erblassers herrschende Auffassungen und Gebräuche sowie testamentarische Verfügungen

---

280 *Mertens*, in: Münchener Kommentar zum Bürgerlichen Gesetzbuch, Band 5, 3. Auflage, München, 1997, § 844 Rn. 2.

281 Siehe dazu die Ausführungen auf S. 69 f. in diesem Kapitel.

282 Auch eine Anrechnung von Leistungen einer privaten Beerdigungsversicherung erfolgt nicht, vgl. *Mertens*, in: Münchener Kommentar zum Bürgerlichen Gesetzbuch, Band 5, 3. Auflage, München, 1997, § 844 Rn. 15.

283 Hat jemand die Beerdigungskosten gezahlt, ohne dazu verpflichtet zu sein, so steht ihm nach den Regeln einer Geschäftsführung ohne Auftrag gemäß §§ 677, 683 ein Ersatzanspruch zu, vgl. *Mertens*, in: Münchener Kommentar zum Bürgerlichen Gesetzbuch, Band 5, 3. Auflage, München, 1997, § 844 Rn. 12.

zu berücksichtigen.[284] Die Obergrenze der Kostenerstattung bildet die Kostentragungspflicht des Erben gemäß § 1968 BGB.[285]

2. Unterhaltsschaden (§ 844 II BGB)

Die Angehörigen, denen der Getötete unterhaltspflichtig war oder unterhaltspflichtig werden konnte, haben nach der Regelung des § 844 II BGB einen eigenen Anspruch gegen den Schädiger auf Zahlung der Unterhaltsleistungen, zu deren Gewährung der Getötete während der mutmaßlichen Dauer seines Lebens verpflichtet gewesen wäre. Nach diesem Wortlaut sollen die Hinterbliebenen vor einem durch die Tötung drohenden Verlust des „familienrechtlich verbürgten Lebensstandards" bewahrt werden.[286] Dabei wird der Umfang des Unterhaltsschadens in der Rechtsprechung des BGH nicht einheitlich definiert. Zwar wird zum Teil der Ersatz des vollen Unterhaltsschadens postuliert[287], andererseits aber auch unter Billigkeitserwägungen nur der lebensnotwendige Unterhalt zugesprochen, der die Versorgung der Unterhaltsbedürftigen mit dem Nötigsten sicherstellt[288]. Andere Entscheidungen legen diesen Billigkeitsgrundsatz zwar zu Grunde, wenden ihn aber bei der Bemessung der Geldrente offensichtlich nicht konsequent an.[289] Der Bundesgerichtshof hat aber auch klargestellt, dass ein Anspruch wegen der „Beeinträchtigung von Lebensfreude" aufgrund des Verlusts eines Familienmitglieds nicht von § 844 II BGB umfasst und nicht ersatzfähig ist. Ein solcher Anspruch sei dem deutschen Recht fremd.[290]

Diese Argumentation ist folgerichtig, da sich der Anwendungsbereich des § 844 II BGB auf den Ersatz mittelbarer Vermögensfolgeschäden beschränkt. Die mit dem Verlust eines Angehörigen üblicherweise einhergehende Einbuße an Lebensfreude bei den Hinterbliebenen stellt demgegenüber einen immateriellen Schaden dar. Hier stellt sich die Frage, ob dieser im Rahmen eines eigenen

---

[284] *Wagner*, in: Münchener Kommentar zum Bürgerlichen Gesetzbuch, Band 5, 4. Auflage, München, 2004, § 844 Rn. 17 mit weiteren Nachweisen hinsichtlich einzelner erstattungsfähiger Kosten.

[285] BGH, NJW, 1973, S. 2103; *Thomas*, in: Palandt, Bürgerliches Gesetzbuch, 65. Auflage, München, 2006, § 844 Rn. 4 mit Verweis auf *Edenhofer*, in: Palandt, Bürgerliches Gesetzbuch, 65. Auflage, München, 2006, § 1968 Rn. 3 ff.

[286] *Mertens*, in: Münchener Kommentar zum Bürgerlichen Gesetzbuch, Band 5, 3. Auflage, München, 1997, § 844 Rn. 2.

[287] BGH, NJW, 1972, S. 1130; NJW, 1979, S. 1501 f.; NJW-RR, 1986, S. 1217 f.

[288] BGH, NJW, 1973, S. 1076 f.

[289] Vgl. hierzu BGH, NJW, 1982, S. 2864 (S. 2865 f.). Zu Einzelheiten der uneinheitlichen Rechtsprechung vgl. die weiteren Nachweise bei *Mertens*, in: Münchener Kommentar zum Bürgerlichen Gesetzbuch, Band 5, 3. Auflage, München, 1997, § 844 Rn. 43 ff.

[290] BGH, NJW, 1978, S. 2337.

Schmerzensgeldanspruchs der Angehörigen erstattet werden sollte.[291] Deren Beantwortung ist im Rahmen von § 844 II BGB jedenfalls systematisch nicht zu verorten.

a. Ersatzberechtigte

Ersatzansprüche nach § 844 II BGB stehen nur den Angehörigen des Getöteten zu, denen dieser kraft Gesetzes unterhaltspflichtig war oder im Falle seines Weiterlebens hätte unterhaltspflichtig werden können. Der Kreis der Unterhaltsberechtigten bestimmt sich nach den §§ 1360 ff., 1569 ff., 1601 ff., 1615 a und l, 1754 f. BGB sowie §§ 5 S. 1, 16 LPartG.[292] Eine gesetzliche Unterhaltspflicht besteht danach z.B. zwischen Ehegatten (§ 1360 S. 1 BGB), auch soweit sie getrennt leben (§ 1361 BGB) oder geschieden sind (§§ 1569 ff. BGB). Im Fall der Scheidung ist der schuldrechtliche Versorgungsausgleich durch Rentenzahlung nach § 1587 g BGB ebenfalls als Unterhalt zu qualifizieren, da er Alimentationscharakter hat. Die Partner einer gleichgeschlechtlichen Lebenspartnerschaft sind nach § 5 LPartG wie Ehegatten einander zum Unterhalt verpflichtet.[293]

Ferner sind die in gerader Linie miteinander Verwandten einander unterhaltspflichtig (§§ 1601 ff. BGB), ebenso wie an Kindes statt angenommene Kinder und ihre Adoptiveltern (§§ 1751 IV, 1754 I, 1770 III BGB).[294] Im Fall der Geburt eines nicht-ehelichen Kindes steht der Mutter gegen den Vater ein Unterhaltsanspruch gemäß § 1615 l BGB zu. Dieser ist allerdings in Abhängigkeit von einer Erwerbstätigkeit der Mutter zeitlich begrenzt, sofern dies unter Berücksichtigung der Belange des Kindes nach § 1615 l II 3 BGB nicht grob unbillig wäre. Sofern der Vater das Kind betreut, stehen ihm diese Ansprüche nach § 1615 l IV BGB gegenüber der Mutter zu.[295]

Nicht ersatzberechtigt sind hingegen Stiefkinder und Stiefeltern[296], auch wenn beispielsweise der getötete Stiefvater seinem Stiefsohn über viele Jahre hinweg

---

291 Zum sogenannten Angehörigenschmerzensgeld vgl. die Nachweise in Fn. 11.

292 *Sprau*, in: Palandt, Bürgerliches Gesetzbuch, 65. Auflage, München, 2006, § 844 Rn. 5.

293 *Wagner*, in: Münchener Kommentar zum Bürgerlichen Gesetzbuch, Band 5, 4. Auflage, München, 2004, § 844 Rn. 23 f.

294 *Kötz/Wagner*, Deliktsrecht, 10. Auflage, München, 2006, Rn. 723.

295 *Wagner*, in: Münchener Kommentar zum Bürgerlichen Gesetzbuch, Band 5, 4. Auflage, München, 2004, § 844 Rn. 24.

296 *Mertens*, in: Münchener Kommentar zum Bürgerlichen Gesetzbuch, Band 5, 3. Auflage, München, 1997, § 844 Rn. 17; vgl. hierzu bereits die Kritik bei *Wichelhaus*, Die Ersatzansprüche der Angehörigen des Geschädigten im amerikanischen Deliktsrecht, Rechtsvergleichende Untersuchungen zu den §§ 844-846 BGB, Diss. Münster, 1977, S. 24 ff.

Unterhalt gewährt hat.[297] Auch eine vertraglich begründete Unterhaltspflicht führt nicht zu einer Ersatzberechtigung im Sinne von § 844 II BGB.[298] Auch steht Lebensgefährten, die keine Lebenspartnerschaft begründet haben oder - aus welchen Gründen auch immer - nicht verheiratet sind sowie Verlobten kein Schadensersatzanspruch zu. Zwar würde bei Verlobten durch die geplante Eheschließung eine Unterhaltspflicht begründet und nach § 844 II BGB reicht es aus, dass der Getötete dem Ersatzberechtigten unterhaltspflichtig werden könnte. Das rechtliche Verhältnis, das die Unterhaltspflicht begründet, muss nach dem Wortlaut von § 844 II BGB aber bereits im Zeitpunkt der Verletzung bestehen.[299] Schließlich steht auch dem Arbeitgeber des Getöteten, der durch dessen Arbeitsunfähigkeit einen Verdienstausfall erleidet, kein Ersatzanspruch zu.[300]

b. Geldrente

Der Unterhaltsschaden der ersatzberechtigten Personen - in der Regel dürften dies der überlebende Ehegatte und die gemeinsamen Kinder sein - wird durch Zahlung einer Geldrente[301] ausgeglichen. Die Hinterbliebenen sind so zu stellen, als wäre der getötete Unterhaltsverpflichtete am Leben geblieben und hätte ihnen nach Maßgabe seiner Einkommensverhältnisse Unterhalt geleistet.[302] Nach der Rechtsprechung des BGH ist danach zu fragen, „was in einem fiktiven Unterhaltsprozess des Berechtigten gegen den Getöteten zuzusprechen wäre."[303]

Die gesetzliche Unterhaltspflicht umfasst den Barunterhalt sowie den Natural- bzw. Betreuungsunterhalt.[304] Bei der Tötung eines nicht berufstätigen haushaltsführenden Ehegatten, der seine Unterhaltspflicht gemäß § 1360 S. 2 BGB durch

---

[297] BGH, VersR, 1969, S. 998 (LS): „Stiefkinder haben weder unmittelbar (§ 1601 BGB) noch mittelbar (§ 1360 a BGB) einen gesetzlichen Unterhaltsanspruch gegen ihren Stiefvater."

[298] BGH, NJW, 2001, S. 971 (S. 973).

[299] *Kötz/Wagner*, Deliktsrecht, 10. Auflage, München, 2006, Rn. 724 mit dem Hinweis, dass es auch keinen Unterschied machte, wenn die Verlobten nach der Verletzung heirateten.

[300] *Mertens*, in: Münchener Kommentar zum Bürgerlichen Gesetzbuch, Band 5, 3. Auflage, München, 1997, § 844 Rn. 3. Vgl. hierzu auch die Ausführungen auf S. 64 ff. zur Problematik, ob die verlorene Arbeitskraft einen Vermögensschaden darstellt.

[301] Ausführlich zu den Einzelheiten der Bemessung der Geldrente *Wagner*, in: Münchener Kommentar zum Bürgerlichen Gesetzbuch, Band 5, 4. Auflage, München, 2004, § 844 Rn. 45 ff. sowie *Pardey*, Berechnung von Personenschäden, 3. Auflage, Heidelberg, 2005, Rn. 1326 ff.

[302] *Kötz/Wagner*, Deliktsrecht, 10. Auflage, München, 2006, Rn. 725.

[303] BGH, NJW-RR, 1988, S. 66 (S. 67).

[304] Ausführlich dazu *Pardey*, Berechnung von Personenschäden, 3. Auflage, Heidelberg, 2005, Rn. 1378 ff.

die (unentgeltliche) Tätigkeit der Haushaltsführung erfüllt[305], kann ein Ersatzanspruch auch dann geltend gemacht werden, wenn die anfallenden Arbeiten durch „überobligationsmäßige" Anstrengungen der übrigen Familienmitglieder erledigt werden. Die Schadenshöhe bemisst sich in einem solchen Fall nach dem Nettogehalt und der Stundenzahl der ansonsten notwendigen Inanspruchnahme einer entsprechenden Ersatzkraft.[306]

Die Dauer der Rentenzahlung ist abhängig von der hypothetischen Dauer der Unterhaltsverpflichtung. Diese wiederum wird begrenzt durch die mutmaßliche Lebensdauer des Getöteten. Letztere wird bestimmt durch die individuellen Lebensumstände des Getöteten wie z.B. Veranlagung, Konstitution, Gesundheitszustand, Alter, Beruf oder Lebensgewohnheiten. Bei der individuellen Ermittlung des Schadensersatzes ziehen die erkennenden Gerichte die vom Statistischen Bundesamt herausgegebene „Sterbetafel" als Hilfsmittel heran.[307] An diesem Beispiel wird deutlich, dass die Gerichte mit Bewertungsschwierigkeiten bei der Bemessung der Höhe des Schadensersatzes sehr wohl umzugehen wissen. Dies entkräftet das im historischen Verständnis häufig gebrauchte Argument, entsprechende Schwierigkeiten sprächen gegen eine zu weitgehende Ersatzfähigkeit immaterieller Schäden.[308] Das Beispiel zeigt aber auch, dass Bewertungsprobleme nicht nur in der Natur immaterieller Schäden liegen, sondern auch bei materiellen Schäden auftreten, sofern hypothetische Tatsachen der Schadensberechnung zu Grunde liegen.

Da der Unterhaltsschaden ein typischer Vermögensfolgeschaden ist, finden auf ihn die Grundsätze der hypothetischen Kausalität Anwendung. Danach bleibt eine sogenannte „Schadensanlage" zwar auf der Ebene des „Objekt"-Schadens, vorliegend also beim Tod des Unterhaltsverpflichteten, unberücksichtigt. Sie führt aber zu einer Begrenzung der Ersatzpflicht für Vermögensfolgeschäden. Stellt sich nach der Tötung des Unterhaltspflichtigen und im Falle des Vorliegens sämtlicher sonstiger Anspruchsvoraussetzungen heraus, dass der Getötete an einer unheilbaren Krankheit litt, als deren Folge er noch längstens zwei Jahre zu leben gehabt hätte, so können die Unterhaltsberechtigten nur für die Dauer von zwei Jahren den Unterhaltsanspruch des § 844 II BGB geltend machen, da

---

305 Daneben kommen die Kinderbetreuung gemäß § 1606 III S. 2 BGB und ggf. auch Pflege- und Betreuungsleistungen für den Ehegatten gemäß § 1360 a I BGB in Betracht, vgl. *Mertens*, in: Münchener Kommentar zum Bürgerlichen Gesetzbuch, Band 5, 3. Auflage, München, 1997, § 844 Rn. 39.

306 BGH, NJW, 1983, S. 1425 (S. 1426 f.); vgl. dazu bereits die Ausführungen auf S. 64 ff. in diesem Kapitel.

307 *Thomas*, in: Palandt, Bürgerliches Gesetzbuch, 65. Auflage, München, 2006, § 844 Rn. 12.

308 Siehe dazu die Ausführungen auf S. 55 ff. in diesem Kapitel.

nach dieser Zeit der Unterhaltsverpflichtete auch ohne die schädigende Handlung nicht mehr zur Verfügung gestanden hätte.[309]

Weitere Voraussetzung für einen Anspruch auf den Unterhaltsschaden ist die Bedürftigkeit des Unterhaltsberechtigten nach § 1602 BGB. Dies gilt nur nicht für den in den §§ 1360, 1360 a BGB geregelten Familienunterhalt. Von dieser Ausnahme abgesehen, kann somit nur derjenige einen Schadensersatzanspruch geltend machen, demgegenüber der Getötete auch zur Leistung verpflichtet gewesen wäre.[310] Es genügt aber, dass die Bedürftigkeit erst nach dem Todesfall eintritt, z.B. durch den Wegfall eines zunächst vorrangig Unterhaltsverpflichteten.[311]

Setzt der Unterhaltsanspruch auch die Leistungsfähigkeit des Unterhaltsverpflichteten voraus, so ist diese auch Voraussetzung für einen Unterhaltsschaden nach § 844 II BGB. Sie allein ist aber noch nicht hinreichend. Es muss auch eine gewisse hypothetische Wahrscheinlichkeit für die Realisierung, d.h. für die Beitreibbarkeit der Unterhaltsansprüche gegen den Getöteten sprechen.[312] Andernfalls wäre den Hinterbliebenen zwar das Unterhaltsrecht durch den Tod entzogen, ihnen wäre daraus aber kein Schaden entstanden.[313] Bei der hypothetischen Ermittlung der Leistungsfähigkeit des Getöteten sind auch dessen vorrangige Unterhaltspflichten zu berücksichtigen und können zu einer Minderung bzw. zum Ausschluss eines nachrangigen Anspruchs führen. So haben z.B. die Eltern eines berufstätigen, erwachsenen Kindes bei dessen Tötung keine Ansprüche gegen den Schädiger, soweit ihr Kind eigenen Kindern, also aus Sicht der Eltern den Enkeln, vorrangig unterhaltspflichtig war und nach Abzug der Unterhaltsleistungen nur der Selbstbehalt übrig bleiben würde.[314]

Da § 844 II BGB kein Unterhaltsanspruch, sondern ein Schadensersatzanspruch wegen Entziehung eines gesetzlichen Unterhaltsanspruchs ist, kommen zudem

---

309 Beispiel nach *Medicus*, Bürgerliches Recht, 20. Auflage, München, 2004, Rn. 849.

310 *Mertens*, in: Münchener Kommentar zum Bürgerlichen Gesetzbuch, Band 5, 3. Auflage, München, 1997, § 844 Rn. 19.

311 Solange die Bedürftigkeit nicht eingetreten ist oder der Schaden nicht genau beziffert werden kann, kommt zunächst nur die Feststellungsklage zur Geltendmachung des Anspruchs in Betracht, vgl. *Thomas*, in: Palandt, Bürgerliches Gesetzbuch, 65. Auflage, München, 2006, § 844 Rn. 6, 20.

312 BGH, NJW, 1974, S. 1373 (S. 1374).

313 *Mertens*, in: Münchener Kommentar zum Bürgerlichen Gesetzbuch, Band 5, 3. Auflage, München, 1997, § 844 Rn. 19, 22.

314 *Mertens*, in: Münchener Kommentar zum Bürgerlichen Gesetzbuch, Band 5, 3. Auflage, München, 1997, § 844 Rn. 23.

die Grundsätze der Vorteilsanrechnung zur Anwendung.[315] Außerdem ist § 846 BGB von besonderer Bedeutung, da er die Regelungen zum Mitverschulden (§ 254 I BGB) und zur Schadensminderungspflicht (§ 254 II BGB) zur Anwendung bringt. Danach sind die ersatzberechtigten Hinterbliebenen verpflichtet, den durch den Tod des Unterhaltsverpflichteten drohenden Schaden nach Lage des Falles durch zumutbare Maßnahmen abzuwenden oder zu mindern, z.B. durch Aufnahme einer Erwerbstätigkeit.[316] Trägt der getötete Unterhaltspflichtige an seinen tödlichen Verletzungen ein Mitverschulden nach § 254 I BGB, so müssen sich die Unterhaltsberechtigten dieses schadensmindernd auf ihren Schadensersatzanspruch gegen den Verletzer anrechnen lassen.[317]

Die Höhe der Geldrente ist folglich von einer Vielzahl an Tatsachen sowie hypothetisch zu unterstellender Einflussgrößen abhängig. Für Kinder und andere Verwandte ist nach § 1610 I BGB die Lebensstellung der Familie von Bedeutung. Beim Ehegattenunterhalt begrenzen gemäß §§ 1360 a I, 1361 I, 1578 I BGB die konkreten ehelichen Lebensverhältnisse das Ausmaß des Unterhaltsschadens. Darüber hinaus erfolgt die konkrete Berechnung des jeweiligen Unterhaltsschadens der einzelnen Familienmitglieder nach einem komplizierten Verfahren, da sowohl unterhaltsrechtliche als auch schadensrechtliche Aspekte zu berücksichtigen sind.[318] Dabei ist wiederum zu unterscheiden, ob der Alleinverdiener einer Ehe oder der haushaltsführende Ehegatte getötet wurde. Wiederum andere Methoden ergeben sich bei einer Doppelverdienerehe oder beim Unterhaltsschaden eines Kindes.[319] Statt einer individualisierten Berechnung, die auf die konkreten Lebensverhältnisse abstellt, schlägt *Wagner* deshalb vor, „stärker zu abstrahieren und zu pauschalisieren". So könnten zur Ermittlung des Unterhaltsbedarfs beispielsweise feste Quoten vom Einkommen abgezogen werden. Diese seien jedoch ebenfalls abhängig von der Höhe des Einkommens und der Konstellation im Familienverbund (z.B. Anzahl der Kinder und Art der Einkommenserzielung) und dementsprechend zu variieren.[320]

---

[315] *Wagner*, in: Münchener Kommentar zum Bürgerlichen Gesetzbuch, Band 5, 4. Auflage, München, 2004, § 844 Rn. 73 f.

[316] *Kötz/Wagner*, Deliktsrecht, 10. Auflage, München, 2006, Rn. 728 f.

[317] Gleiches gilt für die Betriebsgefahr des Kraftfahrzeugs des Getöteten bei einem Verkehrsunfall, vgl. *Kötz/Wagner*, Deliktsrecht, 10. Auflage, München, 2006, Rn. 728.

[318] *Wagner* (in: Münchener Kommentar zum Bürgerlichen Gesetzbuch, Band 5, 4. Auflage, München, 2004, § 844 Rn. 35) kritisiert, dass der für diese präzise Berechnung notwendige Aufwand der Gerichte und Anwaltschaft nicht angemessen sei.

[319] Eine Fülle an Berechnungsmodellen zu unterschiedlichsten familiären als auch einkommensabhängigen Konstellationen findet sich bei *Pardey*, Berechnung von Personenschäden, 3. Auflage, Heidelberg, 2005, Rn. 1379 ff.

[320] *Wagner*, in: Münchener Kommentar zum Bürgerlichen Gesetzbuch, Band 5, 4. Auflage, München, 2004, § 844 Rn. 48.

c. Beurteilung

Die Höhe der jeweiligen Rentenzahlung eines Unterhaltsanspruchs im Fall der Tötung entzieht sich aufgrund der individualisierten Berechnung einer pauschalen Beurteilung. Festzuhalten ist jedoch, dass nur die familienrechtlich gebotenen, durch die Tötung ausgefallenen Unterhaltsleistungen ersetzt werden. Dabei sind die genannten tatbestandlichen Einschränkungen auf der Ebene des ersatzberechtigten Personenkreises (Stiefkinder, Stiefeltern, Lebensgefährten, Verlobte) kritisch zu beurteilen. Es sind zahlreiche Fälle denkbar, in denen die Verneinung eines Ersatzanspruchs dieser Personen als Widerspruch zu der Ersatzfähigkeit in vergleichbaren, von der gesetzlichen Regelung allerdings erfassten Fällen erscheint. *Kötz/Wagner* bezeichnen diesen Zustand als klassischen Konflikt zwischen Rechtssicherheit und Einzelfallgerechtigkeit. § 844 II BGB umschreibe den Kreis der Ersatzberechtigten so genau, dass darunter die Einzelfallgerechtigkeit in Fällen leide, die den gesetzlich geregelten vergleichbar seien, den betroffenen Personen ein Ersatzanspruch aber verwehrt werde.[321]

Dies gilt auch für den - keine Ersatzpflicht auslösenden – Fall der Tötung eines gesetzlich nicht Unterhaltsverpflichteten, der einem Dritten faktisch oder auf vertraglicher Grundlage Unterhalt gewährt hat. Denn eine Haftung nach § 844 II BGB findet nur dann Anwendung, wenn ein (hypothetisch) Unterhaltsverpflichteter getötet wird, was zugleich den ersatzberechtigten Personenkreis eingrenzt. Dies stimmt zwar mit der geschilderten Intention des Gesetzgebers überein, den Hinterbliebenen einen gewissen Lebensstandard zu garantieren und vor drohenden (Unterhalts-)Verlusten durch die Tötung zu bewahren. Die Definition des ersatzberechtigten Personenkreises über den Rückgriff auf die familienrechtlichen Unterhaltspflichten lässt jedoch häufig die tatsächlichen Lebensverhältnisse unberücksichtigt. Zwar könnte man einwenden, dass eine (hypothetische) Unterhaltsverpflichtung von den betreffenden Personen in vielen Fällen auch zu Lebzeiten hätte herbeigeführt werden können. Ein Stiefvater könnte den Stiefsohn adoptieren oder die nichtehelichen Partner einer Lebensgemeinschaft könnten heiraten. Es kann jedoch nachvollziehbare Gründe geben, aus denen die jeweils Betroffenen diesen Möglichkeiten gerade nicht nachkommen können bzw. wollen. Auch ist es denkbar, dass gerade ein tödlicher Unfall ein solches geplantes Ansinnen verhindert. Durch die Wahl des persönlichen Lebensstils wird somit der Schuldner entlastet.

Diese Fälle sind aber von denen zu unterscheiden, in denen die Betroffenen eine Unterhaltspflicht rein tatsächlich nicht begründen können und eine Haftung nach § 844 II BGB ausscheidet und auch nicht hätte herbeigeführt werden können. Die Tötung bleibt dann mit Ausnahme eines etwaigen Anspruchs auf Zahlung

---

[321] *Kötz/Wagner*, Deliktsrecht, 10. Auflage, München, 2006, Rn. 724.

eines Schmerzensgeldes[322] zivilrechtlich ohne Sanktion. Dieses Ergebnis ergibt sich insbesondere bei der Tötung eines Menschen, der niemandem gegenüber kraft Gesetzes unterhaltspflichtig war. Dies kann daran liegen, dass er keine Unterhaltsberechtigten hinterlässt oder in Anbetracht seiner finanziellen Verhältnisse nicht leistungsfähig und damit nicht zur Unterhaltsleistung verpflichtet war. Eine Ersatzpflicht kann aber auch an der mangelnden Bedürftigkeit der Unterhaltsberechtigten sowie an deren weit reichender Schadensminderungspflicht scheitern.

Ohne zivilrechtliche Sanktion bleibt damit in vielen Fällen die Tötung eines Alten, eines Armen, eines Unverheirateten, eines Kinderlosen und im Regelfall auch die Tötung eines Kindes.[323] Zwar besteht in letzterem Fall die Möglichkeit, dass die Eltern eines Tages Unterhaltsansprüche gegen das Kind geltend machen können, auch wenn das Kind zur Zeit der Verletzung noch im schulpflichtigen Alter war. Die mutmaßliche Leistungsfähigkeit des Kindes ist nicht auszuschließen, wenn das Kind bei der Tötung gesund und nach geistiger und charakterlicher Veranlagung in der Lage war, einen Beruf zu erlernen.[324] Die ersparten Ausgaben der Eltern für Unterhalt, Erziehung und Ausbildung sind jedoch schadensmindernd als ersparte Aufwendungen im Rahmen der Vorteilsausgleichung zu berücksichtigen. Ferner sind hypothetische, also in der Zukunft möglicherweise entstehende Unterhaltsverpflichtungen des Kindes gegenüber eigenen Nachkommen in Abzug zu bringen. Im Ergebnis dürften Unterhaltsansprüche gegenüber erst noch auszubildenden Kindern folglich illusorisch und eine Ersatzpflicht nach § 844 II BGB in aller Regel ausgeschlossen sein.[325]

III. Ersatzansprüche wegen entgangener Dienste (§ 845 BGB)

Gemäß § 845 BGB kann ein Dritter, der kraft Gesetzes unentgeltlich die Dienste der verletzten Person in Anspruch nehmen konnte, diesen Dienstleistungsausfall als eigenen Schaden geltend machen. Die ursprünglichen Anwendungsfälle waren die Dienstleistungspflichten von Kindern und Ehepartnern in Haushalt, Erwerbsgeschäft und landwirtschaftlichem Betrieb.

Nach § 1356 BGB in der Fassung bis zum Gleichberechtigungsgesetz von 1957[326] galt die Mitarbeit der Ehefrau dem Ehemann geschuldet.[327] Die Haus-

---

322 Zur Bedeutung etwaiger Schmerzensgeldansprüche siehe S. 87 ff. in diesem Kapitel.

323 Vgl. *Kötz/Wagner*, Deliktsrecht, 10. Auflage, München, 2006, Rn. 724 mit Kritik zur geltenden Rechtslage.

324 Nach BGHZ 4, S. 133 (S. 137) muss unter Berücksichtigung dieser Merkmale eine „gewisse Wahrscheinlichkeit“ einer zukünftigen Unterhaltsverpflichtung zur Bejahung des Feststellungsinteresses einer entsprechenden Klage gegeben sein.

325 *Mertens*, in: Münchener Kommentar zum Bürgerlichen Gesetzbuch, Band 5, 3. Auflage, München, 1997, § 844 Rn. 21, 54.

326 BGBl. I, 1957, S. 609.

haltsführung entsprach nach damaligem Verständnis weder einer Erwerbstätigkeit noch stellte sie eine Unterhaltsleistung dar.[328] Dies hatte zur Folge, dass die haushaltsführende Ehefrau im Fall ihrer Verletzung keinen eigenen Anspruch nach §§ 842, 843 BGB wegen eines Erwerbsminderungsschaden geltend machen konnte. Im Fall ihrer Tötung schied darüber hinaus auch ein Anspruch wegen eines etwaigen Unterhaltsschadens nach § 844 II BGB aus. Stattdessen stand sowohl bei der Verletzung als auch bei der Tötung einer Ehefrau lediglich dem Ehemann gemäß § 845 BGB ein Anspruch wegen des Ausfalls der ihm geschuldeten Dienste der Ehefrau zu.[329]

Mit dem Gleichberechtigungsgesetz von 1957 änderte sich diese Rechtslage. Seitdem ist die Mitarbeit eines Ehegatten im Haushalt oder Erwerbsgeschäft gemäß § 1360 S. 2 BGB als Erfüllung der familienrechtlichen Unterhaltspflichten einzuordnen. Die Haushaltsführung steht damit gleichberechtigt neben der Erwerbstätigkeit. In der maßgeblichen Entscheidung des Großen Senats für Zivilsachen wurde gleichwohl, entsprechend dem klassischen Verständnis zur Rollenverteilung der Geschlechter, die Erwerbstätigkeit an die Person des Ehemanns und die Haushaltsführung an die der Ehefrau geknüpft.[330]

Bei der Tötung des haushaltsführenden Ehegatten oder Partners einer gleichgeschlechtlichen Lebenspartnerschaft fällt die Geltendmachung des Haushaltsführungsschadens unter den Anwendungsbereich von § 844 II BGB.[331] Wird der Haushaltsführende lediglich verletzt, so steht ihm ein eigener Anspruch gemäß §§ 842 f. BGB zu.[332] Die Vorschrift des § 845 BGB ist damit weitgehend unbedeutend, da ihr Anwendungsbereich auf die praktisch wenig bedeutsame Dienstleistungspflicht des Kindes nach § 1619 BGB beschränkt ist.[333]

---

327 *Brüggemeier*, Prinzipien des Haftungsrechts, Eine systematische Darstellung auf rechtsvergleichender Grundlage, Baden-Baden, 1999, S. 172.

328 Motive zum Entwurf des BGB, Band II, S. 791; Protokolle zum Entwurf des BGB, Band II, S. 631 f.; RGZ 152, S. 208 (S. 211 f.).

329 *Wagner*, in: Münchener Kommentar zum Bürgerlichen Gesetzbuch, Band 5, 4. Auflage, München, 2004, § 844 Rn. 61, § 845 Rn. 3; *Triebold*, Schadensersatzansprüche bei Tötung oder Verletzung einer Hausfrau und Mutter und Bewertung der Haushaltsarbeit, Münster, 1995, S. 1 ff.

330 Vgl. BGHZ (GSZ) 50, S. 304 (S. 305).

331 Vgl. dazu die Ausführungen auf S. 78 ff. in diesem Kapitel.

332 Siehe hierzu die Ausführungen auf S. 64 ff. in diesem Kapitel.

333 Hierbei ist allerdings zu beachten, dass bei der Schädigung eines Stiefkindes und Vorliegen der übrigen Voraussetzungen ein Anspruch gemäß § 845 BGB besteht, nicht jedoch bei der Schädigung eines Stiefelternteils, vgl. hierzu: *Wichelhaus*, Die Ersatzansprüche der Angehörigen des Geschädigten im amerikanischen Deliktsrecht, Rechtsvergleichende Untersuchungen zu den §§ 844-846 BGB, Diss. Münster, 1977, S. 27, Fn. 69. Es sei an dieser Stelle nochmals darauf hingewiesen, dass im Rahmen des § 844 II BGB jedoch

IV. Schmerzensgeld (§ 253 II BGB)

Das am 1. August 2002 in Kraft getretene „Zweite Gesetz zur Änderung schadensersatzrechtlicher Vorschriften" (2. SchÄndG)[334] hat zu einer deutlichen Ausweitung des Anspruchs auf Zahlung eines Schmerzensgeldes geführt. Der Schmerzensgeldanspruch wurde aus dem Recht der unerlaubten Handlungen in das allgemeine Schuldrecht überführt. Eine billige Entschädigung in Geld ist, weitgehend entsprechend dem Regelungsgehalt des früheren § 847 BGB[335], auch wegen des Nichtvermögensschadens zu leisten, wenn Ansprüche wegen einer Verletzung des Körpers, der Gesundheit, der Freiheit oder der sexuellen Selbstbestimmung geltend gemacht werden. Durch die Neuregelung sind Schmerzensgeldansprüche nunmehr zwar im Bereich der Gefährdungshaftung als auch der vertraglichen Haftung durchsetzbar.[336] Die in der rechtspolitischen Diskussion aufgeworfenen Reformüberlegungen, nach denen bei Verletzungen mit Todesfolge den nahen Angehörigen ein eigener Schmerzensgeldanspruch zustehen sollte[337], fanden jedoch keine Berücksichtigung.

1. Ansprüche des Getöteten

Dem Getöteten selbst steht kein Anspruch auf Ersatz eines aus dem Verlust seines Lebens resultierenden immateriellen Schadens zu. Neben dem zu Grunde liegenden Verständnis zur eingeschränkten Ersatzfähigkeit immaterieller Schäden und den bereits dargestellten Erwägungen, dass ein Toter nicht Anspruchsinhaber sein könne[338], geht dies ausdrücklich auch aus § 253 II BGB hervor. Dort ist das Rechtsgut Leben nicht genant. Dementsprechend vertrat das OLG Düsseldorf zur Vorgänger-Vorschrift des § 847 BGB a.F. die Ansicht, dass der

---

weder ein Anspruch bei der Tötung eines Stiefkindes noch eines Stiefelternteils besteht, vgl. oben S. 79. Als Konsequenz dieser Rechtslage arbeitet *Wichelhaus*, a.a.O., S. 27 ff., zudem heraus, dass sich der Schädiger besser stellt, wenn er den Stiefvater oder die Stiefmutter tötet (weil dann eine Schadensersatzpflicht nach § 844 II BGB nicht eingreift) statt nur zu verletzen (weil dann ein Anspruch nach § 845 BGB nicht besteht, wohl aber ein Erwerbsausfallschaden über §§ 842, 843 BGB vom verletzten Stiefelternteil liquidiert werden kann. Diese Problematik der Privilegierung des Schädigers im Falle der Tötung statt „nur" der Verletzung einer anderen Person stellt sich jedoch unabhängig von der Frage, ob der Geschädigte ein Stiefelternteil ist.

334 BGBl. I, 2002, S. 2674.

335 Zur Einbeziehung der für beide Geschlechter geltenden sexuellen Selbstbestimmung in den Schutzbereich vgl. *Wagner*, Das neue Schadensersatzrecht, Baden-Baden, 2002, Rn. 81.

336 Vgl. hierzu eingehend *Wagner*, Das neue Schadensersatzrecht, Baden-Baden, 2002, Rn. 27 ff.

337 Vgl. dazu die einleitenden Ausführungen auf S. 15 f. und die Nachweise in Fn. 11-13.

338 Vgl. dazu die Ausführungen auf S. 13 ff. und 55 ff.

Gesetzgeber davon ausgehe, „dass derjenige, der durch eine rechtswidrige Handlung getötet wird, kein Schmerzensgeld wegen seines Todes beanspruchen kann. An dieser in § 847 BGB zum Ausdruck kommenden Wertung des Gesetzgebers hat sich auch dadurch nichts geändert, dass der Gesetzgeber den Schmerzensgeldanspruch zu einem vererblichen Anspruch ausgestaltet hat."[339]

Dem Getöteten kann jedoch aus der zum Tode führenden Verletzung ein eigener Schmerzensgeldanspruch zustehen, welcher mit seinem Ableben nach den allgemeinen Vorschriften vererblich ist.[340] Nach der Ansicht von *Jaeger/Luckey* ist auffällig, dass die Zahl der veröffentlichten Entscheidungen, in denen es um eine längere Überlebenszeit geht, beständig abgenommen habe, seitdem die uneingeschränkte Vererblichkeit bereits entstandener Schmerzensgeldansprüche gesetzlich verankert und die entsprechenden Rechtsfragen geklärt waren. Sie führen dies auf die Regulierungspraxis der Versicherer zurück, Prozesse und damit eine „Tendenz zu höherem Schmerzensgeld" zu vermeiden.[341]

Ein Schmerzensgeldanspruch entsteht grundsätzlich auch, soweit der Verletzte nur eine verhältnismäßig kurze Zeit überlebt. Dem Opfer eines Verkehrsunfalls, das sich trotz mehrfacher Versuche nicht aus dem brennenden Fahrzeug befreien konnte und nach etwa neun Minuten qualvoll verbrannte, wurden beispielsweise rund 7.670 Euro (15.000 DM) Schmerzensgeld zugesprochen.[342] Auf ein Schmerzensgeld in Höhe von 5.620 Euro (11.000 DM) erkannte das LG Heilbronn[343] zu Gunsten einer 17jährigen Frau, die von ihrem damaligen Freund mit 11 Messerstichen grausam getötet wurde. Anknüpfungspunkt für die Anspruchsgewährung war die mehrere Minuten lange Überlebenszeit, in der das Opfer hilflos miterleben musste, dass es sich nicht würde retten können.

a. Verkürzung der Lebensaussichten als Bemessungsfaktor

Nach der Rechtsprechung des BGH führt eine Verkürzung der Lebensaussichten des Geschädigten durch die Verletzungshandlung jedoch nicht zu einer Erhöhung des Schmerzensgeldbetrages. Dazu führt der VI. Senat des BGH aus, dass der Gesetzgeber „die Zerstörung des Lebens als solche nicht mit einer zivilrechtlichen Sühne belegt" habe und „die ganz herrschende Rechtsauffassung dem

---

339 OLG Düsseldorf, recht und schaden (r + s), 1996, S. 228 (S. 229).

340 *Heinrichs*, in: Palandt, Bürgerliches Gesetzbuch, 65. Auflage, München, 2006, § 253 Rn. 26. Bis 1990 war ein Schmerzensgeldanspruch nur dann vererblich, wenn er vertraglich anerkannt oder rechtshängig geworden war, vgl. § 847 I 2 BGB a.F.

341 *Jaeger/Luckey*, Schmerzensgeld, 2. Auflage, Krefeld, 2005, Rn. 483 f.

342 OLG Saarbrücken, Urteil vom 30.7.1993 - 3 U 43/93-9, zitiert nach *Slizyk*, Beck'sche Schmerzensgeldtabelle, 4. Auflage, München, 2001, S. 49 (Fn. 103).

343 Urteil vom 16.11.1993 - 2 O 2499/92, zitiert nach *Slizyk*, Beck'sche Schmerzensgeldtabelle, 4. Auflage, München, 2001, S. 49 (Fn. 104), S. 51 f. (Fn. 117).

Umstand, dass der Geschädigte die Verletzung nur wenig überlebt habe, selbst dann als schmerzensgeldmindernd und nicht etwa als Grund für seine Erhöhung betrachtet, wenn der Tod gerade durch das Unfallereignis verursacht worden sei.“[344]

Diese Sichtweise hat der BGH in einer Entscheidung des Jahres 1998 bestätigt.[345] In diesem Fall waren die Eltern des Klägers mit dem PKW verunglückt. Der Vater erlitt u.a. ein Schädelhirntrauma ersten Grades. Nach den ersten 20 Minuten bei vollem Bewusstsein erhielt er ein schmerzstillendes Medikament und wurde anschließend in ein künstliches Koma versetzt; neun Tage später starb er. Die Mutter verstarb infolge ihrer schweren Verletzungen nach etwa einer Stunde an der Unfallstelle. In der Vorinstanz hatte das OLG Hamm für den Vater ein Schmerzensgeld von rund 14.300 Euro (28.000 DM) bestätigt. Für die Mutter hielt es einen Schmerzensgeldanspruch in Höhe von 1.278 Euro (2.500 DM) für gerechtfertigt, wobei das Nichtanlegen des Sicherheitsgurts als ein erhebliches Mitverschulden Berücksichtigung fand.[346] Der BGH hat die mit der Revision des Klägers begehrte Heraufsetzung abgelehnt und angedeutet, dass er das Schmerzensgeld für den Vater als zu hoch ansieht und der Mutter einen Anspruch verwehrt hätte.[347]

Bei der Mutter ist für den BGH von entscheidender Bedeutung für eine Anspruchsgewährung, ob die zur Bewusstlosigkeit führende Körperverletzung im Verhältnis zum alsbald eintretenden Tod eine noch abgrenzbare immaterielle Beeinträchtigung darstellt. Dies sei zu verneinen, wenn die Verletzung sofort zum Tod führe. Gleiches gelte aber auch bei schwersten Verletzungen, wenn diese bei durchgehender Empfindungslosigkeit des Opfers alsbald den Tod zur Folge haben und dieser nach den konkreten Umständen des Falles im Vordergrund stehe. Sei die immaterielle Beeinträchtigung durch die Körperverletzung somit nicht fassbar, gebiete die Billigkeit keinen Ausgleich in Geld.[348]

Im Hinblick auf den Vater, bei dem ein hinreichend langes Überleben außer Frage stand, hatte der BGH Gelegenheit, die Bemessungskriterien des Schmerzensgeldes bei baldigem Tod zu konkretisieren. Dazu sei eine Gesamtbetrachtung der immateriellen Beeinträchtigung erforderlich, die Art und Schwere der Verletzungen, das hierdurch bewirkte Leiden und dessen Wahrnehmung durch

---

[344] BGH, NJW, 1976, S. 1147 (S. 1149).

[345] BGH, NJW, 1998, S. 2741 (2. LS, S. 2742).

[346] Durch die vorprozessuale Zahlung in Höhe von rund 1.533 Euro (3.000 DM) war dieser Anspruch bereits in überschießender Höhe erfüllt worden.

[347] Dies hätte der BGH auch bei einer Revision der Beklagten kaum ändern können, da nach seiner Rechtsprechung die Bemessung des Schmerzensgeldes Aufgabe des Tatrichters sei, vgl. dazu *Jaeger/Luckey*, Schmerzensgeld, 2. Auflage, Krefeld, 2005, Rn. 497.

[348] BGH, NJW, 1998, S. 2741 (S. 2743 f.).

den Verletzten wie auch den Zeitraum zwischen Verletzung und Eintritt des Todes zu berücksichtigen habe. Ferner stellt der BGH klar, dass der baldige Tod bzw. ein nur kurzes Überleben schmerzensgeldmindernd zu berücksichtigen sei.[349]

Demgegenüber sehen einige Instanzgerichte und Stimmen in der Literatur in der Verkürzung der Lebensaussichten einen erheblichen immateriellen Schaden, der sich erhöhend auf das Schmerzensgeld auszuwirken habe.[350] Andererseits besteht Einigkeit, dass der Tod nicht insofern zu einer Minderung des Schmerzensgeldes führen darf, dass der Anspruch nunmehr auf die Erben übergegangen ist.[351] Übereinstimmung besteht ferner darin, dass Todesangst, also die Erkenntnis des bevorstehenden Todes oder der lebensgefährlichen Situation, unabhängig von der Zeitdauer zwischen Verletzung und Todeseintritt, zu einer Erhöhung des Schmerzensgeldes führt.[352]

Der Tod nimmt folglich nur als ein die Bemessung des Schmerzensgeldes bestimmender Faktor Einfluss auf den Schmerzensgeldanspruch. Im Einzelnen führt dies, insbesondere bei der Rechtsprechung des BGH, zu widersprüchlichen Ergebnissen. So ist einerseits die bewusst erlebte Todesangst nach allgemeiner und zustimmungswürdiger Ansicht ein Grund, das Schmerzensgeld zu erhöhen. Andererseits hindert dies den BGH nicht, den baldigen Tod als schmerzensgeldmindernd zu berücksichtigen. Dieser Widerspruch wird auch durch den Ausgangspunkt des BGH nicht gerechtfertigt, dass der Gesetzgeber den Tod als

---

[349] BGH, NJW, 1998, S. 2741 (2. LS).

[350] OLG Hamburg, NJW, 1990, S. 2322 (S. 2324); OLG Oldenburg, VersR, 1994, S. 1071 (S. 1072) unter Hinweis auf BGH, NJW, 1991, S. 1544 (S. 1545), wo dies so aber nicht steht; vgl. auch OLG München, VersR, 1970, S. 643 f., wonach ein hohes Schmerzensgeld im Fall eines infolge umfassender Querschnittslähmung und darauf beruhender schwerster körperlicher und seelischer Leiden hilflos und völlig pflegebedürftig ans Bett gefesselten Unfallopfers gerechtfertigt sei, obwohl eine wirkliche Wiedergutmachung auch durch Zahlung einer großen Geldsumme kaum möglich erscheine, denn es bestünde wenigstens die Möglichkeit das Leiden unter Anwendung von Geld durch Annehmlichkeiten und Bequemlichkeiten etwas abzumildern und auszugleichen. Zur rechtswissenschaftlichen Literatur vgl. beispielhaft *Stein*, in: Münchener Kommentar zum Bürgerlichen Gesetzbuch, Band 5, 3. Auflage, München, 1997, § 847 Rn. 8, 31.

[351] KG, NJW, 1974, S. 607 (2. LS, S. 608); OLG München, VersR, 1970, S. 643 (S. 644); OLG Saarbrücken, VersR, 1980, S. 242; *Stein*, in: Münchener Kommentar zum Bürgerlichen Gesetzbuch, Band 5, 3. Auflage, München, 1997, § 847 Rn. 32.

[352] OLG Hamburg, VersR, 1996, S. 1537; OLG Köln, VersR, 1992, S. 197; OLG Nürnberg, VersR, 1983, S. 469 f. stellt insoweit auf die beachtlichen seelischen Beeinträchtigungen eines Unfallopfers bis zum Tod ab, welche durch die enttäuschte Hoffnung auf Genesung oder wenigstens auf deutliche Heilungsfortschritte während des Krankenhausaufenthaltes mit wiederholten Operationen hervorgerufen wurden; *Stein*, in: Münchener Kommentar zum Bürgerlichen Gesetzbuch, Band 5, 3. Auflage, München, 1997, § 847 Rn. 8.

solchen nicht mit einem zivilrechtlichen Ersatzanspruch belegt. Denn ein Schmerzensgeld für den Tod ist etwas anderes als ein Schmerzensgeldanspruch wegen der durch eine lebensgefährliche Verletzung verursachten Verkürzung des Lebens. Wäre der BGH konsequent, müsste er auch erwägen, die in diesem Stadium erlebte Todesangst als einen Umstand, der zu einer Erhöhung des Schmerzensgeldes führt, aufzugeben.

b. Vergleich mit der Fallgruppe der „Zerstörung der Persönlichkeit"

Diese Rechtsprechung des VI. Senats des BGH im Fall des kurzen Überlebens ist zudem kritisch zu bewerten im Hinblick auf die grundlegende Entscheidung des Senats aus dem Jahre 1992 zum Schmerzensgeld wegen der „Zerstörung der Persönlichkeit".[353] Eine solche nimmt der BGH bei einem weitgehenden Verlust der Wahrnehmungs- und Empfindungsfähigkeit an. In dem zu Grunde liegenden Fall kam die Klägerin aufgrund eines ärztlichen Behandlungsfehlers während der Geburt schwerst hirngeschädigt zur Welt. Bis zu dieser Entscheidung vertrat der BGH die Auffassung, dass in solchen Fällen nur ein symbolisches Schmerzensgeld geschuldet sei.[354] Nach der neuen Rechtsprechung verlangten Beeinträchtigungen von solchem Ausmaß nach einer eigenständigen Bewertung und verbieten eine lediglich symbolhafte Wiedergutmachung.[355] Stattdessen stellen der weitgehende Verlust der Wahrnehmungs- und Empfindungsfähigkeit und die dadurch bedingte Zerstörung der Persönlichkeit einen immateriellen Schaden dar, der auszugleichen sei.[356] Die Zubilligung eines Schmerzensgeldes ist folglich nicht mehr davon abhängig, dass der Verletzte die ihm zugefügten Schmerzen empfinden kann. Das Schmerzensgeld wird für die immaterielle Einbuße, für den Verlust des Schutzguts als solchem gewährt.[357] Die Zerstörung aller Empfindungen macht die Einbuße folglich - richtigerweise - besonders schwer und führt nicht zur Annahme eines verminderten immateriellen Schadens.[358]

Gleichwohl argumentiert der BGH im Fall des kurzen Überlebens mit der Empfindungsfähigkeit und zieht sie als ein Argument für die Anspruchskürzung heran. Zwar hat der BGH festgehalten, dass ein Schmerzensgeldanspruch grundsätzlich auch dann in Betracht kommt, wenn der Verletzte sich bis zu seinem Tode durchgehend oder überwiegend in einem Zustand der Empfindungsunfä-

---

353 BGHZ 120, S. 1 ff.

354 BGH, NJW, 1976, S. 1147 (1. LS, S. 1149); VersR, 1982, S. 880 f.

355 BGHZ 120, S. 1 (2. LS).

356 BGHZ 120, S. 1 (1. LS).

357 BGHZ 120, S. 1 (S. 7 f.).

358 Vgl. *Steffen*, Das Schmerzensgeld im Wandel eines Jahrhunderts, DAR, 2003, S. 201 (S. 203), der aus der Entscheidung ableitet, dass der BGH das Schmerzensgeld für den Verlust am objektiven Wert des Schutzgutes gewährt.

higkeit oder Bewusstlosigkeit befunden hat. Diese Klarstellung nimmt ausdrücklich Bezug auf die grundlegende Entscheidung des Senats zur Zerstörung der Persönlichkeit.[359] Auf den ersten Blick mag der BGH einen Widerspruch zwischen beiden Entscheidungen dadurch vermieden haben, dass im Fall der Mutter die Empfindungsunfähigkeit nur ein Bestandteil der Begründung war. Hinzu kam die nur kurze Überlebensdauer von einer Stunde, aus der sich für den BGH das Gesamtbild des Sterbevorgangs ergibt. Gleichwohl zieht der Senat die Empfindungsfähigkeit zur Begründung einer Kürzung des Anspruchs mit heran. Diesen Widerspruch vermag die Entscheidung nicht aufzulösen.[360] Vorzugswürdig wäre es, wenn der BGH einen Fortfall der Empfindungsfähigkeit stets anspruchserhöhend berücksichtigen würde. Dies wäre angemessen, da sie eine schwere Gesundheitsbeeinträchtigung darstellt. Selbst nach der Lesart des BGH, nach der die Tötung selbst keinen Anspruch auslöst, wäre es weiterhin darstellbar, in den Fällen eines nur kurzen Überlebens ein geringeres Schmerzensgeld zu zahlen als bei der Zerstörung der Persönlichkeit. Die Dauer der Bewusstlosigkeit könnte dann als ein Bemessungskriterium für die Höhe des jeweiligen Anspruchs herangezogen werden.

Insgesamt ist die Systematik der Rechtsprechung des BGH in den dargestellten Fallgruppen kritisch zu beurteilen. Je konkreter und wahrscheinlicher die immaterielle Einbuße des Todes ist, desto geringer fallen die entsprechenden Entschädigungssummen aus. In den Fällen der Persönlichkeitszerstörung, die in der Regel durch schwerste Hirnschädigungen gekennzeichnet sind, erkennt die Rechtsprechung, neben schwersten inneren Verletzungen und Querschnittslähmungen, die vergleichsweise höchsten Entschädigungssummen an. Die nachfolgende Tabelle enthält einige Beispiele aus der jüngeren Gerichtspraxis:[361]

Gericht (Fundstelle)	**Schmerzensgeld / -rente**	**Sachverhalt**
OLG Hamm (VersR, 2004, S. 386)	500.000 Euro	Zerstörung der Persönlichkeit (Enzephalopathie) durch Behandlungsfehler bei der Geburt

359 BGH, NJW, 1998, S. 2741 (S. 2742).

360 Kritisch zu der in dieser Entscheidung vorgenommenen Abgrenzung zu den Fallgruppen des Schmerzensgeldes wegen gravierenden Herabminderung bzw. Zerstörung der Persönlichkeit beispielsweise auch *Slizyk*, Beck'sche Schmerzensgeldtabelle, 4. Auflage, München, 2001, S. 47 f., 52 f. und *Huber*, Schmerzensgeld ohne Schmerzen bei nur kurzzeitigem Überleben der Verletzung im Koma - eine sachlich gerechtfertigte Transferierung von Vermögenswerten an die Erben?, NZV, 1998, S. 345 (S. 348 ff.).

361 Beispiele ausgewählt aus *Jaeger/Luckey*, Schmerzensgeld, 2. Auflage, Krefeld, 2005, Rn. E 1472 ff.

Gericht (Fundstelle)	Schmerzensgeld / -rente	Sachverhalt
OLG Hamm (NJW-RR, 2002, S. 1604)	500.000 Euro	Zerstörung der Persönlichkeit (malignes Hirnödem, Hirnschwellung) durch Behandlungsfehler bei der Geburt
LG München I (NJW-RR, 2001, S. 1246)	375.000 Euro zzgl. 750 Euro monatliche Rente	Zerstörung der Persönlichkeit (Hirnschädigung und Lähmung) infolge Verkehrsunfall
OLG Braunschweig (VersR, 2004, S. 924)	350.000 Euro	Zerstörung der Persönlichkeit (schwerste geistige und körperliche Behinderung) durch fehlerhafte ärztliche Betreuung nach der Geburt
OLG München (OLGR 2003, S. 269)	350.000 Euro	Zerstörung der Persönlichkeit (schwerste körperliche und geistige Schäden) durch Behandlungsfehler bei der Geburt
OLG Schleswig (OLGR 2003, S. 264)	325.000 Euro	Zerstörung der Persönlichkeit (Extrapyramidale Cerebralparese, Tetraparese mit multifocaler Epilepsie) durch Behandlungsfehler bei der Geburt
OLG Naumburg (VersR, 2003, S. 332)	300.000 Euro zzgl. 375 Euro monatliche Rente (1/5 Mitverschulden)	Zerstörung der Persönlichkeit (Locked-In-Syndrom) durch Verkehrsunfall
OLG Koblenz (OLGR 2002, S. 303)	285.000 Euro	Querschnittslähmung infolge Behandlungsfehler bei der Geburt
OLG Hamm (VersR, 2003, S. 780)	270.000 Euro zzgl. 400 Euro monatliche Rente	Querschnittslähmung und Schädigung verschiedner Organe eines 2jährigen Mädchens nach Verkehrsunfall. Aufgrund Hirnathropie ist das Kind zudem stark anfallgefährdet.
OLG Hamm (VersR, 1999, S. 488)	250.000 Euro	Erhebliche geistige und körperliche (u.a. Lähmung aller Extremitäten) Behinderung durch Sauerstoffmangelversorgung bei der Geburt. Das Kind ist ständig pflegebedürftig und inkontinent, kann nicht sprechen oder zielgerichtet handeln.
OLG Köln (NJW-RR, 2003, S. 308)	150.000 Euro	Wegen verspäteter Diagnose eines Darmverschlusses musste 6jährigem Mädchen der gesamte Darm entfernt werden. Infolge weiterer Komplikationen verstarb das Kind mit 9 Jahren.

Tabelle 1: Schmerzensgeld bei schwersten Verletzungen

Demgegenüber sind die Schmerzensgelder in Fällen des baldigen Todes nach einer Körperverletzung vergleichsweise gering. Beispielhaft wurden bereits zwei Entscheidungen dargestellt. Insgesamt bewegt sich die Höhe des Schmerzensgeldes bei einer nur kurzen Zeitspanne bis zum Tod im Bereich unter oder bis 5.000 Euro.[362] Eine Entschädigung von 500 Euro wie im Fall des Ertrinkens eines bewusstlosen Mädchens in einem PKW[363] stellt einen vergleichsweise niedrigen Ausnahmefall dar. Vergleichsweise hoch ist demgegenüber ein Schmerzensgeld in Höhe von rund 10.000 Euro beim Tod nach 11tägiger[364] bzw. 23tägiger[365] Bewusstlosigkeit. In Anbetracht des dogmatischen Ausgangspunktes des herrschenden Rechtsverständnisses ist es konsequent, dass der BGH in dieser Fallgruppe den nahenden Tod schmerzensgeldmindernd berücksichtigt. Stellt der Tod selbst keinen ersatzfähigen immateriellen Schaden dar, so kann der nahe bevorstehende Tod auch nicht eine Erhöhung des Schmerzensgeldes bewirken.

c. Zwischenergebnis

Andererseits bedeutet dieses vermeintlich folgerichtige Ergebnis, dass sich das im Rahmen dieser Arbeit grundsätzlich in Frage gestellte Anreizdefizit des geltenden Haftungsrechts bei der Gewährung von Schmerzensgeld bei schwersten Verletzungen fortsetzt und zu Widersprüchen führt. Grundsätzlich werden für schwerste Verletzungen Schmerzensgelder bis zu 500.000 Euro gezahlt. Sind diese aber so schwer, dass sie nur zu einem kurzem Überleben führen, so kürzt der BGH die Ansprüche dramatisch. Sofern die Gerichte einen entsprechend gekürzten Anspruch anerkennen, der für die Bemessung des Schmerzensgeldanspruchs relevante Zeitraum aber nur von kurzer Dauer ist, werden die Urteilsbegründungen dementsprechend auch als „zum Teil etwas konstruiert" kritisiert. Damit würden zudem Folgefragen aufgeworfen, die im Rahmen der bislang geltenden Grundsätze zur Bemessung und Funktion des Schmerzensgeldes nicht überzeugend geklärt werden könnten.[366] Diese Begründungsschwierigkeiten würden vermieden, wenn die Tötung selbst als ersatzfähiger Schaden anerkannt würde.

---

[362] *Jaeger/Luckey*, Schmerzensgeld, 2. Auflage, Krefeld, 2005, Rn. 506 ff. mit entsprechender tabellarischer Übersicht.

[363] AG Aurich, Urteil vom 18.5.1993 – 12 C 45/93, zitiert nach *Jaeger/Luckey*, Schmerzensgeld, 2. Auflage, Krefeld, 2005, Rn. 508.

[364] LG Kaiserslautern, ZfS, 1982, S. 261.

[365] OLG Braunschweig, DAR, 1999, S. 404.

[366] In diesem Sinne beispielsweise *Slizyk*, Beck'sche Schmerzensgeldtabelle, 4. Auflage, München, 2001, S. 52.

Widerspruchsfrei wäre damit auch die Gesamtsystematik der Schmerzensgeldgewährung bei schwersten Verletzungen und Verletzungen mit Todesfolge. Bei einer Tötung wäre ein höheres Schmerzensgeld zu zahlen als bei schwersten Verletzungen, da die Tötung insofern die größere immaterielle Einbuße darstellt. Die Entschädigungen müssten folglich betragsmäßig über denen der Fallgruppe der sogenannten Zerstörung der Persönlichkeit liegen. Im Zeitraum zwischen Verletzung und Tod wären Erwägungen überflüssig, ob der nahe Tod schmerzensgeldmindernd zu berücksichtigen ist. Damit wäre auch der verfassungsrechtlichen Bedeutung des Rechtsguts Leben genüge getan. In der grundlegenden Entscheidung zur Zerstörung der Persönlichkeit argumentiert der BGH mit dem hohen Wert, der nach Art. 1 und 2 GG der Persönlichkeit und der Würde des Menschen zukommt. Dies führt zu dem Ergebnis, dass eine Minderung des Schmerzensgeldes in Fällen einer weitgehenden Zerstörung der Grundlagen für die Wahrnehmungs- und Empfindungsfähigkeit nicht gerechtfertigt ist.[367] Eine solche Minderung stellt aus Sicht der ökonomischen Analyse ein Anreizdefizit dar, sofern mit dem Argument des Fortfalls der Empfindungsfähigkeit bestimmte immaterielle Einbußen nicht mehr berücksichtigt werden würden. Auch der Ersatz des immateriellen Schadens der Tötung eines Menschen könnte vorbehaltlich der weiteren Ergebnisse dieser Arbeit mit dieser verfassungsrechtlichen Argumentation gestützt werden.

2. Ansprüche der Angehörigen: Schockschäden

Da das deutsche Recht einen allgemeinen Schmerzensgeldanspruch für Angehörige des Getöteten nicht vorsieht[368] kann diesen lediglich unter den restriktiven Voraussetzungen eines sogenannten Schockschadens[369] ein Ersatzanspruch zustehen. Darunter werden Gesundheitsbeschädigungen verstanden, die jemand in Folge des Todes - oder auch der Verletzung - eines Angehörigen erleidet. Ein ersatzfähiger Schockschaden setzt grundsätzlich eine schwerwiegende Körper- bzw. Gesundheitsverletzung im Anwendungsbereich des § 823 I BGB voraus und ist auf die nächsten Angehörigen beschränkt.[370]

---

[367] BGHZ 120, S. 1 (S. 6 f.).

[368] Im Gegensatz zu den meisten anderen europäischen Rechtsordnungen (vgl. dazu S. 138 ff. in diesem Kapitel) und den Vereinigten Staaten von Amerika (vgl. dazu Kapitel 5, S. 143 ff.).

[369] Ausführlich hierzu *Park*, Grund und Umfang der Haftung für Schockschäden nach § 823 I BGB, München, 1997; rechtsvergleichend *Bick*, Die Haftung für psychisch verursachte Körperverletzungen und Gesundheitsschäden im deutschen und angloamerikanischen Deliktsrecht, Diss. Freiburg i.B., 1970.

[370] Zu den Einzelheiten der Anspruchsvoraussetzungen vgl. BGHZ 93, S. 351 (S. 354 f. mit der Besonderheit, dass durch den Schockschaden der Mutter auch ihre Leibesfrucht geschädigt wurde); OLG Düsseldorf, NJW-RR, 1996, S. 214 f.; *Mertens*, in: Münchener Kommentar zum Bürgerlichen Gesetzbuch, Band 5, 3. Auflage, München, 1997, § 823

Für einen Anspruch auf Schadensersatz muss die Schwere der Gesundheitsbeeinträchtigung damit deutlich über das hinausgehen, was die Nahestehenden eines Unfallopfers üblicherweise an Beeinträchtigungen erleiden. Erst dann ist nach Ansicht der Rechtsprechung die Schwelle einer Körperverletzung im Sinne des § 823 I BGB überschritten.[371] Grund für diese restriktive Auslegung durch den BGH dürften vermutete Probleme beim Nachweis von Körperverletzungen sein, die unterhalb dieser Erheblichkeitsschwelle liegen. Diese Handhabung verringert die Anreize, vermeintliche psychische Gesundheitsverletzungen vorzutäuschen und beugt daher Manipulationen vor.[372] Gleichwohl wird diese Rechtsprechung überwiegend kritisiert. Trotz der Nachweisschwierigkeiten solle ein Anspruch immer dann bejaht werden, wenn medizinisch ein Gesundheitsschaden vorliegt.[373] Auch sei widersprüchlich, warum der BGH entsprechende psychische Verletzungen großzügiger anerkennt, wenn es sich um eine unmittelbare und nicht über das Unfallereignis eines Dritten vermittelte Gesundheitsverletzung handelt.[374] Die Rechtsprechung sollte daher einen einheitlichen medizinischen Maßstab bei der Beurteilung anlegen und einen krankhaften Befund als grundsätzlich ersatzfähigen immateriellen Schaden anerkennen.

Anspruchsberechtigt sind nur nahe Angehörige[375], zu denen aber auch Verlobte und Lebensgefährten eines Unfallopfers gezählt werden.[376] Darüber hinaus muss die Gesundheitsbeeinträchtigung in Anbetracht des sie auslösenden Unfallereignisses als verständliche und nachvollziehbare Reaktion erscheinen. Beim Tod oder einer schweren Verletzung ist dafür jedoch nicht erforderlich, dass der Angehörige den Unfall selbst miterlebt. Die Kausalverbindung zwischen Unfall und Schockeintritt wird auch bei einer entsprechenden Benachrichtigung als hin-

---

Rn. 76 f.; *Oetker*, in: Münchener Kommentar zum Bürgerlichen Gesetzbuch, Band 2 a, 4. Auflage, München, 2003, vor § 249 Rn. 143 ff.; *Wagner*, in: Münchener Kommentar zum Bürgerlichen Gesetzbuch, Band 5, 4. Auflage, München, 2004, § 823 Rn. 76 ff.

371 Vgl. BGHZ 56, S. 163 (1. LS, S. 165 f.); BGH, NJW, 1989, S. 2317 (1. LS, S. 2318); KG, NZV, 1999, S. 329 (S. 330); OLG Nürnberg, NJW, 1998, S. 2293.

372 In diesem Sinne auch *Wagner*, in: Münchener Kommentar zum Bürgerlichen Gesetzbuch, Band 5, 4. Auflage, München, 2004, § 823 Rn. 78.

373 *Oetker*, in: Münchener Kommentar zum Bürgerlichen Gesetzbuch, Band 2 a, 4. Auflage, München, 2003, vor § 249 Rn. 145.

374 *Wagner*, in: Münchener Kommentar zum Bürgerlichen Gesetzbuch, Band 5, 4. Auflage, München, 2004, § 823 Rn. 78 mit entsprechenden Nachweisen.

375 Vgl. hierzu BGHZ 56, S. 163 (1. LS); BGH, NJW, 1984, S. 1405; OLG Stuttgart, NJW-RR, 1989, S. 477 (S. 478); LG Tübingen, NJW, 1968, S. 1187.

376 Vgl. hierzu LG Frankfurt/Main, NJW, 1969, S. 2286 (S. 2287), *Oetker*, in: Münchener Kommentar zum Bürgerlichen Gesetzbuch, Band 2 a, 4. Auflage, 2003, § 249 Rn. 147.

reichend angesehen.[377] Insgesamt sei an dieser Stelle bereits angemerkt, dass die deutsche Rechtsordnung bei der Gewährung von Schadensersatzansprüchen wegen sogenannter Schockschäden im europäischen Vergleich am restriktivsten ist.[378] Diese Praxis wird insofern kritisch beurteilt, als sie mit den Vorschlägen zur Vereinheitlichung des europäischen Deliktsrechts nur schwer zu vereinbaren sei.[379]

Um die zivilrechtlichen Rechtsfolgen der Tötung eines Menschen in ihrer Gesamtheit beurteilen zu können, ist bei den Schockschäden insbesondere die Höhe der zugesprochenen Schmerzensgeldbeträge von Bedeutung. Zu unterscheiden sind dabei grundsätzlich die Fälle, in denen der Anspruchsberechtigte die Tötung des Angehörigen selbst miterlebt hat und die sogenannten Fernwirkungsschäden. Bei letzteren tritt der Schockschaden in der Regel erst bei bzw. nach der Benachrichtigung und einer genaueren Kenntnis über den Unglücksfall ein. Allerdings ergibt sich in diesen Fallgruppen kein augenfälliger Unterschied in der Höhe der ausgeurteilten Schmerzensgeldbeträge, obwohl deren jeweilige Schwankungsbreite recht beachtlich ist.

Den Eltern, die im Urlaub den Tod ihres Kindes bei einem Badeunfall miterleben mussten, wurde beispielsweise ein Schmerzensgeldanspruch in Höhe von 20.000 Euro gegen den Reiseveranstalter zugesprochen. Letzterem wurde eine Verletzung seiner Verkehrssicherungspflicht vorgeworfen.[380] Anspruch auf insgesamt rund 11.500 Euro (22.500 DM) hatte eine 23jährige, die den Tod der Freundin miterlebt hatte und sich anschließend einer Operation unterziehen musste, die zu länger anhaltenden Folgeschäden führte. Zudem war eine psychotherapeutische Behandlung Folge dieses Unfalls.[381] Darüber hinaus sind

---

[377] BGH, NJW, 1985, S. 1390 (S. 1391); *Heinrichs*, in: Palandt, Bürgerliches Gesetzbuch, 65. Auflage, München, 2006, Vorb v § 249 Rn. 71.

[378] So ausdrücklich *Heinrichs*, in: Palandt, Bürgerliches Gesetzbuch, 65. Auflage, München, 2006, Vorb v § 249 Rn. 71 mit dem Hinweis, dass demgegenüber die deutsche Rechtsprechung bei der Ersatzfähigkeit von Sachschäden bei Unfällen mit Kraftfahrzeugen europaweit am großzügigsten verfährt.

[379] Vgl. hierzu *Magnus*, Vergleich der Vorschläge zum europäischen Deliktsrecht, ZEuP, 2004, S. 562 (S. 578); *Wagner*, Ersatz immaterieller Schäden: Bestandsaufnahme und europäische Perspektiven, JZ, 2004, S. 319 (S. 325).

[380] LG Köln, Urteil vom 28.8.2003 - 8 O 17/03.

[381] OLG Hamm, NZV, 1998, S. 328 f.

Schmerzensgeldsummen zwischen 7.670 Euro (15.000 DM)[382] und 511 Euro (1.000 DM)[383] zu verzeichnen.

Eine ähnliche Bandbreite zeigt sich auch bei den sogenannten Fernwirkungsschäden, die bei einer Summe von 383 Euro (750 DM)[384] beginnen. Herauszuheben sind hier ein Schmerzensgeld in Höhe von 10.256 Euro (20.059 DM)[385] und insbesondere ein vom OLG Nürnberg[386] verhandelter Fall. In diesem wurden drei erwachsene Kinder im Alter zwischen 18 und 20 Jahren durch einen in höchstem Maße grob fahrlässig, nahezu vorsätzlich provozierten Verkehrsunfall getötet. Der Vater erlitt ein schweres depressives Syndrom, was eine psychiatrische Behandlung notwendig machte. Ihm wurde ein Schmerzensgeld von 30.678 Euro (60.000 DM) zugesprochen. Seiner Ehefrau, der Mutter der drei Getöteten, gewährte das OLG einen Anspruch in Höhe von 15.339 Euro (30.000 DM). Diese Entscheidung ist allerdings als ein nicht repräsentativer Einzelfall einzuordnen. Auch das erkennende Gericht hat ihn als „ganz besonders schweren, nahezu einmaligen Fall" bezeichnet.[387]

Gleichwohl sei an dieser Stelle auf ein Urteil des LG Köln aus dem Jahre 2005[388] hingewiesen, dass sich in ähnlichen Dimensionen bewegt und auch in der Presseberichterstattung Aufmerksamkeit erregte.[389] Dabei war ein 11jähriger Junge im Urlaub in Griechenland im Auslaufbecken einer Wasserrutsche auf dem Gelände der Hotelanlage ertrunken, weil sein Arm in einem ungesicherten Ansaugrohr festgeklemmt war und er sich nicht befreien konnte. In dem Prozess gegen den Reiseveranstalter erkannte das Gericht auf ein Schmerzensgeld von

---

382 LG Verden, DAR, 1988, S. 320: Der Vater litt unter schweren Depressionen und latenter Selbstmordgefahr als Dauerschaden, nachdem er den Unfalltod seines jüngsten Sohnes miterleben musste. Der Unfall wurde durch rücksichtloses Fahren des fahruntüchtig betrunkenen Schädigers verursacht.

383 KG, NZV, 1999, S. 329 ff: Der Vater musste mit ansehen, wie sein 10jähriger Sohn von einem LKW überrollt auf der Straße lag und 3 Stunden später im Krankenhaus verstarb. Das Mitverschulden des Sohnes führte zu einer Anspruchskürzung um 50%.

384 AG Passau, ZfS, 1984, S. 36: Schockschaden der Mutter nach Erhalt der Nachricht über den Unfalltod des Sohnes. Dessen Mitverschulden führte zur Reduzierung des Anspruchs um 50%.

385 OLG Oldenburg, NJW-RR, 1999, S. 820: Schockschaden nach der Übermittlung des Unfalltodes der 17jährigen Adoptivtochter. Als Folge litt der Adoptivvater unter chronischen mittelschweren Depressionen.

386 NZV, 1996, S. 367 f. (= DAR, 1995, S. 447 ff.).

387 OLG Nürnberg, NZV, 1996, S. 367 (S. 368).

388 NJW-RR, 2005, S. 704 ff.

389 Vgl. beispielsweise Süddeutsche Zeitung Nr. 91 vom 21.4.2005, S. 21, Tödliche Rutsche auf dem Hotelgelände. Die Eltern haben auf ihrer Internetseite „www.philippstraeume.de" zehn ähnliche Haftungsfälle dokumentiert.

jeweils 20.000 Euro zu Gunsten der Mutter, des Vaters und der beiden Brüder des Unfallopfers, die die erfolglosen Rettungs- und Wiederbelebungsversuche mit ansehen mussten. Den Hinterbliebenen wurde eine traumatische Schädigung der physischen und psychischen Gesundheit attestiert, für die der Reiseveranstalter wegen der Verletzung seiner Verkehrssicherungspflicht haftbar war. Der Fall weist Parallelen auf zu dem eingangs dargestellten Badeunfall, der der gleichen Kammer des LG Köln zur Entscheidung vorlag.[390] In einem viel beachteten Revisionsverfahren[391] hat der BGH[392] die Entscheidung bestätigt.

Betrachtet man aber die Gesamtheit der sogenannten Schockschadens-Fälle, so sind die ausgeurteilten Schmerzensgeldbeträge insgesamt als vergleichsweise gering einzustufen.[393] An dieser Stelle sei deshalb noch einmal darauf hingewiesen, dass die sogenannten Schockschäden im Hinblick auf die Tötung zwar als mittelbare Schäden einzuordnen sind.[394] Der Tod ist damit originärer, aber nur mittelbarer Anknüpfungspunkt der Haftung. Denn aus der Verletzung des Lebens resultiert die (unmittelbare) Verletzung der Rechtsgüter der körperlichen Unversehrtheit und der Gesundheit des jeweils betroffenen Angehörigen. Die Hinterbliebenen sollen für die ihnen gegenüber erfolgte Integritätsverletzung entschädigt werden. Deshalb fallen die entsprechenden Schmerzensgeldbeträge im Einzelfall sehr unterschiedlich aus. Die Tötung als solche wird vom Anspruch auf Ersatz eines Schockschadens nicht sanktioniert.

V. Tatbestände der Gefährdungshaftung

Das Rechtsgut Leben ist auch in den Tatbeständen der Gefährdungshaftung aufgeführt. Neben dem Körper, der Gesundheit und dem Sacheigentum zählt das Leben beispielsweise in § 7 I StVG, § 1 I ProdHaftG, §§ 1 I, 2 I HaftpflG, § 1 UmweltHaftG, § 32 I GenTG, §§ 33 ff. LuftverkG und §§ 25 ff. AtomG (i.V.m. den Bestimmungen des Pariser Übereinkommens und des Gemeinsamen Protokolls) zum Kreis der geschützten Rechtsgüter. Demgegenüber schützt § 84 I ArznMG das Leben, den Körper und die Gesundheit, nicht aber das Sacheigentum.

---

390 Vgl. dazu den Nachweis in Fn. 380.

391 Vgl. dazu beispielsweise die ausführliche Berichterstattung der Süddeutsche Zeitung Nr. 164 vom 19.7.2006, S. 2 als „Thema des Tages“. Allerdings steht dabei nicht die Höhe des Schmerzensgeldes, sondern der Umfang der Haftpflicht von Reiseveranstaltern im Mittelpunkt.

392 NJW, 2006, S. 3268 ff.

393 So auch *Stein*, in: Münchener Kommentar zum Bürgerlichen Gesetzbuch, Band 5, 3. Auflage, München, 1997, § 847 Rn. 16.

394 Vgl. dazu die Ausführungen zu Abbildung 1 auf S. 70.

Ebenso wie im Rahmen des § 823 I BGB[395] wird die Tötung als solche aber auch im Anwendungsbereich der Gefährdungshaftung letztlich nicht mit einer Schadensersatzverpflichtung sanktioniert. Die Gesetze zur Gefährdungshaftung enthalten jedoch regelmäßig inhaltsgleiche Wiederholungen des § 844 BGB, so beispielsweise in den §§ 10, 13 StVG, 7, 9 ProdHaftG, 5, 8 HaftpflG, 86, 89 ArznMG, 12, 14 UmweltHaftG, 32 IV und VI GenTG, 35, 38 LuftverkG sowie 28, 30 AtomG. Damit gehen diese Normen dem § 844 BGB als das speziellere Gesetz vor. Ein Rückgriff auf § 844 BGB ist damit ausgeschlossen, aber auch entbehrlich.[396] Weitergehend als die Normen der Deliktshaftung regeln die Tatbestände der Gefährdungshaftung aber nicht nur diese Ansprüche etwaiger Unterhaltsberechtigter als sogenannte Drittbetroffene. Sie ordnen ausdrücklich auch die Ersatzfähigkeit etwaiger Heilbehandlungskosten oder eines bis zum Tode aufgelaufenen Verdienstausfalls des Getöteten als dem unmittelbar Geschädigten an.[397] Im Bereich des Deliktsrechts sind diese Schäden jedoch bereits nach den allgemeinen Regeln zur Haftungsausfüllung in den §§ 249 II 1, 251, 842, 843 BGB zu ersetzen.[398]

Abweichend von der Deliktshaftung weisen die Tatbestände der Gefährdungshaftung allerdings keine dem § 845 BGB vergleichbare Regelung auf. Eine Ausnahme bildet insoweit lediglich § 53 II LuftverkG bei Schäden durch Unfälle von militärischen Luftfahrzeugen.[399] *Wagner* kritisiert diese Ungleichbehandlung, da sie sachlich nicht zu rechtfertigen sei.[400] Aufgrund der ohnehin nur geringen praktischen Bedeutung der Ersatzansprüche wegen entgangener Dienste[401], fällt dieser Unterschied jedoch nicht bedeutend ins Gewicht.

Im Hinblick auf die im Anwendungsbereich der Gefährdungshaftung ersatzfähigen Schäden war demgegenüber bis zum 1.8.2002 von großer Bedeutung, dass ein Anspruch auf Schmerzensgeld nur im Rahmen der Deliktshaftung geltend

---

395 Vgl. dazu die einleitenden Ausführungen auf S. 13 ff.

396 *Wagner*, in: Münchener Kommentar zum Bürgerlichen Gesetzbuch, Band 5, 4. Auflage, München, 2004, § 844 Rn. 8.

397 Vgl. dazu die Regelungen in den §§ 10 I 1 StVG, 7 I 1 ProdHaftG, 5 I 1 HaftpflG, 86 I 1 ArznMG, 12 I 1 UmweltHaftG, 32 IV 1 GenTG, 35 I 1 LuftverkG.

398 *Wagner*, in: Münchener Kommentar zum Bürgerlichen Gesetzbuch, Band 5, 4. Auflage, München, 2004, § 844 Rn. 8, weist darauf hin, dass der erste Entwurf zum BGB einen Ausgleich der Heilbehandlungskosten ebenfalls ausdrücklich anordnete. Im weiteren Gesetzgebungsverfahren sei diese Regelung aber wohl deshalb weggefallen, weil man sie für selbstverständlich hielt.

399 BGH, NJW, 1969, S. 2005.

400 *Wagner*, in: Münchener Kommentar zum Bürgerlichen Gesetzbuch, Band 5, 4. Auflage, München, 2004, § 845 Rn. 2.

401 Siehe dazu S. 85 f. in diesem Kapitel.

gemacht werden konnte. Nachdem das „Zweite Gesetz zur Änderung schadensersatzrechtlicher Vorschriften" (2. SchÄndG) den Schmerzensgeldanspruch in das allgemeine Schuldrecht überführt hat[402], sind Schmerzensgeldansprüche nunmehr auch im Bereich der verschuldensunabhängige Haftung durchsetzbar. Obwohl sich dies im Grunde bereits aus der Stellung des § 253 II BGB im allgemeinen Schuldrecht ergibt, wurden zur Beseitigung letzter Zweifel jedoch entsprechende Neuregelungen in den zahlreichen Sondergesetzen zur Gefährdungshaftung eingefügt.[403] Damit steht dem Geschädigten im Anwendungsbereich der einzelnen Tatbestände der Gefährdungshaftung nun auch für den Fall eines fehlenden Verschuldens ein Schmerzensgeldanspruch zu.

Im Übrigen kann an die im Rahmen der verschuldensabhängigen Haftung gemachten Aussagen angeknüpft werden. Insbesondere ist festzuhalten, dass die Tötung als solche auch im Anwendungsbereich der Gefährdungshaftung letztlich nicht zu einer Verpflichtung zum Schadensersatz führt. Es wurde bereits gezeigt, dass insbesondere diese Anreizlücke nicht durch das Strafrecht geschlossen werden kann.[404]

VI. Zusammenfassende Beurteilung

Mit Ausnahme der Übernahme der Beerdigungskosten nach § 844 I BGB ist der Schädiger von jeglicher zivilrechtlicher Haftung befreit, wenn er einen Menschen tötet, der keiner anderen Person gemäß § 844 II BGB kraft Gesetzes unterhaltspflichtig oder einem Dritten gegenüber zu einer Dienstleistungspflicht im Sinne von § 845 BGB verpflichtet war. Damit ist die Tötung nicht unterhaltspflichtiger Personen, wie z.B. Kindern, Alleinstehender und alter Menschen zivilrechtlich weitgehend kostenlos.[405]

Aber auch im Fall einer theoretisch bestehenden Unterhaltsverpflichtung können weitere Faktoren die Ersatzpflicht einschränken. So gereicht es beispielsweise zum Vorteil des Täters, dass ein theoretisch Unterhaltsberechtigter nicht bedürftig im Sinne des Unterhaltsrechts ist oder der Getötete aufgrund seiner finanziellen Situation nicht zu Unterhaltsleistungen imstande war. Ferner sind die Unterhaltsberechtigten dem Schädiger gegenüber zur Schadensminderung verpflichtet, z.B. durch die Aufnahme einer Erwerbstätigkeit. Andernfalls müssen sie eine Kürzung ihres Ersatzanspruchs in Kauf nehmen. Dies macht die Intention des Gesetzgebers deutlich. Es geht nicht um eine Sanktionierung der Tötung, son-

---

402 Siehe dazu S. 87 in diesem Kapital.

403 *Wagner*, Das neue Schadensersatzrecht, Baden-Baden, 2002, Rn. 27 ff.

404 Vgl. dazu die Ausführungen in Kapitel 2 auf S. 35 ff.

405 So auch *Brüggemeier*, Prinzipien des Haftungsrechts, Eine systematische Darstellung auf rechtsvergleichender Grundlage, Baden-Baden, 1999, S. 170 f.

dern lediglich um den Ausgleich von Schäden aufgrund des Ausfalls eines Unterhaltsverpflichteten.

Dieser Unterhaltsschaden reflektiert aber insbesondere nicht, dass auch der Getötete selbst seinem Leben einen Wert beimisst, er - von wenigen (krankhaften) Ausnahmen abgesehen - lieber leben denn sterben würde. Der Wert des Lebens wird im deutschen Zivilrecht mit Null angesetzt. Aber auch der Wert, den das familiäre Umfeld dem Leben des Getöteten beimisst, wird vom deutschen Recht nur eingeschränkt gewürdigt. Die Ausgestaltung des Unterhaltsschadens macht deutlich, dass der Gesetzgeber den Hinterbliebenen eine irgendwie geartete „Bereicherungsmöglichkeit" nicht eröffnen will. Dementsprechend wird auch der seelische Schmerz über den Verlust eines Familienangehörigen, sofern er keine krankhaften Ausmaße annimmt, nicht als ersatzfähiger immaterieller Schaden anerkannt.

§ 823 I BGB schützt neben dem Leben auch die Rechtsgüter der körperlichen Unversehrtheit und der Gesundheit. Der bei einer Körperverletzung zu ersetzende materielle und insbesondere auch immaterielle Schaden erhöht sich mit der Schwere der Körperverletzung. Ist die Körperverletzung allerdings so gravierend, dass sie zum Tode des Verletzten führt, so besteht keine Schadensersatzverpflichtung des Täters.[406] Für den Täter ist es unter dem Gesichtspunkt der zu erwartenden Schadensersatzhöhe somit günstiger, wenn der von ihm Verletzte zu Tode kommt.[407] Dies könnte in Ausnahmesituationen sogar zu einem Mordanreiz führen, den nur Verletzten sogar vorsätzlich zu töten. Sowohl im Haftungssystem des Deliktsrechts als auch im Rahmen der Gefährdungshaftung sind diese aus einer Körperverletzung einerseits und einer Tötung andererseits resultierenden unterschiedlichen Rechtsfolgen widersprüchlich.

Adams kritisiert zudem den Ansatzpunkt der geltenden Rechtsauffassung, die die Entstehung eines Anspruchs des Getöteten wegen der Tötung als solcher am Fehlen eines rechtsfähigen Zuordnungssubjekts scheitern lässt.[408] Dies sei eine sehr formaljuristische Argumentation, da bis zum Todeseintritt eine geschädigte Person existiere. Den wegen der Tötung entstehenden Anspruch könne man für eine logische Sekunde in der Person des Opfers entstehen lassen, so dass dieser nach den allgemeinen Grundsätzen vererblich sei.

---

[406] Vgl. hierzu insbesondere die Kritik der geltenden Rechtslage bei *Adams*, Ökonomische Analyse der Gefährdungs- und Verschuldenshaftung, Heidelberg, 1985, S. 174 ff. sowie das Schaubild auf S. 177.

[407] Vgl. *Cooter/Ulen*, Law and Economics, 4. Auflage, Boston, 2004, S. 372 zur entsprechenden Problematik im US-amerikanischen Haftungsrecht.

[408] *Adams*, Ökonomische Analyse der Gefährdungs- und Verschuldenshaftung, Heidelberg, 1985, S. 178.

Bei einer anderen Problematik im Zeitraum zwischen Leben bzw. Verletzung und Tod kommt die herrschende Rechtsauffassung hingegen zu einer anderen Lösung. Ein bis zum Eintritt des Todes aufgrund der Verletzung oder der Todesangst entstandener Schmerzensgeldanspruch des Geschädigten bleibt bestehen und wird nach den allgemeinen Vorschriften vererbt. Dies ist zunächst einmal keine vergleichbare Situation, wenn man unterstellt, dass die Zeitspanne zwischen Verletzung und Tod hinreichend lang ist und ein Schmerzensgeldanspruch zweifelsfrei entstanden und auch zu bemessen ist. Hier ergibt sich jedoch das unter Umständen nicht zu bewältigende Problem feststellen zu müssen, ob der Getötete augenblicklich im Zeitpunkt der Verletzung gestorben ist und damit ein entsprechender Anspruch nicht mehr entstanden ist oder ob und wie lange der Verletzte noch gelebt hat, um einen dann auf die Erben übergehenden Schmerzensgeldanspruch zu bemessen.[409] Die Höhe der in solchen Fällen eines nur sekundenlangen Überlebens zugesprochenen Schmerzensgelder ist zwar vergleichsweise gering. Auf diesem niedrigen Niveau variieren die Entschädigungssummen jedoch auch erheblich.

Eine andere Lösung wäre die direkte Gewährung eines Schadensersatz- bzw. Schmerzensgeldanspruchs zu Gunsten eines Dritten, beispielsweise an einen nahen Angehörigen. Bei dieser Vorgehensweise bliebe aber der Umstand unberücksichtigt, dass auch die getötete Person selbst ein Interesse daran hat, nicht zum Opfer einer Tötung zu werden. Gerade (auch) der Getötete selbst ist an einer Abwendung seines Unfalltodes interessiert und erleidet mit der Tötung einen - wenn nicht gar den erheblichsten vorstellbaren - Verlust, den die Rechtsordnung zu verhindern bemüht sein sollte.

Die nach der derzeitigen Rechtslage vorgenommene unterschiedliche Behandlung von Tötungen und Verletzungen, insbesondere solchen mit dauerhaften schwersten Folgeschäden, erscheint fragwürdig. Beide Ereignisse stellen einen massiven, mit Einbußen verbunden Eingriff in die Lebensplanung des Betroffenen dar. Die durch eine Tötung verursachten Schäden werden jedoch nach der geltenden Rechtsordnung nur teilweise und insoweit sanktioniert, als sie den Hinterbliebenen entstehen.[410] Bei der Schmerzensgeldbemessung setzt sich dieser Fehlanreiz fort, da der BGH den nahenden Tod schmerzensgeldmindernd berücksichtigt. In Fällen der sogenannten Zerstörung der Persönlichkeit hingegen erkennt die Rechtsprechung die vergleichsweise höchsten Schmerzensgelder, bislang bis zu 500.000 Euro, an. Hierunter fallen schwerste Verletzungen, die das Opfer weitestgehend hilflos und pflegebedürftig machen und es seiner Wahrnehmungs- und Empfindungsfähigkeit berauben. Die Höhe der ausgeurteilten Schmerzensgelder stellt einen ersten Anhaltspunkt für die Höhe einer mögli-

---

409 *Stein*, in: Münchener Kommentar zum Bürgerlichen Gesetzbuch, Band 5, 3. Auflage, München, 1997, § 847 Rn. 16.

410 *Kötz/Wagner*, Deliktsrecht, 10. Auflage, München, 2006, Rn. 720 ff.

chen Entschädigung nach einer Tötung dar, der nicht unterschritten werden dürfte.

Die Nennung des Rechtsguts Leben in § 823 I BGB erscheint damit insofern überflüssig, da der Tötung und dem daraus resultierenden immateriellen Schaden des Verlusts des Lebens keine von § 823 I BGB vermittelte Sanktion folgt. Die in Deutschland nach dem geltenden Recht zivilrechtlich kostenlose Vernichtung eines Menschenlebens mag ihre Wurzel in dem historisch bedingten Verständnis der grundsätzlichen Nichtersatzfähigkeit immaterieller Schäden haben. Dies gilt insbesondere für den Fall der Tötung eines Menschen.[411] Eine daraus abgeleitete dogmatische Begründung kann zwar mehr oder weniger überzeugend sein. Sie kann jedoch nicht eine sachliche Rechtfertigung für die Ablehnung einer Schadensersatzverpflichtung für den immateriellen Schaden des Verlusts des Lebens ersetzen.[412]

Nach der ökonomischen Theorie des Rechts muss ein effizientes Haftungssystem grundsätzlich sowohl alle materiellen als auch alle immateriellen Schäden berücksichtigen, um seiner Koordinierungsfunktion mit dem Ziel der Vermeidung ebensolcher Schäden gerecht zu werden.[413] Dieser Begründungsansatz wird jedoch in der Rechtswissenschaft in Deutschland überwiegend in Zweifel gezogen.

D. Aufgabe und Wirkung des Haftungsrechts

Die Aufgabe bzw. Funktion des Haftungsrechts aus der Sicht der Rechtswissenschaft[414] ist damit von grundsätzlicher Bedeutung. Von der Aufgabe des Haftungsrechts ist dessen Wirkung zu unterscheiden. Jede zivilrechtliche Regelung übt Anreize auf das menschliche Verhalten aus. Diese Wirkung von Haftungsregeln ist etwas Tatsächliches. Demgegenüber verbirgt sich hinter der Aufgabe bzw. der Funktion grundsätzlich ein erwünschter Sollzustand. In der Zivilrechtsdogmatik wird dieser Unterschied nicht immer konsequent beachtet. Teilweise werden dem Haftungsrecht Aufgaben zugesprochen ohne dass eine entsprechende Wirkung tatsächlich zu beobachten oder nachgewiesen worden wäre. So leidet die zivilrechtliche Dogmatik zum Teil daran, das Schadensrecht mit

---

[411] Vgl. dazu die Ausführungen auf S. 55 ff. in diesem Kapitel.

[412] Im gleichen Sinne zum Verhältnis von Dogmatik und sachlicher Rechtfertigung äußert sich auch *Altmeppen* (Deliktshaftung in der Personengesellschaft, NJW, 2003, S. 1553 f.) im Hinblick auf die Frage der persönlichen Haftung der Gesellschafter einer Personengesellschaft für Delikte ihrer Mitgesellschafter.

[413] Vgl. dazu die Ausführungen auf S. 23 ff. in Kapitel 2.

[414] Grundlegende Kritik dazu bei *Adams*, Ökonomische Analyse der Gefährdungs- und Verschuldenshaftung, Heidelberg, 1985, S. 3 ff.

Aufgaben und Zielvorstellungen zu überfrachten, denen es womöglich nicht gerecht werden kann. Dies wäre für sich genommen hinnehmbar.

Hinter der Frage nach Aufgabe und Wirkung des Haftungsrechts verbergen sich aber im Hinblick auf andere Problemkreise des Schadensrechts[415] viele Kontroversen hinsichtlich der Begründung, Eingrenzung und dogmatischen Einordnung einer Schadensersatzpflicht. Wird zur Begründung eine wie auch immer definierte Aufgabe des Schadensrechts herangezogen, so ist diese allein nicht tragfähig. Hinzukommen muss auch die entsprechende tatsächliche Wirkung. Dies stellt aber immer eine empirische Frage dar, zu der die Ansichten in der Rechtswissenschaft überwiegend keine Stellung nehmen. Vor diesem Hintergrund ist es nachvollziehbar, dass die Antwort auf die Fragestellung nach der Aufgabe des Haftungsrechts nicht einheitlich ausfällt. Unterschiede in der Beurteilung werden gemacht im Hinblick auf das zu Grunde liegende Verschuldenserfordernis des jeweiligen Haftungssystems, also zwischen der Verschuldens- und Gefährdungshaftung. Unabhängig davon wird die Funktion des Schmerzensgeldes beim Ersatz immaterieller Schäden abweichend behandelt.

I. Verschuldenshaftung

1. Ausgleichsfunktion

Im deutschen Recht wird traditionell der Ausgleichsgedanke als Leitschnur des Deliktsrechts angesehen.[416] Diesem Ansatz liegt die Überlegung zu Grunde, dass der Rechtsgüterschutz sichergestellt wird, indem das Haftungsrecht unter bestimmten Tatbestandsvoraussetzungen dem Geschädigten einen Anspruch auf Ausgleich der ihm entstandenen Verluste gewährt. Dieser Ausgangspunkt wird unter Betonung der Rolle des Deliktsrechts als Instrument der Schadensverteilung unter kollektiven Schadensträgern und als Mittel der Rechtsprechung für die Verteilung sozialer Risiken[417] auch heute noch überwiegend für richtig erachtet. *Larenz* betont die Bedeutung des maßgeblich in § 249 I BGB zum Ausdruck kommenden Ausgleichsprinzips, da allein dieser Grundsatz definiere, was

---

[415] Vgl. beispielhaft *Ott/Schäfer*, Begründung und Bemessung des Schadensersatzes wegen entgangener Sachnutzung, ZIP, 1986, S. 613 (S. 616) zur im Aufsatztitel angesprochenen Thematik.

[416] Vgl. statt vieler Autoren nur *Esser/Schmidt*, Schuldrecht, Band I, Allgemeiner Teil, Teilband 2, 8. Auflage, Heidelberg, 2000, S. 165 ff.; *Lange/Schiemann*, Schadensersatz, 3. Auflage, Tübingen, 2003, S. 9 ff.; *Larenz,* Lehrbuch des Schuldrechts, Erster Band, Allgemeiner Teil, 14. Auflage, München, 1987, S. 420 ff.; *Mertens*, in: Münchener Kommentar zum Bürgerlichen Gesetzbuch, Band 5, 3. Auflage, München, 1997, Vor §§ 823-853 Rn. 41 ff.; *Thomas*, in: Palandt, Bürgerliches Gesetzbuch, 65. Auflage, München, 2006, Vorb v § 249 Rn. 4 jeweils mit weiteren Nachweisen.

[417] Vgl. *Mertens*, in: Münchener Kommentar zum Bürgerlichen Gesetzbuch, Band 5, 3. Auflage, München, 1997, Vor §§ 823-853 Rn. 41.

als Schadensersatz geschuldet werde. Diese Frage beantworte sich insbesondere nicht aus einem Sanktions- oder Präventionsprinzip. Dem Geschädigten solle sein gesamter nach der Differenzmethode zu berechnender Schaden ersetzt werden, nicht mehr und nicht weniger.[418] Weitergehend betonen andere Stimmen, dass es nicht um eine Bestrafung des Schädigers gehe. Die „Heranziehung moralisierender oder strafrechtlicher Gesichtspunkte“[419] in das zivile Schadensersatzrecht wird unter Hinweis auf die Intention der Verfasser des BGB abgelehnt.[420]

Der Gedanke der Schadensverhütung und Schadensvorbeugung wurde vom Gesetzgeber des ausgehenden 19. Jahrhunderts noch nicht als Ziel bzw. Funktion des Deliktsrechts verstanden. Ausnahmen bildeten lediglich § 227 BGB, das Handels- und Wettbewerbsrechts sowie der gewerbliche Rechtsschutz. Dementsprechend hat die Schadensverhütung[421] auch keine Berücksichtigung im kodifizierten Deliktsrecht gefunden.[422] Dieses Defizit wurde nach Ansicht *von Bars* durch das Reichsgericht und den BGH insofern korrigiert, als die einzelnen Vorschriften zum negatorischen Schutz des Eigentümers, des Inhabers eines beschränkten dinglichen Rechts und des Namensträgers[423] zu einem umfassenden Schutz vor rechtswidriger Beeinträchtigung erweitert wurden. Erreicht wird dies durch die Gewährung von Unterlassungs- und Beseitigungsansprüchen, die u.a. auch zum Schutz der Rechtsgüter des § 823 I BGB eingreifen.

Es ist jedoch zu berücksichtigen, dass ein Beseitigungsanspruch im Falle der Tötung eines Menschen bereits denknotwendig ausscheidet.[424] Eine so verstandene Prävention kann zudem nur dann greifen, wenn noch keine unerlaubte Handlung vorliegt[425], sondern die Rechtsgutsverletzung lediglich unmittelbar

---

418 *Larenz,* Lehrbuch des Schuldrechts, Erster Band, Allgemeiner Teil, 14. Auflage, München, 1987, S. 424.

419 So ausdrücklich Motive zum Entwurf des BGB, Band II, S. 17 f.

420 *Mertens*, in: Münchener Kommentar zum Bürgerlichen Gesetzbuch, Band 5, 3. Auflage, München, 1997, Vor §§ 823-853 Rn. 41.

421 Obwohl diese nach einem alten Rechtssprichwort besser ist als die Schadensvergütung, vgl. *von Bar*, Deliktsrecht, in: *Bundesminister der Justiz (Hrsg.)*, Gutachten und Vorschläge zur Überarbeitung des Schuldrechts, Band II, Köln, 1981, S. 1681, S. 1722.

422 *Von Bar*, Deliktsrecht, in: *Bundesminister der Justiz (Hrsg.),* Gutachten und Vorschläge zur Überarbeitung des Schuldrechts, Band II, Köln, 1981, S. 1681, S. 1722 f.

423 Vgl. §§ 12, 1004, 1027, 1065, 1090, 1134, 1192, 1107 BGB und § 11 ErbBauVO.

424 Siehe dazu bereits die Ausführungen auf S. 74 in diesem Kapitel.

425 Nach Meinung *von Bars* (Deliktsrecht, in: *Bundesminister der Justiz (Hrsg.),* Gutachten und Vorschläge zur Überarbeitung des Schuldrechts, Band II, Köln, 1981, S. 1681, S. 1723) bedeutet dies aber nicht, dass die vorbeugende Unterlassungsklage ein rein prozessuales Institut ist, sondern seine Begründung im materiellen Deliktsrecht findet, sofern eine unerlaubte Handlung abgewehrt werden soll. Dementsprechend schlägt *von Bar*

bevorsteht und diese Bedrohung dem Inhaber des Rechtsguts auch bewusst ist, so dass er einen entsprechenden Abwehranspruch geltend machen kann. Bei der überwiegenden Anzahl der Unfallschäden, versagt eine so verstandene Präventionswirkung jedoch. Nach dem im Rahmen der ökonomischen Theorie des Haftungsrechts dargestellten Verständnis können zwar sowohl ein potentieller Verletzer als auch ein potentielles Opfer ihre Handlungen nach den zu erwartenden Folgen steuern. Dies gilt auch und gerade für die Fälle, in denen der genaue Zeitpunkt des Eintritts eines schädigenden Ereignisses nicht bekannt ist. Für die Geltendmachung eines präventiven Rechtsschutzes muss aber der mögliche Schadenseintritt bereits hinreichend konkret sein. Bei einem plötzlich eintretenden Unfallschaden ist dies aber gerade nicht der Fall.

In der Rechtswissenschaft wird die Bedeutung der Ausgleichsfunktion wohl auch hervorgehoben, da dort die Ansicht herrscht, dass ein Schadensausgleich eine als erstrebenswert angesehene Befriedungsfunktion des Rechts und der Rechtsverfolgung zur Folge habe. Sofern der Geschädigte seinen Anspruch, notfalls auf dem Klagewege, durchzusetzen vermöge, verschaffe ihm dies eine Genugtuung.[426] Ob diese Wirkung tatsächlich eintritt, ist jedoch eine empirische Frage. Sie wird durch bloße dogmatische Zielvorgaben nicht bestätigt. In einigen Fällen wird das Opfer nach der Schadensersatzzahlung eine Genugtuung verspüren, in anderen Fällen hingegen nicht. Problematisch ist ferner, dass diese Genugtuung - wie bereits angedeutet - nicht im Sinne einer Bestrafung des Schädigers gesehen wird. Diese Anforderung ist der Dogmatik und dem historischen Verständnis geschuldet. Gleichwohl liegt es nicht fern, dass der Verletzte seine tatsächliche Genugtuung gerade aus der Tatsache schöpft, dass der Haftpflichtige zur Leistung des Schadensersatzes verpflichtet ist und dies als „gerechte Bestrafung" ansieht. Würde die Rechtswissenschaft in diesem Fall die Genugtuung nicht anerkennen, da sie aus der falschen Motivation heraus erfolgt? Die Zuweisung entsprechender Aufgaben erweist sich damit als problematisch.

Es sollte vermieden werden, in die sogenannte Ausgleichsfunktion des Haftungsrechts weitere Aufgaben, wie beispielsweise eine Genugtuungsfunktion, hinein zu interpretieren. Ausgleich eines Schadens bedeutet auf der Rechtsfolgenseite entweder Naturalrestitution gemäß § 249 I BGB oder Zahlung einer Geldsumme nach § 249 II, 251 BGB[427] und ist notwendig für die Entfaltung der präventiven Wirkung des Haftungsrechts. Ob und in welchem Umfang Schäden

---

(a.a.O.) vor, eine eigenständige deliktische Anspruchsgrundlage für den vorbeugenden Rechtsschutz zu schaffen.

426 *Mertens*, in: Münchener Kommentar zum Bürgerlichen Gesetzbuch, Band 5, 3. Auflage, München, 1997, Vor §§ 823-853 Rn. 43.

427 Zur „billigen Entschädigung" nach § 253 II BGB, dem sogenannten Schmerzensgeld, sogleich in diesem Kapitel auf S. 116 ff.

zu ersetzen sind oder sein sollten, kann der Ausgleichsfunktion nicht entnommen werden.

Die Aufgabe des Ausgleichs kann nicht als Argument herangezogen werden, den aus der Verletzung des Rechtsguts Leben resultierenden unmittelbaren immateriellen Schaden nicht zu ersetzen. In diese Richtung tendiert allerdings das herrschende Rechtsverständnis, wenn die Ablehnung eines Ersatzanspruchs mit der Erwägung begründet wird, dass der Geschädigte tot sei und er folglich keine Ansprüche mehr haben könne. Maßgebliches Argument ist das Fehlen eines rechtsfähigen Subjekts. Danach läge die Erwägung nahe, dass die mangelnde Subjektqualität auch einem Schadensausgleich im Wege stehe, da einem Toten nichts zugewandt und damit auch nichts (mehr) ausgeglichen werden könne. Ferner komme eine wie auch immer geartete Genugtuung des Getöteten nicht (mehr) in Betracht. Auch *Stahmer* lehnt die Notwendigkeit eines Ersatzanspruchs mit dem angeblich vorrangigen Ausgleichsziel des Schadensersatzes ab. Dabei ist sie der Ansicht, dass die Erwägung, der Schadensersatzanspruch entstünde in einer fiktiven juristischen Sekunde in der Person des Verletzten, über die Unmöglichkeit eines Ausgleichs hinwegtäusche.[428] Diese von *Adams* erwogene Annahme der „logischen Sekunde“[429] hilft jedoch lediglich der geltenden Rechtsauffassung ab, die bereits die Entstehung eines Anspruchs am Fehlen eines rechtsfähigen Zuordnungssubjekts scheitern lässt. Im Hinblick auf einen etwaigen Ausgleich kommt dieser Argumentation keine eigenständige Bedeutung zu.

Das angeblich nicht erreichbare Ausgleichsziel stellt für sich genommen ebenfalls keine tragfähige Begründung dar, wie ein Blick auf die Behandlung von Sachschäden im Zusammenhang mit einem Todesfall zeigt. Kommt es bei einem tödlichen Verkehrsunfall zu einem Sachschaden an dem Fahrzeug des Getöteten, so ist der aus der Eigentumsverletzung entstehende materielle Schaden ersatzfähig und geht nach den allgemeinen Regeln auf die Erben des Getöteten über. Auch hier könnte man argumentieren, dass eine Schadensersatzzahlung nicht notwendig sei, da dem Getöteten ein Ausgleich für die Verletzung des Eigentums nicht mehr verschafft werden kann. Als anspruchs- und damit auch ausgleichsberechtigt wird aber die Erbengemeinschaft des Getöteten angesehen. Im Hinblick auf das verlorene Leben kann ein Anspruch auf Entschädigung ebenfalls auf den Nachlass übergehen. Die Vererblichkeit eines vor dem Tod entstandenen Schmerzensgeldanspruchs zeigt, dass dem geltenden Rechtsverständnis eine solche Gestaltung auch bei immateriellen Schäden nicht fremd ist. Andernfalls wäre das Zusammenwirken von Ausgleich und Prävention aufgehoben und das Haftungsrecht seiner präventiven Wirkung beraubt.

---

[428] *Stahmer*, Entschädigung von Nichtvermögensschäden bei Tötung, Hamburg, 2004, S. 324 ff.

[429] Vgl. dazu den Nachweis in Fn. 408 auf S. 102.

2. Präventionsfunktion

In der Rechtswissenschaft ist jedoch umstritten, ob die Prävention Aufgabe des Schadensersatzrechts ist bzw. sein sollte und ob das Haftungsrecht eine präventive Wirkung überhaupt entfalten kann.[430] Die Funktion des Deliktsrechts, Schäden zu verhüten, wird in der Rechtswissenschaft zwar erkannt, überwiegend jedoch nicht als das vorrangige Ziel oder der bestimmende Zweck des Haftungsrechts angesehen. So wird beispielsweise anerkannt, dass mit jedem Schadensausgleich zugleich eine präventive Wirkung einhergehe und damit aus rechtspolitischer Sicht Fragen der Kostenanlastung und Prävention im Mittelpunkt schadensersatzrechtlicher Gestaltungsfragen stehen.[431]

Vielfach wird die Aufgabe der Prävention als eine hinter die im Vordergrund stehende Ausgleichsfunktion zurücktretende Sekundärfunktion bewertet.[432] In den Einzelheiten variieren die dazu vertretenen Ansichten. Teilweise wird die Prävention lediglich als ein „zu begrüßendes Nebenprodukt" der zivilrechtlichen Haftung angesehen.[433] Andere Stimmen wollen die Prävention nicht als eine nur „rein tatsächliche Nebenwirkung[en] der Ausgleichsfunktion" verstanden wissen, sondern als „rechtlich intendierten Sekundärzweck[e]."[434] *Deutsch* unterscheidet die „vortatliche Prävention" zur Verhinderung eines Eingriffs, welche insbesondere im Wege eines negatorischen Unterlassungsanspruchs durchge-

---

430 Zur Frage der Eignung des Schadensersatzrechts als Mittel der Prävention und Erzwingung sozialgerechten Verhaltens vgl. *Deutsch*, Haftungsrecht, Erster Band: Allgemeine Lehren, Köln, 1976, S. 71 ff.; *ders.*, Die Zwecke des Haftungsrechts, JZ, 1971, S. 244 ff.; *Diederichsen,* Zur gesetzlichen Neuordnung des Schuldrechts, AcP, 1982 (182), S. 101 (S. 111); *Mertens*, Der Begriff des Vermögensschadens im Bürgerlichen Recht, Stuttgart, 1967, S. 97 ff.; *Motsch*, Schadensersatz als Erziehungsmittel, JZ, 1984, S. 211 (S. 219 ff.); *Schmidt*, Prävention als Zielbestimmung im Zivilrecht, KritV, 1986, S. 83 ff.; *Steiner*, Schadensverhütung als Alternative zum Schadensersatz, Köln, 1983, S. 135 ff., 151 ff.; *Weyers*, Unfallschäden, Frankfurt/Main, 1971, S. 446 ff., 505 ff.

431 *Mertens*, in: Münchener Kommentar zum Bürgerlichen Gesetzbuch, Band 5, 3. Auflage, München, 1997, Vor §§ 823-853 Rn. 41 mit Verweis auf *Adams* (Ökonomische Analyse der Gefährdungs- und Verschuldenshaftung, Heidelberg, 1985, S. 8 ff.) in Fn. 67.

432 *Bunte*, Der Gedanke der normativen Prävention im deutschen Zivilrecht, in: *Habscheid/Hoffmann-Nowotny/Linder/Meier-Hayoz (Hrsg.)*, Freiheit und Zwang, Festschrift für Hans Giger, Bern, 1989, S. 55 (S. 65); *Deutsch*, Haftungsrecht, Erster Band: Allgemeine Lehren, Köln, 1976, S. 73 f.; *ders.*, Die Zwecke des Haftungsrechts, JZ, 1971, S. 244 (S. 246).

433 *Larenz,* Lehrbuch des Schuldrechts, Erster Band, Allgemeiner Teil, 14. Auflage, München, 1987, S. 423 f.; zustimmend *Lange/Schiemann*, Schadensersatz, 3. Auflage, Tübingen, 2003, S. 11.

434 *Mertens*, Der Begriff des Vermögensschadens im Bürgerlichen Recht, Stuttgart, 1967, S. 109.

setzt werden könne, sowie die „nachtatliche Prävention".[435] Letztere finde sich „in reiner Form in der Genugtuungsfunktion des Schmerzensgeldes"[436], aber auch „im normalen Schadensersatz". Unter Hinweis auf die unter Umständen prohibitive Höhe einer Schadensersatzverpflichtung, die oftmals mehr gefürchtet werde als eine Geldstrafe, sei deshalb die Prävention zu Recht als Zweck des Haftungsrechts anzuerkennen. Problematisch ist bei diesem Ansatz, dass die unterstellte Wirkung auf das menschliche Verhalten herangezogen wird, um eine normative Zielvorstellung des Haftungsrechts zu begründen.

Daneben wird die Prävention auch als gleichberechtigtes Ziel des Haftungsrechts neben der Ausgleichsfunktion anerkannt.[437] Sie wirke einerseits in die Vergangenheit, indem sie den Ausgleich des eingetretenen Schadens ermögliche, und andererseits in die Zukunft, da die Drohung einer Inanspruchnahme auf Schadensersatz das Verhalten lenke.[438] Die neuere rechtswissenschaftliche Literatur wird zunehmend vom Ansatz der ökonomischen Analyse des Rechts beeinflusst und spricht der Präventionsfunktion eine maßgebliche Bedeutung zu. So sehen es beispielsweise *Kötz/Wagner*[439] unter wohlfahrtsökonomischen Gesichtspunkten als Ziel des Haftungsrechts an, das Verhalten der Bürger so zu steuern, dass „von ihnen alle Unfälle verhütet werden, die zu verhüten wegen des damit verbundenen Gewinns an gesamtgesellschaftlicher Wohlfahrt sinnvoll ist". Eine so verstandene Steuerung des menschlichen Verhaltens habe eine präventive Wirkung, wenn entgegenstehende, potentiell gefährliche Handlungen

---

[435] Zum Folgenden *Deutsch*, Haftungsrecht, Erster Band: Allgemeine Lehren, Köln, 1976, S. 71 f.

[436] Dazu sogleich auf S. 116 ff. in diesem Kapitel.

[437] *Brüggemeier*, Prinzipien des Haftungsrechts, Eine systematische Darstellung auf rechtsvergleichender Grundlage, Baden-Baden, 1999, S. 3 ff.; *ders.*, Haftungsrecht - Struktur, Prinzipien, Schutzbereich, Berlin, 2006, S. 9 f.; *Medicus*, Zum 66. Deutschen Juristentag, Neue Perspektiven im Schadensersatzrecht - Kommerzialisierung, Strafschadensersatz, Kollektivschaden, JZ, 2006, S. 805 (S. 809); *Simitis*, Produzentenhaftung: Von der strikten Haftung zur Schadensprävention, in: *Pawlowski/Wiese/Wüst (Hrsg.)*, Festschrift für Konrad Duden, München, 1977, S. 605 (S. 634); *Staudinger*, Schadensersatzrecht - Wettbewerb der Ideen und Rechtsordnungen, NJW, 2006, S. 2433 f.; *Wagner*, Prävention und Verhaltenssteuerung durch Privatrecht - Anmaßung oder legitime Aufgabe?, AcP, 2006 (206), S. 352 (S. 451 ff.); nunmehr wohl auch *Deutsch*, Allgemeines Haftungsrecht, 2. Auflage, Köln, 1996, Rn. 17 f.; *Diederichsen* (Zur gesetzlichen Neuordnung des Schuldrechts, AcP, 1982 (182), S. 101 [S. 111 f.]) regt an, „über den Einsatz des Schadensersatzrechts als Mittel der Prävention und Erzwingung sozialgerechten Verhaltens generell und unvoreingenommen nachzudenken."

[438] *Jaeger/Trölitzsch*, Unternehmerisches Ermessen des Aufsichtsrats bei der Geltendmachung von Schadensersatzansprüchen gegenüber Vorstandsmitgliedern, ZIP, 1995, S. 1157 (S. 1158).

[439] Deliktsrecht, 10. Auflage, München, 2006, Rn. 59 ff. (Zitat aus Rn. 64).

des Schädigers mit Sanktionen belegt werden, die dem tatsächlich drohenden Schaden entsprechen. Schadensereignisse sollten demnach nicht um jeden Preis verhindert werden, sondern nur bis zu einem gesamtgesellschaftlich noch optimalen Niveau und Ressourceneinsatz.[440] Eine solchermaßen verstandene Präventions- und Steuerungsfunktion entspricht der bereits dargestellten Sichtweise der ökonomischen Analyse des Rechts zur Aufgabe des Haftungsrechts. Die grundsätzliche Unvereinbarkeit der geltenden Rechtslage im Fall der Tötung eines Menschen mit diesem Ansatz wurde bereits dargelegt.[441]

Sieht man in der Präventionsfunktion allerdings nicht das vorrangige Ziel des Schadensersatzrechts, wäre dies mit der Rechtswirklichkeit in Tötungsfällen vereinbar.[442] Darüber hinausgehend hat es die zivilrechtliche Abteilung des 66. Deutschen Juristentages im September 2006 abgelehnt, „die Verhaltenssteuerung im Präventionsinteresse" als eine grundsätzliche Aufgabe des Schadensersatzrechts anzuerkennen.[443] Auch hier haben die Delegierten entgegen dem vorbereitenden Gutachten von *Wagner* abgestimmt, der die Prävention als wesentliche Aufgabe des Haftungsrechts ansieht.[444]

Ausweislich der Fragestellung beziehen sich diese Beschlüsse des Juristentages auf die Aufgabe, also die normative Zweck- bzw. Zielsetzung des Haftungsrechts. Das Abstimmungsergebnis mag seine Ursache jedoch in der in der Rechtswissenschaft umstrittenen Frage haben, ob das Haftungsrecht tatsächlich eine präventive Wirkung entfaltet. Eine solche wird insbesondere für den Bereich der „organisierten und organisierbaren Handlungen", also hauptsächlich der Haftung von Unternehmen anerkannt. Da dort die Vermeidung einer deliktischen Haftung zu spürbaren Kostenvorteilen führe, sei eine Präventionswirkung

---

440 Ausführlich dazu *Wagner*, in: Münchener Kommentar zum Bürgerlichen Gesetzbuch, Band 5, 4. Auflage, München, 2004, Vorbemerkung § 823 Rn. 39 ff.

441 Siehe dazu die Ausführungen in Kapitel 2 auf S. 23 ff.

442 Allerdings ist dabei zu berücksichtigen, dass auch eine nur als Nebeneffekt der Ausgleichsfunktion verstandene präventive Wirkung eine unvermeidliche, tatsächliche Anreizwirkung auf das menschliche Verhalten ausübt.

443 Die Ablehnung erfolgte mit 32 Zustimmungen : 55 Ablehnungen : 0 Enthaltungen. Lediglich für „Sonderbereiche" wurde der These zugestimmt (53 Zustimmungen : 32 Ablehnungen : 3 Enthaltungen): insbesondere zur Abschreckung vor vorsätzlich-lukrativen Eingriffen in fremde Rechtsgüter sei ein vom Schädiger erzielter Gewinn abzuschöpfen; vgl. Beschlüsse des 66. Deutschen Juristentages, Stuttgart, 19. bis 22. September 2006, A. Abteilung Zivilrecht, Thema: Neue Perspektiven im Schadensersatzrecht - Kommerzialisierung, Strafschadensersatz, Kollektivschaden (www.djt.de, 25.10.2006).

444 *Wagner*, Neue Perspektiven im Schadensersatzrecht – Kommerzialisierung, Strafschadensersatz, Kollektivschaden, Gutachten A für den 66. Deutschen Juristentag, in: *Ständige Deputation des Deutschen Juristentages (Hrsg.)*, Verhandlungen des sechsundsechzigsten Deutschen Juristentages, Stuttgart 2006, Band I, Gutachten, Teil A, München, 2006, A 14 f., A 20 ff.

nicht zu bestreiten. Dazu bedürfe es jedoch u.a. der Spürbarkeit der Kosten, um dieser sogenannten Kostenanlastungsfunktion zur Wirksamkeit zu verhelfen.[445] Bei dieser Ansicht bleibt unklar, warum nur Unternehmen Kostenvorteile spüren, sofern sie eine Schadensersatzpflicht vermeiden. Gleiches gilt für Privatpersonen. Eine Verpflichtung zum Schadensersatz stellt einen Kostenpunkt in der persönlichen Kosten-Nutzen-Bilanz dar. Sofern eine Haftpflicht vermieden wird, wirkt sich dies entsprechend positiv aus, sofern nicht die Kosten für dessen Vermeidung größer sind als der erwartete Schaden.

Insgesamt ist das Meinungsspektrum in der Rechtswissenschaft äußerst vielschichtig, wobei teilweise auch zwischen der präventiven Wirkung der haftungsbegründenden und haftungsausfüllenden Normen unterschieden wird.[446] *Medicus* beispielsweise sieht die Prävention vornehmlich durch den haftungsbegründenden Tatbestand vermittelt, nicht durch die Bemessung des zu ersetzenden Schadens.[447] *Löwe* klammert bei seiner Untersuchung zum Präventionsgedanken im deutschen Schadensersatzrecht die Frage nach der Präventionswirkung der haftungsbegründenden Tatbestände ausdrücklich aus ohne sie aber deshalb zu verneinen.[448] Im Rahmen des haftungsausfüllenden Tatbestands differenziert er zwischen einer spezial- und generalpräventiven Wirkung und erkennt eine Spezialprävention gegenüber demjenigen an, der den Schadensersatz schließlich zu leisten hat. Im Hinblick auf die Wirkung der Generalprävention im Strafrecht bejaht er auch eine generalpräventive Wirkung der zivilrechtlichen Normen zur Haftungsausfüllung.[449]

---

[445] *Mertens*, in: Münchener Kommentar zum Bürgerlichen Gesetzbuch, Band 5, 3. Auflage, München, 1997, Vor §§ 823-853 Rn. 44; *Bunte*, Der Gedanke der normativen Prävention im deutschen Zivilrecht, in: *Habscheid/Hoffmann-Nowotny/Linder/Meier-Hayoz (Hrsg.)*, Freiheit und Zwang, Festschrift für Hans Giger, Bern, 1989, S. 55 f.

[446] So z.B. *Löwe* (Der Gedanke der Prävention im deutschen Schadensersatzrecht, Die Flucht in den Geldersatz immaterieller Schäden, Frankfurt/Main, 2000), der seine Untersuchung auf die Präventivwirkung der haftungsausfüllenden Normen der §§ 249 BGB beschränkt.

[447] *Medicus*, Zum 66. Deutschen Juristentag, Neue Perspektiven im Schadensersatzrecht - Kommerzialisierung, Strafschadensersatz, Kollektivschaden, JZ, 2006, S. 805 (S. 809).

[448] *Löwe*, Der Gedanke der Prävention im deutschen Schadensersatzrecht, Die Flucht in den Geldersatz immaterieller Schäden, Frankfurt/Main, 2000, S. 64.

[449] *Löwe*, Der Gedanke der Prävention im deutschen Schadensersatzrecht, Die Flucht in den Geldersatz immaterieller Schäden, Frankfurt/Main, 2000, S. 71 f.: Bei seiner Argumentation zieht *Löwe* auch die Argumente von Vertretern der ökonomischen Analyse des Rechts (vgl. *Löwe*, a.a.O., S. 72 in Fn. 214 - ohne allerdings deren Vertreter direkt zu zitieren und sich mit den Argumenten auseinander zu setzen) heran, obwohl er die ökonomische Analyse des Rechts im Rahmen seiner Erörterungen zum Maßstab der Prävention (*Löwe*, a.a.O., S. 67 f.) fälschlicherweise als ausschließlich auf den gesamtwirtschaftlichen Nutzen ausgerichtete und damit andere, z.B. ethische Gesichtspunkte nicht berücksichtigende Sichtweise kritisiert.

Eine Unterscheidung der Präventionswirkung oder ihres Ausmaßes hinsichtlich des haftungsausfüllenden und des haftungsbegründenden Tatbestands ist nicht nachvollziehbar. Erst das Zusammenspiel beider Regelungsbereiche bestimmt, ob und insbesondere in welcher Höhe ein potentieller Schädiger Schadensersatz zu leisten hat. Die Höhe der drohenden Inanspruchnahme ist wesentlich für die Vermittlung der richtigen Anreize zur Schadensvermeidung.

Daneben gibt es viele Stimmen, die der Wirksamkeit einer zivilrechtlich vermittelten Prävention kritisch gegenüber stehen.[450] Beispielsweise wird den zivilrechtlichen Normen im Hinblick auf eine Schadensverhütung eine nur mittelbare Wirkung zugesprochen und die Möglichkeit, Verhalten durch Sanktionen zu steuern, eher skeptisch beurteilt.[451] Insbesondere sei die hierfür notwendige Rationalität der Handelnden in Wirklichkeit oftmals nicht gegeben.[452] Ferner wird die verhaltenssteuernde Wirkung des Haftungsrechts auch als eine „völlig unrealistische Annahme" eingestuft.[453]

Diese Ansichten zur Wirkung von Haftungsregeln führen jedoch nicht weiter. Ob eine präventive Wirkung des Haftungsrechts tatsächlich gegeben ist, stellt eine empirische Frage dar.[454] Dazu nehmen sowohl die eine präventive Wirkung befürwortenden Stimmen, als auch die ablehnenden Ansichten in der juristischen Literatur überwiegend keine Stellung.[455]

3. Weitere Ansätze zur Aufgabe des Haftungsrechts

Die Schadensverteilung unter kollektiven Schadensträgern wird in der rechtswissenschaftlichen Literatur als weitere Sekundärfunktion des Deliktsrechts be-

---

[450] So z.B. *von Falkenhausen* (Vorverlegung der Haftung bei Verletzung von Unfallverhütungsvorschriften und Schutzgesetzen, Karlsruhe, 1981, S. 65) mit dem Argument, dass durch Haftpflichtversicherungen die Prävention wegfalle und i.ü. lediglich eine „psychische Prävention" bleibe, ohne dies näher zu erläutern.

[451] *Steiner*, Schadensverhütung als Alternative zum Schadensersatz, Köln, 1983, S. 135 f.

[452] *Medicus*, Zum 66. Deutschen Juristentag, Neue Perspektiven im Schadensersatzrecht - Kommerzialisierung, Strafschadensersatz, Kollektivschaden, JZ, 2006, S. 805 (S. 812).

[453] *Rüßmann*, in: Juris Praxiskommentar BGB, Band 2.1, 2. Auflage, Saarbrücken, 2004, §§ 249-253 Rn. 18 mit Verweis auf *Weyers*, Unfallschäden, Frankfurt/Main, 1971, S. 446 ff.

[454] Vgl. dazu die Ausführungen auf S. 135 ff. in diesem Kapitel.

[455] Vgl. beispielhaft *Medicus* (Zum 66. Deutschen Juristentag, Neue Perspektiven im Schadensersatzrecht - Kommerzialisierung, Strafschadensersatz, Kollektivschaden, JZ, 2006, S. 805 [S. 812]), der Erwägungen zur angeblichen präventiven Wirkung des Zivil-, Straf- sowie Verwaltungsrechts in unterschiedlichen Beispielen anstellt, ohne diese jedoch empirisch zu belegen. Demgegenüber stellt *Steiner* (Schadensverhütung als Alternative zum Schadensersatz, Köln, 1983, S. 136) heraus, dass „über die Präventivwirkung von Sanktionen wenig bekannt sei."

nannt, da der Regress unter kollektiven Schadensträgern sowohl in Einzelfällen als auch im Rahmen von Regresspauschalierungen, insbesondere im Hinblick auf Schadensteilungsabkommen, maßgeblich von den deliktsrechtlichen Wertungen beeinflusst werde.[456] Diesem Aspekt kommt aber im vorliegenden Zusammenhang keine eigenständige Bedeutung zu. Denn unabhängig vom Hinzutreten kollektiver Schadensträger, also insbesondere Versicherungen, bleibt die Aufgabe des Haftungsrechts unverändert.[457] Diese besteht in der Verhütung von Schadensfällen und dem Ausgleich eingetretener Schäden. Die Frage nach der Versicherungsmöglichkeit hängt hingegen mit der Risikoaversion eines etwaigen Haftpflichtigen oder Opfers zusammen.

Schließlich wird dem Deliktsrecht noch eine weitere, von *Mertens*[458] als soziale Steuerungsfunktion, bezeichnete Aufgabe zuerkannt. Darunter wird die über den Einzelfall hinausgehende gesellschaftliche Steuerungsfunktion des Haftungsrechts verstanden, indem individuelle Freiheitsspielräume und individuelle Schutzbereiche definiert sowie Grundsätze verkehrsrichtigen Verhaltens normiert werden. Dabei komme der Rechtsprechung die Aufgabe zu, diese Handlungsspielräume und die Aufteilung der daraus resultierenden sozialen Kosten festzulegen. Das Haftungsrecht sei damit zugleich der Schlüssel für die versicherungswirtschaftliche Risikoverteilung. Die Bedeutung dieser Zusammenhänge als eigenständiges Ziel des Deliktsrechts bleibt jedoch unklar, da hier unterschiedliche Aspekte vermengt werden, wie z.B. die Frage nach der Bestimmung des Fahrlässigkeitsmaßstabes[459], der Unterschiede zwischen Verschuldens- und Gefährdungshaftung[460] oder dem Einfluss einer Versicherungsmöglichkeit auf die Effizienz eines Haftungssystems[461]. Insgesamt tendiert diese Sichtweise aber dazu, die verhaltenssteuernden und damit präventiv wirkenden Anreize des Haftungsrechts im Sinne der ökonomischen Analyse des Rechts anzuerkennen.

---

456 *Mertens*, in: Münchener Kommentar zum Bürgerlichen Gesetzbuch, Band 5, 3. Auflage, München, 1997, Vor §§ 823-853 Rn. 45; *Wagner*, in: Münchener Kommentar zum Bürgerlichen Gesetzbuch, Band 5, 4. Auflage, München, 2004, Vorbemerkung § 823 Rn. 33.

457 Zum Einfluss von Versicherungen auf die Wirkung von Haftungsregeln vgl. die Ausführungen auf S. 132 ff. in diesem Kapitel.

458 Vgl. zum Folgenden *Mertens*, in: Münchener Kommentar zum Bürgerlichen Gesetzbuch, Band 5, 3. Auflage, München, 1997, Vor §§ 823-853 Rn. 46 ff.

459 Vgl. dazu die Ausführungen auf S. 220 ff. in Kapitel 5 zur Bestimmung des Fahrlässigkeitsmaßstabs im US-amerikanischen Haftungsrecht nach der *Learned Hand*-Formel.

460 Zum Einfluss dieser unterschiedlichen Haftungssysteme auf das individuelle Verhalten vgl. *Adams*, Ökonomische Analyse der Verschuldens- und Gefährdungshaftung, in: *ders. (Hrsg.)*, Ökonomische Theorie des Rechts: Konzepte und Anwendungen, 2. Auflage, Frankfurt/Main, 2004, S. 141 ff. mit weiteren Nachweisen.

461 Vgl. dazu die Ausführungen auf S. 132 ff. in diesem Kapitel.

4. Zwischenergebnis

Es bleibt damit festzuhalten, dass der verschuldensabhängigen Deliktshaftung in der Rechtswissenschaft im Wesentlichen zwei Aufgaben zugesprochen werden. Dabei ist die Ausgleichsfunktion als im Vordergrund stehend anzusehen. Vermehrt wird allerdings auch die Ansicht vertreten, dass dem Haftungsrecht eine Präventions- bzw. Steuerungsfunktion zukommen sollte.

II. Gefährdungshaftung

Eine Präventionsfunktion wird in der Rechtswissenschaft allerdings ganz überwiegend - neben der Ausgleichsfunktion - den Tatbeständen der Gefährdungshaftung zuerkannt.[462] Allerdings wird in der älteren Literatur die „Schadensabnahme" durch „Risikoverlagerung" oftmals als bestimmender oder gar ausschließlicher Zweck der Gefährdungshaftung angesehen. Die damit einhergehende Zuweisung des Haftungsrisikos vermittle (dem Unternehmer) jedoch den Anreiz, diesen Teil der Betriebskosten gering zu halten. Dementsprechend wird der Begriff der „betriebswirtschaftlichen Prävention" verwandt.[463] *Deutsch* betont jedoch, dass dieser „psychologische Anreiz" nicht als unmittelbarer rechtlicher Zweck anzusehen sei.[464] Auch *Köndgen* sieht darin nur einen „willkommenen präventiven Steuerungseffekt."[465] Das Verhältnis von Ausgleichs- und Präventionsfunktion stellt sich hier also ähnlich dar, wie im Bereich der Verschuldenshaftung.

Andererseits wird in der neueren Literatur die Aufgabe der Prävention als gleichberechtigt anerkannt und betont, dass die Gefährdungshaftung die ihr zugedachte präventive Wirkung nur dann optimal entfalten könne, wenn dem Schädiger auch tatsächlich alle entstandenen Schäden angelastet werden.[466] Dieser Voraussetzung wurde im Zuge der Ausweitung des Schadensersatzes für Immaterialgüterschäden durch das am 1. August 2002 in Kraft getretene „Zweite Gesetz zur Änderung schadensersatzrechtlicher Vorschriften" (2. SchÄndG)[467] durch den Gesetzgeber Rechnung getragen. Nunmehr kann

---

462 So bereits *Mataja*, Das Recht des Schadenersatzes vom Standpunkte der Nationalökonomie, Leipzig, 1888, S. 41, 105; vgl. auch *Deutsch*, Allgemeines Haftungsrecht, 2. Auflage, Köln, 1996, Rn. 18; *Simitis*, Produzentenhaftung: Von der strikten Haftung zur Schadensprävention, in: *Pawlowski/Wiese/Wüst (Hrsg.)*, Festschrift für Konrad Duden, München, 1977, S. 605 (S. 634); *Wagner*, Prävention und Verhaltenssteuerung durch Privatrecht - Anmaßung oder legitime Aufgabe?, AcP, 2006 (206), S. 352 (S. 458 f.).

463 *Deutsch*, Die Zwecke des Haftungsrechts, JZ, 1971, S. 244 (S. 248).

464 *Deutsch*, Haftungsrecht, Erster Band: Allgemeine Lehren, Köln, 1976, S. 77 f.

465 *Köndgen*, Haftpflichtfunktionen und Immaterialschaden am Beispiel von Schmerzensgeld bei Gefährdungshaftung, Berlin, 1976, S. 35.

466 *Wagner*, Das neue Schadensersatzrecht, Baden-Baden, 2002, Rn. 27.

467 BGBl. I, 2002, S. 2674.

auch im Rahmen der Gefährdungshaftung ein Schmerzensgeldanspruch[468] geltend gemacht werden. Es wird einhellig anerkannt, dass sich damit auch die präventive Wirkung der Gefährdungshaftung erhöht, da dem Haftpflichtigen nun auch die Einbußen an immateriellen Gütern zugerechnet werden. *Wagner*[469] macht deutlich, dass andernfalls dem Geschädigten ein erheblicher Teil der durch die gefährliche Aktivität verursachten Kosten angelastet und der Inhaber der Gefahrenquelle sein Sorgfaltsniveau vermindern und sein Aktivitätsniveau ausweiten würde.

Vor diesem Hintergrund stellen die Tatbestände der Gefährdungshaftung für den Fall der Tötung eines Menschen kein optimales Anreizsystem dar. Die immaterielle Einbuße der Vernichtung eines Menschenlebens führt nicht zu einer Entschädigungspflicht. Diese Kosten werden damit einseitig dem potentiellen Opfer angelastet. Einem etwaigen Haftpflichtiger werden keine Anreize gesetzt, diese Kosten zu berücksichtigen und einen entsprechenden Schadensvermeidungsaufwand zu betreiben oder sein Aktivitätsniveau danach auszurichten.

III. Sonderfälle

Von den soeben dargestellten Grundsätzen zur Funktion des Haftungsrechts macht das zivilrechtliche Haftungssystem Ausnahmen. Beim Ersatz von Schäden aufgrund der Verletzung des allgemeinen Persönlichkeitsrechts wird die im Anwendungsbereich des Deliktsrechts ansonsten überwiegend abgelehnte Präventionsfunktion ausdrücklich zur Begründung der Haftung herangezogen.[470] Ferner wird dem Schmerzensgeld eine abweichende Funktion zugeschrieben. Dies ist von besonderer Bedeutung, da dem Schmerzensgeldanspruch ebenso ein immaterieller Schaden zu Grunde liegt, wie bei der Vernichtung eines Menschenlebens.

1. Schmerzensgeld

a. Der BGH zwischen Ausgleichs- und Genugtuungsfunktion

Dem Anspruch auf Schmerzensgeld[471] wird vom BGH eine Doppelfunktion zuerkannt. Dem Geschädigten soll zum einen ein angemessener Ausgleich für Schäden nichtvermögensrechtlicher Art gewährt werden. Daneben soll die Aus-

---

468 Zu den in der Rechtswissenschaft vertretenen Ansichten zu den besonderen Funktionen des Schmerzensgeldes vgl. die Ausführungen im nachfolgenden Abschnitt.

469 Das neue Schadensersatzrecht, Baden-Baden, 2002, Rn. 27.

470 Dazu sogleich auf S. 123 ff. in diesem Kapitel.

471 Die rechtshistorische Entwicklung wird dargestellt bei *Nehlsen-v. Stryk*, Schmerzensgeld ohne Genugtuung, JZ, 1987, S. 119 (S. 120 ff.).

kehrung des Anspruchs dem Verletzten eine Genugtuung[472] verschaffen für die durch den Verletzer herbeigeführte Rechtsgutsverletzung. Die Anerkennung dieser Doppelfunktion des Schmerzensgeldanspruchs geht auf eine Entscheidung des Grossen Senats für Zivilsachen aus dem Jahre 1955 zurück.[473]

Zuvor stand allein die Ausgleichsfunktion im Mittelpunkt. Noch im Jahre 1952 vertrat der BGH[474] die Ansicht, dass der Umfang des Schadens und das Ausmaß der Beeinträchtigungen ausschlaggebend sind für die Bemessung des Schmerzensgeldes. Zur Begründung führt der BGH aus, „schon die Fassung des § 847 BGB läßt erkennen, daß der Anspruch auf Schmerzensgeld ein Schadensersatzanspruch ist, der sich von anderen Schadenseratzansprüchen nur insoweit unterscheidet, als der Schaden nicht am Vermögen oder an vermögenswerten Gütern eingetreten ist."[475] Im Hinblick auf die Rechtsfolgen greift der BGH auf die im Rahmen der unerlaubten Handlungen geltenden allgemeinen Regelungen zurück. Sofern eine Wiederherstellung in Natur nicht möglich sei, müsse die Geldleistung (das sogenannte Schmerzensgeld) nach dem Schaden bemessen werden, der durch die unerlaubte Handlung bei dem Verletzten in nichtvermögensrechtlicher Form entstanden sei.[476] Wie bei Vermögensschäden sei das Schmerzensgeld nach dem Betrag zu bemessen, der zur Beseitigung der eingetretenen Nachteile nötig sei.[477] Wegen der Unmöglichkeit einer tatsächlichen Wiederherstellung könne die Entschädigung nur in einem Ausgleich der erlittenen körperlichen und seelischen Beeinträchtigungen bestehen.[478]

---

[472] Zur Kritik am Begriff der Genugtuung und der Genugtuungsfunktion vgl. *Köndgen*, Haftpflichtfunktionen und Immaterialschäden am Beispiel von Schmerzensgeld bei Gefährdungshaftung, Berlin, 1976, S. 84 ff; *Lorenz*, Immaterieller Schaden und unbillige Entschädigung in Geld, Berlin, 1981, S. 102 ff.; *Mincke*, Der Ersatz des immateriellen Schadens bei Persönlichkeitsrechtsverletzungen, JZ, 1980, S. 86 ff.; *Nehlsen-v. Stryk*, Schmerzensgeld ohne Genugtuung, JZ, 1987, S. 119 (S. 124 ff.); *Stein*, in: Münchener Kommentar zum Bürgerlichen Gesetzbuch, Band 5, 3. Auflage, München, 1997, § 847 Rn. 2 ff.

[473] BGHZ 18, S. 149 ff.

[474] BGHZ 7, S. 223 ff. Die Kernaussage der Entscheidung ist, dass die Vermögensverhältnisse des Verpflichteten sowie das Bestehen einer etwaigen Haftpflichtversicherung bei der der Bemessung der Höhe des Schmerzensgeldes nicht zu berücksichtigen sind (LS). Darüber hinaus nimmt das Urteil aber auch Stellung zum Sinn und Zweck des Schmerzensgeldes.

[475] BGHZ 7, S. 223 (S. 225). Nach *Nehlsen-v. Stryk*, Schmerzensgeld ohne Genugtuung, JZ, 1987, S. 119 (S. 120 ff.), ist diese Einordnung des Schmerzensgeldes als echter Schadensersatzanspruch auch dem historischen Verständnis des Anspruchs nicht fremd. Zu den historischen Grundlagen auch *Wagner*, Geldersatz für Persönlichkeitsverletzungen, ZEuP, 2000, S. 200 (S. 201 ff.).

[476] BGHZ 7, S. 223 (S. 226).

[477] BGHZ 7, S. 223 (S. 227).

[478] BGHZ 7, S. 223 (S. 228).

Nach dem historischen Verständnis der Ausgleichsfunktion soll die Entschädigung dem Verletzten ermöglichen, die Beeinträchtigungen abzumildern, indem er sich Annehmlichkeiten und Erleichterungen verschafft.[479] Auch wird es als Ausgleich verstanden, wenn der Verletzte mit dem Schmerzensgeldbetrag einer Liebhaberei nachgehen kann, die ihm sonst nicht möglich gewesen wäre. Schließlich wird auch als ausreichend angesehen, wenn allein der Besitz der Entschädigungssumme zu einer Befriedigung führt.[480]

Dementsprechend wird in der Entscheidung des Grossen Senats für Zivilsachen des Jahres 1955 die Ausgleichsfunktion des Schmerzensgeldes als im Vordergrund stehend betont. Danach solle das Schmerzensgeld dem Geschädigten ermöglichen, sein Leben „im Rahmen des Möglichen wieder leichter zu machen."[481] Nach Ansicht des BGH stößt die Ausgleichsfunktion des Schmerzensgeldes jedoch an ihre Grenzen, wenn ein Ausgleich aufgrund der Schwere der Verletzungen kaum denkbar oder der Verletzte wirtschaftlich so gestellt sei, dass bei ihm durch „keinerlei Geldbeträge ein Lustgefühl zum Ausgleich für die erlittenen unmittelbaren Schäden hervorgerufen werden könnte."[482] Darüber hinaus ließen sich immaterielle Schäden nie und Ausgleichsmöglichkeiten nur beschränkt in Geld ausdrücken. Ein Ausgleich sei darüber hinaus kaum denkbar bei schwersten Verletzungen, wenn der Körper des Verletzten physisch weitgehend zerstört sei. Bei psychischen Störungen sei ein Ausgleich oftmals überhaupt nicht denkbar, da ein Ausgleich der Unlustgefühle nicht möglich sei, wenn der Verletzte sich der Schädigung nicht bewusst sei.[483] Daraus wurde geschlossen, der BGH sei der Ansicht, die Ausgleichsfunktion erfordere stets, dass der Verletzte die Beeinträchtigung überhaupt wahrnehme.[484] Andererseits hält der BGH auch in diesen Fällen eine Entschädigung für gerechtfertigt, da die Erreichung des Ausgleichszwecks nicht Voraussetzung für die Zubilligung einer Entschädigung sei. Gleiches gelte für die Fälle, in denen der Verletzte wirtschaftlich so gut gestellt sei, dass ihm durch keinerlei Geldbeträge ein Lustgefühl zum Ausgleich der erlittenen immateriellen Schäden verschafft werden könne.[485]

---

[479] RG, Urteil vom 14.6.1934 - VI 126/34, zitiert nach *Jaeger/Luckey*, Schmerzensgeld, 2. Auflage, Krefeld, 2005, Rn. 595 (Fn. 799).

[480] *Jaeger/Luckey*, Schmerzensgeld, 2. Auflage, Krefeld, 2005, Rn. 595.

[481] BGHZ 18, S. 149 (S. 154).

[482] BGHZ 18, S. 149 (S. 157).

[483] BGHZ 18, S. 149 (S. 156 f.).

[484] *Müller*, Zum Ausgleich des immateriellen Schadens nach § 847 BGB, VersR, 1993, S. 909 (S. 912).

[485] BGHZ 18, S. 149 (S. 157).

b. Kritik an der Rechtsprechung des BGH

Der BGH weist dem Schmerzensgeldanspruch damit in einem ersten Schritt eine Aufgabe zu, die er in einem zweiten Schritt so definiert, dass sie die ihr zugedachte Wirkung tatsächlich nicht erreichen kann. Gleichwohl ändert der BGH nicht seine Lesart der ursprünglich zugewiesenen Aufgabe, sondern stellt in einem dritten Schritt fest, dass es auf die Erreichung der ursprünglichen Aufgabe nicht ankomme. Das ursprüngliche dogmatische Konzept wird folglich nicht grundlegend überdacht. Stattdessen wird es erweitert, was jedoch mit dem Widerspruch einhergeht, dass es auf die Erreichung der ursprünglich zugewiesenen Aufgabe schließlich doch nicht ankommt.

Um diesen Widerspruch abzumildern, erweitert der BGH das dogmatische Grundkonzept des Schmerzensgeldanspruchs um die sogenannte Genugtuungsfunktion. Diese bringe die „durch den Schadensfall hervorgerufene persönliche Beziehung zwischen Schädiger und Geschädigten zum Ausdruck", und ermögliche die Berücksichtigung aller den Schadensfall kennzeichnenden Umstände. Hierzu zählt der BGH beispielsweise den Grad des Verschuldens des Schädigers sowie die wirtschaftlichen Verhältnisse des Geschädigten und des Schädigers.[486]

Der Aspekt der Genugtuung scheint auf den ersten Blick einen Ausweg zu bieten in Fällen des Versagens der Ausgleichsfunktion, da er eine von schadensrechtlichen Kriterien unabhängige Schmerzensgeldbemessung ermöglicht. Neben dem Mangel an einer klaren Definition der Genugtuungsfunktion besteht aber insbesondere das Problem, dass auch sie ein Schmerzensgeld bei Schwerstverletzten, die keine Wahrnehmungsfähigkeit mehr haben, nicht erklären kann.[487] Um einen Anspruch trotzdem begründen zu können, hat der BGH für solche Fälle eine „zeichenhafte Wiedergutmachung" auf der Grundlage eines „verfeinerten Sühnegedankens" als weitere Funktion des Schmerzensgeldes herangezogen. Allerdings führt diese Argumentation gerade im Fall schwerster Verletzungen zu einer Reduzierung des Anspruchs.[488]

Ein Ersatz des immateriellen Schadens, der gerade im Verlust des Lebens besteht, ist unter Anwendung dieser widersprüchlichen Kriterien des BGH nicht zu begründen. Eine Entschädigungszahlung könnte weder eine solchermaßen verstandene Genugtuungs- noch die Ausgleichsfunktion erfüllen. Eine nur symbolische Wiedergutmachung erscheint angesichts der überragenden Bedeutung des Rechtsguts Leben als ebenfalls nicht geeignet bzw. unzureichend. Wollte man also einen entsprechenden Ersatzanspruch bejahen, so müsste dies auch mit ei-

---

486 BGHZ 18, S. 149 (S. 157 ff.).

487 *Ott/Schäfer*, Schmerzensgeld bei Körperverletzungen, JZ, 1990, S. 563 f.

488 Vgl. BGH, NJW, 1976, S. 1147 (S. 1149); NJW, 1982, S. 2123 f.; vgl. dazu bereits die obigen Ausführungen zur Schmerzensgeldbemessung auf S. 87 ff. in diesem Kapitel.

ner Neubestimmung dieser Grundsätze zur Gewährung eines Schmerzensgeldanspruchs einhergehen.

Der BGH und die Instanzgerichte halten zwar im Grundsatz bis heute am Nebeneinander von Ausgleichs- und Genugtuungsfunktion fest.[489] Die Ausgleichsfunktion wird von der Rechtsprechung jedoch immer mehr in den Vordergrund gerückt.[490] Einen konkreten Ansatzpunkt für die Begründung eines Schmerzensgeldanspruchs im Fall der Tötung bietet die neuere Rechtsprechung des BGH zur Fallgruppe der sogenannten Zerstörung der Persönlichkeit, bei denen bislang Schmerzensgelder bis zu 500.000 Euro anerkannt wurden.[491] Im Jahre 1992 nahm der BGH den Fall eines bei der Geburt verursachten schwersten Hirnschadens, der mit einem weitgehenden Verlust der Wahrnehmungs- und Empfindungsfähigkeit des Kindes einherging, zum Anlass für eine Korrektur seiner Rechtsprechung zur Funktion des Schmerzensgeldes. In solchen Fällen schwerster Verletzungen offenbart sich die Problematik der Genugtuungsfunktion. Kann der Verletzte nichts mehr empfinden oder wahrnehmen, so läuft die Genugtuungsfunktion ebenso ins Leere wie die Ausgleichsfunktion. Als Ausweg aus diesem Widerspruch erkannte der BGH in seiner grundlegenden Entscheidung die sogenannte Zerstörung der Persönlichkeit als auszugleichenden immateriellen Schaden an.[492] Damit tritt einerseits die Ausgleichfunktion (wieder) in den Mittelpunkt, andererseits stellt in dieser Fallgruppe die Empfindungsfähigkeit keine Vorraussetzung (mehr) für die Gewährung eines Schmerzensgeldes dar und führt auch nicht zu einer Kürzung etwaiger Ansprüche.

Nach der Allgemeinen Begründung des Regierungsentwurfs des Zweiten Gesetzes zur Änderung schadensersatzrechtlicher Vorschriften äußert sich diese Verschiebung der Gewichtung hin zu einer Betonung der Ausgleichsfunktion auch dadurch, dass der Gesetzgeber den Schmerzensgeldanspruch auf die Gefähr-

---

489 *Schäfer/Ott*, Lehrbuch der Ökonomischen Analyse des Zivilrechts, 4. Auflage, Berlin, 2005, S. 366; *Musielak*, Zur gerichtlichen Praxis bei der Bemessung des Schmerzensgeldes - Ergebnisse einer Befragung von Richtern, VersR, 1982, S. 613 (S. 617), folgert jedoch aus einer Befragung von Richtern zur gerichtlichen Praxis bei der Bemessung des Schmerzensgeldes, „dass sich die Richter bei der Bemessung des Schmerzensgeldes in erster Linie von bestimmten Merkmalen des Einzelfalls leiten lassen, ohne dabei entscheidend zu bewerten, ob diese Merkmale der Ausgleichsfunktion oder der Genugtuungsfunktion des Schmerzensgeldanspruchs zuzuordnen sind."

490 Allgemeine Begründung des Regierungsentwurfs zum Zweiten Gesetz zur Änderung schadensersatzrechtlicher Vorschriften, BT-Drucks. 14/7752, S. 11-18 mit Verweis auf *Geiß*, Konfliktbewältigung in Verkehrssachen durch die Justiz, DAR, 1998, S. 416 (S. 420); *Müller*, Zum Entwurf eines Zweiten Gesetzes zur Änderung schadensersatzrechtlicher Vorschriften, ZRP, 1998, S. 258 (S. 260).

491 Siehe dazu die Ausführungen auf S. 91 ff. in diesem Kapitel.

492 BGHZ 120, S. 1 ff.; näher dazu auf S. 91 ff. in diesem Kapitel.

dungshaftung ausgedehnt hat.[493] Hinsichtlich der ökonomischen Auswirkungen bleibt die Begründung des Regierungsentwurfs jedoch eher vage. Zwar werden seitens der Bundesregierung nicht unerhebliche ökonomische Auswirkungen erwartet und die psychologische Wirkung der Gesetzesänderung herausgestellt.[494] Die Begründung gibt aber weder eine summenmäßige Bezifferung noch näher an, worin gerade diese psychologische Wirkung der Gesetzesänderung bestehen soll. Somit kann nur darüber spekuliert werden, ob hinter dieser Äußerung ein Verständnis anklingt, dass dem Schadensersatzrecht zumindest im Bereich des in Rede stehenden Schmerzensgeldanspruchs (auch) eine Anreizfunktion zukommt.

In der Rechtsprechung der Instanzgerichte wird eine Erhöhung des Schmerzensgeldes als präventives Mittel gegen eine schuldhaft verzögerte, mit „guter Verkehrssitte" unvereinbare Schadensabwicklung durch die Versicherungsgesellschaften eingesetzt. In solchen Fällen sei den Berechtigten durch ein erhöhtes Schmerzensgeld eine besondere Genugtuung zu verschaffen. Begründet wird dies ausdrücklich mit der abschreckenden Wirkung, die notwendig sei, um die Versicherer in Zukunft von nicht vertretbaren Zahlungsverweigerungen abzuhalten.[495] In einem Fall „nicht akzeptablen Regulierungsverhaltens" hat beispielsweise das LG Frankfurt/Main eine Erhöhung des Schmerzensgeldes von rund 150.000 Euro (300.000 DM) auf 200.000 Euro (400.000 DM) für gerechtfertigt gehalten.[496] Das OLG Frankfurt/Main hielt in einem anderen Verfahren sogar eine Verdoppelung des ursprünglich zugesprochenen Schmerzensgeldes für notwendig; allerdings ging es hier um eine Erhöhung von rund 5.000 Euro (10.000 DM) auf 10.000 Euro. Das OLG stellte auf Seiten der Versicherung ein Verhalten „kaum zu überbietender Arroganz" bei der „Regulierung selbst berechtigter und unstreitiger Ansprüche" fest.[497]

Eine darüber hinausgehende, allgemeine Präventionsfunktion des Schmerzensgeldes wird ausdrücklich nur vereinzelt im juristischen Schrifttum anerkannt. *Deutsch* vertritt die These, dass die Genugtuung „vor allem Prävention und Sanktion" bezwecke.[498] Ohne eine Anknüpfung an die von der Rechtsprechung

---

[493] BT-Drucks. 14/7752, S. 11-18.

[494] Allgemeine Begründung des Regierungsentwurfs zum Zweiten Gesetz zur Änderung schadensersatzrechtlicher Vorschriften, BT-Drucks. 14/7752, S. 11-18.

[495] OLG Karlsruhe, NJW, 1973, S. 851 (S. 852 f.).

[496] LG Frankfurt/Main, NZV, 1992, S. 368 f.

[497] OLG Frankfurt/Main, NJW, 1999, S. 2447 f. vgl. dazu auch *Lange/Schiemann*, Schadensersatz, 3. Auflage, Tübingen, 2003, S. 11.

[498] *Deutsch*, Haftungsrecht und Strafrecht, in: *Müller/Soell (Hrsg.)*, Rechtswissenschaft und Gesetzgebung, Festschrift für Eduard Wahl, Heidelberg, 1973, S. 339 (S. 342); *ders.* in diesem Sinne auch in: Die Zwecke des Haftungsrechts, JZ, 1971, S. 244 (S. 246); Allgemeines Haftungsrecht, 2. Auflage, Köln, 1996, Rn. 18.

entwickelten Funktionen des Schmerzensgeldes zu bemühen, gelangt *Wagner* zu dem Ergebnis, dass bereits die drohende Zahlung eines Schmerzensgeldes eine präventive Wirkung entfalte.[499]

Unter diesem präventiven Aspekt könnte die Frage der Ersatzfähigkeit des immateriellen Schadens im Fall der Tötung eines Menschen zur Diskussion gestellt werden. Im Hinblick auf die vom BGH vertretenen Ansätze zur Ausgleichs- und Genugtuungsfunktion ist zu differenzieren. Im Rahmen der Erörterung zur Ausgleichsfunktion des Haftungsrechts im Allgemeinen wurde bereits festgestellt, dass ein Ausgleich nicht daran scheitert, dass mit der Tötung das Rechtssubjekt fortfällt. Für diesen Fall greift das Erbrecht ein und der oder die Erben werden berechtigt und verpflichtet. Ansprüche des Getöteten werden vererbt und die Erben sind zum Empfang einer etwaigen Ausgleichszahlung berufen. Als Fortsetzung der Stellung des Getöteten sind die Erben insofern auch als Bezugssubjekt einer richtig verstandenen Ausgleichsfunktion zu sehen. Zu beachten ist, dass es sich somit nicht um einen originären Anspruch der Erben auf ein Angehörigen-Schmerzensgeld handeln würde. Dieses knüpft an den Schmerz über den Verlust eines nahen Angehörigen an. Der vorliegende Ansatz würde hingegen den Anspruch wegen des immateriellen Schadens des Getöteten für den Verlust seines Lebens lediglich auf die Erben überleiten.

Hier käme es entscheidend darauf an, ob der Anspruch auf Schmerzensgeld davon abhängig gemacht werden sollte, ob der Verletzte den Ausgleich wahrnehmen oder empfinden kann. Denn als Verletzter ist der Getötete und nicht der oder die Erben anzusehen. Einem Toten fehlt diese Empfindungsfähigkeit unbestreitbar. Hier bietet jedoch die Rechtsprechung des BGH zur Fallgruppe der sogenannten Zerstörung der Persönlichkeit einen Ansatz für eine abweichende Behandlung. Dort hat der BGH festgestellt, dass der Anspruch nicht davon abhängig ist, ob das Opfer die Beeinträchtigungen empfinden kann. Gleiches muss für die Wahrnehmungsfähigkeit eines Ausgleichs gelten. Dies ließe sich auf die Tötung übertragen. Im Hinblick auf den Fortfall der Wahrnehmungsfähigkeit unterscheidet sich ein empfindungsunfähiges Opfer nicht von einem Toten. Über den Verlust seiner Rechtsfähigkeit hilft das Erbrecht hinweg. Ferner ist das Schmerzensgeld bei der Zerstörung der Persönlichkeit nach Ansicht des BGH bereits wegen der Einbuße der Persönlichkeit bzw. dem Verlust an personaler Qualität zu gewähren.[500] Die Entschädigung knüpft damit an den Verlust des immateriellen Schutzgutes als unmittelbarem Schaden an. Dies würde auch bei der Verletzung des Lebens gelten.

Diese Feststellung des BGH spricht ebenfalls für eine Neubestimmung der Aufgabe des Schmerzensgeldes im Sinne einer neu zu definierenden Ausgleichs-

---

499 *Wagner*, Geldersatz für Persönlichkeitsverletzungen, ZEuP, 2000, S. 200 (S. 207).

500 BGHZ 120, S. 1 (S. 7).

funktion sowie für den Verzicht auf die Genugtuungsfunktion. Denn es klingt hier eine objektive, an die jeweilige Rechtsgutsverletzung anknüpfende Bewertung der immateriellen Einbuße an. Ein objektiv an der Schwere der Verletzungen ausgerichtetes Schmerzensgeld wird auch in der Literatur befürwortet. Dies entspreche dem gesteigerten Bedürfnis nach Transparenz und Überprüfbarkeit der Bemessungsgrundlagen.[501] Damit wäre auch das Problem behoben, dass die Rechtsprechung einige für die Bemessung des Schmerzensgeldes herangezogene Faktoren, wie z.B. den Verschuldensgrad des Schädigers, seine Vermögensverhältnisse oder das Bestehen einer Haftpflichtversicherung, unter Anwendung des bisherigen Verständnisses der Funktionen des Schmerzensgeldes nicht überzeugend zu begründen vermag.[502]

Auf die Genugtuungsfunktion im Sinne der Rechtsprechung des BGH sollte demgegenüber vollständig verzichtet werden. Denn eine wie auch immer verstandene Genugtuungswirkung knüpft an den Schadensausgleich an. Erst die Zahlung des Schmerzensgeldes kann dieses Merkmal als subjektive Empfindung des Verletzten zur Entstehung bringen. Ob aber der Verletzte nach der Zahlung des Schmerzensgeldes tatsächlich eine Genugtuung verspürt, ist eine tatsächliche Frage, die einer empirischen Untersuchung zugänglich ist. Für die Zwecke des Schmerzensgeldes sollte diese mögliche Wahrnehmung des Opfers dahinstehen.

c. Zwischenergebnis

Mit einem Rückgriff auf die Rechtsprechung des BGH und der Instanzgerichte in den Fällen schwerster Hirnschädigungen und einer daraus abgeleiteten Neubestimmung der Grundsätze zur Gewährung eines Schmerzensgeldes wäre ein Entschädigungsanspruch für den Fall der Tötung von der Rechtsfolgenseite her zu rechtfertigen. Voraussetzung dafür wäre aber, dass ein entsprechender Schaden und Anspruch in der Person des Getöteten bereits entstanden sein müssten. Da dies nach dem geltenden Rechtsverständnis abgelehnt wird, kann auch der Begründungsansatz für sich allein nicht zu einer entsprechenden Anspruchsbegründung führen.

2. Verletzung des allgemeinen Persönlichkeitsrechts

Im Gegensatz zur soeben dargestellten Rechtslage beim Schmerzensgeld wird bei der Verletzung des allgemeinen Persönlichkeitsrechts eine Geldentschädigung gerade mit dem Argument einer in diesen Fällen erforderlichen Präventiv-

---

501 *Jaeger/Luckey*, Schmerzensgeld, 2. Auflage, Krefeld, 2005, Rn. 626 ff.

502 Zu diesen Begründungsproblemen vgl. *Ott/Schäfer*, Schmerzensgeld bei Körperverletzungen, JZ, 1990, S. 563 f.

wirkung zugesprochen.[503] Grundlage hierfür und Ausgangspunkt der weiteren Entwicklung ist die sogenannte *Caroline*-Rechtsprechung des BGH. Insgesamt handelt es sich dabei um drei Entscheidungen des BGH aus den Jahren 1994 und 1995. In dem der ersten und gleichzeitig grundlegenden Entscheidung zu Grunde liegenden Fall hatte die Zeitschrift *Bunte* ein - auf der Titelseite groß angekündigtes - angebliches Exklusivinterview mit *Prinzessin Caroline von Monaco* gedruckt, was tatsächlich frei erfunden war.[504]

Anknüpfungspunkt für die Entschädigung im Fall einer Verletzung des allgemeinen Persönlichkeitsrechts ist nach der Rechtsprechung des BGH aber nicht der Schmerzensgeldanspruch. Vielmehr gebiete der verfassungsrechtliche Schutzauftrag der Art. 1 I und Art. 2 I GG unter bestimmten Voraussetzungen die Gewährung einer Entschädigung in Fällen der Verletzung des allgemeinen Persönlichkeitsrechts. Rechtsgrundlage des Entschädigungsanspruchs sei § 823 I BGB i.V.m. den vorgenannten Artikeln des Grundgesetzes. Der BGH begründet den Ersatzanspruch mit der Erwägung, dass andernfalls Verletzungen des Allgemeinen Persönlichkeitsrechts in der Mehrzahl der Fälle nicht sanktioniert würden, was zu einer nicht hinzunehmenden Einschränkung des Rechtsschutzes der Persönlichkeit führe.[505] Anders als beim konventionellen Schmerzensgeld stehe nicht der Schadensausgleich, sondern der Gesichtspunkt der Genugtuung des Opfers im Vordergrund. Vor allem aber solle der Rechtsbehelf der Prävention dienen.[506]

Das Bundesverfassungsgericht hat die Zuerkennung von Schadensersatz für immaterielle Schäden bei der Verletzung des allgemeinen Persönlichkeitsrechts im Rahmen der richterlichen Rechtsfortbildung durch den BGH ausdrücklich gebilligt. Grundlage ist der bereits erörterte Einfluss des Verfassungsrechts auf das Zivilrecht.[507] Dabei hat das Verfassungsgericht zur Begründung sowohl die Ausstrahlungswirkung des verfassungsrechtlichen Persönlichkeitsrechts auf das

---

[503] BGHZ 35, S. 363 (S. 367); 128, S. 1 ff.; BGH, NJW, 1996, S. 984 f.; NJW, 1996, S. 985 (S. 987); für diese Fälle bejaht auch *Köndgen* (Haftpflichtfunktionen und Immaterialschäden am Beispiel von Schmerzensgeld bei Gefährdungshaftung, Berlin, 1976, S. 70) eine Präventionsfunktion.

[504] BGHZ 128, S. 1 ff. Auf dieser Entscheidung bauen die weiteren Urteile BGH, NJW, 1996, S. 984 f. sowie NJW, 1996, S. 985 ff. auf. Ausführlich dazu *Löwe*, Der Gedanke der Prävention im deutschen Schadensersatzrecht, Die Flucht in den Geldersatz immaterieller Schäden, Frankfurt/Main, 2000; *Wagner*, Geldersatz für Persönlichkeitsverletzungen, ZEuP, 2000, S. 200 ff.

[505] BGHZ 128, S. 1 ff.; BGH, NJW, 1996, S. 984 f.; NJW, 1996, S. 985 (S. 987).

[506] BGHZ 128, S. 1 (S. 15 f.).

[507] Vgl. dazu die Ausführungen auf S. 37 ff. in Kapitel 2.

Privatrecht[508] als auch den Schutzauftrag aus Art. 1 und Art. 2 I GG[509] herangezogen.

Trotz kritischer Stimmen[510] wird die präventive Funktion des Schadensersatzes in diesem vergleichsweise jungen Anwendungsbereich der Verletzung des allgemeinen Persönlichkeitsrechts bereits als ein „fester Bestandteil des Zivilrechts“ angesehen.[511] In seiner Argumentation hebt der BGH die präventive Wirkung des Schadensersatzrechts hervor.[512] Andernfalls sei der Schutz des Persönlichkeitsrechts vor einer rücksichtslosen Zwangsausbeutung durch die Presse nicht zu bewerkstelligen. Den Präventionsgedanken zieht der BGH auch bei der Bemessung der zu zahlenden Entschädigung heran. Zu berücksichtigen sei dabei, ob die Verletzung des allgemeinen Persönlichkeitsrechts „als Mittel der Auflagensteigerung“ eingesetzt und damit zwangskommerzialisiert werde.[513] Da eine Abschöpfung der erzielten Gewinne nach dem geltenden Recht nicht in Betracht komme, sei die Höhe des Schadensersatzes so auszurichten, dass sie sich als „echter Hemmungseffekt“ für eine nicht genehmigte Vermarktung der Persönlichkeit auswirke.[514] Unter diesen Vorgaben erhöhte das OLG Hamburg die Schadensersatzsumme im Ausgangsfall der *Caroline*-Rechtsprechung nach der Zurückverweisung durch den BGH auf rund 92.000 Euro (180.000 DM), nachdem es die Entschädigung ursprünglich auf etwa 15.000 Euro (30.000 DM) festgesetzt hatte.[515]

---

508 BVerfGE 34, S. 269 (S. 273 ff.).

509 BVerfG, NJW, 2000, S. 2187.

510 Vgl. *Hoppe*, Persönlichkeitsschutz durch Haftungsrecht, Berlin, 2001; *Funkel*, Schutz der Persönlichkeit durch Ersatz immaterieller Schäden in Geld, München, 2001.

511 So ausdrücklich *Winkler*, Ökonomische Analyse des Rechts - vor Hundert Jahren!, German Working Papers in Law and Economics, 2003, Paper 16, S. 19 (http://www.bepress.com/cgi/viewcontent.cgi?article=1068&context=gwp, 2.6.2005) mit entsprechenden Nachweisen in Fn. 135.

512 Obwohl die Ökonomische Theorie des Rechts eben diese Verhinderung von Rechtsgutsverletzungen als die vordringliche Aufgabe des Haftungsrechts ansieht, weist *Winkler* (Ökonomische Analyse des Rechts - vor Hundert Jahren!, German Working Papers in Law and Economics, 2003, Paper 16, S. 20, Fn. 135 [http://www.bepress.com/cgi/viewcontent.cgi?article=1068&context=gwp, 2.6.2005] mit Verweis auf *Hoppe*, Persönlichkeitsschutz durch Haftungsrecht, Berlin, 2001, S. 117) darauf hin, dass die *Caroline*-Rechtsprechung nicht das Ergebnis einer ökonomischen Analyse darstelle, da der federführende Richter Steffen diesen Ansatz ausdrücklich ablehne.

513 BGHZ 128, S. 1 (S. 15 f.).

514 BGHZ 128, S. 1 (S. 16).

515 Vgl. BGHZ 128, S. 1 (S. 5); OLG Hamburg, NJW, 1996, S. 2870 f.

IV. Beurteilung

Die Aufgabe des Haftungsrechts wird in der rechtswissenschaftlichen Dogmatik sehr unterschiedlich beurteilt. Die dargestellten Ansätze zur Funktion des Schadensersatzrechts offenbaren, dass ein widerspruchsfreies Konzept der Ersatzfähigkeit von materiellen und immateriellen Schäden nicht besteht. Die ausdifferenzierten dogmatischen Ansätze bei der Beurteilung der Aufgaben des Schadensersatzes im Allgemeinen und der Funktion des Schmerzengeldes im Besonderen vermögen nicht zu überzeugen.

1. Ohne Ausgleich keine Prävention

Deutlich wird dies bereits bei der Betrachtung der Begründungsstrukturen zur Funktion des Schmerzensgeldes. Je nach der zu Grunde liegenden Fallgruppe variiert das dogmatische Begründungskonzept des BGH. Dies gilt insbesondere für die Fälle eines nur kurzen Überlebens sowie der Gewährung eines Schmerzensgeldanspruchs für die Zerstörung der Persönlichkeit. Im Hinblick auf die vermeintlichen Funktionen des Schmerzensgeldes stellt *Wagner* pointiert fest, dass einer „funktional differenzierten Dogmatik des Schmerzensgeldes bereits dadurch der Boden entzogen“ werde, dass auch der „bloße“ Schadensausgleich der Prävention diene. In Wahrheit sei die Präventions- also mit der Kompensationsfunktion verkoppelt. Beide dürften folglich nicht gegeneinander ausgespielt oder bei der Analyse getrennt werden.[516] Diese Erkenntnis ergibt sich zwingend aus den bereits aufgezeigten Grundlagen der ökonomischen Analyse des Haftungsrechts.

Die Argumentationsstrukturen beim Schmerzensgeldanspruch weichen zudem von denjenigen bei Verletzungen des allgemeinen Persönlichkeitsrechts ab. Bei letzteren wird ein entsprechender Anspruch unter Berufung auf den Präventionsgedanken im Rahmen der richterlichen Rechtsfortbildung erst begründet. Demgegenüber fehlen im Rahmen des Schmerzensgeldanspruchs solche präventiven Erwägungen vollständig. Bei dieser Gegenüberstellung ist zu berücksichtigen, dass das allgemeine Persönlichkeitsrecht nicht auf den Schutz immaterieller Interessen begrenzt ist. Anfänglich wechselte auch die Rechtsprechung des BGH zwischen der Einordnung als Vermögensrecht mit Parallelen zu den Immaterialgüterrechten[517] und als immateriellem Recht[518]. Nunmehr hat der BGH jedoch klargestellt, das allgemeine Persönlichkeitsrecht diene nicht nur dem Schutz

516 *Wagner*, Geldersatz für Persönlichkeitsverletzungen, ZEuP, 2000, S. 200 (S. 207 ff.).

517 BGHZ 20, S. 345 (S. 352 ff.) - *Paul Dahlke*; BGHZ 81, S. 75 (S. 77 ff.) - *Carrera*; BGH, NJW, 1992, S. 2084 - *Joachim Fuchsberger*; BGH, GRUR, 1987, S. 128 (S. 129) - *Nena*.

518 BGHZ 26, S. 349 (S. 350, 352 f.) - *Herrenreiter*; BGHZ 39, S. 124 (S. 130 ff.) - *Fernsehansagerin*; BGH, NJW, 1965, S. 685 (S. 686) - *Soraya*.

ideeller, sondern auch kommerzieller Interessen.[519] Die Anerkennung dieses vermögensrechtlichen Ansatzes hat zur Folge, dass der Geschädigte die bei der Verletzung von Immaterialgüterrechten, wie z.B. dem Patent-, Marken- oder Urheberrecht, anerkannte sogenannte dreifache Schadensberechnung geltend machen kann.[520]

Neben diesen „vermögenswerten Bestandteilen“[521], die beispielsweise bei einer zwar nicht ehrenrührigen, jedoch ungenehmigten Nutzung des Bildnisses einer Person zu Werbezwecken berührt sind, ist der Charakter des allgemeinen Persönlichkeitsrechts als immaterielles Rechtsgut ebenfalls anerkannt. Ist dieser „immaterielle Bestandteil“ verletzt, z.B. durch einen beleidigenden Zeitschriftenartikel, so geht daraus ein unmittelbarer immaterieller Schaden hervor.[522] In dieser Hinsicht gleicht die Entschädigung bei Persönlichkeitsrechtsverletzungen dem Schmerzensgeldanspruch, der ebenfalls die Verletzung eines immateriellen Rechtsguts sowie einen damit einhergehenden immateriellen Schaden zur Voraussetzung hat. Warum in diesen vergleichbaren Fällen die Präventionsfunktion bei der dogmatischen Begründung der jeweiligen Ansprüche so unterschiedlich gehandhabt wird, ist aus Sicht der ökonomischen Analyse des Rechts nicht nachvollziehbar.

In der Fallgruppe der Schockschäden ist zudem die Höhe des Schmerzensgeldes im Vergleich mit den bei der Verletzung des allgemeinen Persönlichkeitsrechts ausgeurteilten Entschädigungssummen vergleichsweise gering. Diesen Unterschied nahmen die Kläger in dem bereits dargestellten Fall des OLG Nürnberg[523] zum Anlass, die Höhe der zugesprochenen Schmerzensgelder im weiteren Verfahrensgang überprüfen zu lassen. Die gegen das Urteil eingelegte Revi-

---

519 BGHZ 143, S. 214 (1. LS) - *Marlene Dietrich*.

520 Er kann somit wahlweise die ihm entstandenen Nachteile konkret beziffern oder einen abstrakten Wertausgleich geltend machen, der sich an der für die Verletzungshandlung hypothetisch zu zahlenden Lizenzgebühr orientiert oder den vom Schädiger mit der Verletzung des allgemeinen Persönlichkeitsrechts erzielten Gewinn beanspruchen; vgl. *Wagner*, in: Münchener Kommentar zum Bürgerlichen Gesetzbuch, Band 5, 4. Auflage, München, 2004, § 823 Rn. 174.

521 So ausdrücklich BGHZ 143, S. 214 (1. LS).

522 *Wagner*, Geldersatz für Persönlichkeitsverletzungen, ZEuP, 2000, S. 200 (S. 220 ff.), der die Widersprüchlichkeit der dargestellten Rechtsprechung des BGH damit erklärt, dass dieser das unausgesprochene Verständnis zu Grunde liege, dass eine Verletzung des allgemeinen Persönlichkeitsrechts entweder dessen vermögensrechtlichen oder ideellen Bestandteil verletze. Diese Ausschließlichkeit sei aber tatsächlich nicht zutreffend. Die alternativen Rechtsfolgen sollten daher nebeneinander eingreifen damit alle, sowohl materielle als auch immaterielle, Schäden ausgeglichen werden könnten.

523 NZV, 1996, S. 367; siehe dazu bereits die Ausführungen auf S. 98 in diesem Kapitel.

sion der Eltern hat der BGH nicht angenommen.[524] Auch eine Verfassungsbeschwerde wurde nicht zur Entscheidung angenommen.[525] Die Eltern hatten dabei die Ungleichbehandlung im Verhältnis zu den wesentlich höheren Schadensersatzsummen bei der Verletzung des allgemeinen Persönlichkeitsrechts von Prominenten als Verstoß gegen den Gleichheitsgrundsatz des Art. 3 I GG gerügt. In seinem Nichtannahmebeschluss aus dem Jahr 2000 hat das Bundesverfassungsgericht die Ansicht vertreten, dass die unterschiedlichen Größenordnungen der in Schockschadensfällen gezahlten Schmerzensgelder einerseits und dem bei Persönlichkeitsrechtsverletzungen gewährten Geldersatz andererseits gerechtfertigt seien. Die abweichende Behandlung hat das Gericht mit der Einschätzung begründet, dass die Rechtsverletzung bei typischen Verkehrsunfällen weder vorsätzlich erfolge, noch durch die Verfolgung kommerzieller Interessen motiviert sei.[526] Bereits dieser Ansatz verwundert, da dem Verfahren ein in höchstem Maße grob fahrlässig, nahezu vorsätzlich provozierter Verkehrsunfall zu Grunde lag.

Im Hinblick auf die von der ökonomischen Analyse des Rechts anerkannte Präventionsfunktion des Haftungsrechts vermögen auch die weiteren Ausführungen des Verfassungsgerichts nicht zu überzeugen. Danach sei nämlich ein auf Prävention zielender Ansatzpunkt für eine entsprechende Berücksichtigung als Bemessungsfaktor des Schmerzensgeldes nicht gegeben, sofern der Gedanke der Gewinnerzielungsabsicht keine Rolle spiele. Auch sei im Regelfall nicht zu erwarten, dass ein potentieller Unfallverursacher durch eine entsprechende Erhöhung des Schmerzensgeldes veranlasst werde, sich an die Sorgfaltsanforderungen im Straßenverkehr zu halten. Eine solche Wirkung sei auch deshalb nicht zu erwarten, da die Entschädigung letztlich nicht vom Haftpflichtigen selbst, sondern - wie auch im vorliegenden Fall- von einer Haftpflichtversicherung getragen werde. Demgegenüber sei bei drohenden Persönlichkeitsrechtsverletzungen durch die handelnden Medien die Abschreckungswirkung einer Geldentschädigung gegeben.[527]

2. Wirkung von Haftungsregeln auf das menschliche Verhalten

Einer präventiven Wirkung des Haftungsrechts wird häufig entgegengehalten, dass die zu Grunde liegende Annahme rational handelnder und Nutzen maximierender Individuen gerade bei Unfällen im Anwendungsbereich des Deliktsrechts und der Gefährdungshaftung nicht tragbar sei, da Unfälle plötzliche und unvor-

---

[524] Beschluss vom 16.4.1996 - VI ZR 308/95.

[525] BVerfG, NJW, 2000, S. 2187 f.

[526] BVerfG, NJW, 2000, S. 2187 f.

[527] BVerfG, NJW, 2000, S. 2187 f.; zustimmend insoweit *Slizyk*, Beck'sche Schmerzensgeldtabelle, 4. Auflage, München, 2001, S. 57.

hersehbare Ereignisse darstellen, deren Eintritt willentlich nicht mehr zu beeinflussen sei.[528] Dem wird aber bereits in der juristischen Literatur begegnet, dass durch eine Minimierung der Schadensquellen, z.B. durch Fahren mit angepasster Geschwindigkeit, die Unfallwahrscheinlichkeit reduziert werden kann.[529] Anknüpfungspunkt für die präventive Wirkung ist damit nicht das schadensstiftende Ereignis, sondern ein vorgelagertes Verhalten zur Schadensvorsorge, das Kosten-Nutzen-Überlegungen zugänglich ist. Maßgebliche Faktoren sind dabei die Wahrscheinlichkeit des Schadenseintritts sowie die Kosten des Schadensereignisses und der Vorsorgemaßnahmen.[530]

Eine Anreizwirkung des Schadensrechts wird auch angezweifelt, weil nicht einzusehen sei, dass gerade die drohende finanzielle Belastung mit einem Schadensersatzanspruch den potentiellen Schädiger dazu bewege, von einer Verletzungshandlung Abstand zu nehmen.[531] Dieser Einwand greift nicht durch, soweit die potentiellen Schädiger ihren Schadensvermeidungsaufwand bewusst im Rahmen einer Kosten-Nutzen-Analyse kalkulieren, wie z.B. Unternehmen.[532] Hinsichtlich des Verhaltens von Individuen ist fraglich, ob deren Entscheidungen durchweg allein von rationalen Erwägungen geleitet werden, d.h. ob sie sich in vergleichbaren Situationen gleich verhalten. Hierbei ist zu berücksichtigen, dass rationales Verhalten nicht zwingend nutzenmaximierendes Verhalten bedeuten muss.

Dementsprechende definiert *Adams*[533] die Aufgabe eines Rechtssystems und das zu Grunde liegende Modell rationalen Verhaltens folgendermaßen: „Für die ökonomische Theorie ist der Mensch jedoch ein Wesen, das fähig ist, die ver-

---

528 Zu Nachweisen und zur Kritik an diesem Einwand vgl. *Adams*, Ökonomische Analyse der Gefährdungs- und Verschuldenshaftung, Heidelberg, 1985, S. 8 ff.

529 So z.B. *Löwe*, Der Gedanke der Prävention im deutschen Schadensersatzrecht, Die Flucht in den Geldersatz immaterieller Schäden, Frankfurt/Main, 2000, S. 71.

530 Grundsätzlich dazu *Posner*, Economic Analysis of Law, 4. Auflage, Cambridge (Massachusetts), 1992, S. 163 ff.; *Cooter/Ulen,* Law and Economics, 4. Auflage, Boston, 2004, S. 307 ff.; *Shavell*, Economic Analysis of Accident Law, Cambridge (Massachusetts), 1987, S. 5 ff.

531 *Rüßmann*, in: Juris Praxiskommentar BGB, Band 2.1, 2. Auflage, Saarbrücken, 2004, §§ 249-253 Rn. 18 (mit Verweis auf *Weyers*, Unfallschäden, Frankfurt/Main, 1971, S. 446 ff.) hält dies für eine „völlig unrealistische Annahme."

532 Häufig liegen diese Bereiche denn auch im Anwendungsbereich der Gefährdungshaftung, z.B. der Produkthaftung. Die hierzu ergangene Rechtsprechung thematisiert denn auch die Möglichkeit, einen Schadensvermeidungsaufwand zu kalkulieren, vgl. *Schäfer/Ott*, Begründung und Bemessung des Schadensersatzes wegen entgangener Sachnutzung, ZIP, 1986, S. 613 (S. 619).

533 Ökonomische Analyse der Gefährdungs- und Verschuldenshaftung, Heidelberg, 1985, S. 265.

schiedenen ihm offen stehenden Alternativen in seinem Leben zu erkennen und dann diejenige der erreichbaren auszuwählen, die er aufgrund seiner eigenen Wertvorstellungen bevorzugt. Aus der Sicht der Wirtschaftswissenschaften ist die Rechtsordnung daher ein System, das darauf gerichtet ist, die jeweiligen privaten Kosten und Nutzen der menschlichen Alternativen zu verändern und damit die Entscheidungen der Menschen bei der Wahl dieser Alternativen zu beeinflussen." Folglich kann auch ein altruistisches Verhalten für das jeweilige Individuum einen Nutzengewinn darstellen. Allerdings stellt sich dann das Problem, wie dieser zu bewerten ist. Im Übrigen liefe der eingangs aufgeführte Einwand darauf hinaus, die generelle Wirkung eines Rechtssystems in Frage zu stellen, dass ohne die Annahme eines rationalen Verhaltens nicht auskommt.[534]

Davon abgesehen ist es gerade im Rahmen der ökonomischen Analyse des Rechts ein besonderes Anliegen, das unvollkommene Paradigma des „homo oeconomicus"[535] durch die Anwendung anderer Sozialwissenschaften zu ergänzen. Mit Hilfe der Psychologie bzw. der Sozialpsychologie, der Soziologie sowie der Politologie werden empirisch gestützte Verhaltensabweichungen in die Wirtschaftswissenschaften integriert. Vorhersagen zum menschlichen Entscheidungsverhalten werden darüber hinaus auch durch die Anwendung von Naturwissenschaften ermöglicht. So werden beispielsweise medizinische und biologische Aspekte im Bereich der sogenannten Neuroeconomics als Erklärungshilfe herangezogen.[536] Damit sei an dieser Stelle auch auf die häufig anzutreffende Fehlvorstellung hingewiesen, die Ökonomie handele ausschließlich von Geld[537] oder der Analyse von Marktgeschehen. Richtigerweise dient sie der umfassenden Analyse menschlicher Entscheidungen.[538] Zur Erreichung dieses Ziels stellt sie dem Anwender ein umfangreiches, wissenschaftlich fundiertes Instrumentarium zur Verfügung.

---

534 *Schäfer/Ott*, Begründung und Bemessung des Schadensersatzes wegen entgangener Sachnutzung, ZIP, 1986, S. 613 (S. 619).

535 Monographisch dazu *Kirchgässner*, Homo Oeconomicus - Das ökonomische Modell individuellen Verhaltens und seine Anwendung in den Wirtschafts- und Sozialwissenschaften, 2. Auflage, Tübingen, 2000.

536 Zu den daraus erwachsenden Möglichkeiten vgl. *Camerer/Loewenstein/Prelec*, Neuroeconomics: How Neuroeconomics Can Inform Economics, Journal of Economic Literature, 2005 (43), S. 9 ff.; *Chorvat/McCabe/Smith*, Law and Neuroeconomics, George Mason University, Law and Economics Working Paper Series, 2004-07 (http://ssrn.com/abstract=501063, 15.2.2006).

537 Vgl. *Posner*, Recht und Ökonomie: Eine Einführung, in: *Assmann/Kirchner/Schanze (Hrsg.)*, Ökonomische Analyse des Rechts, Kronberg/Ts., 1978, S. 93 (S. 107 ff.).

538 So ausdrücklich *Winkler*, Ökonomische Analyse des Rechts - vor Hundert Jahren!, German Working Papers in Law and Economics, 2003, Paper 16, S. 7 (http://www.bepress.com/cgi/viewcontent.cgi?article=1068&context=gwp, 2.6.2005).

3. Anreizwirkung von Haftungsgrund und Haftungshöhe

Auch die in der juristischen Diskussion teilweise unterschiedliche Behandlung der behaupteten Präventionsfunktion bei haftungsbegründendem und haftungsausfüllendem Tatbestand ist nicht nachvollziehbar. Haftungsregeln müssen ganzheitlich betrachtet werden, da sich ihre tatsächliche Anreizwirkung nur aus dem Zusammenspiel von Haftungsgrund und der Höhe eines möglicherweise zu leistenden Schadensersatzes ergibt. Dies wird auch deutlich in der Rechtsprechung des BGH zu den Voraussetzungen der Haftung bei Verletzungen des allgemeinen Persönlichkeitsrechts. Hier betont der BGH den Gedanken der Prävention sowohl auf der Ebene der Haftungsbegründung, insbesondere aber auch auf der Rechtsfolgenseite bei der Frage nach der Höhe der zu zahlenden Entschädigung.[539] Darüber hinaus sind in diesem Zusammenhang auch die Möglichkeit der Durchsetzbarkeit eines Anspruchs und die damit verbundenen Kosten von maßgeblicher Bedeutung.[540]

Zwischen den beiden Teilkomplexen des Haftungsrechts - verstanden als dem haftungsbegründenden Teil der Anspruchsvoraussetzungen - und des Schadensrechts - verstanden im Sinne der den Umfang des Anspruchs maßgeblich bestimmenden Haftungsausfüllung - besteht ein funktionaler Zusammenhang. Erst das Zusammenspiel beider ermöglicht die Beantwortung der juristischen Fragestellung, ob und gegebenenfalls in welcher Höhe eine geschädigte Person einen Ersatzanspruch gegen den Verletzer hat. Ökonomisch gesprochen entscheidet das Zusammenspiel von Haftungsgrund und Höhe des Schadensersatzes über die tatsächliche Verteilung der sich aus einem Unfall ergebenden materiellen und immateriellen Einbußen. Beide Teilbereiche des Schadensersatzrechts können damit auch nicht verschiedenen Zielen dienen.[541]

Bereits der isolierte Blick auf die in der Rechtswissenschaft existierenden Ansätze zu den Aufgaben des Schadensersatzrechts vermögen die Frage der Notwendigkeit einer zivilrechtlichen Sanktionierung der Tötung eines Menschen ebenso wenig widerspruchsfrei zu beantworten wie die Entbehrlichkeit eines entsprechenden Anspruchs.

---

539 Vgl. dazu die Ausführungen auf S. 123 ff. in diesem Kapitel.

540 Dabei wird die Entscheidung, einen Prozess zu führen, auch durch das geltende Kostenersatzrecht bestimmt, vgl. *Adams*, Ein Vergleich des Kostenersatzrechtes in Deutschland, Österreich und den USA, in: *ders. (Hrsg.)*, Ökonomische Theorie des Rechts: Konzepte und Anwendungen, 2. Auflage, Frankfurt/Main, 2004, S. 349 ff.

541 *Schäfer/Ott*, Lehrbuch der Ökonomischen Analyse des Zivilrechts, 4. Auflage, Berlin, 2005, S. 124 f.

4. Anreizwirkung bei Verschuldens- und Gefährdungshaftung

In der Rechtswissenschaft ist ferner zu beobachten, dass die Frage nach der Funktion des Haftungsrechts in Abhängigkeit des zu Grunde liegenden Haftungssystems unterschiedlich behandelt wird. So wird der Gefährdungshaftung überwiegend eine präventive Wirkung zugesprochen, nicht aber der verschuldensabhängigen Deliktshaftung.

Vom Standpunkt der ökonomischen Analyse des Rechts aus ist diese Zweispurigkeit nicht haltbar und erstaunt. Denn ein verschuldetes Handeln ist in jedem Fall von einem Willen getragen, und das entsprechende Verhalten wäre damit weitaus eher geeignet, verhaltenssteuernde Anreize bei der Entscheidung zwischen möglichen Handlungsalternativen zu berücksichtigen, als ein zu einer Gefährdungshaftung führendes unverschuldetes Verhalten. Nur für den Fall, dass das Haftungssystem von vorn herein entweder dem potentiellen Verletzter oder dem potentiellen Opfer den gesamten Schaden zuweist ohne ein etwaiges Mitverschulden der jeweils anderen Partei zu berücksichtigen, wird den Beteiligten kein Anreiz vermittelt, die sozialen Kosten ihrer Handlungen in ihre privaten Sorgfalts- und Aktivitätsentscheidungen in richtiger Weise einzubeziehen.[542] Eine solche „reine" Ausgestaltung haben aber weder die deliktische noch die Gefährdungshaftung erfahren. Bei beiden wird ein etwaiges Mitverschulden des potentiellen Anspruchsstellers berücksichtigt. Auch die sogenannte Betriebsgefahr kann zu einer Reduzierung des Ersatzanspruchs führen. Sofern bei einem entsprechend ausgestalteten Haftungssystem die rechtlich gebotenen Sorgfaltsanforderungen richtig festgesetzt werden, vermittelt es den Beteiligten die richtigen Anreize, um die sozialen Kosten ihrer Handlungen zu minimieren. Unter Wohlfahrtsgesichtspunkten handelt es sich dann unabhängig von der Ausgestaltung als Verschuldens- oder Gefahrdungshaftung um ein effizientes Haftungssystem.[543]

5. Der Einfluss von Versicherungen auf die Anreizwirkung

Im Hinblick auf eine möglicherweise präventive Wirkung des Deliktsrechts wird in der Rechtswissenschaft teilweise vertreten, dieser Effekt werde durch den Abschluss von Versicherungen, insbesondere Haftpflichtversicherungen neutralisiert[544] oder doch zumindest weitgehend abgeschwächt[545]. Der Grundgedanke

---

[542] Vgl. zur Begründung eingehend *Adams*, Ökonomische Analyse der Verschuldens- und Gefährdungshaftung, in: *ders. (Hrsg.)*, Ökonomische Theorie des Rechts, Konzepte und Anwendungen, 2. Auflage, Frankfurt/Main, S. 141 ff.

[543] Vgl. *Adams*, Ökonomische Analyse der Verschuldens- und Gefährdungshaftung, in: *ders. (Hrsg.)*, Ökonomische Theorie des Rechts, Konzepte und Anwendungen, 2. Auflage, Frankfurt/Main, S. 141 (S. 181).

[544] *Esser/Schmidt*, Schuldrecht, Band I, Allgemeiner Teil, Teilband 2, 8. Auflage, Heidelberg, 2000, S. 171 f.

dieses Einwands ist, dass der Zusammenhang zwischen Schaden, Schadensersatz, Schadensvermeidungsaufwand und Aktivitätsniveau durch den Abschluss einer Haftpflichtversicherung unterbrochen wird. Danach würden die verhaltenssteuernden Anreize des Haftungsrechts beeinträchtigt, wenn der Versicherungsnehmer von seiner Versicherung nach § 149 VVG Freistellung von allen Ansprüchen verlangen kann, die auf die Schädigung dritter Personen durch den Versicherungsnehmer zurückzuführen sind. Die Tragweite dieses Einwands wird deutlich, wenn man bedenkt, dass in Deutschland über 70% der privaten Haushalte, fast alle Unternehmen und beispielsweise alle Halter eines Kraftfahrzeugs eine Haftpflichtversicherung abgeschlossen haben bzw. zu deren Abschluss verpflichtet sind.[546]

Die geäußerten Bedenken greifen jedoch nicht durch, sofern ein versicherungsstatistisch optimales Versicherungssystem als Grundlage der Diskussion unterstellt wird.[547] In einem solchen System entspricht der Prämienaufwand genau dem zu erwartendem Schaden und der Versicherte kann durch Schadensvermeidungsaufwand Prämienvorteile erlangen.[548] Zwar ist das derzeit bestehende Versicherungssystem in dieser Hinsicht verbesserungsbedürftig. Bei funktionierendem Wettbewerb auf dem Versicherungsmarkt stellt sich jedoch näherungsweise ein Gleichgewicht von gewinnmaximierender mit individuell risikogerechter Prämie ein. Denn die Versicherungsunternehmen werden aufgrund ihrer Gewinninteressen die Prämie eines jeden Versicherungsnehmers dem von ihm eingebrachten und erwarteten Schaden anpassen. Entspricht damit die von einem Versicherungsnehmer einbezahlte Prämie im Grenzfall genau dem von ihm zu erwartendem Schaden, sieht sich der Versicherungsnehmer durch die ihm abverlangte Prämie dem gleichen Anreiz zu sorgfältigem, wohlfahrtsoptimalen Verhalten ausgesetzt, als träfen ihn die haftungsrechtlichen Folgen seines Verhaltens unmittelbar.

Die Anreize des materiellen Haftungsrechts finden sich somit in der Prämienstaffelung, der Möglichkeit zum Regress des Versicherers beim Versicherten, den Bonus-Malus-Punkte-Regelungen sowie den Vereinbarungen zu Selbstbehalten wieder.[549] Ziel der Anwendung dieses Instrumentariums durch die Versi-

---

545 *Oetker*, in: Münchener Kommentar zum Bürgerlichen Gesetzbuch Band 2 a, 4. Auflage, München, 2003, § 249 Rn. 9 ff.

546 Vgl. *Kötz/Wagner*, Deliktsrecht, 10. Auflage, München, 2006, Rn. 78.

547 Vgl. zum Folgenden ausführlich *Adams*, Ökonomische Analyse der Gefährdungs- und Verschuldenshaftung, Heidelberg, 1985, S. 225 ff.

548 *Schäfer/Ott*, Begründung und Bemessung des Schadensersatzes wegen entgangener Sachnutzung, ZIP, 1986, S. 613 (S. 620).

549 Zu den Möglichkeiten der Versicherungswirtschaft zur Berücksichtigung der Wahrscheinlichkeit eines Schadenseintritts vgl. *Kötz/Wagner*, Deliktsrecht, 10. Auflage, München, 2006, Rn. 78 ff.

cherer ist die Verringerung des sogenannten „moralischen Risikos" der Versicherungsnehmer. Hintergrund dieses in der ökonomischen Literatur als *moral hazard* bezeichneten Problems ist die Tatsache, dass die Versicherer das Verhalten der Versicherungsnehmer nach Abschluss des Versicherungsvertrages mangels begrenzter Information nur eingeschränkt beobachten können und die Versicherten dadurch dem Anreiz unterliegen, ihr Sorgfalts- oder Aktivitätsniveau zum Nachteil des Versicherers zu verändern und damit die Wahrscheinlichkeit zu erhöhen, dass ein Unfall oder eine Verletzung eintritt.[550] Gleichsam ist es das Bestreben der Versicherer, jedem Versicherten bei Abschluss des Versicherungsvertrages die „richtige", also die dem individuellen Risiko entsprechende Prämienhöhe festzusetzen.[551]

Zwar stellt sich nur eine näherungsweise Lösung ein, diese ist aber hinzunehmen aufgrund der im Übrigen überwiegenden positiven Effekte bei Abschluss einer Versicherung. Denn die zu beobachtende Risikoaversion führt bei einer nicht zur Verfügung stehenden Versicherungsmöglichkeit[552] zu Abweichungen vom wohlfahrtsoptimalen Sorgfalts- und Aktivitätsniveau sowohl beim potentiellen Verletzer als auch beim Opfer. Schließlich schützt eine auf Seiten des Verletzers gegebene Möglichkeit zur Versicherung bestimmter Risiken das Opfer im Schadensfall vor einer möglichen Zahlungsunfähigkeit oder Insolvenz des Verletzers.[553]

Daneben wird zuweilen auch das Argument geäußert, dass eine Ausweitung des Schadensersatzes auf die tatsächliche Höhe des Schadens zu einem Anstieg der Versicherungsprämien führt und sich damit nachteilig auf die Versicherungsnehmer auswirkt. Da die Versicherten die Schäden verursachen, ist ihre Beteiligung an den dabei entstehenden Kosten aber nur folgerichtig. Im Hinblick auf die eingangs beschriebene Funktionsweise einer Versicherung bewirkt der Anstieg der Prämie entsprechend den tatsächlichen Schadenskosten, dass der Vermeidungsaufwand auf ein gesamtgesellschaftlich angemessenes Niveau angehoben wird.[554]

---

[550] Zum Problem des *moral hazard* im Allgemeinen vgl. *Pindyck/Rubinfeld*, Mikroökonomie, 6. Auflage, München, 2005, S. 814 ff.; ausführlich dazu *Layard/Walters*, Microeconomic Theory, New York, 1978, S. 382 ff.

[551] *Kötz/Wagner*, Deliktsrecht, 10. Auflage, München, 2006, Rn. 79 ff.

[552] Zu den Möglichkeiten des Versicherungsschutzes für Verletzer und Opfer aus rechtswissenschaftlicher Sicht vgl. *Weyers*, Unfallschäden, Frankfurt/Main, 1971, S. 64 ff., 146 ff.; *Kötz/Wagner*, Deliktsrecht, 9. Auflage, Neuwied, 2001, Rn. 211 ff.

[553] Vgl. zum Ganzen: *Adams*, Ökonomische Analyse der Gefährdungs- und Verschuldenshaftung, Heidelberg, 1985, S. 237 f.

[554] Vgl. *Schäfer/Ott*, Begründung und Bemessung des Schadensersatzes wegen entgangener Sachnutzung, ZIP, 1986, S. 613 (S. 620); *Adams*, Ökonomische Analyse der Produkthaf-

Im weiteren Fortgang der Untersuchung wird daher auf die Möglichkeit der Versicherbarkeit von im Hinblick auf eine Lebensgefährdung potentiell gefährlichen Handlungen nicht gesondert eingegangen.

6. Empirischer Befund zur Anreizwirkung von Haftungsregeln

Damit stellt sich die empirische Frage, ob die von der ökonomischen Theorie des Rechts behauptete Präventionswirkung des Haftungssystems tatsächlich beobachtbar ist.

Zunächst sei auf ein Beispiel aus Deutschland hingewiesen. In der Zuckerindustrie ging die zuständige Berufgenossenschaft im Jahre 1966 dazu über, das bis dahin geltende Umlagesystem durch ein Beitragssystem zu ersetzen, bei dem die Höhe der Beitrage an die im jeweiligen Betrieb anfallenden Unfallkosten gekoppelt war. Die dadurch hervorgerufenen finanziellen Anreize zur Unfallverhütung führten, zusammen mit anderen Faktoren, zu einem Rückgang der betrieblichen Unfälle um etwa ein Drittel. Der Einfluss der Beitragsgestaltung auf dieses Ergebnis war erheblich und auch statistisch signifikant.[555] Diesem Beispiel mag man entgegenhalten, dass die hier unbestreitbar vermittelte Anreizwirkung nur deshalb zu beobachtenden war, da die betroffenen Betriebe im Wege ihrer Organisationsgewalt planvoll in die Betriebsabläufe eingreifen konnten, um die Unfallrisiken abzusenken. Dieser Einwand wird jedoch von Studien widerlegt, die ausschließlich die Anreizwirkung auf das individuelle menschliche Verhalten untersuchen. So gelangen beispielsweise zahlreiche Studien zu dem Ergebnis, dass das individuelle Verhalten von Autofahrern durch monetäre Anreize beeinflussbar ist.[556] In Überseinstimmung damit kommt eine weitere umfassende Untersuchung für den gesamten Bereich der Unfallhaftung zu dem Schluss, dass die stärksten Abschreckungswirkungen bei Autounfällen, die geringsten hingegen bei Umweltschäden zu beobachten sind.[557]

Auch eine Studie zu den Auswirkungen von Kraftfahrzeug-Haftpflichtversicherungen und Haftungsregeln auf die Anzahl tödlicher Verkehrsunfälle in 50 US-Staaten sowie dem District of Columbia in dem Zeitraum von 1970 bis

---

tung, in: *ders. (Hrsg.)*, Ökonomische Theorie des Rechts, Konzepte und Anwendungen, 2. Auflage, Frankfurt/Main, S. 183 (S. 223 ff.).

555 *Kötz/Schäfer*, Economic Incentives to Accident Prevention: An Empirical Study of the German Sugar Industry, International Review of Law and Economics, 1993 (13/1), S. 19 ff.

556 Vgl. *Devlin*, Some Welfare Implications of No-Fault Automobile Insurance, International Review of Law and Economics, 1990 (10/2), S. 193 ff. mit zahlreichen Nachweisen weiterer Untersuchungen mit ähnlichen Ergebnissen.

557 *Dewees/Duff/Trebilcock*, Exploring the Domain of Accident Law, Taking the Facts Seriously, New York, 1996, S. 415 ff.

1998[558] bestätigt die Annahme, dass finanzielle Anreize dazu geeignet sind, menschliches Verhalten zu steuern. Danach führt die Einführung einer Pflichtversicherung zunächst zu einem, so auch zu erwartendem Rückgang nicht versicherter Fahrer. Durch den somit aber vermittelten Anreiz zu sorgloserem Fahren infolge eines nicht optimal ausgestalteten Versicherungssystems steigt die Zahl der tödlichen Unfälle an. Hinsichtlich der Größenordnung führt ein einprozentiger Rückgang der nicht versicherten Fahrer zu einem Anstieg der Todesrate um 2%. Dabei ist zu berücksichtigen, dass die Fahrer, die trotz entsprechender Pflicht keine Versicherung abschließen, umso vorsichtiger fahren und im Verhältnis weniger tödliche Unfälle verursachen. Sofern mit der konkreten Ausgestaltung einer Pflichtversicherung die im Falle eines Unfalls zu erwartenden Kosten reduziert werden, führt dieser finanzielle (Fehl-)Anreiz zu einer Steigerung der Unfallzahlen, da der Unfallvermeidungsaufwand geringer wird. Gleiches gilt für den Fall, dass die Gestaltung der Haftungsregeln zu einer Reduzierung des Haftungsumfangs führt.

V. Ergebnis

Die empirischen Ergebnisse bestätigen damit weitestgehend, insbesondere in dem vielfach untersuchten Bereich von (tödlichen) Autounfällen, die im Rahmen der ökonomischen Analyse des Rechts vertretene Ansicht zur Anreizwirkung von Haftungsregeln. In den empirischen Analysen wird auch darauf hingewiesen, dass der zu leistende Schadensersatz häufig hinter den tatsächlichen Schäden zurückbleibt, was die Präventionswirkung negativ beeinflusst. Dies liegt insbesondere darin begründet, dass die zu beobachtenden Schmerzensgeldbeträge niedriger ausfallen als die tatsächlich zu Grunde liegenden immateriellen Einbußen.[559] Die Berücksichtigung aller Schäden, d.h. Nutzenverluste ist nach der ökonomischen Analyse des Rechts eine wesentliche Voraussetzung, damit Haftungsregeln eine optimale Anreizwirkung entfalten können.

Demgegenüber behandelt die juristische Dogmatik den Ersatz materieller und immaterieller Schäden von Grund auf unterschiedlich. Den Verlust des Lebens als immateriellen Schaden und seine Nichtersatzfähigkeit vermögen die in der Rechtswissenschaft vertretenen Ansichten zur Funktion des Haftungsrechts und im Hinblick auf die Behandlung anderer Nichtvermögensschäden nicht widerspruchsfrei zu begründen.

---

558 *Cohen/Dehejia*, The Effect of Automobile Insurance and Accident Liability Laws on Traffic Fatalities, Journal of Law and Economics, 2004 (47/2), S. 357 ff.

559 *Cohen/Dehejia*, The Effect of Automobile Insurance and Accident Liability Laws on Traffic Fatalities, Journal of Law and Economics, 2004 (47/2), S. 357 ff.; *Dewees/Duff/Trebilcock*, Exploring the Domain of Accident Law, Taking the Facts Seriously, New York, 1996, S. 415 ff.

Die Zweifel an der Steuerungswirkung des Haftungsrechts und damit einhergehend die überwiegende Ablehnung der Prävention als eine Aufgabe des Haftungsrechts erscheinen als ein Grund für die zu beobachtenden Widersprüchlichkeiten. Wenn ein präventiver Aspekt nicht unterstellt wird bzw. werden kann, sieht sich die juristische Dogmatik oftmals an ihre Grenzen gebracht und vermag die Anerkennung bzw. Ablehnung eines Ersatzanspruchs oder seine konkrete Ausgestaltung oftmals nur unter wortreichen Mühen zu begründen. Dabei angeführte Attribute wie Sühne, Strafe oder Genugtuung knüpfen jedoch allesamt an den Schadensausgleich an. Erst die Zahlung eines Schadensersatzes bzw. eines Schmerzensgeldes kann diese Merkmale zur Entstehung bringen. Ob beispielsweise das Opfer nach der Zahlung des Schmerzensgeldes tatsächlich eine Genugtuung verspürt, steht auf einem ganz anderen Blatt. Für die Zwecke des Haftungsrechts kann diese Wahrnehmung des Opfers dahinstehen. Denn allein die drohende Zahlung des Schadensersatzes, der Schadensausgleich, ist Voraussetzung für die verhaltenssteuernde Wirkung des Haftungsrechts. Alle darüber hinaus dem Schadensersatzrecht zugesprochenen Funktionen sollten daher aufgegeben werden.

Der Ausgleichsfunktion kann nicht entnommen werden, ob und in welchem Umfang Schäden zu ersetzen sind oder sein sollten. Abzulehnen ist daher das herrschende Rechtsverständnis, dass ein Ersatzanspruch wegen der Tötung eines Menschen abzulehnen sei, da der Geschädigte tot sei, folglich keine Ansprüche mehr haben und ihm deshalb auch nichts (mehr) ausgeglichen werden könne. Die Begründung mit dem angeblich nicht erreichbaren Ausgleichsziel ist verfehlt. Dies zeigt ein Vergleich mit der Rechtslage bei anderen - immateriellen als auch materiellen - Schäden im Zusammenhang mit einem Todesfall. Beispielsweise bleibt der aus einer vor dem Tod erfolgten Eigentumsverletzung entstandene materielle Schaden nach dem Tod ersatzfähig. Er ist von den Erben geltend zu machen. Auch ein vor dem Tod entstandener Schmerzensgeldanspruch ist vererblich. In beiden Fällen könnte man argumentieren, eine Schadensersatzzahlung sei nicht notwendig, da dem Getöteten ein Ausgleich für die Verletzung des Eigentums bzw. des Körpers nicht mehr verschafft werden könne. Als anspruchs- und damit auch ausgleichsberechtigt wird in diesen Fällen aber die Erbengemeinschaft des Getöteten angesehen. Im Hinblick auf das verlorene Leben kann ein Anspruch auf Entschädigung ebenfalls auf den Nachlass übergehen, wenn man diesen Anspruch für eine logische Sekunde in der Person des Opfers entstehen lässt.

Hervorzuheben ist, dass die Ansichten in der Rechtswissenschaft zur Aufgabe des Haftungsrechts in der Regel einen erwünschten Soll-Zustand der Rechtsordnung beschreiben. Davon zu unterscheiden ist die Wirkung von Haftungsregeln. Sie ist eine tatsächlich zu beobachtende Erscheinung, die unabhängig von theoretischen Zielvorstellungen ist. Eine Alternative zu dem Ansatzpunkt der ökonomischen Analyse des Rechts ist in der zivilrechtlichen Dogmatik somit nicht zu erblicken.

Konkrete, an die Erkenntnisse der ökonomischen Analyse des Rechts anknüpfende Reformvorschläge zur Ersatzfähigkeit des immateriellen Schadens wegen des Verlusts des Lebens hat es in der juristischen Literatur bislang nicht gegeben.[560] Vielfältige Reformbestrebungen gibt es hingegen zur Einführung eines eigenständigen Angehörigenschmerzensgeldes wegen der immateriellen Beeinträchtigungen aufgrund des Verlusts eines nahen Angehörigen.[561] Teilweise wird dabei auch versucht, das „Ziel einer Europäisierung des Privatrechts" durch eine „übernationale Rechtsvereinheitlichung bzw. Rechtsangleichung" der entsprechenden Vorschriften weiter zu entwickeln.[562]

E. Vergleich mit der Rechtslage im europäischen Ausland

Aus diesem Grunde sei an dieser Stelle ein Überblick der Rechtslage in einigen ausgewählten europäischen Staaten gegeben. Wie in Deutschland besteht ein Anspruch auf Ersatz der Begräbniskosten entsprechend der Regelung des § 845 BGB auch in Österreich. Belgien, England, Frankreich, Italien, den Niederlanden, Spanien, Schweden und der Schweiz.[563] Diese Rechtsordnungen beinhalten zudem einen Anspruch auf Ersatz des Schadens, der den Hinterbliebenen dadurch entsteht, dass sie gegenüber dem Getöteten zu Unterhaltsleistungen berechtigt waren. Allerdings ist der Kreis der Anspruchsberechtigten unterschiedlich ausgestaltet. Ähnlich wie in Deutschland gewähren England und Österreich nur den gesetzlich Unterhaltsberechtigten einen Anspruch. In Österreich besteht dabei die Besonderheit, dass der Unterhaltsberechtigte einen Anspruch auf den tatsächlich geleisteten Unterhalt hat. Dieser kann unter Umständen höher ausfallen als die gesetzliche Verpflichtung. Italien, Spanien und die Schweiz beziehen auch andere Leistungsempfänger in den Schutzbereich ein. Neben den stets ersatzfähigen Geldleistungen sind in Österreich, Italien und der Schweiz auch tatsächlich erbrachte Dienstleistungen bei der Haushaltsführung zu erstatten.[564]

---

560 *Brüggemeier* (vgl. dazu die Nachweise in Fn. 10) befürwortet zwar einen solchen Anspruch, geht aber beispielsweise nicht auf dessen Höhe ein; *Adams* (vgl. ebenfalls die Nachweise in Fn. 10) ist insoweit als Vertreter der ökonomischen Analyse des Rechts anzusehen.

561 Vgl. dazu die einleitenden Ausführungen auf S. 15 f. und die Nachweise in Fn. 11-13.

562 Vgl. *Stahmer*, Entschädigung von Nichtvermögensschäden bei Tötung, Hamburg, 2004.

563 *Koch/Koziol*, Vergleichende Analyse, in: *dies. (Hrsg.)*, Compensation for Personal Injury in a Comparative Perspective, New York, 2003, Rn. 64.

564 *Koch/Koziol*, Vergleichende Analyse, in: *dies. (Hrsg.)*, Compensation for Personal Injury in a Comparative Perspective, New York, 2003, Rn. 65.

Ein auf den Nachlass übergehender Anspruch des Getöteten wegen der durch den vorzeitigen Tod eingetretenen Einkommensverluste ist den eingangs aufgezählten Rechtsordnungen fremd. Eine Ausnahme besteht in England allerdings in dem Fall, dass das Opfer einen entsprechenden Anspruch noch zu Lebzeiten rechtshängig gemacht hat.[565] Bei der Bemessung der Anspruchshöhe werden von den zu ersetzenden Einkommensverlusten die durch den vorzeitigen Tod zu erwartenden ersparten Aufwendungen abgezogen. Im Ergebnis entspricht die Schadensersatzsumme in etwa derjenigen, die nach englischem Recht einem Unterhaltsberechtigten zustehen würde.[566]

Unter der deliktischen Generalklausel des französischen Rechts (Art. 1382, 1383 frz. Cc) hat abweichend von der Rechtslage in Deutschland[567] und den Regelungen der US-amerikanischen *wrongful death statutes*[568] auch der Lebenspartner eines Getöteten einen Ersatzanspruch wegen des Wegfalls eines Unterhaltsberechtigten. Entsprechendes gilt auch für das englische, schweizerische (Art. 45 III OR) und italienische Recht (Art. 2043 ital. Cc).[569] Obwohl der französische Code Civil selbst keine Aussage zum ersatzberechtigten Personenkreis trifft, legen die französischen Gerichte die Generalklausel in diesem Sinne aus.[570] Ein französisches Instanzgericht hat beispielsweise einen Anspruch auch in dem Fall einer seit 20 Jahren bestehenden Lebensgemeinschaft zweier Frauen bejaht.[571] Art. 45 III des schweizerischen Obligationenrechts hingegen legt den ersatzberechtigten Personenkreis bereits sehr weit an. Danach haben diejenigen

---

565 Dies entspricht in etwa der bis 1990 geltenden deutschen Rechtslage in Bezug auf Schmerzensgeldansprüche. Diese waren höchstpersönlich und nur dann abtretbar und vererblich, wenn sie vertraglich anerkannt oder rechtshängig waren; vgl. *Deutsch/Ahrens*, Unerlaubte Handlungen, Schadensersatz, Schmerzensgeld, 4. Auflage, Köln, 2002, Rn. 478.

566 *Koch/Koziol*, Vergleichende Analyse, in: *dies. (Hrsg.)*, Compensation for Personal Injury in a Comparative Perspective, New York, 2003, Rn. 67; *Rogers*, Compensation for Personal Injury in England, in: *Koch/Koziol (Hrsg.)*, Compensation for Personal Injury in a Comparative Perspective, New York, 2003, Rn. 60 ff.; ausführlich zur Rechtslage in England *Stahmer*, Entschädigung von Nichtvermögensschäden bei Tötung, Hamburg, 2004, S. 146 ff.

567 Vgl. dazu S. 79 f. in diesem Kapitel.

568 Vgl. dazu ausführlich in Kapitel 4 auf S. 153 ff.

569 *Brüggemeier*, Prinzipien des Haftungsrechts, Eine systematische Darstellung auf rechtsvergleichender Grundlage, Baden-Baden, 1999, S. 170.

570 Entsprechendes gilt auch für immaterielle Schäden; vgl. *Kötz/Wagner*, Deliktsrecht, 10. Auflage, München, 2006, Rn. 724.

571 *Kötz/Wagner*, Deliktsrecht, 10. Auflage, München, 2006, Rn. 724; ausführlich zur französischen Rechtslage *Stahmer*, Entschädigung von Nichtvermögensschäden bei Tötung, Hamburg, 2004, S. 106 ff.

Anspruch auf Schadensersatz wegen entgangenen Unterhalts, die durch die Tötung „ihren Versorger" verloren haben. Diese Eigenschaft hat das Bundesgericht im Fall einer Verlobten und eines Stiefvaters bejaht.[572]

Bei der Betrachtung möglicher immateriellen Schäden ist zunächst in solche des Opfers und solche der Hinterbliebenen zu unterscheiden. Wie in Deutschland sind Schmerzensgeldansprüche, die vor dem Tod des Opfers in dessen Person entstehen, regelmäßig vererblich. Obwohl sie nicht zum Kern des vorliegenden Untersuchungsgegenstands gehören, soll an dieser Stelle hervorgehoben werden, dass die psychische Belastung aufgrund des Wissens um den nahen eigenen Tod wie in Deutschland zu einer Erhöhung der Schadensersatzsumme führt, so z.B. in Österreich, Frankreich, den Niederlanden, Spanien, Belgien, England und Italien.[573]

Bei den Ansprüchen der Hinterbliebenen muss danach unterschieden werden, ob es sich um eine echte Erkrankung oder um den seelischen Schmerz aufgrund des Verlusts eines nahen Angehörigen handelt. In diesem Bereich hat in den letzten Jahren eine Angleichung der Standards stattgefunden. Es besteht heute weitgehend Einigkeit, dass sogenannte Schockschäden, also Beeinträchtigungen der Gesundheit, ersatzfähig sind. Hier stellen lediglich das deutsche und das niederländische Recht besondere Anforderungen an die Schwere der Gesundheitsbeeinträchtigung.[574] Bemerkenswerter als diese Tatsache ist die dahinter stehende Argumentation. Denn es wird grundsätzlich anerkannt, dass „die Tötung eines Menschen stets auch eine erhebliche Gefährdung der Gesundheit nahe stehender Personen bedeutet".[575]

Wie in Deutschland ist der reine Seelenschmerz über den Verlust naher Angehöriger in den Niederlanden nicht ersatzfähig. Die übrigen Rechtsordnungen hingegen gewähren überwiegend auch bei diesem immateriellen Schaden einen Ersatzanspruch, zumeist unter den gleichen Voraussetzungen wie bei den sogenannten Schockschäden nach deutschem Recht. In Österreich ist der Anspruch ausgeschlossen, sofern der Schuldner aufgrund eines Gefährdungsdelikts haftet oder nur leicht fahrlässig gehandelt hat. In Italien ist der Anspruch auf Straftaten

---

572 *Kötz/Wagner*, Deliktsrecht, 10. Auflage, München, 2006, Rn. 724.

573 *Koch/Koziol*, Vergleichende Analyse, in: *dies. (Hrsg.)*, Compensation for Personal Injury in a Comparative Perspective, New York, 2003, Rn. 68.

574 Teilweise wird zusätzlich verlangt, dass der Anspruchsberechtigte Zeuge des tödlichen Unfalls war. Einschränkungen werden auch beim berechtigten Personenkreis gemacht. In England werden nur die allernächsten Angehörigen berücksichtigt; vgl. *Koch/Koziol*, Vergleichende Analyse, in: *dies. (Hrsg.)*, Compensation for Personal Injury in a Comparative Perspective, New York, 2003, Rn. 69 f.

575 *Koch/Koziol*, Vergleichende Analyse, in: *dies. (Hrsg.)*, Compensation for Personal Injury in a Comparative Perspective, New York, 2003, Rn. 70.

beschränkt.[576] In Frankreich hingegen führt der bloße Verlust eines nahen Familienangehörigen zu einem immateriellen Schaden und einem Ersatzanspruch.[577] Nach schweizerischem Recht kann das Gericht in Tötungsfällen unter Würdigung der besonderen Umstände den Angehörigen eine angemessene Geldsumme als Genugtuung zusprechen (Art. 47 OR).[578]

Die Höhe dieser Ansprüche für den Ersatz der immateriellen Schäden der Angehörigen ist sehr unterschiedlich. Bei der Tötung eines Menschen wird dem Ehepartner in England eine Summe von 16.000 Euro zugesprochen, in Frankreich erhält er etwa 23.000 Euro und in der Schweiz 27.000 Euro.[579]

Einen darüber hinaus gehenden immateriellen Schadensersatzanspruch für den Tod als solchen und die mit ihm verbundene Lebensverkürzung erkennt - soweit ersichtlich - keine europäische Rechtsordnung an.

F. Zusammenfassung

Die Ausführungen zur Rechtslage in Deutschland haben ein Grundprinzip des Schadensersatzrechts verdeutlicht. Die Interessen- bzw. die Rechtsgutsverletzung, z.B. in Gestalt der Tötung eines Menschen, und der daraus entstehende Schaden müssen sich in einer Person vereinigen.[580] Nur dann besteht eine Ersatzpflicht dem Grunde nach, d.h. nur die geschädigte Person selbst kann wegen der Verletzung eines ihrer Rechtsgüter einen Schadensersatzanspruch aus eigenem Recht geltend machen. Von diesem sogenannten Tatbestandsprinzip werden in Tötungsfällen allerdings Ausnahmen gemacht in den besonderen Fällen der Ersatzfähigkeit bestimmter mittelbarer Schäden. Maßgebliche Bedeutung kommt dabei dem in § 844 II BGB geregelten Unterhaltsschaden zu. Neben diesem Vermögensschaden erkennt das deutsche Recht die Ersatzfähigkeit immaterieller Schäden in den engen Grenzen der sogenannten Schockschäden an.

---

576 *Koch/Koziol*, Vergleichende Analyse, in: *dies. (Hrsg.)*, Compensation for Personal Injury in a Comparative Perspective, New York, 2003, Rn. 71.

577 Ausführlich dazu *Stahmer*, Entschädigung von Nichtvermögensschäden bei Tötung, Hamburg, 2004, S. 107 ff.; vgl. auch *Nörr*, Zum Ersatz des immateriellen Schadens nach geltendem Recht, AcP, 1959/1960 (158), S. 1 (S. 4); *Wichelhaus*, Die Ersatzansprüche der Angehörigen des Geschädigten im amerikanischen Deliktsrecht, Rechtsvergleichende Untersuchungen zu den §§ 844-846 BGB, Diss. Münster, 1977, S. 36.

578 *Brüggemeier*, Prinzipien des Haftungsrechts, Eine systematische Darstellung auf rechtsvergleichender Grundlage, Baden-Baden, 1999, S. 171 (Fn. 881).

579 *Koch/Koziol*, Vergleichende Analyse, in: *dies. (Hrsg.)*, Compensation for Personal Injury in a Comparative Perspective, New York, 2003, Rn. 85.

580 Vgl. zum Folgenden auch *Brüggemeier*, Prinzipien des Haftungsrechts, Eine systematische Darstellung auf rechtsvergleichender Grundlage, Baden-Baden, 1999, S. 168 f.

Der rechtsvergleichende Überblick offenbart, dass das deutsche Recht im Vergleich zu anderen europäischen Staaten eines der restriktivsten ist beim Ersatz der bei der Tötung eines Menschen entstehenden Schäden. Zwar gewähren auch die dargestellten europäischen Rechtsordnungen keinen unmittelbaren Anspruch wegen der Vernichtung eines Menschenlebens. Sie sind in der Regel aber sowohl beim Ersatz der materiellen als auch der immateriellen Schäden großzügiger als das deutsche Recht. Mit Ausnahme der Niederlande gewähren alle dargestellten Rechtsordnungen den Angehörigen einen eigenen Schmerzensgeldanspruch wegen der durch den Verlust des Getöteten hervorgerufenen seelischen Schmerzen.

In Deutschland wird das menschliche Leben durch öffentlich-rechtliche Sicherheitsvorschriften und durch das strafrechtliche Sanktionssystem geschützt. Die dort bestehenden Anreizlücken vermag das geltende Zivilrecht jedoch nicht zu schließen. Zudem kann die juristische Dogmatik weder die Versagung eines Ersatzanspruchs wegen des immateriellen Schadens der Tötung noch eine etwaige Bejahung eines solchen Anspruchs widerspruchsfrei begründen. Auch aus diesem Grunde stellen die in der Rechtswissenschaft vertretenen Ansichten zur Aufgabe des Haftungsrechts keine Alternative zum Ansatz der ökonomischen Analyse des Rechts dar.

In Tötungsfällen werden insbesondere in den Vereinigten Staaten von Amerika vergleichsweise weitaus höhere Schadensersatzsummen zugesprochen. Eine Anreizlücke wie im deutschen Zivilrecht könnte unter dieser Voraussetzung in den USA zu vernachlässigen sein. Zur Beantwortung dieser Frage sind die in den USA in Tötungsfällen denkbaren Ersatzansprüche und die mögliche Höhe des jeweiligen Schadensersatzes zu untersuchen.

Kapitel 4: Rechtslage in den Vereinigten Staaten von Amerika

Bei der Betrachtung der Rechtslage in den Vereinigten Staaten von Amerika ist zu berücksichtigen, dass jeder Bundesstaat eine unabhängige Rechtsordnung aufweist, die sich sowohl im Hinblick auf die gesetzlichen Grundlagen als auch die Gerichtsorganisation und die Anspruchsdurchsetzung unterscheiden können. Hinzu kommt, dass das Recht der einzelnen Bundesstaaten durch das US-amerikanische Bundesrecht überlagert wird, welches neben dem bundesstaatlichen Recht zur Anwendung kommen kann und in konkurrierenden Fallgestaltungen Vorrang vor den mitgliedstaatlichen Normen hat. Aufgrund des föderalistischen Aufbaus weisen die Vereinigten Staaten damit kein einheitliches zivilrechtliches Haftungssystem auf. Andererseits wurzeln die juristischen Grundsätze und Methoden des US-amerikanischen Privatrechts auf den Grundlagen des englischen *common law*, welche vor allem in der Kolonialzeit im 17. und 18. Jahrhundert übernommen wurden und sich in der ersten Hälfte des 19. Jahrhunderts auf breiter Basis durchsetzten. Das Fallrecht des *common law* wurde und wird jedoch durch die US-amerikanische Gesetzgebung verändert und fortgebildet.[581]

Ziel dieses Kapitels ist es, die Behandlung von Tötungsfällen durch das US-amerikanische Privatrecht in ihren Grundzügen herauszuarbeiten. Dabei sind die einschlägigen Grundsätze des *common law* ebenso zu berücksichtigen wie die dazu in den Bundesstaaten ergangenen rechtlichen Regulierungen in Form der *survival statutes* und *wrongful death statutes*. Ebenso wie in Deutschland wird auch in den Vereinigten Staaten von Amerika bei Tötungsfällen eine Ausnahme von dem als Tatbestandsprinzip bezeichneten Grundsatz gemacht, dass die Rechtsgutsverletzung und der daraus entstehende Schaden bei derselben Person eintreten müssen.

A. Historische Entwicklung

Ursprünglich sah das *common law* in drei Grundsätzen vor, dass sowohl mit dem Tod des Täters[582] als auch mit dem Tod des Opfers[583] die deliktischen Ersatzansprüche erlöschen und auch die Hinterbliebenen keine eigenen Ansprüche, weder für den Verlust von durch den Getöteten geleisteter finanzieller Unterstützung noch für den durch den Verlust einer nahe stehenden Person hervorge-

---

581 Zur geschichtlichen Entwicklung und Struktur des US-amerikanischen Privatrechts vgl. *Hay*, US-Amerikanisches Recht, 3. Auflage, München, 2005, Rn. 1 ff.; *Reimann/Ackmann*, Einführung in das US-amerikanische Privatrecht, München, 2. Auflage, München, 2004, S. 6 ff.

582 „If the tortfeasor died before the victim recovered for the tort, the victim's right of action died with him."

583 „If the victim of a tort himself died (from whatever cause) before he recovered in tort, the victim's right of action also died."

rufenen seelischen Schmerz[584] geltend machen können.[585] Die kontinentalen Rechtsordnungen beruhten ebenfalls auf dem Grundsatz, dass mit dem Ableben des Verletzten auch dessen Ansprüche sterben *(actio personalis moritur cum persona)*. Dies galt sowohl für vor dem Todeseintritt entstandene Vermögensschäden als auch für das Schmerzensgeld.[586]

Nach einem englischen Urteil aus dem Jahre 1808[587] hatten die Hinterbliebenen des Opfers einer deliktischen Handlung[588] keinen Schadensersatzanspruch gegen den schadensrechtlich Verantwortlichen. In diesem Fall begehrte ein Ehemann Schadensersatz für den Verlust der familiären Dienstleistungen seiner getöteten Ehefrau. Dazu führte der erkennende Richter, *Lord Ellenborough*, sinngemäß aus, dass der Tod eines Menschen in einem Zivilverfahren nicht als Schaden geltend gemacht werden könne.[589] Beim Zusammentreffen einer Straftat mit einem zivilen Delikt, wurde nach der sogenannte *felony merger doctrine* das zivilrechtliche Delikt durch die strafrechtliche Sanktion als mitkompensiert angesehen.[590] Zivilrechtlich war es damit für den Verantwortlichen günstiger, dass Opfer zu töten, als es nur zu verletzen.[591]

---

584 „If the tortfeasor caused a victim's death, relatives and dependents of the victim who are deprived of financial support or who suffered emotional loss, had no cause of action of their own."

585 *Keeton (Hrsg.)*, Prosser and Keeton on The Law of Torts, 5. Auflage (9. Nachdruck), St. Paul (Minnesota), 2001, § 125 A., S. 940 mit entsprechenden Nachweisen zu den in vorstehenden Fn. 582-584 zitierten Grundsätzen *(rules)*. Vgl. auch *Hay*, US-Amerikanisches Recht, München, 3. Auflage, 2005, Rn. 425.

586 *Brüggemeier*, Prinzipien des Haftungsrechts, Eine systematische Darstellung auf rechtsvergleichender Grundlage, Baden-Baden, 1999, S. 171; zur davon abweichenden, derzeit geltenden deutschen Rechtslage bezüglich des Schmerzensgeldes vgl. die Ausführungen auf S. 87 in Kapitel 3.

587 *Baker v. Bolton* [1808] 1 Camp. 493, 170 Eng. Rep. 1033 (K.B.).

588 Beinhaltet die deliktische Handlung zugleich aber auch eine Vertragsverletzung, so kommt ein Schadensersatzanspruch wegen *breach of contract* in Betracht; vgl. hierzu aus rechtsvergleichender Sicht bereits grundlegend *Wichelhaus*, Die Ersatzansprüche der Angehörigen des Geschädigten im amerikanischen Deliktsrecht, Rechtsvergleichende Untersuchungen zu den §§ 844-846 BGB, Diss. Münster, 1977, S. 51 (Fn. 1).

589 „In a civil court the death of a human being could not be complained of as an injury", vgl. *Keeton (Hrsg.)*, Prosser and Keeton on The Law of Torts, 5. Auflage (9. Nachdruck), St. Paul (Minnesota), 2001, § 127, S. 945.

590 *Brüggemeier*, Prinzipien des Haftungsrechts, Eine systematische Darstellung auf rechtsvergleichender Grundlage, Baden-Baden, 1999, S. 169 f.

591 *Keeton (Hrsg.)*, Prosser and Keeton on The Law of Torts, 5. Auflage (9. Nachdruck), St. Paul (Minnesota), 2001, § 127, S. 945.

Diese in der Rechtsliteratur kritisierte Rechtslage wurde im Zuge der beginnenden Industrialisierung und der Häufung von Massenunfällen durch den Gesetzgeber korrigiert. 1846 erließ das englische Parlament den *Act for Compensating the Families of Persons Killed by Accidents (Fatal Accidents Act)*, der auch als *Lord Campbell's Act* bekannt ist. Die im Gesetz aufgeführten Angehörigen (Eltern, Großeltern, Stiefeltern, Kinder, Enkel und Stiefkinder) konnten im eigenen Namen Klage auf Ersatz der Schäden erheben, die fiktiv in der Person des Getöteten entstanden waren.[592]

Auch in den USA musste der Gesetzgeber tätig werden, da die meisten amerikanischen Gerichte die ursprüngliche *common law*-Regel übernahmen, obwohl diese nicht der traditionellen, noch aus kolonialer Zeit stammenden Rechtsprechungstradition entsprach.[593] Aufgrund der bundesstaatlichen Zuständigkeit wurden von den meisten Bundesstaaten sogenannte *wrongful death* und *survival statutes* erlassen. *Wrongful death* und *survival statutes* unterscheiden sich in der zu Grunde liegenden Regelungsmethode, welche wiederum durch die Regelungsinhalte bestimmt wird.

Die *survival statutes* beheben gewissermaßen die Folgen des erwähnten *moritur*-Grundsatzes *(actio personalis moritur cum persona)*, indem sie anordnen, dass die in der Person des Getöteten im Zeitraum zwischen der Verletzungshandlung und dem Tod entstandenen Ansprüche nicht untergehen, sondern auf die Erben übergehen.[594] In Betracht kommen hierfür Ansprüche auf Ersatz der in dieser Zeit entgangenen Einkünfte und der angefallenen Heilbehandlungskosten sowie auf Zahlung eines Schmerzensgeldes.[595] Die Rechtslage unter Geltung der *survival statutes* ähnelt damit derjenigen im deutschen Recht, wonach vor dem Tod

---

592 *Keeton (Hrsg.)*, Prosser and Keeton on The Law of Torts, 5. Auflage (9. Nachdruck), St. Paul (Minnesota), 2001, § 127, S. 945; *Wichelhaus*, Die Ersatzansprüche der Angehörigen des Geschädigten im amerikanischen Deliktsrecht, Rechtsvergleichende Untersuchungen zu den §§ 844-846 BGB, Diss. Münster, 1977, S. 50, 59 f.

593 *Brüggemeier*, Prinzipien des Haftungsrechts, Eine systematische Darstellung auf rechtsvergleichender Grundlage, Baden-Baden, 1999, S. 169 f.

594 *Keeton (Hrsg.)*, Prosser and Keeton on The Law of Torts, 5 Auflage (9 Nachdruck), St. Paul (Minnesota), 2001, § 125 A., S. 942.

595 *Brüggemeier*, Prinzipien des Haftungsrechts, Eine systematische Darstellung auf rechtsvergleichender Grundlage, Baden-Baden, 1999, S. 171. Zum Ersatz von *pain and suffering* in Tötungsfällen ausführlich *Leebron*, Final Moments: Damages for Pain & Suffering Prior to Death, New York University Law Review, 1989 (64), S. 256 (S. 260 ff.). Aus den im Falle des Überlebens gezahlten Schmerzensgeldbeträgen für *pain and suffering* schließen *Cohen/Miller* („Willingness to award" nonmonetary damages and the implied value of life from jury awards, International Review of Law and Economics, 2003, S. 165 ff.), dass den untersuchten Jury-Entscheidungen ein impliziter Wert eines statistischen Lebens von 1,7 Millionen US$ bei Produkthaftungsfällen und 1,4 Millionen US$ bei tätlichen Körperverletzungen zu Grunde liegt.

entstandene Ansprüche grundsätzlich auf die Erben übergehen[596]. Demgegenüber gewähren die *wrongful death statutes* den Hinterbliebenen einen eigenen Anspruch für Schäden, die aus dem Tod des Opfers resultieren.

Hinsichtlich der Voraussetzungen und insbesondere dem Umfang der Haftung variieren sowohl die Inhalte der *survival statutes* als auch die Regelungen der *wrongful death statutes* in den einzelnen Bundesstaaten.[597] Es würde über den Rahmen der vorliegenden Arbeit hinausgehen, alle Einzelheiten der verschiedenen *statutes* herauszuarbeiten. Die nachfolgende Darstellung beschränkt sich auf die wesentlichen Grundzüge, insbesondere im Hinblick auf die Art der ersatzfähigen Schäden und deren Bemessung in der US-amerikanischen Gerichtspraxis.

B. Survival statutes

Welche historischen Gründe zu den dargestellten *common law rules* geführt haben, nach denen deliktische Ansprüche sowohl mit dem Tode des Verantwortlichen als auch dem des Opfers untergehen, ist nicht zweifelsfrei nachzuvollziehen. Möglicherweise sind sie in Zeiten zu suchen, in denen eine klare Unterscheidung von zivilrechtlicher und strafrechtlicher Verantwortung noch nicht existierte. Einerseits wurde mit dem Tode des Verantwortlichen seine Bestrafung obsolet. Andererseits traten strafbegründende Rachegesichtspunkte des Opfers in den Hintergrund, wenn es nicht mehr lebte.[598]

Mit der Entwicklung eines eigenständigen Zivilrechts und seiner auch auf Kompensation gerichteten Zielsetzung, sah man keinen Grund mehr, den Nachlass bzw. die Erben eines verstorbenen Deliktsschuldners vor einer Inanspruchnahme zu schützen. Vor dem Hintergrund des Ausgleichsgedankens wurde andererseits aber auch kritisiert, dass der Übergang von Ersatzansprüchen des Getöteten auf dessen Erben eine ungerechtfertigte Bereicherung darstellt. Dieser Einwand verliert jedoch an Gewicht, wenn man auch etwaige Gläubiger des Verstorbenen mit in die Betrachtung einbezieht. Denn diesen steht nun auch der zum Nachlass gehörende, übergegangene Ersatzanspruch als haftendes Vermögen zur Verfügung.[599]

---

596 Vgl. dazu die Ausführungen auf S. 61 in Kapitel 3.

597 *Keeton (Hrsg.)*, Prosser and Keeton on The Law of Torts, 5. Auflage (9. Nachdruck), St. Paul (Minnesota), 2001, § 125 A., S. 942; *Hay*, US-Amerikanisches Recht, München, 3. Auflage, 2005, Rn. 425.

598 *Keeton (Hrsg.)*, Prosser and Keeton on The Law of Torts, 5. Auflage (9. Nachdruck), St. Paul (Minnesota), 2001, § 126, S. 942 mit weiteren Nachweisen.

599 *Keeton (Hrsg.)*, Prosser and Keeton on The Law of Torts, 5. Auflage (9. Nachdruck), St. Paul (Minnesota), 2001, § 126, S. 942.

In praktisch jedem US-amerikanischen Bundesstaat findet sich ein *survival statute.*[600] Darüber hinaus existieren vergleichbare Regelungen auch auf Bundesebene, so z.B. der bereits erwähnte *Federal Employers' Liability Act (FELA).*[601]

I. Regelungstechnik und ersatzfähige Schäden

Die *survival statutes* bewirken, dass die in der Person des Geschädigten entstandenen Ansprüche auf den Nachlass und damit die Erben als Rechtsnachfolger übergehen. Aufgrund dieser Anspruchsidentität bleiben dem Schuldner alle rechtlichen Verteidigungsmöglichkeiten erhalten, die er gegenüber dem Geschädigten im Falle von dessen Überleben hätte geltend machen können.[602]

Auch die ersatzfähigen Schäden bestimmen sich in der Regel danach, worauf der Geschädigte im Zeitpunkt seines Todes einen Anspruch gehabt hätte. Dies umfasst insbesondere die zwischen Verletzung und Tod eingetretenen Einkommensverluste, medizinische Behandlungskosten und Schmerzensgeld. Die Überleitung des Schmerzensgeldanspruchs auf die Erben klammern einige Bundesstaaten in ihren *statutes* jedoch aus[603] oder schränken sie auf einen bestimmten Kreis naher Angehöriger ein.[604] Zur Begründung wird darauf verwiesen, dass entsprechende Ansprüche andernfalls zu einer ungerechtfertigten Bereicherung der Erben führen würden.[605] Unter dem gleichen Gesichtspunkt nehmen einige Staaten auch *punitive damages* aus dem Anwendungsbereich der *survival statutes* heraus.[606]

Für die Anwendung der *survival statutes* ist es üblicherweise nicht erforderlich, dass der Tod gerade durch die deliktische Handlung herbeigeführt wurde, aus

---

600 Zwar existiert in Missouri (und einigen anderen Bundesstaaten) dem Namen nach nur ein *wrongful death statute.* Hinsichtlich der Ersatzfähigkeit von immateriellen Schäden wie *pain and suffering* besteht aber sprachlich kein wesentlicher Unterschied zu typischen *survival statutes*; vgl. *Ireland/Ward*, Evaluating Child Loss in Child Injuries and Fatalities: Roles of an Economic Expert, in: *dies. (Hrsg.)*, Assessing Damages in Injuries and Deaths of Minor Children, Tucson, 2002, S. 5 (S. 24).

601 *Keeton (Hrsg.)*, Prosser and Keeton on The Law of Torts, 5. Auflage (9. Nachdruck), St. Paul (Minnesota), 2001, § 126, S. 942.

602 *Keeton (Hrsg.)*, Prosser and Keeton on The Law of Torts, 5. Auflage (9. Nachdruck), St. Paul (Minnesota), 2001, § 126, S. 942.

603 So beispielsweise Arizona (vgl. Arizona Revised Statutes § 14-3110) und Colorado (vgl. Colorado Revised Statutes § 13-20-101).

604 So beispielsweise Washington, vgl. Revised Code of Washington § 4.20.046 i.V.m. § 4.20.020.

605 *Keeton (Hrsg.)*, Prosser and Keeton on The Law of Torts, 5. Auflage (9. Nachdruck), St. Paul (Minnesota), 2001, § 126, S. 943.

606 So beispielsweise Colorado (vgl. Colorado Revised Statutes § 13-20-101) und Idaho (vgl. Idaho Statutes § 5-327).

der die auf die Erben übergehenden Ansprüche resultieren. Allerdings werden bestimmte unerlaubte Handlungen, wie z.B. Verleumdung, von der Überleitung auf die Erben ausgenommen. Liegt die deliktische Handlung aber gerade in der Tötung, so sehen einige *statutes* vor, dass ein Übergang der in der Person des Opfers entstandenen Ansprüche nicht stattfindet. Stattdessen werden die Hinterbliebenen auf die Geltendmachung ihrer eigenen Ansprüche nach den *wrongful death statutes* beschränkt.[607] Zu dem gleichen Ergebnis kommt teilweise auch die Rechtsprechung in den Fällen, wo der Tod unmittelbar nach der Verletzungshandlung eintritt.[608] Grundsätzlich können Ersatzansprüche aber sowohl nach den *survival statutes* als auch unter den Voraussetzungen der *wrongful death statutes* parallel geltend gemacht werden. Dies gilt insbesondere in den Fällen, dass die *statutes* verschiedene Begünstigte ausweisen oder die Haftung auf verschiedenen Grundlagen beruht.[609]

II. Schadensberechnung und Humankapital-Ansatz

Im Hinblick auf die Höhe der ausgeurteilten Schadensersatzsummen ist der materielle Schaden der Einkommensverluste von besonderer Bedeutung. Auf den ersten Blick sind hier keine bedeutenden Summen zu erwarten, da es nach der grundsätzlichen Regelungstechnik der *survival statutes* hier nur um die Verluste in der Spanne zwischen Verletzung und Todeseintritt geht.[610]

Als Bezugsgröße der Berechnung wird in einigen Bundesstaaten[611] jedoch die gesamte Lebenserwartung zu Grunde gelegt.[612] Als Bemessungsgrundlage für diesen materiellen Schaden ziehen die US-amerikanischen Gerichte in der Regel

---

607 So beispielsweise in Montana und Virginia.

608 *Keeton (Hrsg.)*, Prosser and Keeton on The Law of Torts, 5. Auflage (9. Nachdruck), St. Paul (Minnesota), 2001, § 126, S. 943.

609 Abweichend davon sehen einige *statutes* für den Fall dieser Konkurrenzsituation auch eine Verbindung der Klagen oder die Beschränkung auf eine Klage vor; vgl. zum Ganzen ausführlich *Keeton (Hrsg.)*, Prosser and Keeton on The Law of Torts, 5. Auflage (9. Nachdruck), St. Paul (Minnesota), 2001, § 127, S. 957 f.

610 *Ireland/Ward*, Evaluating Child Loss in Child Injuries and Fatalities: Roles of an Economic Expert, in: *dies. (Hrsg.)*, Assessing Damages in Injuries and Deaths of Minor Children, Tucson, 2002, S. 5 (S. 24).

611 So beispielsweise in Hawaii, vgl. Hawaii Revised Statutes §§ 663-8 i.V.m. § 663-7.

612 Vgl. *Keeton (Hrsg.)*, Prosser and Keeton on The Law of Torts, 5. Auflage (9. Nachdruck), St. Paul (Minnesota), 2001, § 126, S. 943, mit dem Hinweis in Fn. 9, dass bei dieser Berechnungsgrundlage die Gefahr einer Doppelentschädigung besteht, sofern die von den Hinterbliebenen auf Grundlage eines *wrongful death statutes* geltend gemachten Einkommensverluste des Getöteten ebenfalls auf der Basis der gesamten hypothetischen Lebenserwartung des Getöteten berechnet werden; vgl. auch § 127, S. 950 f. sowie den Nachweis in Fn. 69.

das vernichtete Humankapital[613] in Gestalt des abgezinsten Werts der Einkommensverluste des Getöteten heran. Der abgezinste Wert der durch den Tod hervorgerufenen Einkommensverluste entspricht dem gegenwärtigen Wert des Lebenszeiteinkommens des Getöteten und stellt dessen (Brutto-)Anteil am Bruttosozialprodukt dar.[614]

Bei der üblicherweise angewandten Methode der Berechnung des hypothetisch zu erwartenden Lebenszeiteinkommen werden in einem zweiten Schritt bestimmte Abzüge vorgenommen, beispielsweise für die mutmaßliche finanzielle Unterstützung zu Gunsten der Angehörigen oder die hypothetisch zu erwartenden privaten Konsumausgaben[615] des Getöteten.[616] Bei dieser Vorgehensweise leidet jedoch die Einzelfallgerechtigkeit, da nicht der tatsächliche, individuelle Konsum, sondern eine abstrakte Größenordnung in Ansatz gebracht wird. Darüber hinaus werden teilweise auch die vom Opfer zu zahlenden Steuern abgezogen. Problematisch ist bei diesem Vorgehen schließlich auch, welches hypothetische Einkommen und welche Diskontierungsrate zu Grunde gelegt werden.[617]

Ungeachtet dieser im Detail variierenden Berechnungsmethoden des verlorenen Lebenszeiteinkommens, wird der Umfang der ersatzfähigen Schäden aber im Wesentlichen von dem zu Grunde liegenden Konzept beeinflusst. Wird die Lebenserwartung zur Grundlage der Schadensberechnung gemacht, so ergeben sich daraus naturgemäß besondere Probleme bei der Tötung eines minderjährigen Kindes. Je jünger es ist, desto schwieriger ist es, hier eine brauchbare Kalkulationsgrundlage zu entwerfen.[618] Das Kind hat noch keinen konkreten Be-

---

613 Vgl. dazu die Ausführungen auf S. 30 ff. in Kapitel 2. Dieser Ansatz wurde anfänglich in Teilen der US-amerikanischen Bundesregierung sogar im Rahmen von Kosten-Nutzen-Analysen öffentlicher Regulierungen angewandt, vgl. *Viscusi*, The Value of Life in Legal Contexts: Survey and Critique, American Law and Economics Review, 2000 (2/1), S. 195 (S. 197). Zur Bewertung von Aufwendungen zur Verbesserung der Gesundheit oder zur Rettung von Menschenleben ist dieser Ansatz aber nicht geeignet, da das Humankapital in erster Linie die von einem Individuum angehäuften Fertigkeiten und das durch Schul-, Aus- und Weiterbildung erworbene Wissen verkörpert, vgl. *Viscusi/Harrington/Vernon*, Economics of Regulation and Antitrust, 4. Auflage, Cambridge (Massachusetts), 2005, S. 721 f.

614 *Viscusi/Harrington/Vernon*, Economics of Regulation and Antitrust, 4. Auflage, Cambridge (Massachusetts), 2005, S. 721.

615 Dieser Abzug entfällt im Überlebensfall, also bei der Schadensberechnung nach einer Verletzung.

616 Vgl. *Keeton (Hrsg.)*, Prosser and Keeton on The Law of Torts, 5. Auflage (9. Nachdruck), St. Paul (Minnesota), 2001, § 126, S. 943.

617 Vgl. *Posner*, Economic Analysis of Law, 4. Auflage, Cambridge (Massachusetts), 1992, S. 196 ff.

618 Vgl. *Posner*, Economic Analysis of Law, 4. Auflage, Cambridge (Massachusetts), 1992, S. 198.

rufsweg eingeschlagen, unter Umständen sind noch nicht einmal Aussagen über die Schulkarriere möglich. Aus diesem Grunde sehen viele *statutes* insbesondere für diese Fälle zusätzliche, unterschiedliche Regelungen vor.

Nachfolgend wird auf diejenigen *survival statutes* nicht näher eingegangen, die keinen Bezug auf das Lebenszeiteinkommen nehmen, also entsprechend der grundsätzlichen Regelungstechnik nur die im Zeitraum zwischen Verletzung und Todeseintritt tatsächlich auflaufenden Schäden umfassen.[619] Sofern das Lebenszeiteinkommen im Rahmen von *survival statutes* allerdings Berücksichtigung findet, sind zwei unterschiedliche Regelungstypen zu unterscheiden.

1. Lebenszeiteinkommen ohne Abzüge

Einige Staaten, so z.B. New Mexico und Kentucky, unterstellen der Schadensberechnung ein Szenario, als ob der Getötete noch leben würde.[620] Alle Ansprüche, die er in diesem Fall geltend machen könnte, sind ungeachtet und somit auch nach der Tötung ersatzfähig. Der einzige Unterschied besteht darin, dass die Ansprüche nun von den Rechtsnachfolgern zu Gunsten der Erbmasse geltend zu machen sind. Im Ergebnis sind die Einkommensverluste damit auf die hypothetisch unterstellte Lebenserwartung zu beziehen und auch zukünftige Gehaltsnebenleistungen als ersatzfähige Schäden zu berücksichtigen.[621]

Zur konkreten Bemessung der Höhe der ersatzfähigen Einkommensverluste sei an dieser Stelle der Unfalltod eines 9jährigen Jungen dargestellt.[622] In diesem Beispielfall beträgt der abgezinste Zeitwert des verlorenen Lebenszeiteinkommens 663.883 US$, sofern eine zu erwartende Lebensarbeitszeit von 39,5 Jahren zu Grunde gelegt wird. Bei unterstellten Gehaltsnebenleistungen von 15% er-

---

619 In diesen Fällen findet das Lebenszeiteinkommen aber typischerweise Berücksichtigung im Rahmen der in den jeweiligen Bundesstaaten dann geltenden *wrongful death statutes*; vgl. dazu die Ausführungen im nachfolgenden Abschnitt auf S. 153 ff.

620 Vgl. beispielhaft New Mexico Statutes and Court Rules § 41-2-1: „Whenever the death of a person shall be caused by the wrongful act, neglect or default of another, ... and the act, or neglect, or default, is such as would, if death had not ensued, have entitled the party injured to maintain an action and recover damages in respect thereof, then, and in every such case, the person who, or the corporation which, would have been liable, if death had not ensued, shall be liable to an action for damages, notwithstanding the death of the person injured."

621 *Ireland/Ward,* Evaluating Child Loss in Child Injuries and Fatalities: Roles of an Economic Expert, in: *dies. (Hrsg.)*, Assessing Damages in Injuries and Deaths of Minor Children, Tucson, 2002, S. 5 (S. 24) mit dem Hinweis in Fn. 1, dass in Kentucky die Einbußen des *lost enjoyment of life* als immaterieller Schaden des Verstorbenen ausdrücklich ausgenommen sind.

622 Beispiel entnommen aus *Ireland/Ward*, Evaluating Child Loss in Child Injuries and Fatalities: Roles of an Economic Expert, in: *dies. (Hrsg.)*, Assessing Damages in Injuries and Deaths of Minor Children, Tucson, 2002, S. 5 (S. 24 f. sowie Tabelle 2.6).

höht sich diese Summe auf 763.465 US$. Unter Berücksichtigung der für die Familie möglicherweise erbrachten Dienstleistungen, könnte sich dies zu einer insgesamt ersatzfähigen Schadensersatzsumme von 900.000 US$ zu Gunsten der Eltern aufaddieren.

Von wesentlicher Bedeutung sind bei dieser Art der Schadensberechnung die zu Grunde zu legenden persönlichen Lebensumstände des Getöteten. Wie bereits angesprochen, bereitet dies insbesondere bei Kindern und Jugendlichen besondere Probleme. Dies ist jedoch keine besondere Eigenart der Tötungsfälle *(wrongful death)*, sondern tritt auch zu Tage, wenn eine Verletzung *(personal injury)* des Minderjährigen die Arbeitsfähigkeit beeinträchtigt oder aufhebt. In beiden Fällen muss eine Basis gefunden werden, auf deren Grundlage die Berechnung erfolgen soll. Dazu gehören die Einbeziehung der möglichen Steigerungsrate der Einkünfte, die richtige Höhe des Diskontierungssatzes, mit dessen Hilfe der Zeitwert der erst in Zukunft anfallenden Einkommensraten bestimmt wird[623] und nicht zuletzt die Zeitdauer, für die der Schadensersatz wegen der Einkommensverluste gewährt werden soll.[624] Dieser letzte Faktor wurde im angeführten Beispielsfall wie gesehen mit 39,5 Jahren angesetzt.

Von besonderer Bedeutung ist aber auch die Ermittlung unterschiedlicher Ausbildungs-Szenarios, die die Grundlage für die Bestimmung des hypothetisch erzielbaren Einkommens in der Zukunft darstellen. Denn letzteres ist maßgeblich davon abhängig, ob oder welchen Schul- oder Hochschulabschluss das Kind erreicht hätte, wenn es nicht verletzt bzw. getötet worden wäre. Bei Mädchen muss darüber hinaus erwogen werden, ob sie als erwachsene Frau Kinder bekommen *(mommy track)* oder sich stattdessen allein auf ihre berufliche Karriere *(career track)* konzentriert hätten. Denn Frauen, die Kinder erziehen, erwartet ein geringerer Verdienst. Dies ergibt sich zum einen aus der Tatsache, dass sie dem Arbeitsmarkt aufgrund der Kindererziehungszeiten insgesamt für eine kürzere Zeit zur Verfügung stehen. Andererseits liegt ihr Gehaltsniveau niedriger im Vergleich zu Männern, die in der Regel das klassische Familienbild des Versorgers als Alleinverdiener erfüllen. Die Auswahl dieser Szenarios ist äußerst schwierig und „eher eine Kunst denn eine Wissenschaft".[625] Aufgabe eines gerichtlichen Sachverständigen ist es jedoch, anschließend für jedes Szenario eine

---

623 Teilweise werden dabei Steigerungsrate und Diskontierungsrate auch zu einer Nettodiskontrate zusammengefasst.

624 Vgl. zum Ganzen ausführlich *Ireland/Ward*, Evaluating Child Loss in Child Injuries and Fatalities: Roles of an Economic Expert, in: *dies. (Hrsg.)*, Assessing Damages in Injuries and Deaths of Minor Children, Tucson, 2002, S. 5 (S. 8 ff.).

625 Vgl. *Ireland/Ward*, Evaluating Child Loss in Child Injuries and Fatalities: Roles of an Economic Expert, in: *dies. (Hrsg.)*, Assessing Damages in Injuries and Deaths of Minor Children, Tucson, 2002, S. 5 (S. 14).

Berechnung der Einkommensverluste unter Berücksichtigung von richtiger Lohnsteigerungs- und Diskontierungsrate vorzunehmen.[626]

Festzuhalten bleibt als besonderes Merkmal dieser *statutes*, dass von den errechneten Einkommensverlusten keinerlei Abzüge gemacht werden. Die entsprechenden Bundesstaaten werden daher auch als *pure survival actions states* bezeichnet.[627]

2. Lebenszeiteinkommen abzüglich „Werbungskosten“

In anderen, auch als *personal maintenance states* bezeichneten Staaten, zu denen beispielsweise Tennessee und Pennsylvania zu zählen sind, werden demgegenüber von den errechneten Einkommensverlusten diejenigen Ausgaben abgezogen, die notwendig wären, damit der Getötete seine Arbeitskraft auch in Zukunft dem Arbeitsmarkt zur Verfügung stellen könnte.[628] Angelehnt an die Begrifflichkeit im deutschen Steuerrecht könnte man in diesem Zusammenhang von „Werbungskosten“ sprechen, da auch diese notwendig sind, um die Arbeitskraft zu erhalten. In der US-amerikanischen Gerichtspraxis bereitet es Schwierigkeiten, die notwendigen Abzüge zu definieren. Fest steht, dass sie über das hinausgehen, was zur Sicherung des Existenzminimums erforderlich wäre. Andererseits bleiben aber Ausgaben für persönliche Hobbys oder Vorlieben unberücksichtigt.[629]

Angewandt auf den bereits vorgestellten Beispielsfall eines getöteten 9jährigen Jungen, könnten diese Werbungskosten in der Größenordnung eines 20%-igen Abzug von den bislang errechneten Einkommensverlusten liegen. Daraus ergibt sich ein als Schaden geltend zu machender Netto-Einkommensverlust in Höhe von 531.106 US$. Unter Berücksichtigung von Lohnsteigerungsraten und verlorenen Dienstleistungen für den Familienverbund bewegen sich die ersatzfähigen

---

626 Vgl. hierzu insbesondere die entsprechenden Tabellen im Anhang zu *Ireland/Ward*, Evaluating Child Loss in Child Injuries and Fatalities: Roles of an Economic Expert, in: *dies. (Hrsg.)*, Assessing Damages in Injuries and Deaths of Minor Children, Tucson, 2002, S. 5 ff.

627 So ausdrücklich *Ireland/Ward*, Evaluating Child Loss in Child Injuries and Fatalities: Roles of an Economic Expert, in: *dies. (Hrsg.)*, Assessing Damages in Injuries and Deaths of Minor Children, Tucson, 2002, S. 5 (S. 24 f.).

628 *Ireland/Ward*, Evaluating Child Loss in Child Injuries and Fatalities: Roles of an Economic Expert, in: *dies. (Hrsg.)*, Assessing Damages in Injuries and Deaths of Minor Children, Tucson, 2002, S. 5 (S. 25 f.) mit weiteren Nachweisen.

629 Diese Aspekte werden jedoch in aller Regel in den *wrongful death statutes* berücksichtigt, vgl. *Ireland/Ward*, Evaluating Child Loss in Child Injuries and Fatalities: Roles of an Economic Expert, in: *dies. (Hrsg.)*, Assessing Damages in Injuries and Deaths of Minor Children, Tucson, 2002, S. 5 (S. 25).

materiellen Verluste in einer Größenordnung von 700.000 US$.[630] Der Ansatz der Werbungskosten führt damit zu einer um rund 200.000 US$ geringeren Schadensersatzsumme in einem ansonsten übereinstimmenden Szenario.

Dies macht bereits deutlich, dass die Höhe des Schadensersatzes sowohl von den tatsächlichen Umständen des jeweiligen Einzelfalls als auch von dem zur Anwendung zu bringenden Regelungskonzept der jeweiligen *statutes* abhängt. Eine einheitliche Schadensersatzsumme für den Fall der Tötung eines Menschen kennt das US-amerikanische Deliktsrecht nicht.

Selbst innerhalb einzelner Bundesstaaten kann es darüber hinaus zu Verzerrungen kommen. New Mexico wurde im vorhergehenden Abschnitt zwar als *pure survival actions state* eingeordnet, da der entsprechende *statute* einen Werbungskosten-Abzug von den Einkommensverlusten nicht vorsieht. Demgegenüber sehen die *Uniform Jury Instructions* des Staates New Mexico jedoch vor, dass von den Einkommensverlusten abzuziehen sind: Einkommensteuern, Sozialabgaben, andere Steuern und persönliche Konsumausgaben.[631] Damit sind die Abzüge in New Mexico sogar größer als in den *personal maintenance states*. Denn die dort in Abzug zu bringenden Werbungskosten sind üblicherweise niedriger als die Ausgaben für den persönlichen Konsum.[632]

C. Wrongful death statutes

Neben den einzelstaatlichen Normen finden sich in den USA auch auf Bundesebene Regelungen, die für besondere Situationen eine zivilrechtliche Klagemöglichkeit für den Fall der Tötung eines Menschen vorsehen. Als Beispiel sei der im Jahre 1908 erlassene *Federal Employers' Liability Act (FELA)* genannt, der in Tötungsfällen von Eisenbahnangestellten im zwischenstaatlichen Verkehr zur Anwendung kommt.[633] Basierend auf Richterrecht hat darüber hinaus der *United*

---

630 Vgl. *Ireland/Ward*, Evaluating Child Loss in Child Injuries and Fatalities: Roles of an Economic Expert, in: *dies. (Hrsg.)*, Assessing Damages in Injuries and Deaths of Minor Children, Tucson, 2002, S. 5 (S. 25).

631 Vgl. New Mexico Statutes and Court Rules, Uniform Jury Instructions - Civil, § 13-1830: „Measure of damages; wrongful death (including loss of consortium) ... In considering loss of earnings or earning capacity, deductions must be made for income taxes, social security taxes, other taxes, and personal living expenses of the deceased."

632 *Ireland/Ward*, Evaluating Child Loss in Child Injuries and Fatalities: Roles of an Economic Expert, in: *dies. (Hrsg.)*, Assessing Damages in Injuries and Deaths of Minor Children, Tucson, 2002, S. 5 (S. 26).

633 Vgl. §§ 51-60 FELA, 45 U.S.C.A. sowie *Keeton (Hrsg.)*, Prosser and Keeton on The Law of Torts, 5. Auflage (9. Nachdruck), St. Paul (Minnesota), 2001, § 127, S. 945 mit weiteren Beispielen bundesrechtlicher Statutes in Fn. 11.

States Supreme Court im Rahmen der Seegerichtsbarkeit eine Klagemöglichkeit für Tötungsfälle eröffnet.[634]

I. Regelungstechnik und Ersatzberechtigte

Ein Schadensersatzanspruch auf der Grundlage eines *wrongful death statute* setzt zunächst voraus, dass das Opfer durch eine unerlaubte Handlung des Schädigers getötet wurde. Diese wird überwiegend als „wrongful act or mission“, „wrongful act or neglect“ oder „any wrongful act, neglect or default” umschrieben.[635] Damit werden sowohl vorsätzliche *(intentional)* als auch fahrlässige *(negligent)* Deliktshandlungen erfasst. Auch im Anwendungsbereich der Gefährdungshaftung *(strict liability)* kann Schadensersatz für *wrongful death* sowohl im Rahmen der Produkthaftung *(product liability)* als auch der Haftung für ungewöhnlich gefährliche Tätigkeiten *(abnormally dangerous activities)* eingeklagt werden.[636]

Nach dem Vorbild des *Lord Campbells's Act*[637] wird in den *wrongful death statutes* in aller Regel eine bestimmte Gruppe naher Angehöriger des Getöteten (Ehepartner, Eltern, Kinder, vereinzelt auch die Geschwister[638]) bestimmt, die im eigenen Namen ihre aus dem Todesfall resultierenden Schäden einklagen können. Die *statutes* kreieren folglich eine neue, eigene Anspruchsgrundlage der Begünstigten, auf die die Gläubiger des Getöteten keinen Zugriff haben.[639] Diese sogenannte *loss to survivors*-Methode wird in der überwiegenden Anzahl der

---

[634] *Keeton (Hrsg.)*, Prosser and Keeton on The Law of Torts, 5. Auflage (9. Nachdruck), St. Paul (Minnesota), 2001, § 127, S. 946.

[635] Vgl. dazu bereits grundlegend aus rechtsvergleichender Sicht: *Wichelhaus*, Die Ersatzansprüche der Angehörigen des Geschädigten im amerikanischen Deliktsrecht, Rechtsvergleichende Untersuchungen zu den §§ 844-846 BGB, Diss. Münster, 1977, S. 65 mit weiteren Nachweisen.

[636] Mittlerweile ist anerkannt, dass auch im Falle einer Vertragsverletzung, insbesondere in Gewährleistungsfällen *(breach of warranty)*, eine Klagemöglichkeit wegen *wrongful death* eröffnet ist; vgl. zum Ganzen *Keeton (Hrsg.)*, Prosser and Keeton on The Law of Torts, 5. Auflage (9. Nachdruck), St. Paul (Minnesota), 2001, § 127, S. 946 f.

[637] Vgl. dazu die Ausführungen auf S. 143 ff. in diesem Kapitel.

[638] Zum berechtigten Personenkreis und der Rangfolge vgl. ausführlich *Wichelhaus*, Die Ersatzansprüche der Angehörigen des Geschädigten im amerikanischen Deliktsrecht, Rechtsvergleichende Untersuchungen zu den §§ 844-846 BGB, Diss. Münster, 1977, S. 93 ff.

[639] *Keeton (Hrsg.)*, Prosser and Keeton on The Law of Torts, 5. Auflage (9. Nachdruck), St. Paul (Minnesota), 2001, § 127, S. 946 und 948 mit weiteren Einzelheiten zu den Rechtsfolgen, wenn nach dem Geschädigten auch der oder die Begünstigten sterben. In diesem Zusammenhang ist nicht unumstritten, ob die Ansprüche auf Grundlage des *wrongful death statutes* zum Nachlass der oder des Begünstigten gehören und auf die Erben übergehen.

statutes ausdrücklich vorgeschrieben. Sie entspricht vom Ansatz her der Regelungstechnik in § 844 II BGB, da auch dort der Unterhaltsschaden in Bezug auf die jeweils berechtigte Person maßgeblich ist. Die Aufzählung des ersatzberechtigten Personenkreises in den *statutes* ist abschließend.[640] Stiefkindern, Verlobten und Lebensgefährten stehen - wie auch nach deutschem Recht - keine Ansprüche zu.[641] Andererseits kennen viele *workers' compensation acts* solch eine abschließende Benennung der Anspruchsberechtigten nicht. Sie gewähren oftmals Ansprüche zu Gunsten der tatsächlich abhängigen Personen, denen der Getötete Unterhaltsleistungen gewährte.[642]

Demgegenüber wird in einigen Bundesstaaten[643] versucht, ein ähnliches Ergebnis zu erreichen, indem der Anwendungsbereich der *survival statutes* - neben den im Zeitraum zwischen Verletzung und Tod aufgelaufenen Schäden - auf die aus dem Tod resultierenden Schäden erweitert wird. Diese Regelungstechnik wird auch als *loss to estate*-Methode bezeichnet.[644] Der wesentliche Unterschied dieser beiden Formen liegt in der Art der Schadensberechnung und der Verteilung an die Ersatzberechtigten.[645]

In Alabama schließlich findet sich eine dritte Regelungstechnik. In Tötungsfällen steht dort der Strafcharakter des Schadensersatzes im Vordergrund. Denn Grundlage der Bemessung sind weder die Schäden der Hinterbliebenen noch die

---

640 *Keeton (Hrsg.)*, Prosser and Keeton on The Law of Torts, 5. Auflage (9. Nachdruck), St. Paul (Minnesota), 2001, § 127, S. 947.

641 *Brüggemeier*, Prinzipien des Haftungsrechts, Eine systematische Darstellung auf rechtsvergleichender Grundlage, Baden-Baden, 1999, S. 170. Werden aber beispielsweise nichteheliche Kinder allein mit der Begründung der Nichtehelichkeit vom Kreis der Ersatzberechtigten ausgeschlossen, so kann dies unter dem Gesichtspunkt der Verweigerung der verfassungsrechtlich gebotenen Gleichbehandlung *(denial of equal protection)* rechtswidrig sein; vgl. *Keeton (Hrsg.)*, Prosser and Keeton on The Law of Torts, 5. Auflage (9. Nachdruck), St. Paul (Minnesota), 2001, § 127, S. 947 f.

642 *Keeton (Hrsg.)*, Prosser and Keeton on The Law of Torts, 5. Auflage (9. Nachdruck), St. Paul (Minnesota), 2001, § 127, S. 947.

643 Dazu werden Connecticut, Iowa, New Hampshire und Kentucky gezählt; vgl. *Keeton (Hrsg.)*, Prosser and Keeton on The Law of Torts, 5. Auflage (9. Nachdruck), St. Paul (Minnesota), 2001, § 127, S. 950 und die Nachweise in Fn. 57.

644 Vgl. *Wichelhaus*, Die Ersatzansprüche der Angehörigen des Geschädigten im amerikanischen Deliktsrecht, Rechtsvergleichende Untersuchungen zu den §§ 844-846 BGB, Diss. Münster, 1977, S. 62.

645 Vgl. *Keeton (Hrsg.)*, Prosser and Keeton on The Law of Torts, 5. Auflage (9. Nachdruck), St. Paul (Minnesota), 2001, § 127, S. 946. Zu den Einzelheiten der Schadensberechnung siehe S. 160 ff.

Einbußen des Nachlasses, sondern die Schuld des deliktsrechtlich Verantwortlichen.[646]

II. Ersatzfähige Schäden

Als ersatzfähige Schäden kamen ursprünglich nur die materiellen Einbußen der Begünstigten in Betracht. Es sollte der Wegfall derjenigen Leistungen kompensiert werden, von denen die Begünstigten vernünftigerweise annehmen durften, dass sie ihnen der Getötete in Zukunft gewährt hätte, wenn er nicht getötet worden wäre.[647] Entweder sahen dies die *statutes*, nach dem Vorbild des *Lord Campbell's Act*, ausdrücklich vor oder sie wurden durch die Gerichte entsprechend ausgelegt. Als Begründung wurden Zweifel an der generellen Ersatzfähigkeit sowie der Messbarkeit immaterieller Verluste angeführt. Außerdem sollten zu hohe Schadensersatzforderungen vermieden werden.[648] Einige *statutes* sahen deshalb auch Höchstsummen für mögliche Schadensersatzansprüche vor. Auch ein Strafschadensersatz, sogenannte *punitive damages*, wurde häufig aus dem Anwendungsbereich der *wrongful death statutes* ausgeklammert.[649]

Eine Differenzierung nach einzelnen Schadenskomponenten war und ist den *statutes* hingegen fremd. Die Determinierung des ersatzfähigen Schadens erfolgt zumeist durch Generalklauseln wie „the jury may give such damages as it seems fair and just" oder „the jury … may give such damages as are just with reference to the pecuniary injuries resulting from such death" oder "the jury may give such damages as they may think proportioned to the injury". Damit weichen sie von der Regelungstechnik der §§ 844 und 845 BGB ab, die den ersatzfähigen Schaden auf bestimmte materielle Schadenspositionen begrenzen.

Nach der Rechtsprechung des *US Supreme Court* wird als materieller Schaden im Sinne eines *pecuniary loss* oder einer *pecuniary injury* die Minderung der materiellen Begünstigungen verstanden, bei denen man vernünftigerweise davon ausgehen durfte, dass sie den Begünstigten zugeflossen wären, wenn des Opfer nicht an seinen Verletzungen gestorben wäre.[650] Ersatzfähig sind damit insbe-

---

[646] *Keeton (Hrsg.)*, Prosser and Keeton on The Law of Torts, 5. Auflage (9. Nachdruck), St. Paul (Minnesota), 2001, § 127, S. 946.

[647] *Keeton (Hrsg.)*, Prosser and Keeton on The Law of Torts, 5. Auflage (9. Nachdruck), St. Paul (Minnesota), 2001, § 127, S. 949.

[648] *Wichelhaus*, Die Ersatzansprüche der Angehörigen des Geschädigten im amerikanischen Deliktsrecht, Rechtsvergleichende Untersuchungen zu den §§ 844-846 BGB, Diss. Münster, 1977, S. 197 ff.

[649] *Keeton (Hrsg.)*, Prosser and Keeton on The Law of Torts, 5. Auflage (9. Nachdruck), St. Paul (Minnesota), 2001, § 127, S. 951.

[650] „Such as flow from the deprivation of the pecuniary benefits which the beneficiaries might have reasonably received if the deceased had not died from his injuries"; vgl. US-Supreme Court, *Michigan C.R. Co. v. Vreeland*, 227 US 59, 33 S Ct 192 (1913).

sondere die den Hinterbliebenen entgangenen Unterhaltsleistungen des Getöteten *(financial contributions* bzw. *loss of support)*, verlorene Dienstleistungen *(loss of services)*, Aufwendungen für eine medizinische Behandlung vor dem Tod des Opfers und die Bestattungskosten.[651] Im Unterschied zum deutschen Recht ergibt sich damit die Besonderheit, dass der Unterhaltsschaden nicht bestimmt wird durch einen Rückgriff auf den Inhalt und den Umfang gesetzlicher Unterhaltsverpflichtungen. Vielmehr ist der tatsächlich gewährte Unterhalt maßgeblich.

Durch die Gerichte wurde diese sogenannte *pecuniary loss rule*[652] mittlerweile jedoch erweitert.[653] Ersatzfähig ist der gesamte Bereich der *compensatory damages*. In diesem Zusammenhang sei darauf hingewiesen, dass das US-amerikanische *common law*, abweichend vom deutschen Recht, eine Unterscheidung zwischen Naturalrestitution (vgl. § 249 S. 2 BGB), Schadensersatz in Geld bei Vermögensschäden (vgl. §§ 251, 252, 842 ff. BGB) und „billiger Entschädigung" bei immateriellen Schäden (also insbesondere dem Schmerzensgeld nach § 253 II BGB) nicht kennt, sondern nur den einheitlichen Begriff des Geldschadensersatzes *(damages)*.[654] Dabei unterscheidet das US-amerikanische Schadensrecht drei Arten von Geldschadensersatz: *nominal damages*, *compensatory damages* und *punitive* bzw. *exemplary damages*.

Compensatory damages sollen die tatsächlich erlittenen Schäden kompensieren, wobei wiederum zwischen *special damages* und *general damages* unterschieden wird. Sind die Schäden eine natürliche und notwendige Folge der unerlaubten Handlung, so spricht man von *general damages*. Hierunter fallen insbesondere immaterielle Schäden *(non-pecuniary loss)*, z.B. in Form der Beeinträchtigung der Lebensqualität durch *pain and suffering*, *cosmetic deformity*, *inconvenience* oder *loss of enjoyment of life*. *Special damages* sind die aus den besonderen Umständen des Falles entstehenden Schäden. Hierunter fallen in der Regel materielle Schäden *(pecuniary loss)*, die durch die Verletzungshandlung aufgetreten sind, z.B. Verdienstverlust oder Heilbehandlungskosten.[655]

---

651 Dazu bereits *Wichelhaus*, Die Ersatzansprüche der Angehörigen des Geschädigten im amerikanischen Deliktsrecht, Rechtsvergleichende Untersuchungen zu den §§ 844-846 BGB, Diss. Münster, 1977, S. 67 ff.

652 Zur Begründung und der Entwicklung der *pecuniary loss rule* sowie dem Übergang zur Ersatzfähigkeit auch immaterieller Schäden vgl. *Wichelhaus*, Die Ersatzansprüche der Angehörigen des Geschädigten im amerikanischen Deliktsrecht, Rechtsvergleichende Untersuchungen zu den §§ 844-846 BGB, Diss. Münster, 1977, S. 194 ff.

653 Vgl. *Keeton (Hrsg.)*, Prosser and Keeton on The Law of Torts, 5. Auflage (9. Nachdruck), St. Paul (Minnesota), 2001, § 127, S. 951 f.

654 *Brüggemeier*, Prinzipien des Haftungsrechts, Eine systematische Darstellung auf rechtsvergleichender Grundlage, Baden-Baden, 1999, S. 185 f.

655 Vgl. *Hay*, US-Amerikanisches Recht, München, 3. Auflage 2005, Rn. 418 ff.

Unter *loss of consortium*[656] verstand man ursprünglich das Recht eines Ehemanns, im Falle der Tötung oder Verletzung seiner Ehefrau den Ausfall der Unterhalts- und Dienstleistungen der Ehefrau als eigenen Schaden geltend machen zu können.[657] Der Grundgedanke entspricht damit der Regelung des § 845 BGB in der Fassung bis 1957 vor Inkrafttreten des Gleichberechtigungsgesetzes.[658] *Loss of consortium* stellt damit in seiner anfänglichen Bedeutung einen typischen materiellen Schaden dar. Abweichend davon erweiterte sich in der Folgezeit der Regelungsgehalt dieses Instituts und berechtigt den Anspruchsinhaber nunmehr auch zur Geltendmachung bestimmter immaterieller Schäden.[659] Auf dem Weg dahin wurde zunächst auch die Ehefrau als berechtigt angesehen, den durch Ausfall des Ehemanns entstandenen Schaden geltend zu machen. Nach dieser Erweiterung des ersatzberechtigten Personenkreises, wurde der ersatzfähige Schaden ausgedehnt und erstreckt sich nunmehr auch auf immaterielle Einbußen wie den Verlust an *love, companionship, affection, society, sexual relations, comfort und solace*. Der Ausgleich dieser auf der Zerstörung der ehelichen Partnerschaft basierenden Beeinträchtigungen erfolgt im Wege einer „billigen Entschädigung" entsprechend dem Ersatz eines Schmerzensgeldes *(pain and suffering)*. Die jüngste, in der bundesstaatlichen Rechtsprechung allerdings nicht einheitlich vollzogene Entwicklung tendiert dahin, den Schadensersatzanspruch wegen *loss of consortium* nicht nur im Rahmen der Ehebeziehung zuzusprechen, sondern auch im Verhältnis zwischen Eltern und Kindern. Dabei werden sowohl Ansprüche von Kindern aufgrund des Verlustes eines oder beider Elternteile, als auch umgekehrt Ansprüche der Eltern beim Verlust, auch eines erwachsenen Kindes anerkannt.[660]

Nach der Ausdehnung der *wrongful death statutes* auf den Ersatz der *compensatory damages* werden somit auch immaterielle Schäden *(general damages)* wie beispielsweise *pain and suffering, emotional distress* oder *loss of consortium* sowie *love and affection* erfasst. Die Ersatzfähigkeit dieser Drittschäden naher Angehöriger im Fall der Tötung eines Menschen gilt inzwischen als Grundsatz

---

656 Zur Entwicklung des Anspruchs wegen *loss of consortium* vgl. *Wichelhaus*, Die Ersatzansprüche der Angehörigen des Geschädigten im amerikanischen Deliktsrecht, Rechtsvergleichende Untersuchungen zu den §§ 844-846 BGB, Diss. Münster, 1977, S. 133 ff.

657 *Keeton (Hrsg.)*, Prosser and Keeton on The Law of Torts, 5. Auflage (9. Nachdruck), St. Paul (Minnesota), 2001, § 125, S. 931 ff.

658 Vgl. dazu die Ausführungen in Kapitel 3 auf S. 85 f.

659 Vgl. zum Folgenden: *Brüggemeier*, Prinzipien des Haftungsrechts, Eine systematische Darstellung auf rechtsvergleichender Grundlage, Baden-Baden, 1999, S. 172 f.

660 *Keeton (Hrsg.)*, Prosser and Keeton on The Law of Torts, 5. Auflage (9. Nachdruck), St. Paul (Minnesota), 2001, § 127, S. 952 f. mit weiteren Nachweisen sowie Ergänzungsband 1988, S. 133.

des amerikanischen *common law*.[661] In einer steigenden Anzahl an *statutes* wurden diese immateriellen Einbußen dementsprechend als ersatzfähige Schäden anerkannt und können einen wesentlichen Teil der ausgeurteilten Schadensersatzbeträge ausmachen.[662] In diesen Fällen unterscheiden die *statutes* häufig zwischen Vermögensschäden (*economic* oder *pecuniary losses*) und Nicht-Vermögensschäden (*non-economic* oder *non-pecuniary losses*). Um die immateriellen Schäden besser greifbar zu machen, werden die ersatzfähigen Einbußen oftmals näher definiert.[663] In Kansas findet sich beispielsweise folgende, nicht abschließende Aufzählung: „mental anguish, suffering or bereavement", „loss of society, companionship, comfort or protection", „loss of marital care, attention, advice or counsel", „loss of filial care or attention" sowie „loss of parental care, training, guidance or education".[664] Allerdings ist in Kansas der Ersatz für andere als Vermögensschäden begrenzt auf 250.000 US$.[665]

Problematisch ist in diesem Zusammenhang die Ersatzfähigkeit des Seelenschmerzes in Folge des Todes eines nahen Angehörigen. Eine Ersatzfähigkeit dieses sogenannten *mental anguish* oder *mental distress* wird in einigen *statutes* ausgeschlossen. Damit besteht für die Jury bei der Bewertung der immateriellen Einbußen die Schwierigkeit, den nicht ersatzfähigen Seelenschmerz beispielsweise von dem ersatzfähigen Verlust von *love* und *companionship* abzugrenzen. In Staaten, die die sogenannte *Dillon Rule*[666] übernommen haben, kann dieser

---

661 *Brüggemeier*, Prinzipien des Haftungsrechts, Eine systematische Darstellung auf rechtsvergleichender Grundlage, Baden-Baden, 1999, S. 170; zu den Einzelheiten dieser Rechtsentwicklung vgl. *Wichelhaus*, Die Ersatzansprüche der Angehörigen des Geschädigten im amerikanischen Deliktsrecht, Rechtsvergleichende Untersuchungen zu den §§ 844-846 BGB, Diss. Münster, 1977, S. 133 ff.

662 *Keeton (Hrsg.)*, Prosser and Keeton on The Law of Torts, 5. Auflage (9. Nachdruck), St. Paul (Minnesota), 2001, § 127, S. 951 f.

663 *Cooter*, Hand Rule Damages for Incompensable Losses, San Diego Law Review, 2003 (40), S. 1097 (S. 1105 ff.).

664 Kansas Statutes § 60-1904 (a).

665 Kansas Statutes § 60-1903 (a). Nach Absatz (b) darf diese Begrenzung einer Jury jedoch nicht mitgeteilt werden. Erkennt die Jury auf einen höheren Schadensersatz für immaterielle Einbußen, nimmt schließlich der Richter eine Begrenzung auf die Höchstsumme vor: „...the court shall not instruct the jury on the monetary limitation imposed by subsection (a) upon recovery of damages for nonpecuniary loss. If the jury verdict results in an award of damages for nonpecuniary loss which, after deduction of any amounts pursuant to K.S.A. 60-258a and amendments thereto, exceeds the limitation of subsection (a), the court shall enter judgment for damages of $ 250,000 for nonpecuniary loss."

666 Vgl. dazu *Keeton (Hrsg.)*, Prosser and Keeton on The Law of Torts, 5. Auflage (9. Nachdruck) 2001, § 54, S. 359 ff. sowie Ergänzungsband 1988, S. 60 f.

mental anguish jedoch in einer eigenständigen Klage geltend gemacht werden.[667]

Neben der ausdrücklichen Anerkennung der Ersatzfähigkeit bestimmter immaterieller Einbußen wurde in die *wrongful death statutes* mittlerweile auch die Möglichkeit ausgeweitet, *punitive damages* zu gewähren.[668]

Abschließend ist anzumerken, dass sich die anspruchsberechtigten Personen diejenigen Einwendungen hinsichtlich Haftungsgrund und -umfang entgegenhalten lassen müssen, die der Schädiger gegenüber dem Opfer hätte geltend machen können. Hierbei kommt im Hinblick auf den Haftungsgrund insbesondere ein anspruchsminderndes Mitverschulden (*contributory* bzw. *comparative negligence*) oder hinsichtlich der Haftungsausfüllung eine die Ersatzfähigkeit eines Folgeschadens ausschließende Verletzung der Schadensminderungspflicht im Sinne der *avoidable consequences rules* in Betracht.[669]

III. Schadensberechnung

1. Grundsätze

Sofern die Bundesstaaten ihre *wrongful death statutes* im Sinne der *loss to estate*-Methode gestalten, wird in der US-amerikanischen Gerichtspraxis in aller Regel auf den bereits im Rahmen der *survival statutes* dargestellten Humankapital-Ansatz zurückgriffen. Damit ist auch im Rahmen der *wrongful death statutes* der abgezinste Wert der Einkommensverluste des Getöteten maßgeblich für die Bemessung der materiellen Einbußen. Diese sind von den Hinterbliebenen zu Gunsten des Nachlasses geltend zu machen.[670] Die bereits im Rahmen der *survival statutes* dargestellten Einzelheiten und Besonderheiten bei der Tötung eines Kindes sind im vorliegenden Zusammenhang entsprechend zu berücksichtigen. Ob die damit einhergehenden Schadensersatzsummen zu einem adäquaten Ausgleich der vom Getöteten abhängigen Hinterbliebenen führen, kann nicht pau-

---

667 *Keeton (Hrsg.)*, Prosser and Keeton on The Law of Torts, 5. Auflage (9. Nachdruck), St. Paul (Minnesota), 2001, § 127, S. 952.

668 *Keeton (Hrsg.)*, Prosser and Keeton on The Law of Torts, 5. Auflage (9. Nachdruck), St. Paul (Minnesota), 2001, § 127, S. 951 f.

669 *Brüggemeier*, Prinzipien des Haftungsrechts, Eine systematische Darstellung auf rechtsvergleichender Grundlage, Baden-Baden, 1999, S. 171 f., 214 ff.; weitere Einzelheiten bei *Keeton (Hrsg.)*, Prosser and Keeton on The Law of Torts, 5. Auflage (9. Nachdruck), St. Paul (Minnesota), 2001, § 127, S. 954 ff.

670 Vgl. *Keeton (Hrsg.)*, Prosser and Keeton on The Law of Torts, 5. Auflage (9. Nachdruck), St. Paul (Minnesota), 2001, § 127, S. 949 f.

schal, sondern nur für jeden Einzelfall beantwortet werden.[671] Dies geht jedoch über die Möglichkeiten der vorliegenden Arbeit hinaus.

Demgegenüber kommt in den *wrongful death statutes* der meisten Bundesstaaten die *loss to survivor*-Methode zur Anwendung. An dieser Stelle sei noch einmal in Erinnerung gerufen, dass die *wrongful death statutes* ursprünglich nur den Ersatz der materiellen Schäden vorsahen.[672] Ein solcher Vermögensschaden der Überlebenden[673] wird dabei jedoch wiederum auch in den Einkommensverlusten des Opfers gesehen, sofern dieser Betrag dem Familienverbund nicht mehr zur Verfügung steht.[674] Problematisch sind folglich die Fälle, wo der Getötete dem Arbeitsmarkt noch nicht, nicht oder nicht mehr zur Verfügung stand und damit den möglichen Ersatzberechtigten bereits zu Lebzeiten keine finanzielle Unterstützung gewährte bzw. gewähren konnte. Da die Tötung eines Kindes, eines Arbeitslosen, einer Hausfrau oder eines Ruheständlers insofern keinen materiellen Verlust der Hinterbliebenen zur Folge hat, stellt sich die Frage, ob die Versagung eines Schadensersatzes ein „gerechtes" Ergebnis ist.[675] Nicht zuletzt diese Situation hat dazu geführt, dass die Ersatzfähigkeit der immateriellen Einbußen in dem bereits aufgezeigten Ausmaß zunehmend ausgeweitet wurde.

2. Berechnungsansätze bei der Tötung eines Kindes

Als ein Ausweg aus dieser Problematik wurden darüber hinaus besondere Ansätze der Schadensberechnung in Tötungsfällen von minderjährigen Kindern entwickelt.

a. Loss to survivor-Methode

Zur Verdeutlichung der Problematik sei zunächst beispielhaft der mögliche Schadensersatz der Eltern eines getöteten minderjährigen Kindes in dem klassischen *loss to survivor*-Bundesstaat Missouri berechnet.[676] Der zur Bestimmung

---

[671] *Keeton (Hrsg.)*, Prosser and Keeton on The Law of Torts, 5. Auflage (9. Nachdruck), St. Paul (Minnesota), 2001, § 127, S. 950.

[672] Zur weiteren Entwicklung vgl. die Ausführungen auf S. 156 ff. in diesem Kapitel.

[673] Einen Vermögensschaden des Getöteten selbst stellen beispielsweise die Kosten einer vor seinem Tod notwendigen Heilbehandlung dar. Daneben ist ein immaterieller Schaden in Gestalt eines vor dem Tod erworbenen Schmerzensgeldanspruchs denkbar. Beide Ansprüche werden im Wege der *survival statutes* auf die Erben übergeleitet.

[674] Vgl. *Posner*, Economic Analysis of Law, 4. Auflage, Cambridge (Massachusetts), 1992, S. 196 ff.

[675] Vgl. *Keeton (Hrsg.)*, Prosser and Keeton on The Law of Torts, 5. Auflage (9. Nachdruck), St. Paul (Minnesota), 2001, § 127, S. 952 f.

[676] *Ireland/Ward*, Evaluating Child Loss in Child Injuries and Fatalities: Roles of an Economic Expert, in: *dies. (Hrsg.)*, Assessing Damages in Injuries and Deaths of Minor Children, Tucson, 2002, S. 5 (S. 23 f.); ausführlich zur Rechtslage in Missouri *Krueger/Ward*,

des Schadensersatzes maßgebliche § 537.090 der Missouri Revised Statutes lautet wie folgt:

> „In every action brought under section 537.080, the trier of the facts may give to the party or parties entitled thereto such damages as the trier of the facts may deem fair and just for the death and loss thus occasioned, having regard to the pecuniary losses suffered by reason of the death, funeral expenses, and the reasonable value of the services, consortium, companionship, comfort, instruction, guidance, counsel, training, and support of which those on whose behalf suit may be brought have been deprived by reason of such death and without limiting such damages to those which would be sustained prior to attaining the age of majority by the deceased or by the person suffering any such loss. In addition, the trier of the facts may award such damages as the deceased may have suffered between the time of injury and the time of death and for the recovery of which the deceased might have maintained an action had death not ensued. The mitigating or aggravating circumstances attending the death may be considered by the trier of the facts, but damages for grief and bereavement by reason of the death shall not be recoverable."

Danach können die Eltern Ersatz verlangen für die materiellen Einbußen („pecuniary losses") an „services, consortium, companionship, comfort, instruction, guidance, counsel, training, and support", also beispielsweise für entgangene Dienstleistungen des Kindes im Haushalt sowie eine eventuell zu erwartende finanzielle Unterstützung des Kindes an die Eltern in der Zukunft. Letzteres dürfte allerdings nur in den Fällen relevant werden, wenn die Eltern selbst nicht mehr für sich sorgen könnten, z.B. nach einem Unfall oder im Alter. Für die übrigen aufgeführten Unterstützungsleistungen sind in der Regel Marktäquivalente vorhanden, so dass eine entsprechende Bewertung zwar grundsätzlich möglich, der Ansatz eines konkreten (ersatzfähigen) Wertes aber trotzdem schwierig ist. Unterstellt man, dass das Kind die Eltern über einen Zeitraum von 20 Jahren wöchentlich für 6 Stunden, deren Wert mit 10 US$ angesetzt wird, in ersatzfähiger Weise unterstützt, so ergibt sich daraus ein Zeitwert von 37.742 US$.[677]

Assessing Economic Damages in Personal Injury and Wrongful Death Litigation: the State of Missouri, Journal of Forensic Economics, 2003 (16/1), S. 101 ff.

677 Dem Beispiel ist eine Diskontierungsrate von 3% zu Grunde gelegt; vgl. zum Ganzen *Ireland/Ward*, Evaluating Child Loss in Child Injuries and Fatalities: Roles of an Economic Expert, in: *dies. (Hrsg.)*, Assessing Damages in Injuries and Deaths of Minor Children, Tucson, 2002, S. 5 (S. 24).

b. Lost accumulations to the estate-Methode

In den *wrongful death statutes* einiger Staaten, so z.B. in Florida und Iowa, wird demgegenüber den Eltern das Recht eingeräumt, die aus der Tötung resultierende Verminderung der Erbmasse des getöteten Kindes *(lost accumulations to the estate)* als Schaden geltend zu machen. Typischerweise kommt diese Methode in *wrongful death statutes* nicht zur Anwendung, da es höchst spekulativ sei, in welcher Art und Weise das Kind in Zukunft mit seinem Vermögen verfahren wird. Und dabei komme es eben nicht nur auf das entgangene Lebenszeiteinkommen an, sondern beispielsweise auch auf die Familienstruktur oder die Form der Kapitalanlage. Entscheidender Punkt in Tötungsfällen bei Kindern sei aber, dass die Lebenserwartung des Opfers weit höher ist als diejenige der Eltern. Damit würden die Eltern ihr Kind, auch hypothetisch niemals beerben und hätten daher auch keinen entsprechenden Schaden.[678]

Dieser Umstand wird in den entsprechenden *statutes* jedoch im Wege einer rechtlichen Fiktion beseitigt, die die Eltern insofern zu den Klageberechtigten zu Gunsten der Erbmasse des Kindes macht. Bei der dann notwendig werdenden Berechnung des Schadens, muss der gerichtliche Sachverständige vielfältige Annahmen, beispielsweise zur Familienentwicklung, Sparrate oder Altersvorsorge, treffen. Unterstellt man für den Fall eines getöteten 9jährigen Jungen, dass dieser ein *associate degree* erreicht und 15% seines Einkommens anspart, so ergibt sich daraus ein Schaden im Sinne eines *lost accumulations to the estate* in Höhe von rund 100.000 US$.[679] Diese Summe könnten die Eltern des getöteten Kindes im Vergleich zu den in anderen Bundesstaaten geltenden *statutes* mit einer typischen *loss to survivor*-Methode zusätzlich als Schadensersatz geltend machen.

c. Parental investment-Methode

Im Bundesstaat Michigan werden als Grundlage der Bemessung des Schadensersatzes die bis zum Tode zu Gunsten der Entwicklung des Kindes getätigten Unterhaltsleistungen der Eltern herangezogen.[680] Allerdings ist diese Methode in

---

678 *Ireland/Ward*, Evaluating Child Loss in Child Injuries and Fatalities: Roles of an Economic Expert, in: *dies. (Hrsg.)*, Assessing Damages in Injuries and Deaths of Minor Children, Tucson, 2002, S. 5 (S. 26 f.).

679 Vgl. *Ireland/Ward*, Evaluating Child Loss in Child Injuries and Fatalities: Roles of an Economic Expert, in: *dies. (Hrsg.)*, Assessing Damages in Injuries and Deaths of Minor Children, Tucson, 2002, S. 5 (S. 28 und Tabelle 2.8). Vertiefend dazu *Brown*, Saving rate estimates for single persons by income, age, and gender, Journal of Legal Economics, 1998 (8/2), S. 49 ff.; *Young*, Personal consumption during retirement in wrongful death analysis, Journal of Legal Economics, 1995 (5/3), S. 69 ff.

680 Vgl. dazu *Posner*, Economic Analysis of Law, 4. Auflage, Cambridge (Massachusetts), 1992, S. 198.

Indiana, Kansas, Nebraska, Minnesota, Wisconsin und Wyoming ausdrücklich nicht erlaubt.[681] Problematisch ist in diesem Zusammenhang jedoch, dass die Ausgaben umso höher sind, je älter das getötete Kind war. Damit fällt die Schadensersatzsumme umso niedriger aus, je jünger das Kind war.

Zur Lösung dieses offensichtlich als ungerecht empfundenen Konflikts, werden neben den bereits getätigten Ausgaben, die in der Zukunft beabsichtigten Investitionen mit in die Betrachtung einbezogen.[682] Dies führte sogar zu der Diskussion, die hypothetischen Kosten eines an Stelle des getöteten Kindes tretenden „Ersatzkindes" in Ansatz zu bringen.[683] In Michigan sind zukünftige Investitionen jedoch ausdrücklich ausgenommen. Im Rahmen der ersatzfähigen verlorenen Aufwendungen sind aber auch die Opportunitätskosten[684] der Mutter zu berücksichtigen. Damit können die aus der Tatsache der Schwangerschaft und Kindererziehung resultierenden Einkommensverluste berücksichtigt werden.[685]

Insgesamt kann dieser Ansatz bei der Tötung eines Jugendlichen zu einer signifikanten Schadensersatzsumme führen.[686]

3. Zwischenergebnis

Bereits an dieser Stelle lässt sich festhalten, dass neben der naturgemäß mit Schwierigkeiten verbundenen Bemessung der immateriellen Schäden auch die Berechnung der materiellen Einbußen hypothetische Elemente aufweist. Dies kommt beispielsweise zum Tragen bei der einer Berechnung des Lebenszeiteinkommens zu Grunde liegenden Lebenserwartung, dem zu erwartenden Ein-

---

681 *Ireland/Ward*, Evaluating Child Loss in Child Injuries and Fatalities: Roles of an Economic Expert, in: *dies. (Hrsg.)*, Assessing Damages in Injuries and Deaths of Minor Children, Tucson, 2002, S. 5 (S. 28).

682 *Ireland/Ward*, Evaluating Child Loss in Child Injuries and Fatalities: Roles of an Economic Expert, in: *dies. (Hrsg.)*, Assessing Damages in Injuries and Deaths of Minor Children, Tucson, 2002, S. 5 (S. 29 f.) mit entsprechenden Nachweisen.

683 Vgl. dazu *Quah/Rieber*, Value of children in compensation for wrongful death, International Review of Law and Economics, 1989 (9/2), S. 165 (S. 170 ff.).

684 Opportunitätskosten sind Kosten in Verbindung mit Möglichkeiten, die versäumt werden, wenn die Ressourcen nicht ihrer alternativen Verwendung mit dem bestmöglichen Wert zugeführt werden. Opportunitätskosten sind also die Kosten eines wirtschaftlichen Gutes, die dem entgangenen Ertrag entsprechen, den dieses Gut in der höchstmöglichen alternativen Verwendung schaffen könnte; vgl. *Pindyck/Rubinfeld*, Mikroökonomie, 6. Auflage, München, 2005, S. 295 f.

685 *Ireland/Ward*, Evaluating Child Loss in Child Injuries and Fatalities: Roles of an Economic Expert, in: *dies. (Hrsg.)*, Assessing Damages in Injuries and Deaths of Minor Children, Tucson, 2002, S. 5 (S. 30).

686 Vgl. *Ward*, Estimating Economic Loss in the Case of a Death of a Child, Journal of Forensic Economics, 1989 (2/3), S. 19 (S. 22 f.).

kommen, den Gewohnheiten und dem Gesundheitszustand des Getöteten, der Möglichkeit zukünftiger Einkommenssteigerungen, der Familienplanung sowie möglicher zukünftiger Unterstützungsleistungen an den Familienverbund.[687] Diese Schwierigkeiten sind aber in aller Regel lösbar durch die Anwendung statistischer Methoden: Bei der Ermittlung, um wie viele Jahre die Lebenserwartung durch die Tötung verkürzt wurde, werden beispielsweise Sterbetafeln zu Grunde gelegt, denen die statistische Lebenserwartung zu entnehmen ist.

Soweit die dargestellten Einschränkungen bei der Ersatzfähigkeit der materiellen Einbußen zu dem als „ungerecht" empfundenen Ergebnis führen, dass insbesondere Tötungen von Kindern, Arbeitslosen, Hausfrauen oder Ruheständlern keinen ersatzfähigen materiellen Schaden der Hinterbliebenen zur Folge haben, war dies mit Anlass für die Diskussion der Zulässigkeit sogenannter *hedonic damages*.[688]

D. Hedonic damages

Im Vergleich mit der deutschen, aber auch den anderen europäischen Rechtsordnungen werden in den Vereinigten Staaten von Amerika weitaus größere Schadensersatzleistungen im Fall der Tötung eines Menschen zuerkannt. Gleichwohl liegt nach den bisherigen Ausführungen auch dem US-amerikanischen Zivilrecht die Annahme zu Grunde, dass die getötete Person selbst keinen Nutzen aus bzw. an ihrem eigenen Leben hat. Denn dem Schadensersatz liegen als maßgebliche Positionen der materielle Schaden des verlorenen Lebenszeiteinkommens und die immateriellen Einbußen der Hinterbliebenen zu Grunde. In der Gerichtspraxis der Vereinigten Staaten von Amerika hat es deshalb Bestrebungen gegeben, sogenannte *hedonic damages* als Ersatz gerade dieser immateriellen Verluste geltend zu machen.

Im Fall *Sherrod v. Berry*[689] aus dem Jahre 1985 erkannte die Jury auf der Grundlage der Aussage des Sachverständigen *Smith* zu dem sogenannten *hedonic value of life* auf eine Schadensersatzleistung in Höhe von 850.000 US$.[690] Neben den ebenfalls zuerkannten Vermögensschäden wurden diese *hedonic damages* für die mit dem Tode einhergehenden Einbußen an den „Freuden des Lebens", also praktisch für den Verlust des Lebens an sich gewährt. In der Systematik der

---

687 Kritisch in diesem Sinne auch *Keeton (Hrsg.)*, Prosser and Keeton on The Law of Torts, 5. Auflage (9. Nachdruck), St. Paul (Minnesota), 2001, § 127, S. 953 f.

688 *Keeton (Hrsg.)*, Prosser and Keeton on The Law of Torts, 5. Auflage (9. Nachdruck), St. Paul (Minnesota), 2001, Ergänzungsband 1988, § 127, S. 133, Fn. 69.5.

689 *Sherrod v. B Berry*, 629 F. Supp. 159 (N.D.Ill. 1985).

690 Ausführlich dazu *Smith*, Hedonic Damages in Personal Injury and Wrongful Death Litigation, in: *Ireland/Ward (Hrsg.)*, The New Hedonics Primer for Economists and Attorneys, 2. Auflage, Tucson, 1996, S. 15 ff.

US-amerikanischen *survival* und *wrongful death statutes* ist diese immaterielle Schadensposition damit im Bereich der *survival statutes* zu verorten, die in jedem Bundesstaat zu finden sind. Denn diese berücksichtigen die in der Person des Getöteten selbst entstandenen Schäden und leiten diese auf den Nachlass über.[691] Zu diesen vererbbaren Ansprüchen würde dann auch derjenige auf Ersatz der *hedonic damages* gehören. Im Fall der *wrongful death statutes* wäre ein entsprechendes Ergebnis nur erreichbar, soweit es sich um Staaten mit der sogenannten *loss to estate*-Methode handelt, welche die ersatzfähigen Schäden auf die gerade aus der Tötung entstehenden Einbußen erweitert.

Obwohl der Ansatz der *hedonic damages* in der Folgezeit in zahlreichen Tötungs- und Körperverletzungsfällen Gegenstand der Beweisaufnahme war, hat sich ihre Anwendung in der Gerichtspraxis bislang nicht durchgesetzt. Wesentlicher Kritikpunkt ist eine zu befürchtende Überkompensation der Erben. Denn *hedonic damages* werden unter Bezugnahme auf den statistischen Wert des Lebens berechnet.[692] Sie sind damit wesentlich höher als die durchschnittlich zuerkannten Schadensersatzsummen in Tötungsfällen.[693] *Hedonic damages* werden daher teilweise als unvereinbar mit dem auch im US-amerikanischen Schadensersatzrecht vorherrschenden Prinzip des Schadensausgleichs, dem sogenannten *make whole principle*[694], angesehen. Einige Gerichte und Stimmen in der Literatur lehnen eine Ersatzfähigkeit zudem mit dem Hinweis auf einen strafschadensähnlichen Charakter der *hedonic damages* ab.[695]

---

691 Vgl. *Keeton (Hrsg.)*, Prosser and Keeton on The Law of Torts, 5. Auflage (9. Nachdruck), St. Paul (Minnesota), 2001, § 127, S. 951, Ergänzungsband 1988, § 127, S. 133 Fn. 69.5.

692 Siehe dazu bereits die Ausführungen in Kapitel 2 auf S. 32 ff., ausführlich dazu Kapitel 5, S. 179 ff.

693 *Posner*, Economic Analysis of Law, 4. Auflage, Cambridge (Massachusetts), 1992, S. 199.

694 Zu dieser Ausgleichsfunktion sowie zur Versicherungsfunktion des Schadensersatzes vgl. beispielsweise *Keeton (Hrsg.)*, Prosser and Keeton on The Law of Torts, 5. Auflage (9. Nachdruck), St. Paul (Minnesota), 2001, § 4, S. 20 ff.

695 *Becker/Stout*, The Utility of Death and Wrongful Death Compensation, in: *Ireland/Ward (Hrsg.)*, The New Hedonics Primer for Economists and Attorneys, 2. Auflage, Tucson, 1996, S. 229 ff.; *Ciecka/Epstein*, A Comment on the Use of Value of Life Estimates in Wrongful Death Litigation, in: *Ireland/Ward (Hrsg.)*, The New Hedonics Primer for Economists and Attorneys, 2. Auflage, Tucson, 1996, S. 299 ff.; *Havrilesky*, The Misapplication of the Hedonic Damages Concept to Wrongful Death and Personal Injury Litigation, in: *Ireland/Ward (Hrsg.)*, The New Hedonics Primer for Economists and Attorneys, 2. Auflage, Tucson, 1996, S. 259 ff.; *Ireland/Johnson/Rodgers*, Why Hedonic Measures Are Irrelevant to Wrongful Death Litigation, in: *Ireland/Ward (Hrsg.)*, The New Hedonics Primer for Economists and Attorneys, 2. Auflage, Tucson, 1996, S. 197 ff.; *Ireland/Rodgers*, Hedonic Damages in Wrongful Death/Survival Actions: Equitable Compensation or Optimal Life Protection, in: *Ireland/Ward (Hrsg.)*, The New Hedonics Primer for Economists and Attorneys, 2. Auflage, Tucson, 1996, S. 215 ff.; *Rubin/Calfee*,

Gleichwohl erlauben fünf Bundesstaaten ausdrücklich die Geltendmachung von Ansprüchen wegen des *hedonic loss*. Dazu zählen Arkansas, Connecticut, Hawaii, New Hampshire und New Mexico.[696] Dementsprechend findet sich beispielsweise im Bundesstaat New Hampshire eine Jury-Anleitung, die die Mitglieder der Jury ermächtigt, den Schadensersatz in Tötungsfällen nach der „inability ... to carry on and enjoy a live in a way he would have had he lived" zu bemessen.[697] Damit ist die Geltendmachung eines Schadensersatzes auch bei der Tötung eines Menschen ohne Einkommen und in Fällen ohne Ansprüche wegen etwaiger immaterieller Beeinträchtigungen möglich.[698] Eine abschließende Stellungnahme zur Frage der Anwendbarkeit sogenannter *hedonic damages* im Rahmen der Schadensersatzberechnung in Tötungsfällen kann sinnvollerweise erst gegeben werden, nachdem dem das zu Grunde liegende Konzept des statistischen Werts eines Menschenlebens im folgenden Kapitel vertiefend dargestellt wurde.

E. Weitere Einflussfaktoren auf die Höhe des Schadensersatzes

Neben der aufgezeigten materiell-rechtlichen Rechtslage haben auch einige besondere Regeln des US-amerikanischen Prozessrechts einen Einfluss auf die jeweilige Höhe der zugesprochen Schadensersatzsummen. Dies gilt zwar nicht nur in den Fällen der Tötung eines Menschen, sondern grundsätzlich für jedes Zivilverfahren. In den Tötungsfällen treten die möglichen Einflussfaktoren bei der

---

Consequences of Damage Awards for Hedonic and Other Nonpecuniary Losses, in: *Ireland/Ward (Hrsg.)*, The New Hedonics Primer for Economists and Attorneys, 2. Auflage, Tucson, 1996, S. 245 ff.; *Viscusi*, The Value of Life in Legal Contexts: Survey and Critique, American Law and Economics Review, 2000 (2/1), S. 195 (S. 214 ff.).

696 *Posner/Sunstein*, Dollars and Death, University of Chicago Law Review, 2005 (72), S. 537 (S. 545 mit entsprechenden Nachweisen in Fn. 31-35).

697 Vgl. *Posner/Sunstein*, Dollars and Death, University of Chicago Law Review, 2005 (72), S. 537 (S. 588, Fn. 155).

698 Diesen Ansatz befürwortend *Albrecht*, The Application of the Hedonic Damages Concept to Wrongful Death and Personal Injury Litigation, in: *Ireland/Ward (Hrsg.)*, The New Hedonics Primer for Economists and Attorneys, 2. Auflage, Tucson, 1996, S. 267 ff.; *Chestnut/Violette*, The Relevance of Willingness-to-Pay Estimates of the Value of a Statistical Life in determining Wrongful Death Awards, in: *Ireland/Ward (Hrsg.)*, The New Hedonics Primer for Economists and Attorneys, 2. Auflage, Tucson, 1996, S. 179 ff.; *Cohen*, Towards an Economic Theory of the Measurement of Damages in a Wrongful Death Action, Emory Law Journal, 1985 (34), S. 295 ff.; *Cooter/Ulen*, Law and Economics, 4. Auflage, Boston, 2004, S. 368 ff.; *Gilbert*, In Defense of the Application of Hedonic Models to Wrongful Death and Personal Injury Litigation, in: *Ireland/Ward (Hrsg.)*, The New Hedonics Primer for Economists and Attorneys, 2. Auflage, Tucson, 1996, S. 285 ff.; *Posner*, Economic Analysis of Law, 4. Auflage, Cambridge (Massachusetts), 1992, S. 196 ff.

Bemessung der Höhe eines Schadensersatzanspruchs jedoch besonders deutlich zu Tage.

I. Jury-System

In *wrongful death cases* obliegt die Prüfung der tatsächlichen Voraussetzungen der Ansprüche auf Ersatz der immateriellen Schäden der Jury. Aufgrund der Schwierigkeit, immaterielle Schäden zu bemessen und eine *fair and just compensation* festzusetzen, bedarf diese Aufgabe der Jury besonderer Aufmerksamkeit. Häufig ist die gezielte psychologische Beeinflussung der Juroren durch die beteiligten Anwälte mit ausschlaggebend für die Höhe der Schadensersatzzahlungen. So ist es in der Regel das Ziel der klägerischen Anwälte, den Mitgliedern der Jury das Schicksal der klagenden Partei besonders drastisch vor Augen geführt, um die Juroren zur Festsetzung eines möglichst hohen Schadensersatzes zu bewegen.[699]

Zur Erleichterung der Urteilsfindung sollen besondere Anweisungen, sogenannte *jury instructions*, dienen. Diese gelten entweder nur für bestimmte Gerichte oder finden für den gesamten Geltungsbereich der jeweiligen *wrongful death statutes* Anwendung. Regelungstechnisch betrachtet sind sie dabei teilweise bereits in dem jeweiligen *statute*[700] enthalten oder aber in einer eigenständigen *jury instruction*[701] niedergelegt.

Es ist aber zweifelhaft, ob diese Anweisungen eine wirkliche Hilfestellung sind. Oftmals wird den Mitgliedern der Jury zwar mitgeteilt, welche Faktoren sie bei der Urteilsfindung mit einbeziehen sollen oder müssen. Welchen Einfluss sie letztendlich auf dessen Ergebnis haben sollen, also wie sie das einzelne Jury-Mitglied bei seiner Entscheidung berücksichtigen soll, bleibt jedoch das Geheimnis vieler Anweisungen.[702] Darüber hinausgehend sind andere *jury instructions* lediglich inhaltsleere Formeln und ersetzen auslegungsbedürftige Rechtsbegriffe durch neue Ermessensbegriffe. Als Beispiel sei hier die *jury instruction* des Bundesstaates Massachusetts genannt, die folgendes ausführt:

---

[699] Zum Beweisrecht vgl. *Brüggemeier*, Prinzipien des Haftungsrechts, Eine systematische Darstellung auf rechtsvergleichender Grundlage, Baden-Baden, 1. Auflage 1999, S. 236 ff.

[700] Vgl. beispielsweise Kansas Statutes § 60-1903, der wie folgt lautet: „Amount of damages; jury instructions; itemized verdict. (a) In any wrongful death action, the court or jury may award such damages as are found to be fair and just under all the facts and circumstances, but the damages, other than pecuniary loss sustained by an heir at law, cannot exceed in the aggregate the sum of $250,000 and costs. Vgl. dazu auch die Ausführungen in Fn. 665.

[701] Vgl. beispielsweise California Jury Instruction.

[702] So *Cooter* (Hand Rule Damages for Incompensable Losses, San Diego Law Review, 2003 (40), S. 1097 [S. 1105 ff.]) zu den Kansas Statutes und California Jury Instructions.

„Recovery for wrongful death represents damages to the survivors for the loss of the value of decedent's life ... There is no special formula under the law to assess the plaintiff' damages ... It is your obligation to assess what is fair, adequate, and just. You must use your wisdom and judgement and your sense of basic justice to translate into dollars and cents the amount which will fully, fairly, and reasonably compensate the next of kin for the death of the decedent."[703]

Die grundsätzlich bestehende Problematik bzw. Schwierigkeit der Bemessung immaterieller Einbußen wird durch solche Anweisungen nicht gelöst. Der Bezug auf Allgemeinplätze wie „angemessen" und „Rechtsbewusstsein" bietet keine Hilfestellung für die Mitglieder der Jury bei der Schadensberechnung und stiftet daher eher Verwirrung als für Aufklärung zur sorgen.[704] Darüber hinaus kann dies zu einem Anreiz führen, den eröffneten Ermessensspielraum weit auszulegen und auch nicht ersatzfähige immaterielle Einbußen, wie z.B. den Seelenschmerz über den Verlust eines nahen Angehörigen, mit in das Urteil einfließen zu lassen.[705]

II. Class action

Die Gruppenklage bzw. *class action* bietet als eines ihrer wichtigsten und charakteristischsten Merkmale die Möglichkeit, Schadensersatz kollektiv einzuklagen. Die Höhe der auf diesem Wege erstrittenen Schadensersatzzahlungen ist jedoch auch der Hauptgrund für die Kritik an diesem Rechtsbehelf. Da die Summe der Schadensersatzzahlungen die Basis für das Erfolgshonorar der prozessführenden Rechtsanwälte darstellt, vermittelt dies Anreize, ein entsprechendes kollektives Klageverfahren zu organisieren und möglichst hohe Schadensersatzsummen zu erstreiten.[706]

Class actions wurden und werden in den USA - neben entsprechenden Individualklagen - beispielsweise gegen die Hersteller von Tabakprodukten zur Geltendmachung von Ansprüchen wegen der mit dem Konsum von Zigaretten ein-

---

703 Zitiert nach *Cooter/Ulen,* Law and Economics, 4. Auflage, Boston, 2004, S. 369.

704 Vgl. *Cooter/Ulen,* Law and Economics, 4. Auflage, Boston, 2004, S. 369.

705 *Keeton (Hrsg.),* Prosser and Keeton on The Law of Torts, 5. Auflage (9. Nachdruck), St. Paul (Minnesota), 2001, § 127, S. 953 f.

706 *Eichholtz*, Die US-amerikanische Class Action und ihre deutschen Funktionsäquivalente, Tübingen, 2002, S. 173; *Brüggemeier*, Prinzipien des Haftungsrechts, Eine systematische Darstellung auf rechtsvergleichender Grundlage, Baden-Baden, 1. Auflage 1999, S. 244 f. Zur Erweiterung der Zuständigkeit der Bundesgerichte für Sammelklagen und der Stärkung der Verbraucherrechte durch den *Class Action Fairness Act of 2005* vgl. *Petersen*, Die Änderungen im Recht der US-Sammelklagen durch den Class Action Fairness Act of 2005, RIW, 2005, S. 812 ff.

hergehenden Gesundheitsschäden und Todesfällen geführt.[707,708] Von besonderer Bedeutung ist das Verfahren *Engle v. R.J. Reynolds Tobacco Co.*[709] Die Klage wurde im März 1994 erhoben und sollte „alle in den Vereinigten Staaten ansässigen Bürger und ihre Nachkommen, die an auf ihre Nikotinabhängigkeit zurückzuführenden Krankheiten leiden, gelitten haben oder gestorben sind" umfassen. Nachdem das erstinstanzliche Gericht die Klage in dieser weiten Form zugelassen hatte, beschränkte der *Florida Court of Appeal* die klagende Gruppe auf die Bürger und Einwohner Floridas. Die erste Phase des Verfahrens endete mit der Feststellung der Jury, dass die Tabakindustrie dem Grunde nach für die durch Tabakprodukte verursachten Gesundheitsschäden und Todesfälle hafte. Im anschließenden zweiten Teil des Verfahrens wurde den drei klagenden Repräsentanten der Gruppe ein kompensatorischer Schadensersatz in Höhe von mehr als 12 Millionen US$ zugesprochen. Hochgerechnet auf alle Gruppenmitglieder ergibt sich daraus eine Gesamtsumme in Höhe von über einer Billion US$. Die dritte und letzte Phase des Verfahrens endete schließlich im Juli 2000 mit der Festsetzung von 145 Milliarden US$ *punitive damages* durch die Geschworenen. Auf die hiergegen eingelegte Berufung der Beklagten hob der *Florida Court of Appeal* im Jahr 2003 das Urteil auf. Er stützte dies auf verschiedene materiell- sowie verfahrensrechtliche Fehler. Neben dem Aspekt, dass das Verfahren in der vorgefundenen Form nicht als Gruppenklage hätte zugelassen werden dürfen, war auch die Höhe der *punitive damages* Gegenstand der Kritik.

III. Punitive damages

Wie bereits erwähnt, sehen einige *wrongful death statutes* neben einem Schadensersatz für die materiellen und immateriellen Einbußen auch den Ersatz von *punitive* bzw. *exemplary damages* vor.[710] Nach der Rechtslehre haben *punitive damages* zweierlei Funktion. Zum einen sollen sie den Beklagten für sein empörendes und gesellschaftlich besonders inkriminiertes Verhalten bestrafen. Daneben soll die Verhängung von *punitive damages* abschreckend auf Dritte

---

[707] Ausführlich dazu *Thiele*, Die zivilrechtliche Haftung der Tabakindustrie, Tübingen, 2003, S. 49 ff. und 240 ff. Zur Problematik der Haftung von Zigarettenherstellern vgl. bereits die Ausführungen in Kapitel 2 auf S. 47 ff.

[708] Eine Übersicht zu den Merkmalen anderer Gruppenklagen, z.B. wegen Schäden in Verbindung mit Asbest, Agent Orange oder Brustimplantaten, findet sich bei *White*, Asbestos and the Future of Mass Torts, Journal of Economic Perspectives, 2004 (18/2), S. 183 (S. 192).

[709] Vgl. zum Folgenden *Thiele*, Die zivilrechtliche Haftung der Tabakindustrie, Tübingen, 2003, S. 54 ff.

[710] Vgl. dazu die Ausührungen auf S. 147 und 156 ff. in diesem Kapitel.

wirken.[711] Ihr Ursprung liegt in England begründet[712], Bedeutung kommt ihnen aber nur im US-amerikanischen Recht zu.[713] In fünf Bundesstaaten (New Hampshire, Louisiana, Massachusetts, Nebraska, Washington) ist die Verhängung von *punitive damages* nicht möglich.[714] Seit Beginn des letzten Jahrhunderts wurden sie in der Regel nur in Fällen deliktischer Haftung verhängt, nicht bei Vertragsverletzungen.[715] Insgesamt werden *punitive damages* nur vergleichsweise selten zuerkannt, nämlich in nicht einmal jeder tausendsten aller erhobenen Klagen[716] bzw. in nur 3% aller Jury-Entscheidungen[717].

In der rechtspolitischen Diskussion sind *punitive damages* umstritten[718], insbesondere aufgrund der enormen Schadensersatzsummen, die neben den *compensatory damages* zugesprochen werden können. Die Höhe der *punitive damages* wird durch die Jury festgelegt, die lediglich einer Missbrauchskontrolle durch die Berufsrichter unterliegen. Bei der Bemessung spielen unterschiedliche Faktoren eine Rolle, so z.B. die Art und Schwere der Verletzung, die Beziehungen zwischen den Parteien, die finanzielle Situation von Schädiger und Geschädigtem sowie das Ausmaß der gesellschaftlichen Missbilligung des Verhaltens. Die Kritiker bemängeln eine Vermengung von zivil- und strafrechtlichem Sanktionscharakter sowie die weitgehende Unbestimmtheit der Anwendungsvoraussetzungen.

---

711 Grundlegend dazu *Cooter/Ulen*, Law and Economics, 4. Auflage, Boston, 2004, S. 371 ff.; *Shavell*, Foundations of Economic Analysis of Law, Cambridge (Massachusetts), 2004, S. 243 ff.; rechtsvergleichend *Behr*, Punitive Damages in American and German Law - Tendencies Towards Approximation of Apparently Irreconcilable Concepts, Chicago-Kent Law Review, 2003 (78), S. 105 ff.

712 Das Prinzip von Punitive Damages lässt sich bis ins Alte Testament zurückverfolgen. In Exodus Kapitel 21, 37 heißt es, dass, wenn jemand ein Rind oder ein Schaf stiehlt und es schlecht schlachtet oder verkauft, er fünf Rinder für das eine Rind und vier Schafe für das eine Schaf erstatten soll, vgl. *Wenglorz/Ryan*, „Die Katze in der Mikrowelle?“, Anmerkungen zum US-amerikanischen System der punitive damages, RIW, 2003, S. 598 (S. 600, Fn. 14).

713 *Hay*, US-Amerikanisches Recht, 3. Auflage, München, 2005, Rn. 421.

714 *Wenglorz/Ryan*, „Die Katze in der Mikrowelle?“, Anmerkungen zum US-amerikanischen System der punitive damages, RIW, 2003, S. 598 (S. 602).

715 *Wenglorz/Ryan*, „Die Katze in der Mikrowelle?“, Anmerkungen zum US-amerikanischen System der punitive damages, RIW, 2003, S. 598 (S. 600).

716 *Mörsdorf-Schulte*, Strafschadensersatz - eine deutsche Hassliebe?, NJW, 2006, S. 1184 (S. 1186).

717 *Dolzer/Valen*, Mehr Rechtssicherheit im Schadensersatzrecht der USA, RIW, 2006, S. 252.

718 Vgl. zum Folgenden: *Brüggemeier*, Prinzipien des Haftungsrechts, Eine systematische Darstellung auf rechtsvergleichender Grundlage, Baden-Baden, 1999, S. 197 ff.; *Hay*, US-Amerikanisches Recht, 3. Auflage, München, 2005, Rn. 422 ff.

Einer der Vorteile von *punitive damages* wird darin gesehen, dass sie den Abschluss von Vergleichen fördern[719] und die über den Ersatz von *compensatory damages* hinausgehenden Vorteile des Beklagten abschöpfen können. Im Hinblick auf die auch im Falle seines Obsiegens dem Kläger nicht zu erstattenden Anwalts- und Gerichtskosten erfüllen sie auch eine kompensierende Funktion. Schließlich wird den *punitive damages* auch eine ersetzende Funktion für die in den Vereinigten Staaten von Amerika fehlende Sozialversicherung[720] zuerkannt.[721]

Mit Blick auf die durch *punitive damages* zusätzlich eröffnete Möglichkeit, relativ hohe Schadensersatzzahlungen im Fall von Personenschäden und Todesfällen einzuklagen, wird auch von europäischen Opfern oder deren Hinterbliebenen häufig der Gang vor US-amerikanische Gerichte erwogen und auch beschritten, so z.B. in den Fällen des ICE-Unglücks von Eschede oder dem Pariser Concorde-Absturz.[722] Allerdings ist darauf hinzuweisen, dass die vor Instanzgerichten erstrittenen Größenordnungen von *punitive damages* in Rechtsmittelverfahren in aller Regel unter dem Gesichtspunkt der Schwere des Delikts überprüft werden und oftmals eine Reduzierung des ursprünglichen Schadensersatzes angeordnet wird.

---

[719] Gleichwohl kann dieser Anreiz die wirtschaftliche Existenz gefährdende Züge annehmen. Im Fall *O'Keefe v. The Loewen Group, Inc.* aus dem Jahre 1991 wurde im Staat Mississippi ein Schadensersatz für materielle Einbußen *(compensatory damages)* in Höhe von 100 Mio. US$ sowie 400 Mio. US$ an *punitive damages* ausgeurteilt. Die Beklagten konnten hiergegen kein Rechtsmittel einlegen, da sie die hierfür nach dem Recht des Staates Mississippi zu erbringende Sicherheitsleistung in Höhe von 125% des Urteilsbetrags, also 625 Mio. US$, nicht aufbringen konnten. Unter dieser Zwangslage wurde 1996 ein Vergleich über 175 Mio. US$ geschlossen. Aber auch dies konnte die spätere Beantragung der Insolvenz durch die Beklagten nicht verhindern; vgl. *Dolzer/Valen*, Mehr Rechtssicherheit im Schadensersatzrecht der USA, RIW, 2006, S. 252 f.

[720] Vor diesem Hintergrund ist auch die Tatsache zu verstehen, dass in den 60er und 70er Jahren des vorigen Jahrhunderts eine Tendenz des *tort law* hin zu einer stärkeren Berücksichtigung sozialpolitischer Zwecke zu verzeichnen war. Beabsichtigt war hierbei vor allem die Verbesserung des allgemeinen Unfallschutzes durch Verlagerung der Risiken von Gefahrenquellen auf deren Inhaber. Damit sollten Anreize für bessere Sicherheitsvorkehrungen geschaffen werden, vgl. *Reimann/Ackmann*, Einführung in das US-amerikanische Privatrecht, 2. Auflage, München, 2004, S. 81.

[721] In den USA besteht zwar weitgehend Einigkeit darüber, dass das originäre Anliegen der *punitive damages* nicht in einer Entschädigung des Opfers besteht. Dieses Ergebnis wird aber als ein durchaus willkommenes Nebenprodukt angesehen, vgl. *Wenglorz/Ryan*, „Die Katze in der Mikrowelle?", Anmerkungen zum US-amerikanischen System der punitive damages, RIW, 2003, S. 598 (S. 600). Pointiert zu den Vorteilen auch *Mörsdorf-Schulte*, Strafschadensersatz – eine deutsche Hassliebe?, NJW, 2006, S. 1184 ff.

[722] Vgl. *Wenglorz/Ryan*, „Die Katze in der Mikrowelle?", Anmerkungen zum US-amerikanischen System der punitive damages, RIW, 2003, S. 598 (S. 600).

Besondere Bedeutung kommt in diesem Zusammenhang zwei Entscheidungen des *US Supreme Courts* zu.[723] Im Fall *BMW of North America v. Gore*[724], dem eine mangelhaft ausgeführte Lackierarbeit an einem vor dem Verkauf entsprechend beschädigten PKW zu Grunde lag, erkannte das erstinstanzliche Gericht auf einen Schadensersatz von 4.000 US$ und *punitive damages* in Höhe von 4 Millionen US$. Dies entspricht einem Verhältnis von 1.000:1 zwischen *compensatory* und *punitive damages*. In der zweiten Instanz wurde dieses Verhältnis auf 500:1 reduziert und die *punitive damages* um 50% auf 2 Millionen US$ gekürzt. Der *US Supreme Court* schließlich maß dieses Urteil an der im 14. Zusatzartikel zur Amerikanischen Verfassung *(14th Amendment)* festgeschriebenen *due process guarantee*. Danach darf der Staat einer Person nicht zu Unrecht das Leben, die Freiheit oder das Eigentum nehmen oder beschränken. Daraus abgeleitet stellte der *Supreme Court* ein Willkür-Verbot für „maßlos überhöhte" Strafen auf und hob das zweitinstanzliche Urteil auf. Für die Überprüfung der Angemessenheit von *punitive damages* arbeitete das Gericht folgende Orientierungspunkte heraus: Das Verhalten müsse als verwerflich angesehen werden, was insbesondere beim Risiko schwer wiegender Körperverletzungen zu bejahen sei, reine zivilrechtliche Wirtschaftdelikte seien nicht ausreichend. Ferner müssten die *punitive damages* einen vernünftigen Bezug zum festgesetzten „normalen" Schadensersatz haben. Schließlich sei ein Vergleich mit anderen möglichen Sanktionen, z.B. Bußgeldern oder strafrechtlichen Sanktionen anzustellen und die Höhe der *punitive damages* hieran zu messen. Diese „Richtlinien" hat der *Supreme Court* in einem weiteren Urteil vom 7.4.2003 fortgeschrieben. Im Fall *State Farm Mutual Automobile Insurance Company v. Campbell (State Farm Case)*[725] entschied das Gericht, dass in einem Fall mit einem geringen Verwerflichkeitsmaß[726] ein einstelliger Multiplikator im Verhältnis zwischen normalem Schadensersatz und *punitive damages* eher mit der *due process guarantee* vereinbar sei, als das im Ergebnis für unangemessen angesehene Verhältnis von 145:1 des zu beurteilenden Falls.[727]

---

723 Vgl. zum Folgenden *Wenglorz/Ryan*, „Die Katze in der Mikrowelle?", Anmerkungen zum US-amerikanischen System der punitive damages, RIW, 2003, S. 598 (S. 604 ff.).

724 517 U.S. 559, 116 S. Ct. 1589 (1996).

725 123 S. Ct. 1513 (2003).

726 Die Kläger hatten keine Körperverletzung, sondern emotionale Qualen erlitten aufgrund des vorsätzlichen Verhaltens ihrer Versicherung in Gestalt unredlicher Handlungen und arglistiger Täuschung bei der Regulierung eines Verkehrsunfalls (mit tödlichem Ausgang für den Unfallgegner).

727 Allerdings sprach sich auch eine dreiköpfige Minderheit für die Aufrechterhaltung des zweitinstanzlichen Urteils aus. Die Verfassung bzw. die *due process guarantee* sei nicht dazu geeignet, die Höhe von *punitive damages* zu begrenzen, begründeten zwei Richter das abweichende Votum. Die dritte Richterin argumentierte, dass die Beschränkung von *punitive damages* in die Zuständigkeit der einzelstaatlichen Gesetzgebers und nicht der

Neben diesen höchstrichterlichen Einschränkungen führten auch gesetzgeberische Reformbestrebungen in den Bundesstaaten zur Beschränkung der möglichen Höhe von *punitive damages*. Dabei wählen einige Staaten den Weg über feste Obergrenzen, in anderen werden flexible Grenzen bevorzugt, die sich am Betrag des tatsächlichen Schadens oder an der Höhe des Gewinns des Beklagten orientieren. Auf Bundesebene sind Versuche einer entsprechenden gesetzlichen Beschränkung der Bundesgerichte bei der Verhängung von *punitive damages* zwar mehrfach angestoßen, bislang aber nicht verwirklicht worden.[728]

Im Ergebnis lässt sich festhalten, dass die Möglichkeit von *punitive damages* auch unter Anwendung der aufgezeigten Rechtsprechung des *US Supreme Court* zu einer deutlichen Steigerung der Gesamtsumme möglicher Schadensersatzbeträge führen kann. Insbesondere in Tötungsfällen werden noch Verhältnisse von 100:1 zwischen kompensierendem und Strafschadensersatz für möglich gehalten, da der jüngsten Entscheidung des *Supreme Court* keine Körperverletzung oder gar Tötung zu Grunde lag, sondern lediglich ein reiner Geschäftsgang. Andererseits muss berücksichtigt werden, dass der durchschnittlich in Tötungsfällen zuerkannte Schadensersatz von etwa 500.000 US$ zu *punitive damages* in Milliardenhöhe führen könnte, würde man ein Verhältnis von 100:1 akzeptieren. Eine solche Summe dürfte einer Überprüfung durch den *Supreme Court* wohl kaum standhalten, zumal der *Supreme Court* auch dem Ersatz bestimmter immateriellen Schäden, z.B. für seelisches Leid, bereits ein Strafelement zuerkennt.[729]

In Deutschland können US-amerikanische Urteile nicht vollstreckt werden, soweit sie eine Verpflichtung zur Zahlung von *punitive damages* beinhalten. Der BGH hat die Vollstreckbarkeitserklärung eines entsprechenden Urteils eines US-amerikanischen Gerichts gemäß §§ 723 II 2, 328 I Nr. 4 ZPO als unvereinbar mit dem nationalen *Ordre Public* angesehen, da das deutsche Zivilrecht einer unerlaubten Handlung nur den Schadensausgleich gemäß §§ 249 bis 253 BGB kenne und der Strafschadensersatz auch nicht mit der Genugtuungsfunktion des Schmerzensgeldes zu vergleichen sei.[730] In der öffentlichen Wahrnehmung ist

---

Gerichte falle; vgl. *Göthel*, Verfassungsmäßigkeit von punitive damages: Der U.S. Supreme Court spricht ein Machtwort, RIW, 2003, S. 610 (S. 614).

728 *Dolzer/Valen*, Mehr Rechtssicherheit im Schadensersatzrecht der USA, RIW, 2006, S. 252 (S. 253).

729 Vgl. *Göthel*, Verfassungsmäßigkeit von punitive damages: Der U.S. Supreme Court spricht ein Machtwort, RIW, 2003, S. 610 (S. 614).

730 BGHZ 118, S. 312 (S. 332). Die Verpflichtung zur Zahlung eines Schmerzensgeldes in Höhe von 200.000 US$ blieb dagegen unbeanstandet. Auf die Diskrepanz zu vergleichbaren deutschen Fällen weist *Brüggemeier* (Prinzipien des Haftungsrechts, Eine systematische Darstellung auf rechtsvergleichender Grundlage, Baden-Baden, 1999, S. 201 in Fn. 1044) hin. Zur Kritik am Verständnis der dem Urteil des BGH zu Grunde liegenden Auffassung zu Aufgaben und Wirkungen des Haftungsrechts vgl. oben auf S. 104 ff. sowie *Müller*, Punitive Damages und deutsches Schadensersatzrecht, Berlin, 2000, S. 15 ff.;

diese besondere Form und Ausgestaltung des Schadensersatzes als mitverantwortlich einzustufen für die zu beobachtende pauschale Skepsis gegenüber dem US-amerikanischen (Zivil-)Rechtssystem, insbesondere auch im Zusammenhang mit dem Schadensersatz im Falle der Tötung eines Menschen.

Teilweise wird vertreten, dass sich ein Umdenken im Hinblick auf den Sühnegedanken des Schadensersatzes abzeichnen könnte.[731] Bislang wird ein Strafschadensersatz aber überwiegend als wesensfremd für die Zivilrechtsdogmatik und das deutsche Rechtssystem angesehen.[732] Dementsprechend hat der 66. Deutsche Juristentag im September 2006[733] die Einführung eines Strafschadensersatzes selbst für Einzelfälle abgelehnt.[734]

Richtigerweise muss das Element des Strafschadensersatzes und dessen Folgen in Gestalt erhöhter Schadensersatzsummen von der Frage getrennt werden, ob die Einführung eines Schadensersatzes im Fall der Tötung eines Menschen sinnvoll ist. Als Argument gegen die Ersatzfähigkeit von Schäden resultierend aus der Tötung an sich können *punitive damages* und die mit ihnen einhergehende Höhe von Schadensersatzzahlungen nicht herangezogen werden.

F. Tatsächliche Höhe des Schadensersatzes

Die vorstehenden Ausführungen haben die vielgestaltigen Schwierigkeiten bei der Bemessung des Schadensersatzes in Tötungsfällen offenbart. Eine einheitli-

---

Rosengarten, Der Präventionsgedanke im deutschen Zivilrecht - Höheres Schmerzensgeld, aber keine Anerkennung und Vollstreckung US-amerikanischer punitive damages?, NJW, 1996, S. 1935 ff.

731 In diesem Sinne *Mörsdorf-Schulte*, Strafschadensersatz - eine deutsche Hassliebe?, NJW, 2006, S. 1184 ff.; *Müller*, Punitive Damages und deutsches Schadensersatzrecht, Berlin, 2000, S. 369 ff., fordert eine stärkere Berücksichtigung von Strafzwecken im Schadensrecht aus Gründen der Prävention und plädiert für die, allerdings summenmäßig beschränkte Anerkennung US-amerikanischer *punitive damages*-Urteile in Deutschland.

732 Vgl. dazu die Ausführungen zur Funktion des Haftungsrechts in Kapitel 3 auf S. 104 ff. sowie *Wagner*, in: Münchener Kommentar zum Bürgerlichen Gesetzbuch, Band 5, 4. Auflage, München, 2004, Vorbemerkung § 823 Rn. 36 ff.; *ders.*, Neue Perspektiven im Schadensersatzrecht - Kommerzialisierung, Strafschadensersatz, Kollektivschaden, Gutachten A für den 66. Deutschen Juristentag, in: *Ständige Deputation des Deutschen Juristentages (Hrsg.)*, Verhandlungen des sechsundsechzigsten Deutschen Juristentages, Stuttgart 2006, Band I, Gutachten, Teil A, München, 2006, A 72 ff.

733 Thema der Abteilung Zivilrecht: Neue Perspektiven im Schadensersatzrecht - Kommerzialisierung, Strafschadensersatz, Kollektivschaden, vgl. Tagungsprogramm 66. Deutscher Juristentag, Stuttgart, 19. bis 22. September 2006, S. 9 (http://www.djt.de/files/66_DJT_Tagungsprogramm.pdf, 11.5.2006).

734 Das Abstimmungsergebnis viel deutlich aus: 14 Zustimmungen : 74 Ablehnungen : 4 Enthaltungen; vgl. Beschlüsse des 66. Deutschen Juristentages, Stuttgart, 2006 (www.djt.de, 25.10.2006).

che Betrachtung ist aufgrund der vielfältigen und voneinander abweichenden Regelungen in den einzelnen *survival* und *wrongful death statutes* nicht möglich. Ferner scheint das Jury-System die ohnehin bestehende Schwierigkeit bei der Trennung von immateriellen und materiellen Einbußen, die oftmals auch in den *statutes* selbst angelegt ist, zu verstärken. Neben den bereits im Rahmen der Schadensberechnung aufgezeigten Beispielen soll nun eine abschließende Einordnung der Größenordnung des ausgeurteilten Schadensersatzes in Tötungsfällen erfolgen. Teilweise werden die durchschnittlich zuerkannten Schadensersatzsummen in *wrongful death cases* mit rund 500.000 US$ beziffert.[735] Auf der Grundlage einer im Jahre 1996 erstellten Untersuchung des *Federal Department of Justice* und dem *National Center on State Courts* zu den vor *State Courts* verhandelten Zivilverfahren lassen sich die in der folgenden Tabelle[736] aufgeführten genaueren Rückschlüsse ziehen.

Haftungsgrund	**Anzahl der Fälle**	**Durchschnittswert (US$)**	**Medianwert (US$)**	**Standardabweichung (US$)**
Verkehrsunfall-Haftung	28	2.106.718	927.125	2.808.147
Gebäudehaftpflicht	8	1.518.983	449.603	2.697.612
Produkthaftung (Asbest)	3	1.100.000	350.000	1.430.909
Vorsätzliche Delikte	5	1.128.826	550.000	1.317.038
Arzthaftung	44	1.406.098	725.825	2.481.901
Übrige Fahrlässigkeitshaftung	17	4.016.988	754.100	9.174.530

Tabelle 2: Schadensersatz in *wrongful death cases* bei Obsiegen des Klägers

Bei den insgesamt 28 Verkehrsunfällen beträgt beispielsweise der mittlere Wert des zuerkannten Schadensersatzes 927.125 US$ und ist damit wesentlich geringer als der Durchschnittswert. Dies liegt in der Tatsache begründet, dass in einer kleinen Anzahl an Entscheidungen ein verhältnismäßig sehr hoher Schadensersatz zuerkannt wurde, was sich auch in einer großen Standardabweichung niederschlägt. Aufgrund der insgesamt aber kleinen Anzahl an untersuchten Fällen, sind die Zahlen eher vorsichtig zu interpretieren. Auch ist anzunehmen, dass in einigen Unfällen mehr als eine Person getötet wurde und damit eher der Medianwert der durchschnittlich ausgeurteilten Schadensersatzsumme in einem Tötungsfall entspricht. Ferner ist anzunehmen, dass der Einfluss von strafenden

[735] *Posner*, Economic Analysis of Law, 4. Auflage, Cambridge (Massachusetts), 1992, S. 199.

[736] Entnommen aus *Cooter*, Hand Rule Damages for Incompensable Losses, San Diego Law Review, 2003 (40), S. 1097 (S. 1111, Tabelle 1).

Elementen des Schadensersatzes, wie z.B. *mental anguish* oder *punitive damages*, zu einer nicht quantifizierbaren Erhöhung des Medianwertes führt. Darüber hinaus vertritt *Cooter* die Ansicht, dass außerordentlich hohe Schadensersatzsummen immer dann zu erwarten seien, wenn die Jury das Verhalten des Beklagten als unakzeptabel und besonders verwerflich empfinde. Diese Tendenz werde verstärkt, wenn zusätzlich der Eindruck entstehe, bei „dem Beklagten sei etwas zu holen".[737]

G. Zusammenfassung

Im Vergleich zu den europäischen Rechtsordnungen sind die in den USA im Fall der Tötung eines Menschen zugesprochenen Schadensersatzsummen deutlich höher. Dies liegt zwar zum einen an den Besonderheiten des amerikanischen Prozessrechts, die im Allgemeinen den wesentlichen Unterschied zu den europäischen Rechtsordnungen ausmachen. Demgegenüber kommt das materielle Recht grundsätzlich zu weitgehend übereinstimmenden Lösungen.[738] Eine Ausnahme stellt hier aber die Ersatzfähigkeit von Schäden bei der Tötung eines Menschen dar.

Die Ausgestaltung der *wrongful death* sowie auch einiger *survival statutes* ermöglicht in der Regel den Ersatz des Zeitwerts des verlorenen Lebenszeiteinkommens des Opfers als Vermögensschaden des Opfers bzw. der Angehörigen. Dieser Schaden entspricht im Hinblick auf seinen Ausgangspunkt dem Unterhaltsschaden i.S.v. § 844 II BGB. Beide stellen einen Vermögensschaden und keinen immateriellen Schaden dar. Beide vermitteln den Hinterbliebenen einen aus dem Nachlass abgeleiteten bzw. einen eigenen unmittelbaren Anspruch auf bestimmte aus der Tötung resultierende Vermögensfolgeschäden. Im Umfang der ersatzfähigen Schäden liegt aber bereits ein entscheidender Unterschied. Die in Deutschland ersatzfähigen Unterhaltsschäden sind in vielerlei Hinsicht beschränkt. Eine Bedürftigkeit der Hinterbliebenen als Anspruchsvoraussetzung ist beispielsweise den US-amerikanischen *statutes* fremd. Darüber hinaus führt der Ersatz des vernichteten Lebenszeiteinkommens in aller Regel auch zu betragsmäßig höheren Schadensersatzzahlungen für den entgangenen Unterhalt.

Ferner schlagen sich in den US-amerikanischen Schadensersatzzahlungen zu einem wesentlichen Teil die nach deutschem Recht nicht ersatzfähigen, unmittelbaren immateriellen Schäden der Hinterbliebenen nieder. Die Tötung eines

---

[737] *Cooter*, Hand Rule Damages for Incompensable Losses, San Diego Law Review, 2003 (40), S. 1097 (S. 1111 f.). Nach einer empirischen Erhebung sind Juries insgesamt jedoch etwas weniger klägerfreundlich als Richter; vgl. *Hirte/Otte/Willamowski*, Die Rechtsentwicklung im Haftungsrecht in den Vereinigten Staaten von Amerika von 1996 bis 2000 (Teil 1), VersR, 2002, S. 678 (S. 679 mit entsprechendem Nachweis in Fn. 16).

[738] *Reimann/Ackmann*, Einführung in das US-amerikanische Privatrecht, 2. Auflage, München, 2004, S. 81 f.

Menschen ist folglich in den USA mit sehr viel höheren Kosten verbunden als in Deutschland, wo dem Haftpflichtigen weitaus geringere Sanktionen drohen. Das bei der Ablehnung der *hedonic damages* vielfach ins Feld geführte Problem der Überkompensation der Hinterbliebenen könnte damit für Deutschland bereits aus diesem Grunde anders zu beurteilen sein.

Die präventive Wirkung des US-amerikanischen Haftungssystems ist damit stärker ausgeprägt. Im Ergebnis setzt die US-amerikanische Rechtspraxis damit die Ziele des Haftungsrechts im Sinne der ökonomischen Analyse des Rechts eher um, als die deutsche oder andere europäische Zivilrechtsordnungen. Allerdings ist die Höhe der in den USA jeweils zugesprochenen Schadensersatzsummen sehr unterschiedlich. Dies führt zu einer unklaren Abschreckungswirkung. Auch ist zu berücksichtigen, dass der von US-amerikanischen Gerichten in Tötungsfällen zur Bemessung des materiellen Schadens des verlorenen Lebenszeiteinkommens in der Regel angewandte Humankapitalansatz nicht zu einer Bewertung des unmittelbaren immateriellen Schadens des Verlusts des Lebens führt. Stattdessen bildet diese Vorgehensweise lediglich die mit der Tötung einhergehenden Vermögensschäden zu einem wesentlichen Teil ab.

Ferner zeigt die Diskussion um die *hedonic damages*, dass die Frage nach der angemessenen Höhe des Schadensersatzes und welche Schäden in Tötungsfällen überhaupt ersatzfähig sein sollten noch nicht abschließend geklärt ist. Eine Ablehnung des Konzepts der *hedonic damages* auch für Deutschland kann aus den zur US-amerikanischen Rechtslage gefundenen Ergebnissen nicht unmittelbar gefolgert werden. In den USA wird beispielsweise die Frage einer Überabschreckung auf einer im Vergleich zu Deutschland nicht vergleichbaren Tatsachengrundlage geführt. Denn die in Deutschland in Tötungsfällen bislang ausgeurteilten Schadensersatzbeträge sind sehr viel niedriger als die US-amerikanischen Schadensersatzsummen.

Ungeachtet der dargestellten Kritik scheint der Ansatz der *hedonic damages* eine Möglichkeit zu sein, den immateriellen Schaden des Verlusts des Lebens einer Bewertung zuzuführen. Für eine abschließende Beantwortung dieser Fragestellung im Hinblick auf das deutsche Schadensersatzrecht ist es daher notwendig, das den *hedonic damages* zu Grunde liegende Konzept der statistischen Bewertung eines Menschenlebens näher darzustellen.

Kapitel 5: Die Bewertung des menschlichen Lebens

A. Der statistische Wert eines Menschenlebens

Die Grundidee des *value of statistical life (VSL)*-Ansatzes beruht auf der Frage nach der Zahlungsbereitschaft eines Individuums für die Verringerung oder vollständigen Eliminierung eines bestimmten Sterblichkeitsrisikos (sogenannter *willingness to pay* (*WTP*)-Ansatz) bzw. der Frage nach der Höhe des Auszahlungsbetrages, bei dem ein Individuum ein bestimmtes Todesfallrisiko in Kauf nimmt (*willingness to accept* (*WTA*)-Ansatz).

Hervorzuheben ist, dass Gegenstand der einschlägigen Analysen nicht die Gewissheit des Todeseintritts ist. Die zu Grunde liegenden Untersuchungen sind hypothetisch und zukunftsorientiert, ihr Fokus liegt nicht auf einem konkreten, identifizierbaren Todesfall. Folglich geht es auch nicht um die Bestimmung des Werts eines bestimmten Menschenlebens.[739] Im Mittelpunkt steht vielmehr die Wahrscheinlichkeit bzw. das statistische Risiko eines nicht individualisierten Todes.[740]

I. Das Problem der beschränkten Rationalität

Im Hinblick auf die Entscheidungen bei den zu Grunde liegenden Abwägungsvorgängen stellt sich das bereits diskutierte Problem der Annahme rational handelnder Individuen[741] in einem veränderten Zusammenhang. Es geht hier nicht um die - wie gezeigt wurde - zu bejahende Frage, ob Haftungsregeln dass menschliche Verhalten beeinflussen und eine Anreizwirkung entfalten. Problematisch ist im vorliegenden Zusammenhang, dass der Mensch bei der Entscheidung über die Zahlungsbereitschaft oder die Höhe eines zu akzeptierenden Auszahlungsbetrags die Wahrscheinlichkeit des Eintritts eines (Sterblichkeits-)Risikos einschätzen und beurteilen muss und daraus abgeleitet der statistische Wert eines Lebens hochgerechnet wird. Das Konzept der beschränkten Rationalität oder auch *bounded rationality* geht davon aus, dass sich Individuen in klaren und eindeutigen Entscheidungssituationen rational, in schwieriger werdenden Entscheidungssituationen aber nur noch beschränkt rational verhalten.[742]

---

739 *Viscusi*, The Value of Life in Legal Contexts: Survey and Critique, American Law and Economics Review, 2000 (2/1), S. 195 (S. 201).

740 Vgl. zum Ganzen: *Viscusi*, Misuses and Proper Uses of Hedonic Values of Life, Harvard Law School, Cambridge (Massachusetts), Discussion Paper No. 292, 8/2000, S. 2 f. (http://www.law.harvard.edu/programs/olin_center/papers/pdf/292.pdf, 16.12.2006).

741 Vgl. dazu die Ausführungen in Kapitel 3 auf S. 128 ff. zur Wirkung von Haftungsregeln auf das menschliche Verhalten.

742 Dazu grundlegend *Simon*, bounded rationality, in: *Eatwell/Milgate/Newmann (Hrsg.)*, The New Palgrave: A Dictionary of Economics, Band 1, London (1987), korrigierter Nachdruck 1991, S. 266 f.

Bei der Wahrnehmung und Einschätzung des Risikos kann es zu Verzerrungen kommen, denn es bereitet Menschen Schwierigkeiten, eine ihnen unbekannte Wahrscheinlichkeit einzuschätzen. Dabei werden tatsächlich kleine Risiken häufig überschätzt und tatsächlich große Risiken unterschätzt. Diese Einschätzung ist insbesondere abhängig von der Quantität und Qualität der verfügbaren Informationen über die das zu beurteilende Risiko betreffenden Fakten.[743]

Eine solche (Fehl-)Einschätzung ist beispielsweise zu beobachten bei den mit dem Konsum von Tabakprodukten verbunden Risiken durch die jeweiligen Konsumenten. Zunächst dürfte unbestreitbar sein, dass die Konsumenten nicht zuletzt aufgrund der in jüngster Zeit noch einmal verschärften Pflicht zur Anbringung von Warnhinweisen ein als gedankliches Mitbewusstsein zu bezeichnendes Wissen über die abstrakten Gefahren des Rauchens, auch hinsichtlich einer möglichen Gefahr der Abhängigkeit haben. Für den Konsumenten sind dies jedoch teilweise unvollständige und schwer zu interpretierende Informationen. Unter dem Gesichtspunkt der kognitiven Dissonanz kommen darüber hinaus menschliche Beschränkungen zum Tragen, die sowohl zu verzerrter Wahrnehmung entscheidungsbestimmender Faktoren als auch zu verkürzten oder fehlerhaften Entscheidungen führen können. Zu den Faktoren, die fehlerhaft wahrgenommen werden, zählen beispielsweise der zu erwartende Schaden (bzw. der Wert des Lebens), das relative Risiko des Rauchens gegenüber gegebenen anderen Risiken sowie die persönliche Gefährdung im Vergleich zum Durchschnittsrisiko. Letzteres wird trotz amtlicher Warnhinweise und öffentlicher Thematisierung nicht korrekt wahrgenommen, „weil über seinen Verlauf in Abhängigkeit von der Rauchmenge spekuliert werden muss, weil es Gegenstand unrepräsentativer ‚hausgemachter' Statistiken ist, und weil die Verbreitung des Rauchens und seine Selbstverständlichkeit den bewussten oder unbewussten Eindruck erwecken können, dass die Gefahr begrenzt ist."[744]

Zahlreiche Studien zeigen, dass die langfristigen negativen Auswirkungen des Rauchens unterschätzt werden. Dabei werden Informationen nur selektiv wahrgenommen, zu optimistisch bewertet oder sogar vollständig ignoriert. Diese psychologischen Verzerrungen treten insbesondere bei Kindern und Jugendlichen zutage, für die Gesundheitsrisiken fern und abstrakt sind und die nicht davon ausgehen, auf Dauer zu rauchen bzw. später nicht mehr aufhören zu können.[745] Die Anwendung dieser Erkenntnisse wird von deutschen Gerichten bis-

---

[743] *Sunstein*, Valuing Life: A Plea for Disaggregation, Duke Law Journal, 2004 (54), S. 385 (S. 427 ff.).

[744] So ausdrücklich *von Laffert*, Rauchen, Gesellschaft und Staat, Wiesbaden, 1998, S. 216, mit vertiefenden Ausführungen.

[745] Ausführlich zum Ganzen *von Laffert*, Rauchen, Gesellschaft und Staat, Wiesbaden, 1998, S. 89 ff.; zu den Risikopräferenzen von Rauchern vgl. auch *Khwaja/Sloan/Salm*, Evidence on preferences and subjective beliefs of risk takers: The case of smokers, International

lang verweigert. Die einschlägigen Entscheidungen gehen nach wie vor davon aus, dass der Konsument eine eigenverantwortliche und selbst bestimmte Entscheidung trifft, sofern er Zigaretten konsumiert. Dementsprechend wird eine zivilrechtliche Haftung mit dem zentralen, insoweit aber fehlerhaften Argument abgelehnt, dass die mit dem Konsum von Tabakprodukten verbunden Gefahren seit langem allgemein bekannt seien.[746]

Ferner ist die Einschätzung von Wahrscheinlichkeiten bzw. Risiken maßgeblich durch die Fragetechnik beeinflussbar. Dieser sogenannte *framing effect* muss möglichst ausgeschaltet werden, sofern die Risikoeinschätzung durch eine direkte Befragung der betroffenen Individuen erfolgt.[747] Statt einer Befragung können aber auch verborgene Abwägungsvorgänge die Grundlage einer Untersuchung bilden. So z.B. die Abwägung zwischen einer gefährlichen beruflichen Tätigkeit und dem dafür gezahlten kompensierenden Lohnaufschlag.

Die aufgezeigten Schwierigkeiten können auch beseitigt werden, indem das Individuum die betreffende Wahrscheinlichkeit nicht selbst einschätzen muss, sondern sie ihm mitgeteilt wird. Dabei kommt es aber zu einem anderen verzerrenden Effekt: Bei bekannten Wahrscheinlichkeiten unterschätzt der Mensch schwer vorstellbare oder außergewöhnliche Ereignisse, also mit geringer Wahrscheinlichkeit eintretende Risiken. Demgegenüber werden häufig eintretende Ereignisse, d.h. mit hoher Wahrscheinlichkeit eintretende Risiken, üblicherweise überschätzt.[748] Aufgrund der Auswahl des empirischen Datenmaterials sowie

---

Journal of Industrial Organization, 2006 (24), S. 667 ff. Zu den daraus zu ziehenden Konsequenzen für die Regulierung (öffentliche Rauchverbote und Steuererhöhungen statt Aufklärungskampagnen) vgl. *Kwaja/Sloan/Chung*, Learning about individual risk and the decision to smoke, International Journal of Industrial Organization, 2006 (24), S. 683 (S. 697 f.).

[746] Vgl. nur OLG Hamm, NJW, 2005, S. 295 f.; LG Arnsberg, NJW, 2004, S. 232 ff.; kritisch dazu *Adams/Merten*, EWiR § 1 ProdHaftG 1/04, S. 935 f.; *Merten*, Zigaretten - ein fehlerhaftes Produkt, Zivilrechtliche Haftung und strafrechtliche Verantwortung der Zigarettenindustrie, VersR, 2005, S. 465 ff.

[747] Zu den besonderen Schwierigkeiten aufgrund der vorliegenden Verknüpfung aus kleiner Wahrscheinlichkeit und substantiellem Ereignis in Gestalt des Todes vgl. *Schelling*, The Life You Safe May Be Your Own, in: *Chase (Hrsg.)*, Problems in Public Expenditure Analysis, 1968, S. 127 (S. 144 f.). Zur Risikoeinschätzung US-amerikanischer Richter siehe *Viscusi*, How Do Judges Think about Risk?, American Law and Economics Review, 1999 (1), S. 26 ff.

[748] *Hogarth*, Cognitive Processes and the Assessment of Subjective Probability Distributions, Journal of the American Statistical Association, 1975 (70), S. 271 ff.; *Slovic*, The Psychology of Protective Behaviour, Journal of Safety Research, 1978 (10), S. 58 ff.; *Tversky/Kahneman*, Judgment under Uncertainty: Heuristics and Biases, in: *Kahneman/Slovic/Tversky (Hrsg.)*, Judgment under Uncertainty: Heuristics and Biases, Cambridge, 1982, Nachdruck 1999, S. 3 ff.

dessen statistischer Auswertung kann dieses in den Wirtschaftswissenschaften empirisch belegte Phänomen jedoch vernachlässigt werden. Werden die Entscheidungen einer Vielzahl von Menschen in eine Untersuchung einbezogen, so gleichen sich in der Regel die Verzerrungen aus, da einige Menschen ein bestimmtes Risiko überschätzen, andere dieses Risiko aber unterbewerten.

Mögliche Verzerrungen werden im Rahmen des Konzepts des statistischen Werts des Lebens auch dadurch vermieden, dass Abwägungsvorgänge mit kleinen Risikowahrscheinlichkeiten Grundlage der Hochrechnung sind.

II. Zahlungsbereitschaft und kleine Risikowahrscheinlichkeiten

Entsprechenden Risiken setzen wir uns täglich in den unterschiedlichsten Bereichen unseres Lebens aus, z.B. durch die Teilnahme am Straßenverkehr. In der überwiegenden Anzahl der Fälle ist das statistische Risiko, bei der Ausübung einer bestimmten Handlung zu sterben, sehr klein. Bezogen auf die Wahrscheinlichkeit zu sterben, ähnelt der Zusammenhang dem einer Lotterie. Setzen wir uns durch eine bestimmte Handlung einem bestimmten Risiko aus, so wägen wir dieses Risiko, mit dem aus der Handlung erwachsenden Nutzen ab. Dieser Abwägungsvorgang sowie die darin einfließenden Parameter sind der Ausgangspunkt der ökonomischen Überlegungen zum sogenannten statistischen Wert eines Lebens. Diese Zusammenhänge hat *Schelling* bereits im Jahre 1968[749] als einer der ersten deutlich gemacht.[750]

Im Zentrum des Modells zur Ermittlung des statistischen Werts des Lebens steht ein Individuum, das einem spezifischen, aber nur mit sehr geringer Wahrscheinlichkeit eintretendem Todesfallrisiko ausgesetzt ist. Es wird abstrakt danach gefragt, welchen Betrag das Individuum bereit ist zu zahlen, um dieses Risiko zu eliminieren. Dabei wird davon ausgegangen, dass der Wert dieser Zahlungsbereitschaft, genau dem Auszahlungsbetrag entspricht, bei dessen Auskehrung das Individuum auch eine entsprechende Erhöhung des Risikos akzeptieren würde.[751] Voraussetzung für diese Umkehrung der Ausgangsthese ist jedoch, dass es

---

749 *Schelling*, The Life You Save May Be Your Own, in: *Chase (Hrsg.)*, Problems in Public Expenditure Analysis, 1968, S. 127 ff.; zu den maßgeblichen ökonometrischen Grundlagen vgl. *Griliches (Hrsg.)*, Price Indexes and Quality Change, Studies in New Methods of Measurement, Cambridge (Massachusetts), 1971. Eine der ersten Untersuchungen von Lohnzuschlägen für gefährliche Tätigkeiten stellt die Studie von *Thaler/Rosen*, The Value of Saving a Life: Evidence from the Labor Market, in: *Terleckyj (Hrsg.)*, Household Produktion and Consumption, New York, 1975, S. 265 ff., dar.

750 *Viscusi*, Misuses and Proper Uses of Hedonic Values of Life, Harvard Law School, Cambridge (Massachusetts), Discussion Paper No. 292, 8/2000, S. 22 (http://www.law.harvard.edu/programs/olin_center/papers/pdf/292.pdf, 16.12.2006).

751 Ein praktisches Beispiel dieser theoretischen Umkehrung findet sich im Bereich des Erwerbslebens: Als Ausgleich für die Ausübung einer überdurchschnittlich gefährlichen Tä-

sich um sehr kleine Wahrscheinlichkeiten des Todeseintritts handelt und somit die zu ermittelnde Zahlungsbereitschaft bzw. der Auszahlungsbetrag mit einer nur geringen Veränderung des Risikos einhergeht.[752]

III. Das Ausgangsbeispiel

Das zu Grunde liegende Prinzip lässt sich anhand eines Beispiels[753] veranschaulichen, das auf folgenden Annahmen beruht: Ein Individuum sei einem Todesfallrisiko von 1/10.000 ausgesetzt, wobei dieses Risiko den Schätzungen des langfristigen Sterblichkeitsrisikos eines durchschnittlichen amerikanischen Arbeitnehmers entspricht. Ferner sei angenommen, dass es sich nicht um ein wiederkehrendes, sondern um ein nur einmal auftretendes Risiko handelt (sogenanntes *one shot game*), von dem sich das Individuum durch die Zahlung eines Geldbetrages freikaufen kann. Schließlich sei unterstellt, dass der Tod plötzlich eintritt und keine Schmerzen oder Qualen verursacht. Unter diesen Bedingungen wird nach der Zahlungsbereitschaft des Individuums gefragt[754], um das Risiko zu sterben auszuschließen. Die Antworten auf dieses Szenario lassen sich in drei Kategorien einteilen. Ein geringer Anteil der Befragten würde alle verfügbaren Mittel einsetzen, um sich von dem Risiko freizukaufen[755], ein anderer kleiner Teil hingegen wäre zu gar keiner Zahlung bereit[756]. Können die Grundannahmen des Beispiels hingegen glaubhaft vermittelt werden, so wären die Befragten im Durchschnitt bereit, einen Betrag von ca. 500 US$ aufzuwenden, um das Risiko auszuschließen. Der zugehörige statistische Wert eines menschlichen Lebens

---

tigkeit erhält ein Bergmann im Untertageeinsatz eine „Risikoprämie" in Gestalt einer höheren Lohnzahlung.

752 Ausführlich zum Ganzen: *Viscusi*, The Value of Life in Legal Contexts: Survey and Critique, American Law and Economics Review, 2000 (2/1), S. 195 (S. 196 f.); *ders.*, Misuses and Proper Uses of Hedonic Values of Life, Harvard Law School, Cambridge (Massachusetts), Discussion Paper No. 292, 8/2000, S. 4 (http://www.law.harvard.edu/programs/olin_center/papers/pdf/292.pdf, 16.12.2006).

753 Entnommen aus *Viscusi*, The Value of Life in Legal Contexts: Survey and Critique, American Law and Economics Review, 2000 (2/1), S. 195 (S. 201).

754 Hierbei soll das Problem opportunistischen Verhaltens zunächst nicht berücksichtigt werden. Insbesondere bei Risiken mit Drittwirkungen kann es dazu kommen, dass ein Individuum untätig bleibt (sogenannter Trittbrettfahrer), da es davon ausgeht, dass andere vom Risiko ebenfalls betroffene Individuen für die Eliminierung des Risikos sorgen werden. Im vorliegenden Fall würde dies dazu führen, dass das betreffende Individuum lediglich bereit wäre, eine geringe Summe für die Eliminierung des Risikos zu zahlen oder zu gar keiner Zahlung bereit wäre.

755 Bestünde - theoretisch - eine unendlich große Zahlungsbereitschaft, so wäre der statistische Wert des Lebens ebenfalls unendlich.

756 Zu den möglichen Gründen für dieses Antwortverhalten vgl. Fn. 747 sowie die Ausführungen in Fn. 754.

ergibt sich, indem man die Zahlungsbereitschaft durch das Sterblichkeitsrisiko, d.h. die erkaufte Risikoverminderung dividiert. Es gilt folgende Gleichung:

$$\text{Statistischer Wert des Lebens} = \frac{\text{Zahlungsbereitschaft}}{\text{Risikoverminderung}}$$

Für das konkrete Beispiel ergibt sich damit folgende Berechnung:

$$\text{Statistischer Wert des Lebens} = \frac{500\text{ US\$}}{1/10.000}$$

Oder:

$$\text{Statistischer Wert des Lebens} = 500\text{ USD} \times 10.000 = 5.000.000\text{ US\$}$$

Im vorliegenden Beispiel beträgt der statistische Wert des menschlichen Lebens folglich 5 Millionen US$.

Dieses Ergebnis und seine Herleitung lassen sich auch mit folgender Überlegung anschaulich machen. Würden 10.000 Personen mit der geschilderten Situation konfrontiert, so würde statistisch gesehen ein Individuum dieser Gruppe in Folge des unterstellten Todesfallrisikos von 1/10.000 sterben. Da nun jede Person in dieser Gruppe bereit ist, 500 US$ aufzuwenden, um das Risiko auszuschließen, ergibt sich wiederum ein Betrag von 5 Millionen US$ als statistischer Wert des Lebens.[757]

Es ist zu betonen, dass dieser Wert nicht als absolute Größe für den Wert eines Menschenlebens angesehen werden kann. Denn die jeweilige Ausgangssituation hat maßgeblichen Einfluss auf den ermittelten Betrag. Dies zeigen auch die Ergebnisse der empirischen Untersuchungen zum statistischen Wert des menschlichen Lebens, die sich in einer Bandbreite zwischen drei bis neun Millionen US$ bewegen.[758] Die meisten empirischen Untersuchungen wurden im Bereich des Arbeitsmarktes vorgenommen. Dabei wird nicht die Zahlungsbereitschaft für die Eliminierung eines bestimmten Sterblichkeitsrisikos abgefragt, sondern der Auszahlungsbetrag in Gestalt einer höheren Lohnzahlung ermittelt, bei dem die Arbeitnehmer eine bestimmte Risikoerhöhung in Kauf nehmen, die durch die Ausgestaltung bzw. Eigenart der ausgeübten Tätigkeit hervorgerufen wird.

IV. Real zu beobachtende Abwägungsvorgänge

Entsprechende Abwägungsvorgänge gehen auf ein in den Wirtschaftswissenschaften seit über zwei Jahrhunderten allgemein anerkanntes, bereits von *Adam*

---

757 Vgl. *Viscusi*, The Value of Life in Legal Contexts: Survey and Critique, American Law and Economics Review, 2000 (2/1), S. 195 (S. 201).

758 *Viscusi*, The Value of Life in Legal Contexts: Survey and Critique, American Law and Economics Review, 2000 (2/1), S. 195 (S. 205); die Ergebnisse der empirischen Untersuchungen werden im einzelnen dargestellt auf S. 186 ff. in diesem Kapitel.

Smith beschriebenes Marktgeschehen zurück.[759] Danach verlangen Arbeiter eine Entschädigung für gefährliche oder auf andere Art und Weise als unangenehm empfundene Tätigkeiten. Andernfalls wäre eine solche Beschäftigung weniger attraktiv als vergleichbare, aber nicht mit dem entsprechenden Risiko behaftete Arbeitsplätze.[760]

Dieser für das *value of statistical life*-Konzept wesentliche und real zu beobachtende Abwägungsvorgang zwischen Lohn bzw. - allgemein formuliert - Geld und Risiko findet sich auch in anderen Lebensbereichen. Beim Kauf eines Kraftfahrzeugs muss sich der Kunde zunächst für ein bestimmtes Modell und damit neben anderen Parametern, wie z.B. Komfort, Image, Wirtschaftlichkeit oder Pannensicherheit, auch für einen bestimmten Sicherheitsstandard entscheiden. So bietet beispielsweise ein Fahrzeug der Oberklasse seinen Insassen einen besseren Seitenaufprallschutz als ein Kleinwagen zu einem niedrigeren Preis. Hat sich der Interessent bereits für ein bestimmtes Modell entschieden, so bieten sich ihm auch hier noch verschiedene Sonderausstattungen im Bereich der Fahrzeugsicherheit zur Auswahl an. Man denke hier beispielsweise an nur gegen Aufpreis erhältliche Kopfstützen im Fonds sowie die Ausstattung mit Seiten- oder Kopfairbags. Die Sicherheit eines Kraftfahrzeugs und die davon abhängige verminderte bzw. gesteigerte Wahrscheinlichkeit einer Verletzung oder gar des Todes ist eine Entscheidungskomponente, was nicht zuletzt auch die Tatsache beweist, dass die Fahrzeuge mit den entsprechenden Attributen beworben werden. Der Interessent muss also abwägen zwischen dem Preis einer Sicherheitsausstattung und der durch sie vermittelten Risikoverminderung bzw. der andernfalls gegebenen Risikoerhöhung. Dabei fließt, zumindest unbewusst eine monetäre Bewertung des eigenen Lebens ins Kalkül ein. Der Interessent fragt sich, ob der durch die Ausstattung vermittelte Sicherheitsgewinn den Aufpreis wert ist.

Entsprechende Abwägungsvorgänge finden sich beispielsweise auch bei der Anschaffung anderer potentiell gefährlicher Konsumgüter oder beim Erwerb von Gütern, die der Risikoverminderung dienen, wie z.B. Rauch- oder Feuermeldern für Wohnräume. Ein weiteres Beispiel ist die Entscheidung über die Anmietung oder den Kauf von Wohnraum unter dem Gesichtspunkt des Einflusses schädli-

---

759 *Smith*, An Inquiry into the Nature and Causes of the Wealth of Nations, The Glasgow Edition of the Works and Correspondence of Adam Smith, Vol. I, Oxford, 1976, S. 116 ff.; wörtlich heißt es z.B.: "The wages of labour vary with the ease or hardship, the cleanliness or dirtiness, the honourableness or dishonourableness of the employment." (a.a.O., S. 117).

760 *Viscusi*, The Value of Life in Legal Contexts: Survey and Critique, American Law and Economics Review, 2000 (2/1), S. 195 (S. 202); *ders.*, Misuses and Proper Uses of Hedonic Values of Life, Harvard Law School, Cambridge (Massachusetts), Discussion Paper No. 292, 8/2000, S. 3 (http://www.law.harvard.edu/programs/olin_center/papers/pdf/292.pdf, 16.12.2006).

cher Umwelteinwirkungen.[761] Die Entscheidungen bei diesen Vorgängen beruhen auf realen Vorgängen, weshalb eine große Anzahl an relevanten Marktdaten existiert.

Es bietet sich daher an, das Marktgeschehen im Hinblick auf die innewohnende Entscheidungs-Komponente des statistischen Werts eines menschlichen Lebens zu untersuchen, zumal isolierte Markttransaktionen über Sterblichkeitswahrscheinlichkeiten nicht beobachtbar sind. Dies stellt einen Vorteil gegenüber der Methode der Befragung im Wege von Interviews oder Fragebögen dar, welche auf der Grundlage eines hypothetischen Szenarios durchgeführt werden. Stehen keine realen Marktdaten zur Verfügung, so stellt die Methode der Befragung jedoch die einzige Möglichkeit dar, einen statistischen Wert des menschlichen Lebens zu ermitteln.[762]

V. Empirischer Befund

1. Arbeitsmarkt-Studien

Die meisten Untersuchungen zum Wert eines statistischen Lebens beziehen sich auf den Arbeitsmarkt. Aufgrund der guten Verfügbarkeit von Daten zu Arbeitsunfällen als auch zur Ausgestaltung einzelner Arbeitsplätze sowie zu den persönlichen Verhältnissen der Arbeitnehmer bietet sich dieser Bereich an, um aus dem gegebenen Datenmaterial den Abwägungsvorgang zwischen Risiko und Lohnzahlung herauszuarbeiten und hieraus auf den statistischen Wert eines menschlichen Lebens zu schließen. Dementsprechend werden die zu Grunde liegenden Untersuchungsmethoden begrifflich auch als *hedonic wage analyses* bezeichnet. Entsprechende Studien wurden für die Vereinigten Staaten von Amerika, aber auch für andere Staaten - z.B. Großbritannien, Kanada und Australien - durchgeführt.

Zum besseren Verständnis der Untersuchungen soll zunächst ein Überblick über das zu Grunde liegende Modell der Ermittlung des statistischen Werts des Lebens gegeben werden.[763] Die überwiegende Zahl der Analysen beruht auf der Annahme, dass die Höhe der Lohnzahlung durch bestimmte Tatsachen beeinflusst wird, die sowohl den Arbeitsplatz und die Arbeitsbedingungen als auch

---

761 Vgl. *Viscusi*, The Value of Life in Legal Contexts: Survey and Critique, American Law and Economics Review, 2000 (2/1), S. 195 (S. 202).

762 *Viscusi*, The Value of Life in Legal Contexts: Survey and Critique, American Law and Economics Review, 2000 (2/1), S. 195 (S. 202).

763 Vgl. zum Folgenden *Viscusi/Aldy*, The Value of a Statistical Life: A Critical Review of Market Estimates throughout the World, Journal of Risk and Uncertainty, 2003 (27/1), S. 5 (S. 7 ff.).

den Arbeitnehmer selbst betreffen. Danach besteht ein allgemeiner funktionaler Zusammenhang, der wie folgt beschrieben werden kann:

$$L = f(P, A, t, v, K, e)$$

Dabei steht L für den Lohn eines bestimmten Arbeitnehmers. Dieser wird beeinflusst von

- den persönlichen Charakteristika P des Arbeitnehmers,
- den Charakteristika A des Arbeitsplatzes,
- der Todesfallwahrscheinlichkeit t, der der Arbeitnehmer an seinem Arbeitsplatz ausgesetzt ist,
- der Wahrscheinlichkeit einer berufsbezogenen Verletzung v und
- der Kompensationszahlung K im Falle einer Verletzung.

Eine Berücksichtigung der letzten beiden Einflussgrößen ist notwendig, da die Lohnzahlung nicht allein die Todesfallrisiken, sondern auch die Risken von Verletzungen kompensieren muss. Würden nicht tödliche Verletzungen ausgeklammert, so würde dies im Ergebnis fälschlicherweise zu höheren Werten eines statistischen Lebens führen.

Um Faktoren berücksichtigen zu können, die keinem der vorgenannten Parameter zurechenbar sind, gleichwohl aber einen Einfluss auf die Lohnzahlung haben, wird zusätzlich eine sogenannte Fehlerkonstante e einbezogen.[764]

In die persönlichen Charakteristika P fließen das Humankapital bestimmende Parameter wie das Bildungsniveau oder die Berufserfahrung sowie andere individuelle Merkmale, z.B. das Gesamteinkommen einschließlich möglicher Kapitalerträge oder das Alter, ein. Die Arbeitsplatzcharakteristika A determinieren beispielsweise, ob es sich um eine Schreibtischtätigkeit (sogenannte *white-collar jobs*) oder einen Arbeitsplatz im verarbeitenden Gewerbe (sogenannte *blue-collar jobs*) handelt, welche Hierarchiestufe der Arbeitnehmer innehat oder ob er eine körperlich belastende Tätigkeit (z.B. im Straßenbau) ausübt.[765]

Aus der zu Grunde liegenden Modellannahme lässt sich folglich ableiten, dass die dargestellten Parameter die Höhe des ausgezahlten Lohns beeinflussen. Die Größenordnung ihres jeweiligen Einflusses zu ermitteln, stellt die Herausforderung an die empirische Arbeit dar. Nach der Sammlung der zu verarbeitenden empirischen Daten, müssen diese so aufbereitet werden, dass sie den theoretischen Modellannahmen entsprechend sinnvoll verwendet werden können. Dies geschieht mit Hilfe von ökonometrischen Verfahren, im vorliegenden Anwen-

---

[764] Zu möglichen Auswirkungen nicht berücksichtigter Einflussgrößen vgl. *Viscusi/Aldy*, The Value of a Statistical Life: A Critical Review of Market Estimates throughout the World, Journal of Risk and Uncertainty, 2003 (27/1), S. 5 (S. 14 ff.).

[765] *Viscusi/Aldy*, The Value of a Statistical Life: A Critical Review of Market Estimates throughout the World, Journal of Risk and Uncertainty, 2003 (27/1), S. 5 (S. 9).

dungsfall durch eine sogenannte Regressionsanalyse.[766] Dazu muss zunächst die dargestellte theoretische Modellannahme in eine sogenannte Schätzgleichung überführt werden. In dieser wird der jeweilige Einfluss der einzelnen Modell-Parameter auf die Höhe der Lohnzahlung durch die sogenannten Koeffizienten ausgedrückt. Ferner ist zu ermitteln, in welcher Weise die einzelnen Parameter in ihrer Gesamtheit die Lohnauszahlung beeinflussen. Hier kann beispielsweise ein additiver oder multiplikativer Zusammenhang bestehen.

Die zu Grunde liegenden Modellannahmen gehen davon aus, dass auch das Todesfallrisiko t Einfluss auf die Lohnzahlung hat. Dessen Größenordnung ergibt sich aus dem Koeffizienten. Führt man sich das bereits beschriebene Ausgangsbeispiel zur Bestimmung des statischen Werts des Lebens vor Augen[767], so lässt sich aus der Regressionsanalyse die Einflussstärke des Todesfallrisikos auf die Höhe des Lohnzuschlages ablesen. Damit ist gleichfalls zu erkennen, welcher Lohnzuschlag für eine bestimmte Erhöhung des Todesfallrisikos zu zahlen ist. Oder anders ausgedrückt: Welcher Lohnaufschlag muss dem Arbeitnehmer gewährt werden, damit er ein bestimmtes tödliches Risiko in Kauf nimmt. Im Vergleich mit dem Ausgangsbeispiel handelt es sich hierbei also nicht um den sogenannten *willingness to pay*-, sondern den *willingness to accept*-Ansatz. Ersetzt man im Ausgangsbeispiel die „Zahlungsbereitschaft" durch die als Lohn ausgezahlte Risikoprämie und die „Risikoverminderung" durch die arbeitsplatzbedingte Risikoerhöhung, so kann der statistische Wert des Menschenlebens entsprechend aus dem Verhältnis von Risikoprämie und Risikoerhöhung errechnet werden.

a. USA

Eine Vielzahl an empirischen Untersuchungen wurde im Bereich des US-amerikanischen Arbeitsmarktes vorgenommen. Die Erhebung der dafür notwendigen Daten erfolgt sehr unterschiedlich. Es werden direkte Befragungen der Arbeitnehmer und ihre Einschätzung der Arbeitsbedingungen, insbesondere des Risikos, zu Grunde gelegt[768], versicherungsmathematische Daten genutzt[769] so-

---

[766] Ein einführender Überblick zur Regressionsanalyse findet sich bei *Mansfield/Allen/Doherty/Weigelt*, Managerial Economics, Theory, Application, and Cases, 5. Auflage, New York, 2002, S. 157 ff.

[767] Vgl. dazu die Ausführungen ab S. 183 in diesem Kapitel.

[768] So z.B. in den Studien von *Viscusi*, Employment Hazards: An Investigation of Market Performance, Cambridge (Massachusetts), 1979, *ders.*, Union, Labor Market Structure, and the Welfare Implications of the Quality of Work, Journal of Labor Research, 1980 (1/1), S. 175 ff.; *Fairris*, Compensating Wage Differentials in the Union and Nonunion Sectors, Industrial Relations, 1989 (28/3), S. 356 ff., die sich auf Daten einer Untersuchung der *University of Michigan* zu *Working Conditions and Quality of Employment* stützen.

wie die Angaben zu Kompensationszahlungen aufgrund von Arbeitsunfällen ausgewertet[770]. Die weitaus größte Zahl der Studien zum US-amerikanischen Arbeitsmarkt stützt sich auf vom *US Department of Labor Bureau of Labor Statistics (BLS)* seit den späten 60er Jahren gesammelte Daten zum Sterblichkeits- und Verletzungsrisiko verschiedener Industrien, die seit 1992 im *Census of Fatal Occupational Injuries (CFOI)* erhoben werden. Bedenken hinsichtlich der ursprünglichen statistischen Vorgehensweise des *BLS* haben dazu geführt, dass seit 1980 das *National Institute of Occupational Safety and Health (NIOSH)* mit Hilfe des sogenannten *National Traumatic Occupational Fatalities surveillance system (NTOF)* ebenfalls entsprechende Erhebungen zu Todesfallrisiken durchführt.[771, 772] Die Studie von *Lott/Manning*[773] befasst sich als einzige mit dem

---

769 So z.B. die Studien von *Thaler/Rosen*, The Value of Saving a Life: Evidence from the Labor Market, in: *Terleckyj (Hrsg.)*, Household Production and Consumption, New York, 1975, S. 265 ff.; *Brown*, Equalizing Differences in the Labor Market, Quarterly Journal of Economics, 1980 (94/1), S. 113 ff.; *Leigh*, Compensating Wages for Occupational Injuries and Diseases, Social Science Quarterly, 1981 (62/4), S. 772 ff. sowie *Arnould/Nichols*, Wage-Risk Premiums and Workers' Compensation: A Refinement of Estimates of Compensating Wage Differential, Journal of Political Economy, 1983 (91/2), S. 332 ff.

770 Bei den Studien von *Dillingham* (The Influence of Risk Variable Definition on Value-of-Life Estimates, Economic Inquiry, 1985 (23/2), S. 277 ff.) und *Leigh* (No Evidence of Compensating Wages for Occupational Fatalities, Industrial Relations, 1991 (30/3), S. 382 ff.) ist zu berücksichtigen, dass in den Vereinigten Staaten die Programme zur Kompensation bei Arbeitsunfällen in die Zuständigkeit der Bundesstaaten fallen und damit keine einheitliche Aufzeichnung durch die zuständigen Behörden erfolgt. Dadurch auftretende Unterschiede werden lediglich in der Studie von *Leigh* (a.a.O.) herausgearbeitet, die sich auf Daten aus 11 Bundesstaaten stützt; vgl. *Viscusi/Aldy*, The Value of a Statistical Life: A Critical Review of Market Estimates throughout the World, Journal of Risk and Uncertainty, 2003 (27/1), S. 5 (S. 11).

771 Diese Daten nutzen die Studien von *Kniesner/Leeth* (Compensating Wage Differentials for Fatal Injury Risk in Australia, Japan, and the United States, Journal of Risk and Uncertainty, 1991 (4/1), S. 75 ff.), *Moore/Viscusi* (Discounting Environmental Health Risks: New Evidence and Policy Implications, Journal of Environmental Economics and Management, 1990 (18), S. S-51 ff.), *Moore/Viscusi* (Models for Estimating Discount Rates for Long-Term Health Risks Using Labor Market Data, Journal of Risk and Uncertainty, 1990 (3/4), S. 381 ff.), *Viscusi/Moore* (Rates of Time Preference and Valuations of the Duration of Life, Journal of Public Economics, 1989 (38/3), S. 297 ff.) sowie - neben *BLS*-Daten - die Untersuchungen von *Dorman/Hagstrom* (Wage Compensation for Dangerous Work Revisited, Industrial and Labor Relations Review, 1998 (52/1), S. 116 ff.) und *Leigh* (Compensating Wages, Value of a Statistical Life, and Inter-Industry Differentials, Journal of Environmental Economics and Management, 1995 (28/1), S. 83 ff.).

772 Vergleicht man die vom *BLS* bzw. *CFOI* und der *NIOSH* seit 1992 gesammelten Daten, so zeigt sich, dass die *BLS*-Daten für jeden untersuchten Industriebereich ein höheres Sterblichkeitsrisiko aufweisen. Zu weiteren Unterschieden vgl. *Viscusi/Aldy*, The Value

durch Berufskrankheiten hervorgerufenen erhöhten Risiko. Sie untersucht die Risikoprämie für Tätigkeiten, die aufgrund des Kontakts mit verschiedenen chemischen Verbindungen einem erhöhten Krebsrisiko unterliegen und benutzt neben *NIOSH*-Daten entsprechende Krebs-Risikodaten.

Die Daten zu Lohnhöhe und den Charakteristika der Arbeitnehmer sowie den Arbeitsplatzbedingungen werden vereinzelt direkt von den Autoren der Studien erhoben.[774] In der Regel finden jedoch Daten anderer Erhebungen Verwendung. Neben Volkszählungsdaten werden die Ergebnisse folgender Untersuchungen genutzt: *University of Michigan's Survey of Working Conditions (SWC)*, *Quality of Employment Survey (QES)*, *Bureau of Labor Statistics' Current Population Survey (CPS)* sowie *Panel Study of Income Dynamics (PSID)*. Praktisch alle Studien verwenden den Stundenlohn als Bezugsgröße, allerdings sowohl vor als auch nach Steuern. Dies beeinflusst die Ergebnisse nicht signifikant, so lange das Einkommensniveau und die Steuersätze nicht zu stark differieren. In der Regel werden Datensätze der verschiedenen Parameter (Risiko, Lohn, persönliche und Arbeitsplatzcharakteristika) aus denselben bzw. dem Durchschnitt derselben Jahre zusammengeführt und die Auswahl der einbezogenen Arbeitnehmer beschränkt, z.B. auf Männer, *blue-collar jobs* oder Vollzeitkräfte, so dass sie dem verwendeten Risikolevel und Industriezweig am besten entsprechen. Dies vergrößert die Wahrscheinlichkeit, dass nur solche Datensätze in eine ökonometrische Verbindung gebracht werden, die auch tatsächlich einen Bezug zueinander haben.[775]

Die wesentlichen Ergebnisse der Studien zum statistischen Wert des Lebens auf der Grundlage von US-amerikanischen Arbeitsmarkt-Daten sind in der nachfolgenden Tabelle zusammengefasst. Die Übersicht basiert auf einer vergleichenden Studie von *Viscusi* und *Aldy*[776] und beinhaltet die Autoren und das Jahr der Untersuchung, das angenommene durchschnittliche Risiko, das durchschnittli-

---

of a Statistical Life: A Critical Review of Market Estimates throughout the World, Journal of Risk and Uncertainty, 2003 (27/1), S. 5 (S. 11 f.).

773 Have Changing Liability Rules Compensated Workers Twice for Occupational Hazards? Earnings Premiums and Cancer Risks, Journal of Legal Studies, 2000 (29), S. 99 ff.

774 Beispielsweise von *Gegax/Gerking/Schulze*, Perceived Risk and the Marginal Value of Safety, Review of Economics and Statistics, 1991 (73/4), S. 589 ff.

775 Vgl. zum Ganzen *Viscusi/Aldy*, The Value of a Statistical Life: A Critical Review of Market Estimates throughout the World, Journal of Risk and Uncertainty, 2003 (27/1), S. 5 (S. 12 f.).

776 The Value of a Statistical Life: A Critical Review of Market Estimates throughout the World, Journal of Risk and Uncertainty, 2003 (27/1), S. 5 ff. Für eine andere sogenannte Meta-Analyse vgl. *Mrozek/Taylor*, What Determines the Value of Life? A Meta-Analysis, Journal of Policy Analysis and Management, 2002 (21/2), S. 253 ff.

che pro Kopf Einkommen der untersuchten Gruppe sowie den ermittelten statistischen Wert des Lebens in US$ bezogen auf das Jahr 2000.

Autor(en) / Jahr	**Durchschnittliches Risiko**	**Durchschnittliches pro Kopf Einkommen in US$ (2000)**	**Statistischer Wert des Lebens in Millionen US$ (2000)**
Smith (1974)	0,000125	29.029	9,2
Thaler/Rosen (1975)	0,001	34.663	1,0
Smith (1976)	0,0001	31.027	5,9
Viscusi (1978a, 1979)	0,0001	31.842	5,3
Brown (1980)	0,002	49,019	1,9
Viscusi (1981)	0,0001	22.618	8,3
Olson (1981)	0,0001	36.151	6,7
Arnould/Nichols (1983)	0,001	-	0,5/1,3
Butler (1983)	0,00005	22.713	1,3
Low/McPheters (1983)	0,0003	33,172	1,4
Dorsey/Walzer (1983)	0,000052	21.636	11,8/12,3
Leigh/Folsom (1984)	0,0001	29.038/36.946	10,1-13,3
Smith/Gilbert (1984, 1985)	-	-	0,9
Dillingham/Smith (1984)	0,000082	29.707	4,1-8,3
Dillingham (1985)	0,000008/ 0,00014	26.731	1,2/3,2–6,8
Leigh (1987)	-	-	13,3
Moore/Viscusi (1988b)	0,00006	31.092	9,7
Garen (1988)	0,000108	29.865	17,3
Viscusi/Moore (1989)	0,0001	24.611	10,0
Herzog/Schlottmann (1990)	0,000097	48.364	11,7
Moore/Viscusi (1990b)	0,0001	24.611	20,8
Moore/Viscusi (1990c)	0,0001	24.611	20,8
Kniesner/Leeth (1991)	0,0004	33.627	0,7
Gegax/Gerking/Schulze (1991)	0,0009	41.391	2,1
Leigh (1991)	0,000134	32,961	7,1–15,3
Berger/Gabriel (1991)	0,00008- 0,0000097	46.865/48.029	8,6/10,9
Leigh (1995)	0,00011- 0,00013	29.587	8,1–16,8

Autor(en) / Jahr	Durchschnittliches Risiko	Durchschnittliches pro Kopf Einkommen in US$ (2000)	Statistischer Wert des Lebens in Millionen US$ (2000)
Dorman/Hagstrom (1998)	0,000123-0,0001639	32.243	8,7–20,3
Lott/Manning (2000)	-	30.245	2.0/4,0 (1,5/3,0)[777]

Tabelle 3: Übersicht der Studien zum Statistischen Wert des Lebens auf Grundlage von Arbeitsmarkt-Daten der USA (Angaben in US$ sind bezogen auf das Jahr 2000)[778]

Ein erster Blick auf die Ergebnisse der aufgeführten Studien offenbart, dass es *den* Wert des menschlichen Lebens im Sinne einer konstanten Größe nicht gibt. Die Ergebnisse repräsentieren die jeweiligen Präferenzen der untersuchten Gruppen bei der Abwägung zwischen Lohn und Risiko. Zwar beziehen sich einige Studien auf die Gesamtheit der Arbeitskräfte. Überwiegend wird der Untersuchungsgegenstand aber eingegrenzt, z.B. örtlich[779], auf bestimmte Berufe[780] oder die sogenannten *blue-collar workers* als Berufsgruppe[781], hinsichtlich des Geschlechts[782] oder des Merkmals der Gewerkschaftszugehörigkeit[783]. Die Ergebnisse der Untersuchungen werden zudem durch die Wahl des durchschnittli-

777 Die Studie von *Lott/Manning* (Have Changing Liability Rules Compensated Workers Twice for Occupational Hazards? Earnings Premiums and Cancer Risks, Journal of Legal Studies, 2000 (29), S. 99 ff.) ermittelt den Wert der Vermeidung eines statistischen Krebsfalls mit einer geschätzten Latenzzeit von 10 Jahren. Nach Diskontierung mit 3% ergeben sich daraus die in Klammern angegebenen Werte; vgl. *Viscusi/Aldy*, The Value of a Statistical Life: A Critical Review of Market Estimates throughout the World, Journal of Risk and Uncertainty, 2003 (27/1), S. 5 (Anmerkung zu Tabelle 2, S. 21).

778 Quelle: *Viscusi/Aldy*, The Value of a Statistical Life: A Critical Review of Market Estimates throughout the World, Journal of Risk and Uncertainty, 2003 (27/1), S. 5 (Tabelle 2, S. 19 ff.).

779 Die Analyse von *Butler* (1983) bezieht sich auf South Carolina; vgl. *Viscusi/Aldy*, The Value of a Statistical Life: A Critical Review of Market Estimates throughout the World, Journal of Risk and Uncertainty, 2003 (27/1), S. 5 (S. 18).

780 In der Studie von *Low/McPheters* (Wage Differentials and the Risk of Death: An Empirical Analysis, Economic Inquiry, 1983 (21/2), S. 271 ff.) werden *Police Officers* untersucht.

781 So z.B. die Untersuchung von *Dorman/Hagstrom*, Wage Compensation for Dangerous Work Revisited, Industrial and Labor Relations Review, 1998 (52/1), S. 116 ff.

782 Der Studie von *Berger/Gabriel* (Risk Aversion and the Earnings of U.S. Immigrants and Natives, Applied Economics, 1991 (23/2), S. 311 ff.) liegen männliche Arbeitnehmer zu Grunde.

783 Die Analyse von *Dillingham/Smith* (1984) bezieht sich auf Gewerkschaftsmitglieder; vgl. *Viscusi/Aldy*, The Value of a Statistical Life: A Critical Review of Market Estimates throughout the World, Journal of Risk and Uncertainty, 2003 (27/1), S. 5 (S. 18).

chen Risikofaktors beeinflusst, der einen signifikanten Einfluss auf den ermittelten Wert eines statistischen Lebens hat.[784]

Insgesamt liegen die ermittelten Werte in einer Spannbreite zwischen 0,5 und 20,8 Millionen US$, wobei etwa die Hälfte der Ergebnisse in einem Bereich zwischen fünf und zwölf Millionen US$ angesiedelt ist. Werte unter fünf Millionen US$ resultieren vorwiegend aus der Tatsache, dass die Risikodaten versicherungsmathematischen Quellen entstammen. Diejenigen Studien, die sich auf Daten der *Society of Actuaries* für 37 verschiedene Berufe stützen, legen beispielsweise ein sehr hohes Sterblichkeitsrisiko von 1/1.000 zu Grunde.[785] Es handelt sich somit um überdurchschnittlich gefährliche Tätigkeiten, was zu einer Verzerrung aufgrund der Datenauswahl führt. Die darauf gestützte Erwartung, dass dies zu relativ niedrigen Ergebnissen hinsichtlich der Einschätzung des statistischen Werts des Lebens führt, wird durch die Untersuchungen bestätigt.[786] Es ist davon auszugehen, dass auch die Arbeitnehmer ihre Arbeitsplätze als überdurchschnittlich risikobehaftet einstufen.[787] Daraus ergibt sich, dass diese Arbeitnehmer eher bereit sind, ein bestimmtes Risiko zu akzeptieren und der entsprechende Auszahlungsbetrag relativ gesehen niedriger ist, als bei weniger gefährlichen Tätigkeiten. Aufgrund dieser Präferenzen der Arbeitnehmer liegt der ermittelte statistische Wert eines Lebens im unteren Bereich der Ergebnisse.

Studien, die Werte über zwölf Millionen US$ ermitteln, leiden zum Teil daran, dass sie bei der Bemessung nicht direkt an dem Abwägungsvorgang zwischen Lohn und Risiko anknüpfen. Die Studien von *Leigh* (1995)[788] sowie *Dorman/Hagstrom* (1998)[789] stellen beispielsweise darauf ab, dass die Risikoprä-

---

784 *Viscusi/Aldy*, The Value of a Statistical Life: A Critical Review of Market Estimates throughout the World, Journal of Risk and Uncertainty, 2003 (27/1), S. 5 (S. 18). Ein signifikanter Einfluss liegt vor, wenn die Wahrscheinlichkeit, dass die untersuchten Zusammenhänge zufällig sind oder durch Zufall entstanden sind, gering ist; eine Einführung hierzu findet sich bei *Quatember*, Statistik ohne Angst vor Formeln, München, 2005, S. 110 ff.

785 Vgl. dazu die Nachweise in Fn. 769 auf S. 189.

786 Die Daten der *Society of Actuaries* unterscheiden auch nicht danach, ob das Risiko durch den Arbeitsplatz vermittelt wird oder aufgrund Umständen eintritt, die dem privaten Umfeld zuzurechnen sind; vgl. *Viscusi/Aldy*, The Value of a Statistical Life: A Critical Review of Market Estimates throughout the World, Journal of Risk and Uncertainty, 2003 (27/1), S. 5 (S. 10).

787 *Viscusi/Aldy*, The Value of a Statistical Life: A Critical Review of Market Estimates throughout the World, Journal of Risk and Uncertainty, 2003 (27/1), S. 5 (S. 18).

788 Compensating Wages, Value of a Statistical Life, and Inter-Industry Differentials, Journal of Environmental Economics and Management, 1995 (28/1), S. 83 ff.

789 Wage Compensation for Dangerous Work Revisited, Industrial and Labor Relations Review, 1998 (52/1), S. 116 ff.

mien lediglich aufgrund der Zugehörigkeit zu einem bestimmten Industriezweig gezahlt werden. Die Prämie resultiert demnach nicht aus dem Sterblichkeitsrisiko, sondern reflektiert das unterschiedliche Risiko einzelner Industriezweige. Begrifflich handelt es sich demnach nicht um eine Risikoprämie, sondern um eine Industrieprämie.[790] Dieser Ansatz ist fehlerhaft, da er nicht den Abwägungsvorgang zwischen Lohn und Risiko offenbart. Bei einer Sekretärin der Polizei, die im Innendienst arbeitet und nicht am gefahrträchtigeren Streifen- und Ermittlungsdienst teilnimmt, würde damit ein zu hohes Risiko unterstellt, was zu fehlerhaften Ergebnissen führt.[791]

Der Medianwert der in Tabelle 3 aufgeführten Studien beträgt etwa 7 Millionen US$ (bezogen auf das Jahr 2000).[792] Demgegenüber kommt die vergleichende Analyse von *Mrozek* und *Taylor* aus dem Jahre 2002, der über 40 verschiedene Arbeitsmarkt-Studien zur Bewertung des statistischen Lebens zu Grunde liegen, auf einen Medianwert zwischen 1,5 und 2,5 Millionen US$ (bezogen auf das Jahr 1998).[793]

Insgesamt zeigen die aufgeführten Untersuchungen, dass eine signifikante Verknüpfung in Gestalt einer Risikoprämie zwischen dem ausgezahlten Lohn und dem Sterblichkeitsrisiko besteht, dem der jeweilige Arbeitnehmer ausgesetzt ist. Lediglich einige frühe Analysen kamen noch zu einem abweichenden Ergebnis.[794] Aus der Studie von *Lott* und *Manning*[795] ergibt sich zudem, dass Löhne auch eine Risikoprämie für den Fall eines erhöhten Risikos aufgrund von Berufskrankheiten enthalten, so z.B. bei einem erhöhten Krebsrisiko in Folge des Kontakts mit krebserregenden Materialien.

---

790 *Viscusi/Aldy*, The Value of a Statistical Life: A Critical Review of Market Estimates throughout the World, Journal of Risk and Uncertainty, 2003 (27/1), S. 5 (S. 16 f., 22 f.).

791 Dieser Fehler wird vermieden, wenn eine Aufteilung nach Industriezweig *und* Beruf erfolgt; vgl dazu die Studie von *Viscusi*, The Value of Life: Estimates with Risks by Occupation and Industry, Economic Inquiry, 2004 (42/1), S. 29 ff.

792 *Viscusi/Aldy*, The Value of a Statistical Life: A Critical Review of Market Estimates throughout the World, Journal of Risk and Uncertainty, 2003 (27/1), S. 5 (S. 18).

793 *Mrozek/Taylor*, What Determines the Value of Life? A Meta-Analysis, Journal of Policy Analysis and Management, 2002 (21/2), S. 253 ff.

794 *Leigh* (Compensating Wages for Occupational Injuries and Diseases, Social Science Quarterly, 1981 (62/4), S. 772 ff.) ermittelt zwar eine Risikoprämie für Verletzungen, nicht jedoch für Todesfälle; *Dorsay* (1983) stellt ebenfalls keinen Zusammenhang zwischen Sterblichkeitsrisiko und einer erhöhten Lohnzahlung fest; vgl. *Viscusi/Aldy*, The Value of a Statistical Life: A Critical Review of Market Estimates throughout the World, Journal of Risk and Uncertainty, 2003 (27/1), S. 5 (S. 22).

795 Have Changing Liability Rules Compensated Workers Twice for Occupational Hazards? Earnings Premiums and Cancer Risks, Journal of Legal Studies, 2000 (29), S. 99 ff.

b. Deutschland

Im Jahre 2004 wurde von *Spengler*, soweit ersichtlich, die erste Studie zu Lohnaufschlägen für tödliche Arbeitsunfallrisiken in Deutschland und einem daraus ermittelten statistischen Wert eines Menschenlebens veröffentlicht.[796] Frühere Untersuchungen haben sich demgegenüber auf die Frage beschränkt, ob kompensatorische Lohndifferenziale für tödliche Arbeitsunfallrisiken überhaupt nachweisbar sind.[797]

Spengler stützt sich auf Daten aus der *IAB*-Beschäftigtenstichprobe[798] und Arbeitsunfallinformationen der Berufsgenossenschaften. Seine Panelschätzungen kommen für versicherungspflichtige Arbeitnehmer auf einen durchschnittlichen Wert von 1,65 Millionen Euro, ein im Verhältnis zu den Studien zum US-amerikanischen Arbeitsmarkt deutlich niedrigerer Betrag. Diese Verzerrung nach oben erklärt *Spengler* mit der fehlenden Berücksichtigung unbeobachteter Heterogenität in den US-Studien, die überwiegend Querschnittsschätzungen sind. Die zur Kontrolle der deutschen Ergebnisse durchgeführten Querschnittsschätzungen ergeben ebenfalls einen deutlich höheren Mittelwert von 4,5 Millionen Euro, was diesen Begründungansatz zu stützen scheint.[799]

---

[796] Vgl. zum Folgenden *Spengler*, Kompensatorische Lohndifferenziale und der Wert eines statistischen Lebens in Deutschland, Darmstadt Discussion Papers in Economics Nr. 133, 2004 (http://www.bwl.tu-darmstadt.de/vwl/forsch/veroeff/papers/ddpie_133.pdf, 20.6.2005).

[797] Allerdings konnte nur *Bellmann* (Entlohnung als Risikokompensation, Mitteilungen aus der Arbeitsmarkt- und Berufsforschung, 1994, S. 351 ff. [http://doku.iab.de/mittab/1994/1994_4_MittAB_Bellmann.pdf, 16.12.2006]) einen entsprechenden Zusammenhang nachweisen, nicht so die Studien von *Lorenz/Wagner* (Gibt es kompensierende Lohndifferentiale in der Bundesrepublik Deutschland?, Zeitschrift für Wirtschafts- und Sozialwissenschaften, 1988, S. 371 ff.) und *Wagner/Lorenz* (Einkommensfunktionsschätzungen mit Längsschnittdaten für vollzeiterwerbstätige deutsche Männer, Konjunkturpolitik, 1989, S. 99 ff.); vgl. *Spengler*, Kompensatorische Lohndifferenziale und der Wert eines statistischen Lebens in Deutschland, Darmstadt Discussion Papers in Economics Nr. 133, 2004, S. 10 f. (http://www.bwl.tu-darmstadt.de/vwl/forsch/veroeff/papers/ddpie_133.pdf, 20.6.2005).

[798] Beschäftigtenstichprobe des Institut für Arbeitsmarkt- und Berufsforschung (IAB).

[799] Auch *Kniesner/Viscusi/Woock/Ziliak*, How Unobservable Productivity Biases the Value of a Statistical Life, Harvard Law School, Cambridge (Massachusetts), Discussion Paper No. 524, 09/2005 (http://www.law.harvard.edu/programs/olin_center/papers/pdf/Viscusi_et%20al_524.pdf, 16.12.2006), gehen davon aus, dass die unbeobachteten individuellen Präferenzen zu hohe statistische Werte zur Folge haben und deshalb eine Abwertung der Ergebnisse vorzunehmen sei; ebenso *Shogren/Stamland*, Skill and the Value of Life, Journal of Political Economy, 2002 (110/5), S. 1168 ff.; ablehnend *Hwang/Reed/Hubbard*, Compensating Wage Differentials and Unobserved Productivity, Journal of Political Economy, 1992 (100/4), S. 835 ff.

Die unbeobachtete oder individuelle Heterogenität resultiert aus der Tatsache, dass zeitkonstante personenspezifische Charakteristika, wie z.B. Intelligenz, Motivation, Beharrlichkeit, Teamfähigkeit oder familiärer Hintergrund der Arbeitnehmer, einen Einfluss auf die kompensatorischen Lohndifferenziale haben. Denn diese Humankapitalindikatoren beeinflussen neben den Löhnen auch die Wahl des Arbeitsplatzrisikos. Diese unbeobachtete individuelle Heterogenität der Arbeitnehmer findet allerdings nur in den Panel-, nicht aber den Querschnittschätzungen Berücksichtigung.[800] Eine Untersuchung von *Schaffner* und *Spengler* aus dem Jahre 2005 bestätigt diese Annahme zum Einfluss der unbeobachteten Heterogenität. Im Gegensatz zur Studie *Spenglers* aus dem Jahre 2004 empfehlen *Schaffner* und *Spengler*, den Wert eines statistischen Lebens für Kosten-Nutzen-Analysen von staatlichen Maßnahmen zur Verminderung von Todesfallrisiken in Deutschland mit 2,9 Millionen Euro anzusetzen.[801]

c. Weitere Staaten im Überblick

Die folgende Tabelle beinhaltet eine Übersicht der Studien auf Grundlage internationaler Arbeitsmarktdaten unter Ausnahme der Vereinigten Staaten von Amerika und Deutschland. Daten und Ergebnisse sind ebenfalls der vergleichenden Analyse von *Viscusi* und *Aldy*[802] entnommen, beschränken sich jedoch auf die Angabe der Autoren und des Erscheinungsjahres, des Landes, des angenommenen durchschnittlichen Risikos, des durchschnittlichen pro Kopf Einkommens der untersuchten Gruppe sowie des ermittelten statistischen Werts des Lebens.

---

800 In der Schätzgleichung kann diese Beeinflussung entweder im Wege einer zufälligen Störgröße (sogenannter *random effect* [RE]) oder als zu schätzender Parameter (sogenannter *fixed effect* [FE]) berücksichtigt werden. Der Einordnung als *fixed effect* liegt die Annahme zu Grunde, dass das Merkmal, welches Ausprägung der individuellen Heterogenität der Arbeitnehmer ist, einen spezifischen Einfluss auf das Ergebnis der Schätzgleichung hat. Mit Hilfe der Regressionsanalyse wird die Einflussstärke dieses Parameters bestimmt. Geht man hingegen davon aus, dass bestimmte Charakteristika das Ergebnis zwar beeinflussen, aber in keinem spezifischen, sondern bloß zufälligen Zusammenhang dazu stehen, verwendet man einen *random effect*. Zu den jeweiligen Vor- und Nachteilen dieser Methoden vgl. eingehend *Spengler*, Kompensatorische Lohndifferenziale und der Wert eines statistischen Lebens in Deutschland, Darmstadt Discussion Papers in Economics Nr. 133, 2004, S. 28 ff. (http://www.bwl.tu-darmstadt.de/vwl/forsch/veroeff/papers/ddpie_133.pdf, 20.6.2005).

801 *Schaffner/Spengler*, Der Einfluss unbeobachteter Heterogenität auf kompensatorische Lohndifferentiale und den Wert eines statistischen Lebens: Eine mikroökonomische Parallelanalyse mit IABS und SOEP, Darmstadt Discussion Papers in Economics Nr. 152, 2005, S. 14 f., 17 f. (http://www.bwl.tu-darmstadt.de/vwl/forsch/veroeff/papers/ddpie_152.pdf, 16.12.2006).

802 The Value of a Statistical Life: A Critical Review of Market Estimates throughout the World, Journal of Risk and Uncertainty, 2003 (27/1), S. 5 ff.

Autor(en) / Jahr	Land	Durchschnittliches Risiko	Durchschnittliches pro Kopf Einkommen in US$ (2000)	Statistischer Wert des Lebens in Millionen US$ (2000)
Marin/Psacharopoulus (1982)	GB	0,0001	14.472	4,2
Weiss/Maier/Gerking (1986)	Österreich	-	12.011	3,9/6,5
Meng (1989)	Kanada	0,00019	43.840	3,9-4,7
Meng/Smith (1990)	Kanada	0,00012	29.646	6,5-10,3
Kniesner/Leeth (1991)	Japan	0,00003	44.863	9,7
Kniesner/Leeth (1991)	Australien	0,0001	23.307	4,2
Cousineau/Lacroix/Girard (1992)	Kanada	0,00001	29.665	4,6
Martinello/Meng (1992)	Kanada	0,00025	25.387	2,2-6,8
Kim/Fishback (1993)	Südkorea	0,000485	8.125	0,8
Siebert/Wie (1994)	GB	0,000038	12.810	9,4-11,5
Lanoie/Pedro/Latour (1995)	Kanada	0,000126	40.739	19,6-21,7
Sandy/Elliott (1996)	GB	0,000045	16.143	5,2-69,4
Shanmugam (1996/97)	Indien	0,000104	778	1,2/1,5
Liu/Hammitt/Liu (1997)	Taiwan	0,000225-0,000382	5.007-6.088	0,2-0,9
Miller/Mulvey/Norris (1997)	Australien	0,000068	27.177	11,3-19,1
Siebert/Wei (1998)	Hong Kong	0,000139	11.668	1,7
Liu/Hammitt (1999)	Taiwan	0,000513	18.483	0,7
Meng/Smith (1999)	Kanada	0,00018	19.962	5,1-5,3
Arabsheibani/Marin (2000)	GB	0,00005	20.163	19,9
Shanmugam (2000)	Indien	0,000104	778	1,0/1,4
Baranzini/Ferro Luzzi (2001)	Schweiz	0,000059/ 0,000064	47.400	6,3/8,6
Sandy u.a. (2001)	GB	0,000038/ 0,000045	16.143	5,7/74,1

Autor(en) / Jahr	Land	Durchschnittliches Risiko	Durchschnittliches pro Kopf Einkommen in US$ (2000)	Statistischer Wert des Lebens in Millionen US$ (2000)
Shanmugam (2001)	Indien	0,000104	778	4,1

Tabelle 4: Übersicht der Studien zum Statistischen Wert des Lebens auf Grundlage internationaler Arbeitsmarkt-Daten unter Ausnahme der USA (in US$ bezogen auf das Jahr 2000)[803]

Die für diese Analysen verwendeten Daten entstammen in erster Linie Erhebungen der jeweiligen Regierungen zu Arbeitsunfällen und Sterblichkeitsrisiken.[804] Insbesondere die Daten zu Lohnhöhe und den Charakteristika der Arbeitnehmer sowie den Arbeitsplatzbedingungen wurden jedoch vereinzelt auch direkt von den Autoren der Studien erhoben.[805] Es ist festzustellen, dass Südkorea, Taiwan und Indien zu einem geringeren statistischen Wert des Lebens tendieren, als die europäischen Länder sowie beispielsweise die USA und Kanada. Dies liegt im Wesentlichen in der Tatsache begründet, dass Sicherheit ein normales Gut ist und das Wohlstandsniveau in diesen Ländern im Verhältnis deutlich geringer ist.[806] Dementsprechend konkurrieren Aufwendungen zur Verringerung entsprechender Risiken mit anderen, zum Teil existentiellen Lebenshaltungsaufwendungen. Dies gilt insbesondere für Indien, dass als typisches „Schwellenland" anzusehen ist.

2. Produktmarkt-Studien

Konsumenten-Entscheidungen auf Produktmärkten können ebenfalls einen Abwägungsvorgang zwischen dem mit einem Produkt verbundenen Sterblichkeitsrisiko und dessen Preis beinhalten. Das Vorgehen zur Evaluierung des darin implizierten Wert des Lebens gleicht dem der oben dargestellten Arbeitsmarkt-Analysen. In der entsprechenden Schätzgleichung wird vom Prinzip her ledig-

---

803 Quelle: *Viscusi/Aldy*, The Value of a Statistical Life: A Critical Review of Market Estimates throughout the World, Journal of Risk and Uncertainty, 2003 (27/1), S. 5 (Tabelle 4, S. 27 f.).

804 Zu den Einzelheiten vgl. *Viscusi/Aldy*, The Value of a Statistical Life: A Critical Review of Market Estimates throughout the World, Journal of Risk and Uncertainty, 2003 (27/1), S. 5 (S. 11 f.).

805 So z.B. in den Untersuchungen von *Lanoie/Pedro/Latour*, The Value of a statistical Life: A Comparison of Two Approaches, Journal of Risk and Uncertainty, 1995 (10/3), S. 235 (S. 238 ff.) sowie *Liu/Hammitt*, Perceived Risk and Value of Workplace Safety in a Developing Country, Journal of Risk Research, 1999 (2/3), S. 263 (S. 265 f.).

806 *Viscusi/Aldy*, The Value of a Statistical Life: A Critical Review of Market Estimates throughout the World, Journal of Risk and Uncertainty, 2003 (27/1), S. 5 (S. 40).

lich der Lohn durch den Preis des Produkts ersetzt. Die nachfolgende Tabelle stellt eine Übersicht der auf diesem Gebiet ergangenen Untersuchungen dar und basiert wiederum auf der vergleichenden Analyse von *Viscusi* und *Aldy*[807]. Sie beinhaltet neben den ermittelten Ergebnissen des statistischen Werts des Lebens die jeweiligen Autoren und das Jahr der Studie sowie das untersuchte Risiko und den zu Grunde liegenden Abwägungsvorgang.

Autor(en) / Jahr	**Untersuchtes Risiko (Jahr)**	**Abwägungsvorgang**	**Statistischer Wert des Lebens in Millionen US$ (2000)**
Blomquist (1979)	Kfz-Sterblichkeitsrisiko (1972)	Geschätzte Zeitkosten und Nichtgebrauch der Sicherheitsgurte	1,0
Dardis (1980)	Sterblichkeitsrisiko durch Feuer ohne Rauchmelder (1974-1979)	Verkaufs- und Erhaltungskosten von Rauchmeldern	0,77
Portney (1981)	Auswirkung von Luftverschmutzung auf Sterblichkeit (1978)	Grundstückswerte in Allegheny County (Pennsylvania)	1,03
Ippolito/Ippolito (1984)	Risiko durch Zigarettenkonsum (1980)	Monetärer Gegenwert der Wirkung von Risikoinformationen	0,90
Garbacz (1989)	Sterblichkeitsrisiko durch Feuer ohne Rauchmelder (1968-1985)	Verkaufspreis von Rauchmeldern	2,56
Atkinson/Halvorsen (1990)	Kfz-Unfallrisiko (1989)	Neuwagen-Preis	5,13
Carlin/Sandy (1991)	Sterblichkeitsrisiko beim Gebrauch von Kindersitzen (1985)	Verkaufspreis von Kindersitzen und Anschnallzeit	0,84
Dreyfus/Viscusi (1995)	Kfz-Sicherheit (1988)	Kfz-Preis	3,8-5,4
Blomquist/Miller/Levy (1996)	Sterblichkeitsrisiko bei Gebrauch von Sicherheitsgurten, Kindersitzen und Motorradhelmen (1985)	Geschätzte Zeitkosten und Aufwand aufgrund von Sicherheitshinweisen	1,7-9,9

807 The Value of a Statistical Life: A Critical Review of Market Estimates throughout the World, Journal of Risk and Uncertainty, 2003 (27/1), S. 5 ff.

Autor(en) / Jahr	Untersuchtes Risiko (Jahr)	Abwägungsvorgang	Statistischer Wert des Lebens in Millionen US$ (2000)
Gayer/Hamilton/ Viscusi (2000)	Krebsrisiko (1988-1993)	Grundstückswerte in Greater Grand Rapids (Michigan)	4,3-5,0 (3,2-3,7)[808]
Jenkins/Owens/ Wiggins (2001)	Risiko von Kopfverletzungen beim Radfahren (1997)	Verkaufspreis von Fahrradhelmen	1,4-2,9 (Alter 5-9) 1,2-2,8 (Alter 10-14) 2,1-4,3 (Alter 20-59)

Tabelle 5: Übersicht der Studien zum Statistischen Wert des Lebens auf Produkt-Märkten auf der Grundlage von US-amerikanischen Daten (in US$ bezogen auf das Jahr 2000)[809]

Zunächst ist festzustellen, dass die ermittelten statistischen Werte zwar teilweise in der gleichen Größenordnung wie in den Studien zum Arbeitsmarkt liegen, tendenziell aber niedriger sind. Interessanterweise ergibt sich aus der Studie von *Jenkins*, *Owens* und *Wiggins*[810] zum Gebrauch von Fahrradhelmen, dass der statistische Wert des Lebens nach den ersten neun Lebensjahren für eine relativ kurze Periode leicht zurückgeht, um anschließend ab dem 20. Lebensjahr wieder anzusteigen. Dies könnte mit den Präferenzen der untersuchten Zielgruppe im Alter von 10-14 Jahren zusammenhängen. Während der Pubertät könnten die Jugendlichen weniger risikoavers sein und das Tragen eines Helms als unpraktisch und „uncool" ablehnen. Darin kommt eine geringere Zahlungsbereitschaft für die Vermeidung der Unfallfolgen durch das Tragen eines Helms zum Ausdruck. Dies schlägt sich wiederum in einem geringeren statistischen Wert des Lebens nieder.

Im Hinblick auf den Ansatz dieser Studie ist ferner zu berücksichtigen, dass sie die Zahlungsbereitschaft der Eltern für eine Reduzierung des Todesfallrisikos ihrer Kinder offenbart. Insofern kommen *Jenkins*, *Owens* und *Wiggins* - ebenso

[808] Die Studie von *Gayer/Hamilton/Viscusi* (Private Values of Risk Tradeoffs at Superfund Sites: Housing Market Evidence on Learning About Risk, Review of Economics and Statistics, 2000 (82/3), S. 439 ff.) ermittelt den Wert der Vermeidung eines statistischen Krebsfalls mit einer geschätzten Latenzzeit von 10 Jahren. Nach Diskontierung mit 3% ergeben sich daraus die in Klammern angegebenen Werte; vgl. *Viscusi/Aldy*, The Value of a Statistical Life: A Critical Review of Market Estimates throughout the World, Journal of Risk and Uncertainty, 2003 (27/1), S. 5 (S. 25, Anmerkung zu Tabelle 3 sowie Fn. 25).

[809] Quelle: *Viscusi/Aldy*, The Value of a Statistical Life: A Critical Review of Market Estimates throughout the World, Journal of Risk and Uncertainty, 2003 (27/1), S. 5 (Tabelle 3, S. 25).

[810] Valuing Reduced Risks to Children: The Case of Bicycle Safety Helmets, Contemporary Economic Policy, 2001 (19/4), S. 397 ff.

wie die Untersuchung von *Carlin* und *Sandy*[811] - zu einem statistischen Wert des Lebens der Kinder, das unter dem der Eltern liegt. Daraus könnte gefolgert werden, dass Eltern bereit sind, für ihre eigene Sicherheit mehr aufzuwenden als für die ihrer Kinder. Eltern würden demnach nicht stets altruistisch zum Wohle ihrer Kinder handeln, da sie beispielsweise deren Sicherheit mit einem eigenen möglichen Nutzengewinn abwägen. Dieser Annahme stehen jedoch die Ergebnisse anderer Studien entgegen. Der von *Blomquist*, *Miller* und *Levy*[812] aus dem Verhalten der Eltern abgeleitete statistische Wert des Lebens der Kinder liegt z.B. deutlich über dem Wert für die Erwachsenen selbst. Danach wären die Eltern bereit, mehr für die Sicherheit ihrer Kinder aufzuwenden als für die Verringerung eigener Todesfallrisiken.[813]

In Anbetracht der unterschiedlichen Ergebnisse ist ein weiteres Problem dieser Studien zu berücksichtigen. Der zu Grunde liegende Abwägungsvorgang zwischen Preis und Risiko ist oftmals nicht direkt beobachtbar.[814] Die Preiskomponente wird vielmehr über eine auf die individuelle Lohnrate bezogene Monetarisierung der aufgeführten Zeitkomponenten, wie z.B. der Dauer eines Anschnallvorgangs, ermittelt. Eine weitere Ungenauigkeit birgt die Tatsache, dass die veranschlagte Zeitdauer geschätzt wird und zudem nicht alle Kosten, wie z.B. der Komfortverlust beim Tragen eines Sicherheitsgurtes oder Motorradhelms, berücksichtigt werden.[815]

Bei der Analyse des Erwerbs von Kraftfahrzeugen und Immobilien hingegen ist der Preis objektiv feststellbar. Die Untersuchungen zur Kraftfahrzeugsicherheit von *Atkinson* und *Halvorsen*[816] sowie *Dreyfus* und *Viscusi*[817] gehen bei der Ana-

---

811 Estimating the Implicit Value of a Young Child's Life, Southern Economic Journal, 1991 (58/1), S. 186 ff.

812 Values of Risk Reduction Implied by Motorist Use of Protection Equipment, Journal of Transport Economics and Policy, 1996 (30/1), S. 55 (S. 64).

813 Zu diesen unterschiedlichen Ergebnissen und ihren möglichen Konsequenzen für die Regulierungspraxis vgl. *Posner/Sunstein*, Dollars and Death, University of Chicago Law Review, 2005 (72), S. 537 (S. 574 ff.).

814 So beispielsweise in den Untersuchungen von *Blomquist* (Value of Life Saving: Implications of Consumption Activity, Journal of Political Economy, 1979 (87/3), S. 540 ff.), *Carlin/Sandy* (Estimating the Implicit Value of a Young Child's Life, Southern Economic Journal, 1991 (58/1), S. 186 ff.) sowie *Blomquist/Miller/Levy* (Values of Risk Reduction Implied by Motorist Use of Protection Equipment, Journal of Transport Economics and Policy, 1996 (30/1), S. 55 ff.).

815 *Viscusi/Aldy*, The Value of a Statistical Life: A Critical Review of Market Estimates throughout the World, Journal of Risk and Uncertainty, 2003 (27/1), S. 5 (S. 24).

816 The Valuation of Risks to Life: Evidence from the Market for Automobiles, Review of Economics and Statistics, 1990 (72/1), S. 133 ff.

lyse des Abwägungsvorgangs zwischen Preis und Risiko ähnlich vor wie die dargestellten Studien zum Arbeitsmarkt. Der durchschnittliche Verkaufspreis eines bestimmten Modells stellt die abhängige Variable dar, die Matrix bilden verschiedene Eigenschaften des Automobils, wie z.B. Fahrzeuggröße, Motorisierung, Zuverlässigkeit, Kraftstoffverbrauch und Sicherheit. Mit Hilfe des Koeffizienten der Sicherheitsvariablen lässt sich der Abwägungsvorgang zwischen Preis und Risiko sowie der innewohnende statistische Wert des Lebens bestimmen.[818]

Auch der Abwägungsvorgang zwischen Preis und potentiellem Krebsrisiko beim Erwerb einer Immobilie wird entsprechend analysiert.[819] Abhängige Variable ist wiederum der Preis. In der Schätzgleichung finden Parameter zu den Eigenschaften des Hauses, wie z.B. Anzahl der Zimmer, oder der Umgebung sowie den steuerlichen Belastungen Anwendung. Die Nähe zu einer Mülldeponie und das damit verbundene Risiko einer Krebserkrankung wird als zu evaluierender Parameter berücksichtigt. Als Ergebnis ergibt sich der statistische Wert der Vermeidung einer Krebserkrankung. Diese Herangehensweise ist kritisch zu bewerten, da nicht alle Erkrankungen tödlich enden. Folglich entspricht das Ergebnis nur dann dem statistischen Wert eines Lebens, wenn der Abwägungsvorgang unter der Prämisse stünde, dass eine Erkrankung in jedem Fall tödlich endet.[820]

Insgesamt sind die in den Produktmarkt-Studien gefundenen statistischen Werte des Lebens niedriger als bei den Lohn-Risiko-Abwägungen. Dies sehen *Viscusi* und *Aldy* unter anderem in der Tatsache begründet, dass die Entscheidungen auf den Produktmärkten, wie z.B. der Kauf eines Rauchmelders, einmalige Vorgänge darstellen und keine ständige Konfrontation mit einem bestimmten Risiko beinhalten, wie es bei der Berufsausübung der Fall ist. Aufgrund des einmaligen Abwägungsvorgangs beim Kauf einer bestimmten Sicherheitseinrichtung, also eben nicht der Entscheidung für ein potentiell gefährliches Produkt, sind folglich die Zahlungsbereitschaft und der entsprechende statistische Wert des Lebens

---

[817] Rates of Time Preference and Consumer Valuations of Automobile Safety and Fuel Efficiency, Journal of Law and Economics, 1995 (38/1), S. 79 ff.

[818] *Viscusi/Aldy*, The Value of a Statistical Life: A Critical Review of Market Estimates throughout the World, Journal of Risk and Uncertainty, 2003 (27/1), S. 5 (S. 26).

[819] Vgl. hierzu *Gayer/Hamilton/Viscusi*, Private Values of Risk Tradeoffs at Superfund Sites: Housing Market Evidence on Learning about Risk, Review of Economics and Statistics, 2000 (82/3), S. 439 ff.

[820] Die Herangehensweise entspricht damit derjenigen von *Lott/Manning* (Have Changing Liability Rules Compensated Workers Twice for Occupational Hazards? Earnings Premiums and Cancer Risks, Journal of Legal Studies, 2000 (29), S. 99 ff.) zum berufsbedingten Krebsrisiko, vgl. *Viscusi/Aldy*, The Value of a Statistical Life: A Critical Review of Market Estimates throughout the World, Journal of Risk and Uncertainty, 2003 (27/1), S. 5 (S. 26).

geringer.[821] Diese Argumentation ist jedoch nicht anwendbar auf Fälle wie dem Unfallrisiko bei Kraftfahrzeugen oder der Entscheidung zum Kauf eines Hauses in einem Gebiet, dass ein erhöhtes gesundheitliches Gefährdungspotential aufweist, wie z.B. ein erhöhtes Krebsrisiko aufgrund der Nähe zu einer Mülldeponie.

VI. Einflussfaktoren auf den statistischen Wert eines Lebens

Als ein wesentliches Ergebnis der vorgestellten Untersuchungen zum statistischen Wert eines Menschenlebens ist festzuhalten, dass die vermutete Abwägung zwischen Lohnauszahlung und Risiko tatsächlich zu beobachten und statistisch nachweisbar ist. Gleiches gilt für die auf den untersuchten Produktmärkten zu beobachtenden Abwägungsvorgänge.

1. Einkommensniveau

Insbesondere im Hinblick auf die Studien, denen der *willingness to pay*-Ansatz zu Grunde liegt, stellt sich die Frage, ob die finanzielle Leistungsfähigkeit Einfluss auf die Ermittlung der Zahlungsbereitschaft hat und sich aus ihr eine Obergrenze für den statistischen Wert eines Lebens ableitet. Dies ist zu verneinen, da das entsprechende Ausgabenniveau der abgefragten Zahlungsbereitschaft relativ niedrig ist. In der Realität sehr wahrscheinliche Risikoreduzierungen, z.B. aufgrund verbesserter Sicherheitsstandards bei Konsumgütern, betreffen ausreichend kleine Sterblichkeitswahrscheinlichkeiten, die wiederum mit einer relativ geringen finanziellen Belastung einhergehen und dadurch auch bei einem relativ niedrigen Einkommensniveau aufgebracht werden können. Unter diesen Voraussetzungen beeinflusst das begrenzte verfügbare Einkommen die Zahlungsbereitschaft und damit den Wert eines statistischen Lebens nur unwesentlich. Das verfügbare Einkommen beeinflusst die Zahlungsbereitschaft jedoch, wenn das Todesfallrisiko relativ groß ist.

a. Verhältnis von Zahlungsbereitschaft und Risikoprämie

Im Grundmodell wird bei Vorliegen relativ kleiner Sterblichkeitswahrscheinlichkeiten und daraus resultierend relativ geringer Risikoveränderungen davon ausgegangen, dass die Zahlungsbereitschaft für die Eliminierung eines bestimmten Risikos genau dem Auszahlungsbetrag entspricht, bei dem eine entsprechende Erhöhung des Risikos akzeptiert wird. Die Beträge sind folglich identisch, unabhängig davon, ob die Zahlungsbereitschaft *(willingness to pay)* oder die Höhe einer Risikoprämie *(willingness to accept)* abgefragt wird. Sobald die zu Grunde liegende Sterblichkeitswahrscheinlichkeit jedoch eine bestimmte Größe überschreitet, verändert sich das Verhältnis von Zahlungsbereitschaft und Risi-

---

[821] Vgl. *Viscusi/Aldy*, The Value of a Statistical Life: A Critical Review of Market Estimates throughout the World, Journal of Risk and Uncertainty, 2003 (27/1), S. 5 (S. 24).

koprämie. Beträgt die Wahrscheinlichkeit beispielsweise 1/100 oder sogar 1/10 so müsste die Zahlungsbereitschaft bei 50.000 bzw. 500.000 US$ liegen, um einen Wert von 5 Millionen US$ pro statistischem Leben zu errechnen, wie unter Annahme einer Wahrscheinlichkeit von 1/10.000 geschehen. Diese Größenordnung spricht für sich und zeigt die Praxisferne einer solchen Überlegung. Im Falle hoher Risiken dürfte der statistische Wert aufgrund der beschränkten Einkommensverhältnisse damit deutlich unter 5 Millionen US$ liegen.

Andererseits müsste bei einer solch großen Wahrscheinlichkeit die Risikoprämie deutlich höher als die genannten Zahlungsbereitschaften sein, damit eine entsprechende Erhöhung des Risikos in Kauf genommen würde. Der statistische Wert des Lebens würde dementsprechend über 5 Millionen US$ liegen. Bei hohen Sterblichkeitswahrscheinlichkeiten wäre der Betrag der Risikoprämie damit wesentlich größer als derjenige der Zahlungsbereitschaft. Ist ein Individuum mit dem sicheren Tod konfrontiert, so dürfte, abgesehen von altruistisch geprägten Motiven zur Versorgung der Erben, kein Betrag dazu geeignet sein, ein Individuum zur Einwilligung in den Tod zu bewegen.[822]

Dieser Zusammenhang zwischen der notwendigen Höhe einer Risikoprämie und deren Unvermögen, die Bereitschaft zur Einwilligung in den sicheren Tod herzustellen, wird als ein Argument dafür herangezogen, dass das Model des statistischen Werts des Lebens nicht als ein Konzept zur haftungsrechtlichen Kompensation nach einem Todesfall geeignet sei.[823] Diese Sichtweise zielt jedoch einseitig auf die Ausgleichsfunktion des Haftungsrechts und verkennt die Aufgabe der Prävention. Bei der Verhütung von Unfällen geht es nicht um die Abwendung des sicheren Todes, sondern um die Vermeidung von Schäden, deren Eintrittswahrscheinlichkeit relativ gering und bei den zu tätigenden Unfallverhütungsmaßnahmen zu berücksichtigen ist. Die Auswirkungen großer Risikowahrscheinlichkeiten stellen folglich keinen Grund für eine Ablehnung der Anwendung dieses Konzepts im Haftungsrecht dar.

Abgesehen von dem geschilderten Extremfall berührt die Budgetrestriktion nicht den *willingness to accept*-Ansatz, sondern nur den *willingness to pay*-Ansatz. Bei letzterem verläuft die Zahlungsbereitschaft zur Reduzierung statistischer Risiken nicht linear.[824] Dies liegt begründet in einem allgemein auch als *en-*

---

822 Ausführlich dazu *Viscusi*, Misuses and Proper Uses of Hedonic Values of Life, Harvard Law School, Cambridge (Massachusetts), Discussion Paper No. 292, 8/2000, S. 4. (http://www.law.harvard.edu/programs/olin_center/papers/pdf/292.pdf, 16.12.2006).

823 *Viscusi*, Misuses and Proper Uses of Hedonic Values of Life, Harvard Law School, Cambridge (Massachusetts), Discussion Paper No. 292, 8/2000, S. 4 f. (http://www.law.harvard.edu/programs/olin_center/papers/pdf/292.pdf, 16.12.2006).

824 *Posner/Sunstein*, Dollars and Death, University of Chicago Law Review, 2005 (72), S. 537 (S. 589 f., insbesondere Fn. 159).

dowment effect bezeichneten Wirkungszusammenhang.[825] Danach ist der Preis, den ein Individuum beim Verkauf eines ihm gehörenden Gutes erzielen möchte, größer, als er umgekehrt beim Erwerb eines entsprechenden Gutes aufzuwenden bereits wäre. Der Besitz bzw. das Eigentum des Gutes wirkt sich folglich erhöhend auf die Wertschätzung aus und führt zu einer Steigerung des akzeptierten Verkaufspreises gegenüber dem Kaufpreis eines vergleichbaren Gutes. Dementsprechend ist auch der Auszahlungsbetrag, bei dem ein bestehendes Risiko akzeptiert wird, größer, als die Zahlungsbereitschaft für eine entsprechend große Reduzierung eines Risikos. In der Regel ist die Zahlungsbereitschaft zur Vermeidung bestimmter Risiken nur halb so groß, wie der Auszahlungsbetrag, der für die Inkaufnahme eines entsprechenden Risikos gezahlt werden muss.[826]

b. Positive Einkommenselastizität

Unabhängig von den Zusammenhängen des *endowment effects* sind Personen mit einem höheren Einkommen in der Regel bereit, mehr für die Reduzierung bestimmten Gesundheits- oder Todesfallrisiken zu zahlen. Die Ergebnisse der empirischen Untersuchungen zeigen, dass der statistische Wert des Lebens umso größer ist, je höher das pro Kopf Einkommen ist.[827] Auch der Abwägungsvorgang zwischen reduzierter Lohnauszahlung und vermindertem Todesfallrisiko ist abhängig vom Einkommensniveau. Mit steigendem Einkommen wächst die Nachfrage nach Arbeitsplatzsicherheit. Es liegt eine positive Einkommenselastizität vor.[828]

Zur Erklärung sei die Abhängigkeit der Nachfrage nach einem Gut von dessen Preis betrachtet.[829] Die sogenannte Nachfrageelastizität bzw. besser gesagt die Preiselastizität der Nachfrage, beschreibt das Zusammenspiel zwischen dem Preis und der nachgefragten Menge eines Gutes. Um den Einfluss der Preisänderung deutlich zu machen, wird die prozentuale Änderung der Nachfrage dividiert durch die prozentuale Preisänderung.[830] Bei normalen Gütern führt ein

---

825 Allgemein dazu *Kahneman/Knetsch/Thaler*, Experimental Tests of the Endowment Effect and the Coase Theorem, Journal of Political Economy, 1990 (98/6), S. 1325 ff.

826 *Sunstein*, Lives, Life-Years, and Willingness to Pay, Columbia Law Review, 2004 (104), S. 205 (S. 230).

827 *Viscusi/Aldy*, The Value of a Statistical Life: A Critical Review of Market Estimates throughout the World, Journal of Risk and Uncertainty, 2003 (27/1), S. 5 (S. 36 ff.).

828 *Costa/Kahn*, Changes in the Value of Life, 1940-1980, Journal of Risk and Uncertainty, 2004 (29/2), S. 159 ff.; *Hamermesh*, Changing Inequality in Markets for Workplace Amenities, Quarterly Journal of Economics, 1999 (114/4), S. 1085 (S. 1118 ff.).

829 Vgl. zum Folgenden *Pindyck/Rubinfeld*, Mikroökonomie, 6. Auflage, München, 2005, S. 63 ff.

830 Ergibt dies einen Wert > 1, so spricht man von elastischer Nachfrage, bei einem Wert < 1 von unelastischer Nachfrage. Ist der Quotient = 1 so ist die Nachfrage einheitselastisch.

Preisanstieg zu einem Rückgang der Nachfrage. In diesem Fall spricht man von einer negativen Elastizität. Demgegenüber liegt eine positive Elastizität vor, wenn ein Preisanstieg auch einen Anstieg der Nachfrage bewirkt, was möglicherweise bei Luxusgütern der Fall ist.

Darüber hinaus ist die Nachfrage bestimmter Güter abhängig vom Einkommen des Konsumenten. Bei einer positiven Einkommenselastizität steigt die Nachfrage eines Gutes, beispielsweise nach Arbeitsplatzsicherheit, bei steigendem Einkommen an. Angewandt auf den Zusammenhang zwischen Einkommenshöhe und dem statistischen Wert des Lebens bedeutet dies, dass der statistische Wert des Lebens mit steigendem Einkommensniveau anwächst.[831] Diese positive Einkommenselastizität liegt in einer Größenordnung von 0,5 bis 0,6.[832] Dieser Befund deckt sich mit dem empirischen Ergebnis, dass „Schwellenländer“ wie Indien vergleichsweise niedrigere statistische Werte des Lebens ausweisen. Aber auch im Hinblick auf die wirtschaftliche Entwicklung und einem damit einhergehenden steigenden Einkommensniveau in einem Land lässt sich dieser Zusammenhang beobachten. *Costa* und *Kahn* weisen dies für die USA im Zeitraum von 1940 bis 1980 nach. Im Zeitverlauf werden selbst kleine Verbesserungen der Arbeitsplatzsicherheit als immer wertvoller bewertet.[833] Damit einhergehend hat sich der allgemeine Gesundheitszustand der Bevölkerung verbessert und die Lebenserwartung ist angestiegen.[834]

2. Bestehende Risikopräferenzen

Verstärkt wird der Zusammenhang von steigender Nachfrage an Arbeitsplatzsicherheit bei steigendem Einkommensniveau durch die Tatsache, dass mit steigendem Einkommen die „absolute Risikoaversion“ zunimmt. *Spengler* weist in seiner Arbeitsmarkt-Studie für Deutschland explizit darauf hin, da andernfalls die in Meta-Analysen[835] ermittelten Elastizitäten nicht in Einklang zu bringen

---

831 So bereits *Viscusi*, Wealth Effects and Earnings Premiums for Job Hazards, Review of Economics and Statistics, 1978 (60/3), S. 408 (S. 415).

832 *Viscusi/Aldy*, The Value of a Statistical Life: A Critical Review of Market Estimates throughout the World, Journal of Risk and Uncertainty, 2003 (27/1), S. 5 (S. 36 ff.), mit einer Diskussion der Ergebnisse der übrigen Meta-Analysen. Hinsichtlich des Verletzungsrisikos haben *Viscusi/Evans*, Utility Functions That Depend on Health Status: Estimates and Economic Implications, American Economic Review, 1990 (80/3), S. 353 (S. 368 f.), eine Einkommenselastizität von 0.67 bis 1.0995 festgestellt.

833 *Costa/Kahn*, Changes in the Value of Life, 1940-1980, Journal of Risk and Uncertainty, 2004 (29/2), S. 159 ff.; danach besteht eine positive Elastizität des statistischen Werts des Lebens im Verhältnis zum pro Kopf-Anteil am Bruttosozialprodukt von 1,5 bis 1,7.

834 Vgl. dazu *Murphy/Topel*, The Value of Health and Longevity, Journal of Political Economy, 2006 (114/5), S. 871 ff.

835 Beispielsweise *Mrozek/Taylor*, What Determines the Value of Life? A Meta-Analysis, Journal of Policy Analysis and Management, 2002 (21/2), S. 253 ff.; *Viscusi/Aldy*, The

wären mit den realen Lohnzuwächsen und dem daraus abzuleitenden Anstieg des Einkommensniveaus in Deutschland. Dies bestätigen die Schätzwerte für den statistischen Wert eines Lebens, die unter sonst gleichen Bedingungen umso höher ausfallen, je niedriger das Risiko eines tödlichen Arbeitsunfalls ist.[836]

Arbeitnehmer, die eine riskantere Beschäftigung wählen, besitzen demnach eine geringere absolute Risikoaversion und fordern dementsprechend auch eine geringere Lohnkompensation je Risikoeinheit. Auf ihren Lohn bezogen erhalten diese Arbeitnehmer jedoch die höchsten Kompensationszahlungen. Die Grenzkosten der Risikoreduzierung sind damit scharf zu trennen von der absoluten Höhe der Risikoprämie.[837]

Bei Produktmarktanalysen kann die Auswahl der untersuchten Produkte auf Grund der mit ihnen verbundenen Risikopräferenzen zu einem niedrigeren statistischen Wert des Lebens führen. Die Studie *Ippolito/Ippolito* (1984) untersuchet beispielsweise die Risiken des Zigarettenrauchens[838], auf welche vermutlich die Risikopräferenzen der rauchenden Bevölkerung einen erheblichen Einfluss haben. Die ermittelten, relativ niedrigen statistischen Werte decken sich mit den Ergebnissen anderer Studien von *Hersch* und *Viscusi*, wonach Raucher und Personen, die ohne Sicherheitsgurt Auto fahren, geringere Lohnkompensationszahlungen aufweisen als Personen, die diese Risiken nicht eingehen.[839] Der daraus abgeleitete statistische Wert eines Lebens ist folglich umso niedriger, je stärker die betroffenen Individuen zu einem gefährlichen Verhalten neigen.

Value of a Statistical Life: A Critical Review of Market Estimates throughout the World, Journal of Risk and Uncertainty, 2003 (27/1), S. 5 ff.

836 *Spengler*, Kompensatorische Lohndifferenziale und der Wert eines statistischen Lebens in Deutschland, Darmstadt Discussion Papers in Economics Nr. 133, 2004, S. 43 ff. (http://www.bwl.tu-darmstadt.de/vwl/forsch/veroeff/papers/ddpie_133.pdf, 20.6.2005); vgl. dazu auch *Schaffner/Spengler*, Der Einfluss unbeobachteter Heterogenität auf kompensatorische Lohndifferentiale und den Wert eines statistischen Lebens: Eine mikroökonomische Parallelanalyse mit IABS und SOEP, Darmstadt Discussion Papers in Economics Nr. 152, 2005 (http://www.bwl.tu-darmstadt.de/vwl/forsch/veroeff/papers/ddpie_152.pdf, 16.12.2006).

837 *Spengler*, Kompensatorische Lohndifferenziale und der Wert eines statistischen Lebens in Deutschland, Darmstadt Discussion Papers in Economics Nr. 133, 2004, S. 9 (http://www.bwl.tu-darmstadt.de/vwl/forsch/veroeff/papers/ddpie_133.pdf, 20.6.2005); differenzierend *Eeckhoudt/Hammitt*, Does risk aversion increase the value of mortality risk?, Journal of Environmental Economics and Management, 2004 (47), S. 13 ff.

838 *Ippolito/Ippolito*, Measuring the Value of Life Saving from Consumer Reactions to New Information, Journal of Public Economics, 1984 (25/1), S. 53 ff.

839 *Hersch/Viscusi*, Cigarette Smoking, Seatbelt Use, and Differences in Wage-Risk-Tradeoffs, Journal of Human Resources, 1990 (25/2), S. 202 (S. 225 f.); *Viscusi/Hersch*, Cigarette Smokers as Job Risk Taker, Review of Economics and Statistics, 2001 (83/2), S. 269 (S. 279 f.).

Wie bei vielen Produktmarktstudien dürfte hier jedoch die beschränkte Rationalität der Verbraucher maßgebliche Ursache für die vergleichsweise niedrigeren Werte sein. Die Konsumenten können die das Risiko letztlich bestimmenden Faktoren nur fehlerhaft wahrnehmen und darüber hinaus nur unvollständig interpretieren. Dies wirkt sich auf den Abwägungsvorgang aus und beeinflusst das Ergebnis der Untersuchungen hin zu einem vergleichsweise niedrigeren statistischen Wert. Für die Risikoeinschätzung der mit dem Konsum von Tabakprodukten verbunden Gefahren wurde dies bereits gezeigt.[840]

Folglich haben die bestehenden Risikopräferenzen einer Person einen Einfluss auf die Zahlungsbereitschaft bezüglich der Abwendung bzw. die Bereitschaft zur Inkaufnahme eines tödlichen Risikos. Bei einem bestehenden hohen Risikoniveau ist die Zahlungsbereitschaft für die Reduzierung eines kleinen Risikos geringer als bei einem Ausgangsniveau, dass ein verhältnismäßig geringes Risiko aufweist.

3. Art des Risikos und der mögliche Zeitpunkt seiner Verwirklichung

Daneben hat auch die Art des zu Grunde liegenden Risikos einen maßgeblichen Einfluss auf den statistischen Wert eines Menschenlebens. Beispielsweise besteht für die Reduzierung des Risikos einer tödlichen Krebserkrankung eine deutlich höhere Zahlungsbereitschaft, als für die Verminderung des Risikos eines plötzlichen und unerwarteten Unfalltodes.[841] Allerdings ist zu bedenken, inwieweit dieses Ergebnis auf Fehlwahrnehmungen bei der Risikoeinschätzung zurückzuführen ist.

Die Ergebnisse der Studien zu Risiken in Verbindung mit Krebserkrankungen dürften in besonderem Maße von der beschränkten Rationalität der handelnden Personen beeinflusst sein. Mit Krebs und krebsbedingtem Tod wird im Allgemeinen besonderes Leiden verknüpft, was auch zutreffend ist. Das mit Krebs in Verbindung gebrachte Risiko setzt sich folglich zusammen aus dem Todesrisiko der Krankheit sowie dem Risiko weiterer Beeinträchtigungen während des Krankheitsverlaufs. Dieser „Qualfaktor" führt zu einer gesteigerten Angst vor dieser Krankheit, was in diesem Fall zu einer Überschätzung des Risikos an

---

840 Siehe dazu die Ausführungen und Nachweise auf S. 179 ff. Zur Kritik an den Studien von *Viscusi* und *Hersch* (Fn. 839) vgl. die eidliche Aussage von *Weinstein* im Verfahren *USA v. Philip Morris et al.*, United States District Court for the District of Columbia, Civil Action No. 99-CV-02496 (GK), (http://www.usdoj.gov/civil/cases/tobacco2/01_Weinstein%20Written%20Direct%20Testimony.pdf, 4.8.2006).

841 *Sunstein*, Are Poor People Worth Less Than Rich People?, Disaggregating the Value of Statistical Lives, The University of Chicago Law School, John M. Olin Law & Economics Working Paper Series No. 207, 2004, S. 15 ff. (http://papers.ssrn.com/sol3/papers.cfm?abstract_id=506142, 20.6.2005).

Krebs zu sterben führt.[842] Sobald das Risiko eingetreten, die Krankheit also erkannt ist, können die betroffenen Personen oftmals besser mit der Situation umgehen, als sie dies vorher für möglich gehalten haben. Die tatsächlichen Einbußen stellen sich in diesem Fall als nicht so gravierend dar, wie im Vorhinein erwartet.[843] Dies stellt keinen Widerspruch zu den beim Zigarettenkonsum festgestellten Fehlwahrnehmungen dar, obwohl 90% aller Lungenkrebstoten in Deutschland auf das Rauchen zurückzuführen sind. Die bei Rauchern festzustellende Unterschätzung des Risikos wird maßgeblich durch die Marketingstrategien[844] und das über Jahre betriebene Verharmlosen und Leugnen der Gefahren des Rauchens durch die Zigarettenindustrie bestimmt.[845]

Die Höhe der Zahlungsbereitschaft und damit einhergehend der statistische Wert eines Lebens wird schließlich durch den Zeitpunkt der Verwirklichung des Risikos beeinflusst. Je weiter der eventuelle Eintritt des Risikos in der Zukunft liegt,

---

842 *Davis*, The Effect of Health Risk on Housing Values: Evidence from a Cancer Cluster, The American Economic Review, 2004 (94/5), S. 1693 ff.; *Hammitt/Liu*, Effects of Disease Type and Latency on the Value of Mortality Risk, Journal of Risk and Uncertainty, 2004 (28/1), S. 73 ff.; *Sunstein*, Bad Deaths, Journal of Risk and Uncertainty, 1997 (14), S. 259 ff., wonach gleiches beispielsweise für eine HIV-Erkrankung gilt. Hinsichtlich der Infektion mit HIV offenbaren sich die Risikopräferenzen eines Individuums bei der Entscheidung, ob ungeschützter Geschlechtsverkehr praktiziert wird oder nicht. Aus dem Risikoaufschlag eines Sexarbeiters für den Nichtgebrauch eines Kondoms lässt sich wiederum der statistische Wert eines Lebens errechnen; vgl. *Gertler/Shah/Bertozzi*, Risky Business: The Market for Unprotected Commercial Sex, Journal of Political Economy, 2005 (113/3), S. 518 ff., die diesbezüglich für Mexiko einen Wert eines statistischen Lebensjahres (dazu näher auf S. 213 dieser Arbeit) zwischen 14.760 und 51.832 US$ ermitteln.

843 *Sunstein*, Bad Deaths, Journal of Risk and Uncertainty, 1997 (14), S. 259 (S. 268 f.).

844 Interne Industriedokumente der Zigarettenindustrie lassen darauf schließen, dass deren Werbung auf Kinder und Jugendliche abzielt. Zur britischen Tabakindustrie: *Hastings/MacFadyen*, A Day in the Life of an Advertising Man: Review of Internal Documents from the UK Tobacco Industry's Principal Advertising Agencies, British Medical Journal, 2000 (321), S. 366 ff. Zum US-amerikanischen Markt: *United States of America v. Philip Morris Incorporated, et al.*, Final Proposed Findings of Fact, 2004, S. 1778 ff. m.w.N. (http://www.usdoj.gov/civil/cases/tobacco2/U.S.%20Final%20Proposed%20Findings%20of%20Fact%20REDACTED%20w%20BkMks%2020040701.pdf, 21.9.2004); *Cummings/Morley/Horan/Steger/Leavell*, Marketing to America's youth: evidence from corporate documents, Tobacco Control, 2002 (11), Suppl I, S. i5 ff. Vgl. auch *Thiele*, Die zivilrechtliche Haftung der Tabakindustrie, Tübingen, 2003, S. 30 f. sowie *Zekoll*, Die Haftung der Zigarettenindustrie - amerikanische Erfahrungen und deutsche Perspektiven, NJW, 1999, S. 2722 ff.

845 Dieses Verhalten ist bei der Frage der Haftung für rauchbedingte Gesundheitsschäden zu berücksichtigen; ausführlich dazu *Merten*, Zigaretten - ein fehlerhaftes Produkt, Zivilrechtliche Haftung und strafrechtliche Verantwortung der Zigarettenindustrie, VersR, 2005, S. 465 (S. 467 ff.).

desto geringer fällt die Zahlungsbereitschaft für dessen Reduzierung aus.[846] Die Auswirkung einer solchen Latenzzeit wird wiederum bei der Einschätzung der Gesundheitsgefahren des Rauchens offenbar. Es trifft insbesondere auf die jugendlichen Raucheinsteiger zu. Dabei ist zu beachten, dass über 80% der Raucher weit vor ihrem 18. Lebensjahr mit dem Rauchen beginnen.[847] Die langfristigen negativen Auswirkungen des Zigarettenkonsums werden zwar auch von erwachsenen Rauchern, aber insbesondere von Kindern und Jugendlichen unterschätzt, weil für sie die Gesundheitsrisiken in besonderem Maße fern und abstrakt sind und sie zudem davon ausgehen, nicht auf Dauer zu rauchen bzw. später wieder aufhören zu können.[848] Dies bestätigt eine interne Studie des Zigarettenherstellers *Imperial Tobacco*, ein Unternehmen des *BAT*-Konzerns. Sie zeigt, dass Jugendliche die langfristigen Folgen des Rauchens für sich herunterspielen und führt dazu sinngemäß aus: Zwar wüssten die Jugendlichen, dass es ein Gesundheitsrisiko gebe, aber sie würden in dieser rebellischen Phase der Entwicklung annehmen, dass Sucht bei dem nicht auftreten würde, der nicht süchtig werden will. Diese Erkenntnis leitet über zu der zynischen Feststellung: „Aber süchtig werden sie in der Tat werden."[849] Wenn die Kinder und Jugendlichen dann nach Aufnahme des Rauchens mit ihrer Sucht konfrontiert wären, hätten sie keine andere Chance als das Risiko für sich herunterzuspielen.[850]

4. Lebensalter

Fraglich ist, welchen Einfluss das Alter unabhängig von den Problemen bei der Risikowahrnehmung und -einschätzung auf den statistischen Wert eines Lebens hat.[851] Man könnte vermuten, dass die Zahlungsbereitschaft und daran anknüp-

---

[846] *Alberini/Cropper/Krupnick/Simon*, Willingness to Pay for Mortality Risk Reductions: Does Latency Matter?, Fondazione Eni Enrico Mattei, Mailand, Working Paper 53/2004 (http://www.feem.it/NR/rdonlyres/30422951-0DAA-4D96-B455-226EE5793E71/1110/5304.pdf, 20.6.2005); zur abnehmenden Zahlungsbereitschaft bei steigender Latenzzeit bei umweltbedingten Krankheiten vgl. *Hammitt/Liu*, Effects of Disease Type and Latency on the Value of Mortality Risk, Journal of Risk and Uncertainty, 2004 (28/1), S. 73 ff.

[847] *Pötschke-Langer/Schulze/Klein*, Zusatzstoffe in Tabakprodukten - neue Erkenntnis oder altes Wissen?, in: *Batra (Hrsg.)*, Tabakabhängigkeit, Wissenschaftliche Grundlagen und Behandlung, 2005, S. 64 (S. 74 f.).

[848] Siehe dazu die Ausführungen auf S. 179 ff. in diesem Kapitel.

[849] Wörtlich heißt es: „But addicted they do indeed become … what then?".

[850] Vgl. *United States of America v. Philip Morris Incorporated, et al.*, Final Proposed Findings of Fact, 2004, S. 1087 f. (http://www.usdoj.gov/civil/cases/tobacco2/U.S.%20Final%20Proposed%20Findings%20of%20Fact%20REDACTED%20w%20BkMks%2020040701.pdf, 21.9.2004).

[851] Vgl. dazu *Sunstein*, Lives, Life-Years, and Willingness to Pay, Columbia Law Review, 2004 (104), S. 205 ff.; *Viscusi und Aldy*, The Value of a Statistical Life: A Critical Re-

fend der statistische Wert eines Lebens mit zunehmendem Alter und der damit einhergehenden geringer werdenden Anzahl an zu erwartenden Lebensjahren abnimmt.[852] Dies würde implizieren, dass der Nutzenvorteil aus dem Weiterleben umso kleiner ist, je weniger Lebenszeit einem Individuum verbleibt. Dem kann entgegengehalten werden, dass nicht nur die Anzahl der verbleibenden Lebensjahre für den Nutzen aus dem fortbestehenden Leben von Bedeutung sind, sondern auch die Höhe des Konsums in den jeweiligen Lebensjahren. Andererseits könnte aber auch die Tatsache, dass nur noch wenige Lebensjahre verbleiben, zur Folge haben, dass diese dann umso wertvoller eingeschätzt und somit zu einem vergleichsweise hohen statistischen Wert des Lebens führen.[853]

Unter der Berücksichtigung von Alter und Konsum über den Lebenszyklus kommen die Studien von *Kniesner, Viscusi* und *Ziliak*[854] sowie *Alberini u.a.*[855] auf vergleichbare Ergebnisse. Danach steigt der statistische Wert eines Lebens in den ersten 30 Lebensjahren stark an und erreicht bei der Hälfte der Lebenserwartung in etwa den Höchstbetrag. Bis zum Alter von etwa 70 Jahren nimmt dieser Wert nur geringfügig ab. Ab dem 70. Lebensjahr hingegen ist eine deutlichere Abnahme des statistischen Werts eines Lebens zu verzeichnen.[856]

VII. Ergebnis

Die empirischen Ergebnisse zur statistischen Bewertung eines Menschenlebens bestätigen die Vermutung, dass Individuen in der Realität Abwägungsvorgänge vornehmen zwischen kleinen Todesfallrisiken und Aufwendungen zur Verringerung eines Schadenseintritts (*willingness to pay*-Ansatz). Gleiches gilt für die Inkaufnahme solcher Risiken und der gleichzeitigen Gewährung eines kompen-

---

view of Market Estimates throughout the World, Journal of Risk and Uncertainty, 2003 (27/1), S. 5 (S. 50 ff.).

852 *Sunstein*, Are Poor People Worth Less Than Rich People?, Disaggregating the Value of Statistical Lives, The University of Chicago Law School, John M. Olin Law & Economics Working Paper Series No. 207, 2004, S. 20 f. (http://papers.ssrn.com/sol3/papers.cfm?abstract_id=506142, 20.6.2005).

853 *Sunstein*, Lives, Life-Years, and Willingness to Pay, Columbia Law Review, 2004 (104), S. 205 (S. 233 f.).

854 Life-Cycle Consumption and the Age-Adjusted Value of Life, Harvard Law School, Cambridge (Massachusetts), Discussion Paper No. 459, 02/2004, S. 21 ff. (http://papers.ssrn.com/sol3/papers.cfm?abstract_id=580761, 20.6.2005).

855 *Alberini/Krupnick/Cropper/Simon/Cook:* The Willingness to Pay for Mortality Risk Reductions: A Comparison of the United States and Canada, CESifo Working Paper No. 668 (8), 2002, S. 27 (http://papers.ssrn.com/sol3/papers.cfm?abstract_id=303701, 20.6.2005).

856 Zur Altersabhängigkeit vgl. auch *Sunstein*, Valuing Life: A Plea for Disaggregation, Duke Law Journal, 2004 (54), S. 385 (S. 412 ff.); *Shepard/Zeckhauser*, Survival versus Consumption, Management Science, 1984 (30/4), S. 423 ff.

sierenden Auszahlungsbetrages (*willingness to accept*-Ansatz). Diesen Abwägungsvorgängen liegt eine Präferenzstruktur hinsichtlich des eigenen Lebens und anderer Güter zu Grunde. Die dargestellten Studien zur statistischen Bewertung eines Menschenlebens zeigen, dass eine monetäre Bewertung des menschlichen Lebens als Voraussetzung der Bemessung einer Entschädigung für den immateriellen Schaden des Verlusts des Lebens grundsätzlich möglich ist.

Die zum Teil sehr großen Unterschiede in den entsprechenden Ergebnissen der jeweiligen Studien offenbaren jedoch, dass es *den* Wert eines Menschenlebens nicht gibt. Vor dem Hintergrund der Ergebnisse der deutschen Studie von *Spengler*[857] sind die internationalen, insbesondere US-amerikanischen Werte für Deutschland nach unten zu korrigieren.

B. Praktische Anwendung in den USA

I. Öffentlich-rechtliche Regulierungspraxis

Kosten-Nutzen-Analysen öffentlicher Regulierungen, z.B. auf dem Gebiet der Gesundheitsvorsorge, der Produktsicherheit oder des Umweltschutzes, sind der Hauptanwendungsfall für das Konzept des statistischen Werts des Lebens. Das *US Office of Management and Budget* empfiehlt allen Regierungsbehörden diese Herangehensweise bei der Bewertung des Nutzens von Regulierungen bzw. Regulierungsteilen, die Einfluss auf die Gesundheit bzw. das Sterblichkeitsrisiko der Bevölkerung haben.[858]

Teilweise weichen die dabei von der US-amerikanischen Administration zu Grunde gelegten Werte eines statistischen Lebens erheblich voneinander ab. Von der *United States Environmental Protection Agency* werden bei der Bewertung des *Clear Skies Act* Ergebnisse von Arbeitsmarkt-Studien mit einem Medianwert in der Größenordnung von 6,1 Millionen US$ als überzeugend angesehen.[859] Andererseits kalkulierte die für den Straßenverkehr zuständige Abteilung des *Department of Transportation* im Zusammenhang mit Sicherheitsvorschriften für die gewerbliche Personenbeförderung im Jahre 2003 mit einem Wert von 3 Millionen US$. Den gleichen Wert befand eine andere Abteilung des *Depart-*

---

[857] Kompensatorische Lohndifferenziale und der Wert eines statistischen Lebens in Deutschland, Darmstadt Discussion Papers in Economics Nr. 133, 2004 (http://www.bwl.tu-darmstadt.de/vwl/forsch/veroeff/papers/ddpie_133.pdf, 20.6.2005).

[858] *Viscusi*, Misuses and Proper Uses of Hedonic Values of Life, Harvard Law School, Cambridge (Massachusetts), Discussion Paper No. 292, 8/2000, S. 6 (http://www.law.harvard.edu/programs/olin_center/papers/pdf/292.pdf, 16.12.2006).

[859] *United States Environmental Protection Agency*, Technical Addendum: Methodologies for the Benefit Analysis of the Clear Skies Initiative, 2002, S. 32 ff. (http://www.airimpacts.org/documents/local/Tech_adden.pdf, 10.12.2006); vgl. *Sunstein*, Lives, Life-Years, and Willingness to Pay, Columbia Law Review, 2004 (104), S. 205 (S. 206, 228).

ment of Transportation bereits im Jahre 1998 im Rahmen von Sicherheitsvorschriften für den Flugverkehr für angemessen.[860] Gleichwohl legt die überwiegende Zahl der Regulierungsbehörden mittlerweile einen Betrag zu Grunde, der sich im Bereich zwischen 5 und 6,5 Millionen US$ für den statistischen Wert eines Lebens bewegt.[861]

Für Kinder wird dabei der gleiche Betrag in Ansatz gebracht wie für Erwachsene.[862] Die im Rahmen der Produktmarkt-Studien aufgezeigten Unterschiede bei der Ermittlung eines statistischen Werts des Lebens von Kindern und Erwachsenen[863] finden demnach keine Berücksichtigung. Dies erscheint gerechtfertigt, da die aus der Zahlungsbereitschaft von Eltern abgeleitete statistische Bewertung des Lebens ihrer Kinder lediglich eine Möglichkeit darstellt, die Schwierigkeiten bei der Ermittlung der eigenen Zahlungsbereitschaft von Kindern für die Reduzierung tödlicher Risiken zu vermeiden. Einer direkten Abfrage der Zahlungsbereitschaft stehen beispielsweise Probleme der Risikowahrnehmung und -einschätzung sowie insbesondere des beschränkten Einkommens von Kindern entgegen. Die nicht einheitlichen Ergebnisse sollten nicht zu dem Schluss führen, dass der statistische Wert des Lebens eines Kindes geringer ist als der eines Erwachsenen. Aufgrund der längeren Lebenserwartung von Kindern wäre dieses Ergebnis kaum zu rechtfertigen. Diese Tatsache führt in der Regulierungspraxis und bei Anwendung der Methode des statistischen Werts eines Lebens aber auch nicht zu einer *höheren* Gewichtung des Lebens von Kindern.

1. Der statistische Wert eines Lebensjahres

Aus diesem Grund plädiert *Sunstein* im Rahmen von Kosten-Nutzen-Analysen öffentlicher Regulierungen für die Anwendung des Werts eines statistischen Lebensjahres statt eines statistischen Lebens.[864] Dabei wird nicht ein statistischer Wert für das gesamte Leben bzw. die Lebenszeit eines Menschen ermittelt, sondern jedem einzelnen Lebensjahr ein statistischer Wert zugewiesen. Ungeachtet

---

860 *Sunstein*, Are Poor People Worth Less Than Rich People?, Disaggregating the Value of Statistical Lives, The University of Chicago Law School, John M. Olin Law & Economics Working Paper Series No. 207, 2004, S. 8 f. (http://papers.ssrn.com/sol3/papers.cfm?abstract_id=506142, 20.6.2005).

861 *Posner/Sunstein*, Dollars and Death, University of Chicago Law Review, 2005 (72), S. 537 (S. 549 ff. mit entsprechenden Nachweisen in Tabelle 2).

862 *Posner/Sunstein*, Dollars and Death, University of Chicago Law Review, 2005 (72), S. 537 (S. 574 ff.).

863 Siehe dazu die Ausführungen auf S. 198 ff. in diesem Kapitel.

864 Vgl. zum Folgenden: *Sunstein*, Lives, Life-Years, and Willingness to Pay, Columbia Law Review, 2004 (104), S. 205 ff.; *ders.*, Valuing Life: A Plea for Disaggregation, Duke Law Journal, 2004 (54), S. 385 (S. 413 f.); ebenso bereits *Zeckhauser/Shepard*, Where now for Saving Lives?, Law and Contemporary Problems, 1976 (40/4), S. 5 ff.

der Schwierigkeiten bei dessen richtiger Bemessung führe diese Methode zu einer Wohlfahrtsteigerung. Denn eine Regulierung, die jüngeren Menschen[865] das Leben rette, sei gesamtgesellschaftlich gesehen sinnvoller als ein Programm, das unter sonst gleichen Bedingungen ältere Menschen rette. Da jedes Leben endlich sei, komme es entscheidend auf die insgesamt zu verzeichnende Länge der Lebenszeitverlängerung an. Eine Altersdiskriminierung sei bei einem solchen Vorgehen nicht zu erblicken, da zu berücksichtigen sei, dass ältere Menschen einmal jung gewesen seien.

Dementsprechend findet in der Regulierungspraxis auch diese Herangehensweise Berücksichtigung. Bei der Evaluation medizinischer Heilungsmöglichkeiten und der Bewertung von Gesundheitskosten werden vornehmlich verschiedene Formen des Konzepts der statistischen Lebensjahre angewandt. In diesem Bereich wird darüber hinausgehend vorgeschlagen, Kosten-Nutzen-Analysen sogenannte *quality-adjusted life-years (QALYs)* zu Grunde zu legen. Dieser Ansatz verfeinert die Methode des Wertes eines statistischen Lebensjahres dahingehend, dass die einzelnen Lebensjahre im Hinblick auf den jeweiligen Gesundheitszustand eine zusätzliche Gewichtung erhalten.[866]

Einige Behörden wenden sowohl den statistischen Wert des Lebens als auch den Wert statistischer Lebensjahre an. Ein Beispiel hierfür ist die bereits erwähnte *United States Environmental Protection Agency.*

2. Beispiel 1: United States Environmental Protection Agency

Die *United States Environmental Protection Agency (EPA)* wurde 1970 gegründet. Ihre Aufgabe ist der Schutz der menschlichen Gesundheit und der Umwelt. Zur Erreichung dieses Ziels obliegt ihr insbesondere die Erarbeitung und Umsetzung entsprechender Regulierungen, aber auch die Begutachtung der daraus entstehenden Vor- und Nachteile.

Der Report der *EPA* an den Kongress über die Kosten und Nutzen des *Clean Air Act* für die Jahre 1990 bis 2010 befasst sich u.a. mit der ökonomischen Bewertung der Auswirkungen dieser Regulierung auf die Gesundheit der Bevölkerung.

---

[865] Bei denen aufgrund ihrer Budgetbeschränkungen und der bereits aufgezeigten Einkommenselastizität zudem nur eine im Verhältnis geringere Zahlungsbereitschaft zur Verminderung tödlicher Risiken gegeben sein dürfte; vgl. *Sunstein*, Lives, Life-Years, and Willingness to Pay, Columbia Law Review, 2004 (104), S. 205 (S. 231 f.).

[866] Grundlegend dazu *Zeckhauser/Shepard*, Where now for Saving Lives?, Law and Contemporary Problems, 1976 (40/4), S. 5 ff.; vgl. auch *Sunstein*, Lives, Life-Years, and Willingness to Pay, Columbia Law Review, 2004 (104), S. 205 (S. 245 ff.); *Abelson*, The Value of Life and Health for Public Policy, The Economic Record, 2003 (79/Special Issue), S. S2 ff.; *Cutler/Richardson*, Measuring the Health of the U.S. Population, Microeconomics, 1997, S. 217 ff.; *Viscusi*, The Value of Risks to Life and Health, Journal of Economic Literature, 1993 (31), S. 1912 ff.

Bei der Kosten-Nutzen-Analyse finden die Schätzungen zum statistischen Wert des Lebens verschiedener Studien Berücksichtigung. Aus ihnen wird ein mittlerer Wert von 4,8 Millionen US$ abgeleitet und der Analyse zu Grunde gelegt.[867] Bei der Bewertung der Auswirkungen des bereits erwähnten *Clear Skies Act* erachtet die *EPA* im Jahre 2002, also drei Jahre später, einen statistischen Wert des Lebens von 6,1 Millionen US$ für angemessen.[868] Darüber hinaus wendet die Behörde hier auch eine Methode mit altersabhängiger Unterscheidung an, wonach der Wert für unter 70jährige bei 3,7 Millionen US$ und für über 70jährige bei 2,3 Millionen US$ liegt.[869]

Beide Analysen der *EPA* legen der Bewertung der jeweiligen Regulierung als alternativen Ansatz aber auch die Methode des Werts eines statistischen Lebensjahres zu Grunde. Für den *Clean Air Act* setzt die *EPA* den Wert eines statistischen Lebensjahres auf 293.000 US$ (zu diskontieren mit jährlich 5%) fest.[870] Demgegenüber beträgt der statistische Wert eines Lebensjahres für die Bewertung des *Clear Skies Act* 163.000 US$ (undiskontiert) sowie 270.000 US$ (zu diskontieren mit jährlich 3%). Darüber hinaus ist zu berücksichtigen, dass der den jeweiligen Lebensjahren beigemessene Wert nach dem Alter differenziert wird. Verlorenen Lebensjahren über dem Alter von 65 Jahren wird ein geringerer Wert zu Grunde gelegt als denen in der Mitte der Lebenserwartung. Infolge dieser Abstufung beträgt der Wert eines statistischen Lebensjahres für diesen Lebensabschnitt 258.000 US$ (wiederum zu diskontieren mit jährlich 3%).[871]

Sowohl bei der Methode des statistischen Werts des Lebens, als auch bei derjenigen der statistischen Lebensjahre wird folglich versucht, dem Ergebnis der einschlägigen Analysen Rechnung zu tragen, dass der statistische Wert des Lebens mit zunehmendem Alter abnimmt.[872] Zudem bestätigt das Beispiel der *Uni-*

---

867 *United States Environmental Protection Agency*, The Benefits and Costs of the Clean Air Act 1990 to 2010, EPA Report to Congress Nr. 410-R-99-001, 1999; S. 69 ff, H-1 ff. (http://www.epa.gov/air/sect812/1990-2010/fullrept.pdf, 8.7.2006).

868 Vgl. dazu den Nachweis in Fn. 859 auf S. 212.

869 *United States Environmental Protection Agency*, Technical Addendum: Methodologies for the Benefit Analysis of the Clear Skies Initiative, 2002, S. 35 f. (http://www.airimpacts.org/documents/local/Tech_adden.pdf, 10.12.2006).

870 *United States Environmental Protection Agency*, The Benefits and Costs of the Clean Air Act 1990 to 2010, EPA Report to Congress Nr. 410-R-99-001, 1999; S. H-34 ff. (http://www.epa.gov/air/sect812/1990-2010/fullrept.pdf, 8.7.2006).

871 *United States Environmental Protection Agency*, Technical Addendum: Methodologies for the Benefit Analysis of the Clear Skies Initiative, 2002, S. 36 f. (http://www.airimpacts.org/documents/local/Tech_adden.pdf, 10.12.2006).

872 Vgl. dazu die Ausführungen auf S. 210 in diesem Kapitel. Zur Kritik an diesem „Altersabschlag“ ausführlich *Sunstein*, Lives, Life-Years, and Willingness to Pay, Columbia Law Review, 2004 (104), S. 205 ff.

ted States Environmental Protection Agency, dass es *den* Wert eines statistischen Lebens ebenso wenig gibt, wie *den* Wert eines statistischen Lebensjahres. Selbst innerhalb einer Behörde ändern sich im Zeitverlauf und abhängig von den zu Grunde liegenden Risiken die entsprechenden Bewertungsansätze. Gleiches gilt für die als richtig angesehene Diskontierungsrate. Dies zeigt, dass sich die Forschung zum statistischen Wert des Lebens und seine praktische Umsetzung ständig weiter entwickeln.

3. Beispiel 2: Die Kosten des Rauchens

Von der Haftung der Zigarettenindustrie für rauchbedingte Gesundheitsschäden und vorzeitigen Tod war bereits die Rede, ebenso von der Regulierung von Tabakprodukten durch öffentlich-rechtliche Vorschriften. Im Fall einer zu bejahenden Haftung steht die Frage nach dem Ersatz des immateriellen Schadens rauchbedingter Todesfälle im Raum. Die verlorenen Lebensjahre der vorzeitig verstorbenen Raucher sind aber auch zu berücksichtigen bei der Ermittlung der gesamtgesellschaftlichen Kosten des Rauchens. Neben diesen immateriellen Einbußen sind beispielsweise die Aufwendungen für Gesundheitsleistungen für erkrankte Raucher und geschädigte Passivraucher sowie die Kosten der hierdurch verlorenen Arbeitsproduktivität zu berücksichtigen.

Um die immateriellen Einbußen in Gestalt der verlorenen Lebensjahre der verstorbenen Raucher greifbar zu machen, wird in der Regel auf den Ansatz der statistischen Lebensjahre zurückgegriffen. Konservative Berechnungen für die Vereinigten Staaten legen dabei einen Wert von 100.000 US$ pro verlorenem Lebensjahr zu Grunde.[873] Der Wert wird abgeleitet aus den Untersuchungen zum statistischen Wert des Lebens. Aus der Bandbreite der - bereits im Rahmen dieser Arbeit dargestellten - Ergebnisse wird ein mittlerer Wert herausgegriffen und anhand der statistischen Lebenserwartung abgezinst mit 3% auf ein Lebensjahr bezogen.[874] In Verbindung mit der Anzahl der vorzeitig verstorbenen Raucher und der somit verlorenen Lebensjahre lässt sich der gesamte immaterielle Schaden bemessen. Die mit dem Anstieg des Anteils an jugendlichen Rauchern in den 90er Jahren in den USA einhergehende Einbuße an verlorenen Lebensjahren beziffert *Gruber* beispielsweise mit 73 Milliarden US$.[875]

---

873 *Sloan/Ostermann/Picone/Conover/Taylor*, The Price of Smoking, Cambridge (Massachusetts), 2004, S. 88 ff.; *Gruber*, Youths and Risky Behavior, AEA Papers and Proceedings, 2001 (91/2), S. 85 (S. 90).

874 *Cutler/Richardson*, The Value of Health: 1970-1990, AEA Papers and Proceedings, 1998 (88/2), S. 97 ff.; *Cutler/Richardson*, Measuring the Health of the U.S. Population, Microeconomics, 1997, S. 217 (S. 219 f.).

875 *Gruber*, Youths and Risky Behavior, AEA Papers and Proceedings, 2001 (91/2), S. 85 (S. 90).

In Deutschland sterben jährlich 110.000 bis 140.000 Menschen vorzeitig an den Folgen des Tabakkonsums. Da dabei der statistische Durchschnitt der verlorenen Lebenszeit bei zehn Jahren liegt[876], ist auch hier eine gewaltige immaterielle Einbuße zu verzeichnen. Diese Kosten des Rauchens werden in der deutschen Regulierungspraxis bislang nicht hinreichend bzw. gar nicht berücksichtigt. Anders ist es nicht zu erklären, dass eine Vielzahl krebsverdächtiger und krebserregender Stoffe immer noch als „erlaubte Inhaltsstoffe" in der TabakVO und der AromenVO genannt werden. Gleiches gilt für Stoffe, die bei der Pyrolyse Kanzerogene entstehen lassen sowie die Substanzen, die zur Suchtverstärkung beitragen und Kindern und Jugendlichen den Raucheinstieg erleichtern.

Auch zivilrechtlich sind die Zigarettenhersteller nach der derzeitigen Ansicht der deutschen Rechtsprechung nicht für tabakrauchbedingte Schäden haftbar. Es wurde gezeigt, dass dies zumindest für die gezielte, *zusätzliche* Risiken schaffende Produktumgestaltung nicht haltbar ist. Für daraus entstehende Schäden ist eine Haftung zu bejahen.[877] Sollte auch der Tod selbst einen ersatzfähigen immateriellen Schaden darstellen, so bestünde nach der hier vertretenen Ansicht zur Haftung der Zigarettenhersteller ein entsprechendes Haftungsrisiko für die Produzenten. Richtigerweise wären sie damit gezwungen, die immateriellen Schäden in Gestalt von Krankheit und Tod der Konsumenten in ihren Kosten-Nutzen-Überlegungen zu berücksichtigen.

4. Ermittlung des Nettorisikos

Auch wenn es das Ziel einer Regulierung ist, bestimmte Risiken zu vermindern, so kann sich der Effekt ergeben, dass sie sich risikoerhöhend auswirkt. Dies kann sowohl unmittelbar als auch auf mittelbarem Weg geschehen. Beide Möglichkeiten sollen anhand eines Beispiels kurz veranschaulicht werden[878]: Angenommen eine Regulierung zur Produktsicherheit schreibt für Kinderschlafanzüge die Verwendung einer schwer entflammbaren chemischen Verbindung vor. Stellt sich anschließend heraus, dass die Chemikalie krebserregend ist, so führt die Regulierung zugleich zu einer unmittelbaren Erhöhung des Krebsrisikos. Zur Illustration einer mittelbaren Risikoerhöhung sei folgendes Beispiel genannt: Eine Regulierung zur Gesundheitsvorsorge sieht bei bestimmten Betriebsanlagen neue Filteranlagen zur Verringerung des Schadstoffausstoßes vor. Da die

---

876 *Deutsches Krebsforschungszentrum (Hrsg.)*, Die Tabakindustriedokumente I: Chemische Veränderungen an Zigaretten und Tabakabhängigkeit, Heidelberg, 2005, S. 8.

877 Siehe dazu die Ausführungen in Kapitel 2 auf S. 47 ff.

878 Vgl. zum Nachfolgenden *Viscusi*, The Value of Life in Legal Contexts: Survey and Critique, American Law and Economics Review, 2000 (2/1), S. 195 (S. 200 f., 216 ff.); *Viscusi/Aldy*, The Value of a Statistical Life: A Critical Review of Market Estimates throughout the World, Journal of Risk and Uncertainty, 2003 (27/1), S. 5 (S. 58 ff.); die in diesem Zusammenhang von *risk-risk-analysis* sprechen.

Herstellung der Filter zu einem erhöhten Produktionsniveau führt, ist mittelbar eine Steigerung der produktionsbedingten Unfallzahlen und Todesfälle zu erwarten.

Mit Hilfe der Risikoabwägung soll nun vermieden werden, dass die negativen Effekte einer Regulierung deren positive Auswirkungen überwiegen und die Regelung damit insgesamt kontraproduktiv wirkt. Dazu müssen die Auswirkungen einer Regulierung monetarisiert werden. Sofern es sich um tödliche Risiken handelt, können diese mit Hilfe des statistischen Werts des Lebens greifbar gemacht werden. Die dahinter stehende Frage ist aber nicht, was es wert ist, ein Leben zu retten. Es werden vielmehr die Kosten einer Regulierung in Gestalt der aus ihr erwachsenden Opportunitätskosten[879] ermittelt und mit dem erwarteten Nutzen aus der Regulierung ins Verhältnis gesetzt.

Die populärste Anwendung dieser Form der Risikoanalyse stellt die sogenannte *health-health-analysis* auf dem Gebiet der Gesundheitsvorsorge dar. Regulierungen zur Verminderung bestimmten (Gesundheits-)Risiken rufen stets Opportunitätskosten hervor, da die gebundenen Mittel aufgrund von Budgetrestriktionen nicht für andere Aufgaben (auf dem Gebiet der Gesundheitsvorsorge) zur Verfügung stehen. Mit Hilfe der *health-health-analysis* wird ermittelt, welches Ausgabenniveau, ausgedrückt in Kosten pro gerettetes Leben, zum statistischen Verlust eines Lebens bzw. allgemein gesprochen zu einer negativen Beeinflussung bestimmter Risiken führt. Mit Hilfe der Risikoanalyse lässt sich eine Obergrenze für Regulierungskosten und damit ein Maßstab für kontraproduktive Regulierungen ermitteln.[880]

Der Vorteil dieser Methode ist insbesondere, dass nicht die originären Kosten einer Regelung als Effizienzmaßstab herangezogen werden. Normale Kosten-Nutzen-Analysen auf der Basis des *value of statistical life* könnten sich nämlich dem Einwand ausgesetzt sehen, dass es unter moralischen und ethischen Gesichtspunkten gerechtfertigt und sogar geboten sei, zur Rettung eines statistischen Lebens mehr aufzuwenden als den entsprechenden Gegenwert in Gestalt des statistischen Werts des Lebens. Auf der Basis der Opportunitätskosten argumentiert die Risikoanalyse demgegenüber mit den negativen Gesundheitseffekten. Nicht Geld und Leben werden gegenübergestellt, sondern gerettete Le-

---

[879] Eine Definition der Opportunitätskosten findet sich in Fn. 684 auf S. 164.

[880] Vertiefend zum Ganzen: *Viscusi/Aldy*, The Value of a Statistical Life: A Critical Review of Market Estimates throughout the World, Journal of Risk and Uncertainty, 2003 (27/1), S. 5 (S. 58 ff.). Für Schweden kommt die Studie von *Gerdtham/Johannesson,* Do Life-Saving Regulations Save Lives?, Journal of Risk and Uncertainty, 2002 (24/3), S. 231 ff., zu dem Ergebnis, dass Regulierungen mit Aufwendungen von über 10 Millionen Euro pro gerettetem statistischen Leben kontraproduktiv wirken und netto zu einem Anstieg der Sterblichkeit führen.

ben und nicht vermiedene Todesfälle. Eine Regulierung ist in diesem Sinne nicht effizient, wenn sie netto zu einer Erhöhung des Sterblichkeitsrisikos führt.

Diese Methode baut damit auf den Erkenntnissen des *value of statistical life*-Konzepts auf und verwendet dessen Ergebnisse in einer besonderen Form der Kosten-Nutzen-Analyse.

II. September 11th Victim Compensation Fund

Einer besonderen Berücksichtigung im Rahmen der Anwendungsfälle der vorgestellten Bewertungsmöglichkeiten bedarf der vom US Kongress am 22.9.2001 verabschiedete Fonds zur Kompensation der Hinterbliebenen der Opfer der Terroranschläge vom 11. September 2001 *(September 11th Fund).*[881] Der *September 11th Fund* wird beeinflusst sowohl von Prinzipien des US-amerikanischen *tort law* als auch von Grundsätzen der Bewertung des menschlichen Lebens im Rahmen von öffentlichen Regulierungen.[882]

Er ermächtigt die Hinterbliebenen zur Geltendmachung von materiellen und immateriellen Einbußen.[883] Als Vermögensschäden sind die erwarteten zukünftigen Einkommensverluste ersatzfähig. Dies entspricht im Grundsatz der Ersatzfähigkeit des vernichteten Humankapitals in Gestalt des verlorenen Lebenszeiteinkommens bei Tötungsfällen durch das *tort law.* Bei den immateriellen Schäden legt der *September 11th Fund* hingegen einheitliche Kompensationszahlungen fest. Pro Opfer wird ein Minimum von 250.000 US$ angesetzt. Sofern ein Ehegatte hinterlassen wird, erhöht sich diese Summe um 100.000 US$. Für jedes Kind, das hinterlassen wird, erhöht sich die Kompensation um weitere 100.000 US$.[884] Gleichwohl wird für Alleinstehende eine Mindestentschädigung in Höhe von 300.000 US$ und eine allgemeine Obergrenze von 3 Millionen US$ festgeschrieben, die nur unter ungewöhnlichen Umständen überschritten werden soll.[885] Die höchste gezahlte Entschädigung lag bei 7,1 Millionen US$, die durchschnittlich gezahlte Summe betrug 2,1 Millionen US$ pro Opferfamilie.[886]

---

881 Eingehend dazu *Feinberg/Biros/Feldman/Greenspan/Zins*, Final Report of the Special Master for the September 11th Victim Compensation Fund of 2001, Volume 1, 2004 (http://www.usdoj.gov/final_report.pdf, 10.11.2005).

882 *Posner/Sunstein*, Dollars and Death, University of Chicago Law Review, 2005 (72), S. 537 f.

883 Zur Angemessenheit der Entschädigungen *Tinari/Cahill/Grivoyannis*, Did the 9/11 Victim Compensation Fund Accurately Assess Economic Losses?, Topics in Economic Analysis & Policy, 2006 (6/1), S. 1 ff.

884 September 11th Fund, 28 CFR § 104.44.

885 September 11th Fund, 28 CFR § 104.41-43.

886 *Posner/Sunstein*, Dollars and Death, University of Chicago Law Review, 2005 (72), S. 537.

Der *September 11th Fund* kann als eine Konsequenz der in den Vereinigten Staaten von Amerika stark divergierenden Schadensersatzsummen in Tötungsfällen angesehen werden.[887] Angesichts der dramatischen Ereignisse der Terroranschläge war das politische Ziel, den Verletzten und Hinterbliebenen der Opfer eine schnelle Abwicklung bei der Zahlung von Entschädigungen zu gewähren. Um die Einflussgrößen des US-amerikanischen Prozessrechts zu umgehen, erschien hier der Weg über eine Regulierung zur Vermeidung von Prozessen als vorteilhaft. Gleichzeitig wollte man aber auch die betroffenen Fluggesellschaften vor einer Inanspruchnahme bewahren.[888]

III. Haftungsrecht

Ungeachtet der Diskussion um die Zulässigkeit von *hedonic damages* findet das Konzept der statistischen Bewertung eines Menschenlebens in der US-amerikanischen Rechtspraxis Anwendung bei der Entscheidung, ob ein Verhalten oder Unterlassen als fahrlässig einzustufen ist.

1. Bestimmung des Fahrlässigkeitsmaßstabs

Die Bestimmung des Fahrlässigkeitsmaßstabes erfolgt nach der sogenannten *Learned Hand*-Formel. Diese Handhabe zur Konkretisierung des Begriffs der Fahrlässigkeit hat ihren inhaltlichen Ursprung in einem US-amerikanischen Urteil aus dem 1947[889] und verdankt ihren Namen dem erkennenden Richter *Learned Hand.*[890] Danach wird die Handlung, die auf den Vorwurf der Fahrlässigkeit hin überprüft werden soll, anhand zweier Elemente einer Kosten-Nutzen-Analyse unterzogen: Das aus der Handlung erwachsende Risiko wird ins Verhältnis gesetzt zu dem zur Vermeidung dieses Risikos notwendigen Aufwand. Dabei bestimmt sich das Risiko (R) einer Handlung aus dem Produkt der Größe des zu erwartenden Schadens (S) und der Wahrscheinlichkeit (p) des Schadenseintritts. Damit gilt:

$$R = S \times p$$

---

887 Ausführlich dazu in Kapitel 4 auf S. 143 ff.

888 *Feinberg/Biros/Feldman/Greenspan/Zins*, Final Report of the Special Master for the September 11th Victim Compensation Fund of 2001, Volume 1, 2004, S. 3 (http://www.usdoj.gov/final_report.pdf, 10.11.2005); *Tinari/Cahill/Grivoyannis*, Did the 9/11 Victim Compensation Fund Accurately Assess Economic Losses?, Topics in Economic Analysis & Policy, 2006 (6/1), S. 1 (S. 3 f.).

889 *United States v. Carroll Towing Co.*, 159 F. 2 d 169, 173 (2 d Cir. 1947).

890 Vgl. zum Folgenden *Cole/Grossman*, Principles of Law and Economics, Upper Saddle River, 2005, S. 215 f., 243 f.; *Cooter/Ulen*, Law and Economics, 4. Auflage, Boston, 2004, S. 333 ff.

Der Aufwand (A) zur Vermeidung des Schadens setzt sich z.B. zusammen aus den Kosten für Sicherheitsmaßnahmen zur Vermeidung der Verwirklichung des in Rede stehenden Risikos. Unter der Voraussetzung

$$A < S \times p \ ,$$

also dass der getätigte Schadensvermeidungsaufwand (A) kleiner ist als das Risiko in Gestalt des Produkts aus Wahrscheinlichkeit und zu erwartendem Schaden, ist das Verhalten als fahrlässig einzustufen.[891] Denn weitere Aufwendungen zur Verringerung des Risikos wären lohnenswert bis zu dem Ausmaß, dass sie dem zu erwartenden Schaden entsprechen. Wer diese Aufwendungen nicht tätig, handelt fahrlässig im Sinne der *Learned Hand*-Formel. Gilt umgekehrt

$$A > S \times p \ ,$$

so ist das Risiko in Kauf zu nehmen, da ein höherer Vermeidungsaufwand ein soziales Verlustgeschäft wäre. Ein Aufwand zur Vermeidung von Schadensfällen muss nur bis zu der Schwelle bzw. in dem Maße betrieben werden, bei der der Vermeidungsaufwand gleich dem Risiko als dem Produkt aus Wahrscheinlichkeit und Größe des drohenden Verlusts ist. Unter dieser Voraussetzung handelt eine Person nicht fahrlässig. Das Maß der getätigten Aufwendungen zur Unfallvermeidung erfüllt unter diesen Gegebenheiten den rechtlich zu fordernden Standard. Bleibt der Vermeidungsaufwand jedoch hinter diesem Grenzwert zurück, so ist das entsprechende Verhalten als fahrlässig einzustufen.[892] Soll der Fährlässigkeitsmaßstab im Zusammenhang mit der Tötung eines Menschen bestimmt werden, so ist es notwendig, dem zu erwartendem Schaden einen Betrag zuzuordnen, den Wert eines Menschenlebens. Hierfür finden in der US-amerikanischen Gerichtspraxis die im Rahmen der Studien zum statistischen Wert des Lebens herausgearbeiteten Größen Anwendung.[893]

Es gibt folglich einen bestimmbaren Punkt, an dem ein rechtlich gebotenes, nicht fahrlässiges Handeln „umspringt“ in ein rechtlich vorwerfbares und damit fahrlässiges Verhalten. Rechnerisch ist das der Fall, wenn

$$A = R = S \times p \ ,$$

891 Hierbei sind jeweils die Grenzkosten, nicht der absolute Betrag der Aufwendungen in Ansatz zu bringen; vgl. dazu die Ausführungen in Kapitel 2 auf S. 23 ff.

892 Vgl. *Cooter/Ulen*, Law and Economics, 4. Auflage, Boston, 2004, S. 333 ff., 370.

893 *Viscusi*, Misuses and Proper Uses of Hedonic Values of Life, Harvard Law School, Cambridge (Massachusetts), Discussion Paper No. 292, 8/2000, S. 16 ff. (http://www.law.harvard.edu/programs/olin_center/papers/pdf/292.pdf, 16.12.2006).

also der Vermeidungsaufwand dem Risiko, als dem Produkt aus dem zu erwartenden Schaden und der Wahrscheinlichkeit seines Eintritts, entspricht.[894]

2. Hedonic damages

Die Versuche, das Konzept der statistischen Bewertung eines Menschenlebens im Rahmen der sogenannten *hedonic damages* für die US-amerikanische Gerichtspraxis nutzbar zu machen, wurden bereits dargestellt.[895] Im Anschluss an den Fall *Sherrod v. Berry* kam es zu einer Vielzahl an Stellungnahmen aus dem wissenschaftlichen Schrifttum.[896]

a. Argumente und Beurteilung

Als ein wesentliches Argument gegen eine Anwendung des statistischen Werts eines Lebens im Rahmen der Schadensberechnung in Tötungsfällen wird die Unvereinbarkeit der zu Grunde liegenden Methode mit der Kompensationsfunktion des Schadensersatzes angeführt und damit einhergehend die Gefahr einer Überkompensation gesehen.[897] Die Bestimmung des statistischen Werts des Lebens korrespondiere in erster Linie mit dem Gesichtspunkt der Abschreckungsfunktion des Schadensersatzrechts. Denn der statistische Wert eines Lebens werde im Wege einer ex-ante Betrachtung ermittelt, welcher ein Abwägungsvorgang zwischen einem relativ kleinen, unwahrscheinlichen Todesfallrisiko und einer aufzuwendenden bzw. auszuzahlenden Geldsumme zu Grunde liege. Zwar werde auch hier implizit danach gefragt, welcher Betrag an ein Individuum gezahlt werden müsse, damit es sich einem spezifischen Todesfallrisiko aussetze. Die Frage nach dem angemessenen Ausgleich dürfe hier jedoch nicht darüber

---

894 *Cooter*, Hand Rule Damages for Incompensable Losses, San Diego Law Review, 2003 (40), S. 1097 (S. 1098 f.).

895 Siehe dazu die Ausführungen in Kapitel 4 auf S. 165 ff.

896 Vgl. dazu beispielhaft den Sammelband von *Ireland/Ward (Hrsg.)*, The New Hedonics Primer for Economists and Attorneys, 2. Auflage, Tucson, 1996 sowie die Nachweise in Fn. 695, 698.

897 Vgl. zum Folgenden beispielsweise *Becker/Stout*, The Utility of Death and Wrongful Death Compensation, in: *Ireland/Ward (Hrsg.)*, The New Hedonics Primer for Economists and Attorneys, 2. Auflage, Tucson, 1996, S. 229 ff.; *Havrilesky*, The Misapplication of the Hedonic Damages Concept to Wrongful Death and Personal Injury Litigation, in: *Ireland/Ward (Hrsg.)*, The New Hedonics Primer for Economists and Attorneys, 2. Auflage, Tucson, 1996, S. 259 ff.; *Ireland/Johnson/Rodgers*, Why Hedonic Measures Are Irrelevant to Wrongful Death Litigation, in: *Ireland/Ward (Hrsg.)*, The New Hedonics Primer for Economists and Attorneys, 2. Auflage, Tucson, 1996, S. 197 ff.; *Ireland/Rodgers*, Hedonic Damages in Wrongful Death/Survival Actions: Equitable Compensation or Optimal Life Protection, in: *Ireland/Ward (Hrsg.)*, The New Hedonics Primer for Economists and Attorneys, 2. Auflage, Tucson, 1996, S. 215 (S. 217 ff.); *Viscusi*, The Value of Life in Legal Contexts: Survey and Critique, American Law and Economics Review, 2000 (2/1), S. 195 (S. 197).

hinwegtäuschen, dass der in Rede stehende Abwägungsvorgang und die diesem innewohnende Bewertung des menschlichen Lebens eine ex-ante Beurteilung - im Falle des *willingness to accept*-Ansatzes sogar vor der potentiellen Risikoverwirklichung - darstelle. Eine solche ex-ante Betrachtung liege zwar auch der Abschreckungsfunktion des Schadensersatzrechts zu Grunde.[898] Demgegenüber sei die Entscheidung über die Höhe einer Kompensationszahlung im Sinne des Ausgleichsprinzips nach Schadenseintritt, also nach dem Tod des Menschen, immer eine ex-post Betrachtung, bei der sich die Frage nach den einzubeziehenden Parametern[899] stelle.

Dieser Einwand verkennt zunächst die Funktion der Erwartungswertbetrachtung nach dem Verständnis der ökonomischen Analyse des Rechts von der Aufgabe des Haftungsrechts. Sofern bei der ex-ante Betrachtung Erwartungswerte Eingang finden im Hinblick auf die Schadenshöhe und daraus abgeleitet dem Schadensvermeidungsaufwand, so soll dadurch lediglich erreicht werden, dass sich die ex-ante der ex-post Sichtweise angleicht. Die ex-post Werte werden durch die Anwendung von Erwartungswerten zu ex-ante Werten.

Auch wird darauf verwiesen, dass *hedonic damages* dem Ausgleichsprinzip des Schadensersatzrechts widersprechen. Dem Geschädigten könne in keiner Weise ein Ausgleich verschafft werden, da er tot sei.[900] Auf die mangelnde Tragfähigkeit dieses Arguments wurde bereits im Rahmen der Ausführungen zur deutschen Rechtslage eingegangen. Auch die deutsche Rechtswissenschaft kann die insoweit bestehende Ungleichbehandlung im Vergleich mit materiellen Einbußen, für die die Erben Ersatz verlangen können, und im Hinblick auf die Vererblichkeit eines Schmerzensgeldanspruchs nicht erklären.[901]

Ein weiteres Argument gegen *hedonic damages* hat seinen Ursprung in der Regelungstechnik der *wrongful death statutes*, welche den Hinterbliebenen grundsätzlich nur erlauben, ihre eigenen Verluste geltend zu machen.[902] Dies könne logischerweise nicht der immaterielle Schaden des Opfers ein, den es durch den

---

[898] Vgl. hierzu die Ausführungen zur Funktion des Haftungsrechts aus der Sicht der ökonomischen Analyse des Rechts in Kapitel 2 auf S. 23 ff.

[899] Wie z.B. Alter, Geschlecht, Unterhaltsverpflichtungen, Einkommenssituation.

[900] *Ireland/Rodgers*, Hedonic Damages in Wrongful Death/Survival Actions: Equitable Compensation or Optimal Life Protection, in: *Ireland/Ward (Hrsg.)*, The New Hedonics Primer for Economists and Attorneys, 2. Auflage, Tucson, 1996, S. 215 (S. 219); *Calfee/Rubin*, Some Implications of Damage Payments for nonpecuniary Losses, Journal of Legal Studies, 1992 (21), S. 371 (S. 379).

[901] Ausführlich dazu in Kapitel 3 auf S. 105 ff.

[902] Vgl. dazu die Ausführungen in Kapitel 4 auf S. 156 ff.

Verlust des eigenen Lebens erleide.[903] Zu berücksichtigen ist aber, dass in fast jedem Bundesstaat *survival statutes* existieren, die Ansprüche des Opfers auf den Nachlass überleiten. Hier wäre zu erwägen, einen entsprechenden Anspruch wegen dem Verlust des eigenen Lebens in der Person des Opfers entstehen und auf die Erben übergehen zu lassen.

Schließlich ist zu berücksichtigen, dass sowohl die *survival* als auch die *wrongful death statutes* ursprünglich nur den Ersatz der materiellen Schäden vorsahen und erst im Zeitverlauf eine Ausweitung auf die Ersatzfähigkeit der immateriellen Einbußen der Hinterbliebenen erfolgte. Diese können allerdings einen wesentlichen Teil der zuerkannten Schadensersatzsummen ausmachen. Die ursprüngliche Regelungstechnik und der Umfang der somit ersatzfähigen Schäden mögen im Hinterkopf mancher Gegner der *hedonic damages* mit ausschlaggebend gewesen sein, den immateriellen Schaden des Opfers nicht auch noch zu ersetzen. Schließlich ist auch die Tatsache, dass die Untersuchungen zum statistischen Wert des Lebens zu zum Teil stark voneinander abweichenden Ergebnissen kommen, ein weiteres Argument für eine ablehnende Haltung.[904] Allerdings wurde gezeigt, dass auch die Berechnung des verlorenen Lebenszeiteinkommens, als der wesentlichen materiellen Schadensposition, ohne eine Vielzahl hypothetischer Annahmen nicht auskommt und damit nicht frei von Bewertungsschwierigkeiten ist.

Andererseits steht bei dem Konzept des statistischen Werts eines Menschenlebens die Wahrscheinlichkeit bzw. das statistische Risiko eines nicht individualisierbaren Todes im Mittelpunkt. Diese ex-ante Betrachtung entspricht dem Grundgedanken der ökonomischen Analyse des Rechts zur Aufgabe des Haftungsrechts. Die von *Viscusi* kritisierte Nähe der *hedonic damages* zur Abschreckungswirkung des Schadensersatzrechts und seine gleichzeitige Unvereinbarkeit mit dessen Ausgleichsgedanken erscheint aus diesem Blickwinkel ein Argument für die Anwendung dieser Form des Schadensersatzes zu sein. Da nach der ökonomischen Analyse des Rechts grundsätzlich sowohl alle materiellen als auch alle immateriellen Einbußen zu ersetzen sind, damit das Haftungsrecht eine optimale Anreizwirkung entfalten kann, verliert auch das Argument einer be-

---

[903] So beispielsweise *Ireland/Johnson/Rodgers,* Why Hedonic Measures Are Irrelevant to Wrongful Death Litigation, in: *Ireland/Ward (Hrsg.)*, The New Hedonics Primer for Economists and Attorneys, 2. Auflage, Tucson, 1996, S. 197 (S. 198); *Ireland/Rodgers*, Hedonic Damages in Wrongful Death/Survival Actions: Equitable Compensation or Optimal Life Protection, in: *Ireland/Ward (Hrsg.)*, The New Hedonics Primer for Economists and Attorneys, 2. Auflage, Tucson, 1996, S. 215 (S. 217 f.).

[904] In diesem Sinne *Havrilesky*, The Misapplication of the Hedonic Damages Concept to Wrongful Death and Personal Injury Litigation, in: *Ireland/Ward (Hrsg.)*, The New Hedonics Primer for Economists and Attorneys, 2. Auflage, Tucson, 1996, S. 259 (S. 262 f.); *Raymond*, The Use, or Abuse, of Hedonic Value-of-Life Estimates in Personal Injury and Death Cases, Journal of Legal Economics, 2000 (9), S. 69 (S. 75 ff.).

fürchteten Überabschreckung und ungerechtfertigten Bereicherungsmöglichkeit der Hinterbliebenen an Gewicht.

Vor diesem Hintergrund ist in den USA in der jüngeren Vergangenheit verstärkt eine Rückbesinnung auf das Konzept der *hedonic damages* gefordert worden.[905] Die Begründung erfolgt unter dem Gesichtspunkt des sogenannten Risikoschadensersatzes und baut auf den bereits dargestellten Grundlagen der Bestimmung des Fahrlässigkeitsmaßstabes[906] auf.

b. Das Modell des Risikoschadensersatzes

Anknüpfungspunkt für die Bemessung des Schadensersatzes sollte danach aus ökonomischer Sicht der Aufwand sein, der getätigt werden sollte, um einen Schaden zu vermeiden. Als Ausgangspunkt für die Höhe des Schadensersatzes ist das Prinzip der sogenannten „integrierten Person" heranzuziehen.[907] Der Schadensersatz muss folglich aus der Sicht einer dem Risiko des Todes ausgesetzten Person und danach bestimmt werden, wie viel die bedrohte Person typischerweise aufwenden würde, wenn nur sie selbst und nicht der Schädiger die Wahrscheinlichkeit der Risikoverwirklichung in Gestalt des Todes beeinflussen könnte.[908] Hat der Verletzer diesen Betrag als Schadensersatz im Fall der vorwerfbaren Tötung eines Menschen zu leisten, so entspricht dies genau dem Betrag, den der Geschädigte selbst als Schadensvermeidungsaufwand betreiben würde, wenn nur er die Wahrscheinlichkeit des Schadenseintritts beeinflussen könnte.

Nach Umformung der Gleichung zur Bestimmung des Fahrlässigkeitsmaßstabes[909], lässt sich aus ihr auch ablesen, welche Höhe der Risiko- oder Abschreckungsschadensersatz haben sollte. Es gilt:

$$S = A / p$$ [910]

---

[905] So beispielsweise von *Cooter,* Hand Rule Damages for Incompensable Losses, San Diego Law Review, 2003 (40), S. 1097 ff. und *Posner/Sunstein*, Dollars and Death, University of Chicago Law Review, 2005 (72), S. 537 ff.

[906] Vgl. dazu die Ausführungen auf S. 220 ff. in diesem Kapitel.

[907] Siehe dazu die Ausführungen in Kapitel 2 auf S. 23 ff.

[908] *Posner/Sunstein*, Dollars and Death, University of Chicago Law Review, 2005 (72), S. 537 (S. 553 ff.); *Cooter*, Hand Rule Damages for Incompensable Losses, San Diego Law Review, 2003 (40), S. 1097 (S. 1098 f.). Zur gleich gelagerten Problematik beim Schmerzensgeld vgl. *Schäfer/Ott*, Lehrbuch der Ökonomischen Analyse des Zivilrechts, 4. Auflage, Berlin, 2005, S. 370 f.

[909] Siehe S. 221 in diesem Kapitel.

[910] Auch hier sind jeweils die Grenzkosten, nicht der absolute Betrag der Aufwendungen in Ansatz zu bringen; vgl. dazu die Ausführungen in Kapitel 2 auf S. 23 ff.

Würde beispielsweise eine rechtlich angemessen handelnde Person 50 Euro zahlen (A), um ein tödliches Risiko (p) um 1/10.000 zu verringern so ergäbe sich daraus ein rechtlich angemessener Schadensersatz (S) bei Tötung dieser Person von 500.000 Euro.

Dies hat zur Folge, dass die Bewertung der Risikoreduzierung vom potentiellen Haftpflichtigen internalisiert wird, ebenso wie es im Rahmen der Bestimmung des Fahrlässigkeitsmaßstabes zu erfolgen hat. Dies führt zu einer effizienten Abschreckungswirkung. Die Internalisierung der Risikobewertung bedeutet zweitens, dass der Haftpflichtige die von ihm beherrschbaren Risiken, denen er andere Personen aussetzt, so behandeln muss, wie es die anderen Personen selbst auch tun würden. Hierbei ist zu berücksichtigen, dass es sich bei den im Rahmen des Ansatzes zum statistischen Wert des Lebens errechneten Bemessungsfaktoren, um statistische und nicht um individuell veranschlagte Größen handelt.[911]

Cooter ist der Ansicht, dass ein entsprechender Schadensersatz auch dem Prinzip des Schadensausgleichs gerecht wird, nach dem erlittene Einbußen kompensiert werden müssen. Im Hinblick auf immaterielle Einbußen stelle dies im vorliegenden Zusammenhang eine Entschädigung für die Tatsache dar, dass die geschädigte Person diesem Risiko überhaupt ausgesetzt wurde. Dies leitet sich aus folgender Überlegung ab: Theoretisch könnte eine Person für jeden Einzelfall, in dem sie einem entsprechenden Risiko ausgesetzt ist, eine Kompensation von demjenigen verlangen, der dieses Risiko beherrscht. Hierzu ein Beispiel: Allein durch das Fahren mit seinem Kraftfahrzeug gefährdet der Fahrer diejenigen Personen, die ihm auf seiner Fahrt begegnen. Gleichzeitig bewerten letztere das Risiko, dem sie ausgesetzt werden, und könnten für jede einzelne Begegnung eine entsprechende Risikoprämie als Kompensation verlangen, ohne dass ein Schaden eintritt.

Ein solcher ex-ante Schadensersatz wäre zwar theoretisch denkbar. Seine praktische Umsetzbarkeit scheitert einerseits an der Schwierigkeit, dass die Anspruchsberechtigten eine zum Schadensersatz verpflichtende Gefährdungslage in vielen Fällen gar nicht bemerken. Andererseits dürfte der Anreiz zur Geltendmachung des Anspruchs aufgrund der im Regelfall verhältnismäßig geringen Risikoprämie zu vernachlässigen sein. Dies gilt erst recht für mögliche Erben entsprechender Ansprüche. Insgesamt wäre ein solches System mit zu hohen Kosten belegt.[912] Ähnlich wie *Cooter* lösen beispielsweise auch *Richard A. Posner*[913] sowie *Eric A. Posner* und *Sunstein*[914] dieses Problem, indem sie den ex-

911 *Cooter*, Hand Rule Damages for Incompensable Losses, San Diego Law Review, 2003 (40), S. 1097 (S. 1098 f.).

912 *Cooter*, Hand Rule Damages for Incompensable Losses, San Diego Law Review, 2003 (40), S. 1097 (S. 1116 f.); *Posner*, Economic Analysis of Law, 4. Auflage, Cambridge (Massachusetts), 1992, S. 198 f.

913 Economic Analysis of Law, 4. Auflage, Cambridge (Massachusetts), 1992, S. 196 ff.

post zu gewährenden Schadensersatz aus den ex-ante Risikokosten ableiten und dabei den Berechnungsansatz des Werts eines statistischen Menschenlebens zu Grunde legen.

Die Untersuchungen zum statistischen Wert eines Menschenlebens zeigen, dass die kompensatorischen Lohndifferenziale eine optimale Kompensation für die Eingehung von Todesfallrisiken mit einer kleinen Eintrittswahrscheinlichkeit darstellen. Für diese Fälle können die handelnden Individuen ihre Präferenzen bestimmen. Folglich ist ein kompensierbares Risiko gegeben. Verwirklicht sich das Risiko und der Schaden tritt ein, so ist das ex-ante Risiko Grundlage für die ex-post Berechnung des Schadensersatzes. Dieser Risikoschadensersatz zwingt potentielle Verletzer, die Kosten ihrer Handlungen auch bzw. insbesondere im Hinblick auf tödliche Verletzungen hin zu internalisieren und entfaltet damit eine optimale Abschreckungswirkung. Die Bewertung der Kosten und daraus abgeleitet die Höhe eines möglichen Schadensersatzes bemisst sich nach dem Standard, den die Rechtsordnung zur Bestimmung des angemessenen Schadensvermeidungsaufwand im Rahmen der Bestimmung des Fahrlässigkeitsmaßstabes heranzieht. Das Modell bietet folglich eine Anreizstruktur für effizientes Verhalten zur Vermeidung von (tödlichen) Schadensfällen.

c. Höhe eines Risikoschadensersatzes

Vor dem Hintergrund der Bandbreite der Ergebnisse bei der Bewertung des menschlichen Lebens bereitet die konkrete Schadensbestimmung nach dem Modell des Risikoschadensersatzes Schwierigkeiten. Teilweise weichen auch die von der US-amerikanischen Administration im Rahmen von Kosten-Nutzen-Analysen zu Grunde gelegten Werte erheblich voneinander ab. Zudem machen die Behörden Abstufungen im Hinblick auf das Lebensalter oder das zu Grunde liegende Risiko.

Konkret stellt sich damit das Problem, ob im Rahmen des Risikoschadensersatzes eher eine möglichst weitgehende Individualisierung der Schadensersatzsummen angestrebt oder ein nivellierender Weg bevorzugt werden sollte.[915] Nach dem derzeit geltenden US-amerikanischen Recht zur Ersatzfähigkeit des materiellen Schadens in Gestalt des verlorenen Lebenszeiteinkommens fällt der Schadensersatz umso höher aus, je besser das Opfer verdiente. Ein entsprechendes Ergebnis könnte theoretisch auch unter einem Regime des Risikoschadensersatzes beibehalten werden, da der statistische Wert des Lebens positiv einkommenselastisch ist. Auch könnten die Hinterbliebenen eines bei einem Autounfall gestorbenen jungen Mannes unter Umständen einen geringeren Schadens-

914 Dollars and Death, University of Chicago Law Review, 2005 (72), S. 537 (S. 553 ff.).

915 Eingehend dazu *Posner/Sunstein*, Dollars and Death, University of Chicago Law Review, 2005 (72), S. 537 (S. 563 ff.).

ersatz geltend machen, als die Hinterbliebenen einer jungen Frau, da Frauen vorsichtiger als Männer fahren und weniger Unfälle verursachen. Die geringere Kompensation könnte wiederum aufgestockt werden, wenn bewiesen wird, dass der Mann ein besonders vorsichtiger Fahrer war. Andererseits könnte bei der Höhe des Schadensersatzes auch vornehmlich danach unterschieden werden, welche Art von Risiko sich verwirklicht hat, also beispielsweise das Risiko eines tödlichen Verkehrsunfalls[916] oder das eines tödlichen Flugzeugabsturzes.[917]

Ein höchstmögliches Maß an Individualisierung sollte jedoch vermieden werden, weil jede Verfeinerung bzw. Abstufung dieses Systems mit Kosten verbunden ist. Die damit einhergehenden Grenzkosten dürfen die Grenzerlöse der entsprechenden Anpassung nicht übersteigen. Letztere sind vornehmlich in der Vermeidung einer Fehlbewertung des statistischen Werts eines Menschenlebens und damit einhergehend falschen Festsetzung des Schadensersatzes zu sehen. Demgegenüber bestimmen sich die Grenzkosten nach den Aufwendungen für die Informationsbeschaffung und die Entscheidungsfindung über mögliche bzw. notwendige Abstufungen bei der Höhe des Schadensersatzes.[918]

Gegen eine individualisierte Schadensersatzberechnung spricht aber insbesondere die damit einhergehende unklare Abschreckungswirkung. Es können Fehlanreize erzeugt werden, da die Handelnden beispielsweise nicht zu erkennen vermögen, Personen welchen Alters sie einem bestimmten Risiko aussetzen. Aufgrund dieser Informationsasymmetrie würde die Kalkulation des Schadensvermeidungsaufwands zur Vermeidung des Fahrlässigkeitsvorwurfs erschwert, unter Umständen sogar unmöglich gemacht. Zur Lösung dieses Bewertungsproblems könnte allerdings ein statistischer Mittelwert in Ansatz gebracht werden. Diese näherungsweise Lösung muss dann aber auch bei der Bestimmung der Höhe des Schadensersatzes der Anknüpfungspunkt sein.

Bei einer alters- oder risikoabhängigen Abstufung der Höhe des Schadensersatzes auftretende Informationsasymmetrien haben ferner bei der verschuldensunabhängigen (Produkt-)Haftung eine weitere unerwünschte Auswirkung.[919] Die

---

916 Wobei hier theoretisch eine weitere Unterscheidung nach der Art der benutzten Straße möglich wäre, also beispielsweise eine Unterteilung in Autobahnen, Landstraßen und innerstädtischen Verkehr.

917 *Cooter*, Hand Rule Damages for Incompensable Losses, San Diego Law Review, 2003 (40), S. 1097 (S. 1114 f.).

918 Vgl. *Sunstein*, Are Poor People Worth Less Than Rich People?, Disaggregating the Value of Statistical Lives, The University of Chicago Law School, John M. Olin Law & Economics Working Paper Series No. 207, 2004, S. 23 ff. (http://papers.ssrn.com/sol3/papers.cfm?abstract_id=506142, 20.6.2005).

919 Allgemein zu dem Problem der Informationsasymmetrien bei der Produkthaftung *Adams*, Ökonomische Analyse der Produkthaftung, in: *ders. (Hrsg.)*, Ökonomische Theorie des Rechts, Konzepte und Anwendungen, 2. Auflage, Frankfurt/Main, S. 183 (S. 186 ff.).

potentiellen Verletzer (Unternehmen) können die auf einer solchen Unterscheidung beruhende, unterschiedliche Höhe der Haftungslast nicht erkennen und nicht über den Preis (eines Produkts) einfordern. Im Ergebnis werden die potentiellen Verletzer daher den Preis für alle potentiellen Opfer gleich hoch ansetzen. Im Ergebnis wäre damit eine ungewollte Umverteilung zu Lasten der Opfer mit geringerem Schadenspotential gegeben.

Folglich sind auch unterschiedliche Ansätze bei der statistischen Bewertung des Lebens von Kindern und Erwachsenen im Rahmen eines Risikoschadensersatzes zu vermeiden. Die aufgezeigten Ursachen für die ermittelten, teilweise unterschiedlichen statistischen Werte des Lebens bei Kindern und Erwachsenen lassen eine einheitliche Größenordnung des Schadensersatzes ebenfalls gerechtfertigt erscheinen.

C. Zusammenfassende Beurteilung und Anwendung auf Deutschland

Aus der Tatsache, dass das Modell zum statistischen Wert des Lebens von der US-amerikanischen Rechtsprechung überwiegend nicht zur Bemessung des Schadensersatzes in Tötungsfällen herangezogen wird, lässt sich nicht ableiten, dass dieses Ergebnis auch auf Deutschland zu übertragen ist.

Das Modell des Risikoschadensersatzes stellt einen tragfähigen Ansatz für die Bemessung eines Schadensersatzes für die immaterielle Einbuße des Todes eines Menschen dar. Maßgeblicher Anknüpfungspunkt für die Bewertung sollte aus ökonomischer Sicht der Aufwand sein, der getätigt werden sollte, um einen Schaden zu vermeiden. Dabei ist das Prinzip der sogenannten „integrierten Person“ heranzuziehen. Der Schadensersatz muss folglich aus der Sicht einer dem Risiko des Todes ausgesetzten Person und danach bestimmt werden, wie viel die bedrohte Person typischerweise aufwenden würde, wenn nur sie selbst und nicht der Schädiger die Wahrscheinlichkeit der Risikoverwirklichung in Gestalt des Todes beeinflussen könnte. Dies entspricht dem Ansatz zur statistischen Bewertung des menschlichen Lebens. Die Studien zum statistischen Wert des Lebens zeigen, dass den untersuchten Abwägungsvorgängen eine Präferenzstruktur hinsichtlich des eigenen Lebens und anderer Güter zu Grunde liegt. Dies ermöglicht eine monetäre Bewertung des menschlichen Lebens als Voraussetzung der Bemessung eines Schadensersatzanspruchs für den immateriellen Schaden des Verlusts des Lebens.[920] Im Fall der vorwerfbaren Tötung eines Menschen hat der Haftpflichtige diesen Betrag als Schadensersatz zu leisten. Potentielle Verletzer

[920] Insofern ist der Einwand *Stahmers*, Entschädigung von Nichtvermögensschäden bei Tötung, Hamburg, 2004, S. 337, eine Geldleistung, egal wie hoch sie ist, könne kein Äquivalent zu der objektiven Beeinträchtigung sein, nicht haltbar. Auch ihre Befürchtung, Betroffene und Öffentlichkeit könnten die Ersatzsummen als unzureichend ansehen, weil sie meinten, dass sich darin der Wert des Lebens des Verstorbenen widerspiegeln müsse, erweist sich als unbegründet.

werden dadurch gezwungen, die Kosten ihrer Handlungen gerade auch im Hinblick auf tödliche Verletzungen zu internalisieren. Damit wird eine optimale Abschreckungswirkung entfaltet.

Demgegenüber sind die Ansätze der statistischen Lebensjahre nur für Kosten-Nutzen-Analysen öffentlich-rechtlicher Regulierungen, nicht aber für das Haftungsrecht geeignet. Deren Anwendung hätte beispielsweise zur Folge, dass der Schadensersatz bei Tötung eines alten Menschen nur für die verlorenen Lebensjahre, die im Hinblick auf die statistische Lebenserwartung zu ermitteln wären, gewährt werden könnte. Besonders problematisch wäre der Fall, dass jemand bereits älter ist als seine statistische Lebenserwartung. Die Fehlerhaftigkeit dieser Herangehensweise zeigt sich zudem bei einem Vergleich mit den Ergebnissen zum statistischen Wert des Lebens. Diese zeigen, dass das Lebensalter zwar Einfluss auf die Bewertung hat. Ein zunehmendes Lebensalter führt aber nicht dazu, dass der statistische Wert des Lebens gegen Null tendiert.

Die Höhe eines Entschädigungsanspruchs sollte sich an den von *Spengler* für Deutschland gefundenen Ergebnissen orientieren. Diese sind zwar deutlich niedriger, als die 2003 in der Meta-Analyse von *Viscusi* und *Aldy*[921] ermittelten Werte, wonach der Medianwert der untersuchten Studien zum US-amerikanischen Arbeitsmarkt etwa 7 Millionen US$ (bezogen auf das Jahr 2000) beträgt. Dieser Unterschied relativiert sich bereits in Anbetracht der vergleichenden Studie von *Mrozek* und *Taylor* aus dem Jahre 2002, die einen Wert zwischen 1,5 und 2,5 Millionen US$ (bezogen auf das Jahr 1998) ermittelt.[922] Auch ist zu berücksichtigen, dass die Einführung eines Schadensersatzanspruchs für den Fall der Tötung eines Menschen zu einer sprunghaften Verteuerung aller mit tödlichen Unfällen verbundenen Tätigkeiten führt.[923] Mit der gebotenen Zurückhaltung wäre ein Schadensersatzanspruch in der Größenordnung von etwa 1 Million Euro anzusetzen. Dies erscheint auch im Hinblick auf die in den Fällen schwerster Verletzungen gezahlten Schmerzensgelder von bis zu 500.000 Euro eine geeignete Lösung.

Angesichts der vorgeschlagenen Höhe eines Schadensersatzes wegen der Tötung eines Menschen wird deutlich, welch unzureichende immaterielle Entschädigung beispielsweise nach dem Einsturz der Eissporthalle in Bad Reichenhall geleistet wurde.[924] Gleiches gilt für das ICE-Unglück von Eschede. Die Deut-

---

921 *Viscusi/Aldy*, The Value of a Statistical Life: A Critical Review of Market Estimates throughout the World, Journal of Risk and Uncertainty, 2003 (27/1), S. 5 ff.

922 *Mrozek/Taylor*, What Determines the Value of Life? A Meta-Analysis, Journal of Policy Analysis and Management, 2002 (21/2), S. 253 ff.

923 Vgl. *Adams*, Ökonomische Analyse der Gefährdungs- und Verschuldenshaftung, Heidelberg, 1985, S. 179 f.

924 Die außergerichtliche Einigung zwischen der Versicherungskammer Bayern und den Geschädigten sowie den Hinterbliebenen der 15 Todesopfer beinhaltet nach Medienberich-

sche Bahn AG zahlte für jedes der 101 Todesopfer rund 15.000 Euro an den nächsten Angehörigen.[925] Anknüpfungspunkt dieser Leistung war ein eventuell gegebener eigener Schmerzensgeldanspruch der Hinterbliebenen. Die Zahlung tendiert damit für diesen konkreten Fall in Richtung der Anerkennung eines Angehörigenschmerzensgeldes. Dementsprechend machte die Deutsche Bahn AG auch deutlich, dass sich die Zahlung außerhalb des gesetzlich Geforderten bewege.[926]

Die Notwendigkeit einer Beseitigung der unzureichenden Anreize des geltenden Haftungsrechts zur Verhinderung tödlicher Unfälle wird im Fall „Eschede" auch deutlich durch den Ausgang des Strafverfahrens. Das LG Lüneburg hatte das Verfahren gegen drei Ingenieure wegen fahrlässiger Tötung und Körperverletzung gegen Zahlung einer Geldauflage von jeweils 10.000 Euro eingestellt.[927] Das Beispiel offenbart die Fehlerhaftigkeit der in der deutschen Rechtswissenschaft vorherrschenden Annahme, dass das Strafrecht die Präventionslücke des Zivilrechts auszufüllen vermag.[928]

Abschließend ist zu erörtern, ob und wie die bisher gefundenen Ergebnisse in das deutsche Haftungsrecht umgesetzt werden sollten bzw. können.

---

ten eine Zahlung von insgesamt rund zwei Millionen Euro; vgl. dazu die Ausführungen auf S. 53 sowie den Nachweis in Fn. 166.

925 *Krasney*, Aufgaben eines „Ombudsmannes" für die Opfer von Massenunfällen - Möglichkeiten und Grenzen, in: *Koch/Willingmann (Hrsg.)*, Modernes Schadensmanagement bei Großschäden, Baden-Baden, 2002, S. 67 (S. 75).

926 Vgl. *Willingmann*, Eschede, Concorde, Kaprun und die Folgen - Gründe und Konsequenzen der Bewältigungskultur aktueller Großschadens-Ereignisse, in: *Deutsche Gesellschaft für Reiserecht (Hrsg.)*, DGfR Jahrbuch 2001, Baden-Baden, 2002, S. 29 (S. 36).

927 Eine hiergegen gerichtete Beschwerde wurde vom OLG Celle als unzulässig verworfen, eine Verfassungsbeschwerde der Nebenkläger wegen Verletzung des rechtlichen Gehörs hat das Bundesverfassungsgericht mit Beschluss vom 27.8.2003 - 2 BvR 911/03 - nicht zur Entscheidung angenommen; vgl. beck-aktuell-Redaktion vom 1.9.2003, Verfassungsbeschwerde der Nebenkläger gegen Einstellung des Eschede-Strafverfahrens erfolglos (http://rsw.beck.de/bib/default.asp?vpath=%2Fbibdata%2Freddok%2FHP%2E10%2F101018%2Ehtm&catalog=e:\IndexDT\BeckOnlineBUCH&docid=93278&words=&docURL=%2Fbibdata%2Freddok%2FHP%2E10%2F101018%2Ehtm&CiUserParam3=gda.asp&Stemming=).

928 Ausführlich dazu bereits in Kapitel 2 auf S. 35 ff.

Kapitel 6: Änderungsvorschlag für das deutsche Haftungsrecht

Im Fall der Tötung eines Menschen und dem damit einhergehenden unmittelbaren immateriellen Schaden des Verlusts des Lebens besteht ein vermeintliches Spannungsverhältnis zwischen der Aufgabe der Prävention und des Ausgleichs des Haftungsrechts. Weder die Kompensation im Fall der Gewährung eines Schadensersatzes noch die erwünschte und tatsächlich zu beobachtende Präventionswirkung dürfen jedoch isoliert betrachtet werden. Auf den Zusammenhang, dass ohne Ausgleich keine präventive Wirkung zu erzielen ist, wurde bereits hingewiesen.[929]

A. Immaterielle Schäden und Schadensausgleich

Auch sei nochmals daran erinnert, dass die ökonomische Analyse des Rechts beim Schadensersatz grundsätzlich nicht zwischen materiellen und immateriellen Schäden unterscheidet. Beide stellen einen Nutzenverlust dar und ein fehlender oder zu niedriger Schadensersatz stellt einen Anreiz zur Verantwortungslosigkeit dar. Gleichwohl unterscheiden *Schäfer/Ott* im Anwendungsbereich des Schmerzensgeldes für Körperverletzungen zwischen dem sogenannten Abschreckungs- und dem Kompensationsschmerzensgeld.[930] Dabei entsprechen die Vorgaben des Abschreckungsschmerzensgelds der Begründung des Risikoschadensersatzes. Danach sollte auch das Schmerzensgeld im Fall einer Verletzung nach dem Betrag bemessen werden, der zur Vermeidung eines Körperschadens aufgewendet werden sollte. Die Auswirkungen und die grundsätzliche Unbedenklichkeit dieser am Gedanken der Prävention orientierten Entschädigung wurden bereits dargestellt. Demgegenüber wird unter dem Kompensationsschmerzensgeld derjenige Betrag verstanden, der notwendig ist, um die Einbußen des Geschädigten ex-post voll auszugleichen.

I. Der Einwand des abnehmenden Grenznutzen des Geldes

Dabei wird vertreten, dass ein monetärer Ausgleich schwere gesundheitliche Beeinträchtigungen oder gar den Tod nicht bzw. nicht vollständig zu kompensieren vermag. Dies wird abgeleitet aus der Annahme, dass gesundheitliche Beeinträchtigungen, insbesondere schwere Verletzungen wie Hirnschädigungen oder doppelseitige Lähmungen, den Grenznutzen des Geldes vermindern.[931] Danach kann bei einer schwersten Schädigung keine noch so hohe Entschädigung für einen angemessenen Ausgleich sorgen, da insofern die Freuden des Lebens unwiederbringlich verloren seien.

---

[929] Siehe dazu die Ausführungen in Kapitel 3 auf S. 126.

[930] Vgl. zum Folgenden *Schäfer/Ott*, Lehrbuch der Ökonomischen Analyse des Zivilrechts, 4. Auflage, Berlin, 2005, S. 370 ff.

[931] *Posner*, Economic Analysis of Law, 4. Auflage, 1992, S. 196 ff.

Nur wenn der Grenznutzen des Geldes durch eine Gesundheitsbeeinträchtigung nicht verändert wird, wäre der Gesamtwert einer Entschädigung für materielle und immaterielle Schäden ausreichend zur vollen Kompensation des Geschädigten im Sinne des Ausgleichsprinzips.[932] Für die letztere Annahme spricht, dass schwere Verletzungen, wie z.B. eine Querschnittslähmung, einen Mehrbedarf an finanziellen Mitteln hervorrufen. Es muss beispielsweise ein Rollstuhl angeschafft oder die Wohnung behindertengerecht umgebaut werden. Auch ist vorstellbar, dass aufgrund der Einschränkungen neue Aktivitäten entwickelt werden, deren Aufnahme oder Durchführung durch die Entschädigung erst möglich wird.[933]

Ungeachtet dieser theoretischen Überlegungen bleibt es jedoch stets eine empirische Frage, ob der persönliche Grenznutzen durch unfallbedingte Gesundheitsschäden tatsächlich erhöht oder vermindert wird. Dieser Zusammenhang wurde jedoch nur in wenigen Studien untersucht. Einige Untersuchungen kommen zu dem Ergebnis, dass aus Unfällen resultierende gesundheitliche Beeinträchtigungen den Grenznutzen des Geldes vermindern.[934] Eine Studie zu den Auswirkungen von Arbeitsunfällen kommt beispielsweise zu dem Ergebnis, dass durch Arbeitsunfälle verursachte Körperverletzungen die wohlfahrtserhöhenden Eigenschaften des Einkommens vermindern. Dies führe im Ergebnis dazu, dass die optimale Entschädigungsquote für typische Arbeitsverletzungen nicht 100%, sondern nur 85% beträgt.[935] Eine Untersuchung zu den Folgen Multipler Sklerose kommt zu ähnlichen Ergebnissen; auch hier wurde eine Verminderung des Grenznutzen des Einkommens festgestellt.[936]

Klose hingegen deutet die Ergebnisse einer Studie von *Thompson*[937] als möglichen Beleg für einen negativen Einfluss der Gesundheit auf den Grenznutzen

---

[932] So auch *Schieren*, The Economic Framework Of Personal Injury/Wrongful Death Damages, Journal of Forensic Economics, 1998 (11/1), S. 33 (S. 43 f.), der diese Voraussetzung bei der Kompensation von Körperverletzungen und in Tötungsfällen jedoch im Ergebnis als nicht gegeben ansieht; ebenso *Calfee/Rubin*, Some Implications of Damage Payments for nonpecuniary Losses, Journal of Legal Studies, 1992 (21), S. 371 ff.

[933] Vgl. *Shavell*, Foundations of Economic Analysis of Law, Cambridge (Massachusetts), 2004, S. 269 ff.

[934] *Viscusi*, The Value of Life in Legal Contexts: Survey and Critique, American Law and Economics Review, 2000 (2/1), S. 195 (S. 199).

[935] *Viscusi/Evans*, Utility Functions That Depend on Health Status: Estimates and Economic Implications, American Economic Review, 1990 (80/3), S. 353 ff.

[936] *Sloan/Viscusi/Chesson/Conover/Whetten-Goldstein*, Alternative Approaches to Valuing Intangible Health Losses: The Evidence from Multiple Sclerosis, Journal of Health Economics, 1998 (17/3), S. 475 ff.

[937] Health versus Money: Value Judgements in the Perspective of Decision Analysis, Medical Decision Making, 1983 (3), S. 285 ff.

des Geldes.[938] Eine eigene empirische Untersuchung *Kloses* kommt ebenfalls zu dem Ergebnis, dass der Nutzenzuwachs aus einer Einkommenssteigerung bei schlechter Gesundheit größer sei als bei guter Gesundheit.[939] Aufgrund dieser widersprüchlichen Ergebnisse scheint eine wohlbegründete Annahme über den Einfluss der Gesundheit auf den Grenznutzen des Geldes bislang nicht möglich. Es bleibt festzuhalten, dass die Annahme eines abnehmenden Grenznutzen des Geldes empirisch nicht zweifelsfrei nachweisbar ist. Es besteht weiterer Forschungsbedarf.

Damit bleibt die Frage, ob ein Schmerzensgeld dem Verletzten überhaupt einen vollständigen Ausgleich vermitteln kann, bestehen. Eine Entscheidung mag für den Fall der Tötung aber dahinstehen, wenn diese Problematik sich dort gar nicht oder aber in anderer Weise stellt. Dementsprechend wird teilweise vertreten, dass der Ansatz des Schadensausgleichs ausscheide, da der Getötete durch keinen Betrag der Welt in einen Zustand versetzt werden könne, der ihn in eine gegenüber dem Zustand der Unversehrtheit und des Lebendigseins indifferente Lage versetze.[940] Dem ist zuzugestehen, dass einem Verstorbenen kein Nutzenvorteil mehr gewährt werden kann. Es wurde aber bereits gezeigt, dass dieser Ansatz von einem falschen Verständnis des Ausgleichsgedankens ausgeht und den erbrechtlichen Übergang von Rechten und Pflichten außer Acht lässt.[941] Als Anknüpfungspunkt für eine Kompensation und deren mögliche Wirkung darf dementsprechend nicht auf die Person des Opfers abgestellt werden. Der Schadensausgleich ist im Fall der Tötung vornehmlich notwendig, um die präventive Wirkung des Schadensersatzes nicht leer laufen zu lassen.

Insofern ist auch die Annahme, dass eine Kompensationsfähigkeit nur bejaht werden könne, sofern eine überragende Motivation des Opfers bestünde, dem oder den Erben eine Erbschaft zukommen zu lassen, nicht weiterführend. Zwar haben empirische Untersuchungen ergeben, dass der Wert, der einem solchen Motiv für ein Vermächtnis zugeordnet wird, geringer ist, als der einer Entschädigung für den Fall des Überlebens beigemessene Wert.[942] Insgesamt leidet jedoch auch diese Betrachtung an dem falschen Anknüpfungspunkt des Ausgleichsgedankens.

---

938 *Klose*, Der Wert besserer Gesundheit, Frankfurt/Main, 2001, S. 38.

939 *Klose*, Der Wert besserer Gesundheit, Frankfurt/Main, 2001, S. 323 ff.

940 Siehe dazu die Ausführungen in Kapitel 5 auf S. 222 ff., insbesondere den Nachweis in Fn. 900 auf S. 223.

941 Vgl. dazu die Ausführungen zur Ausgleichsfunktion in Kapitel 3 auf S. 105 ff.

942 *Viscusi*, The Value of Life in Legal Contexts: Survey and Critique, American Law and Economics Review, 2000 (2/1), S. 195 (S. 199).

Aus einem möglicherweise abnehmenden Grenznutzen des Geldes lassen sich damit keine Argumente gegen die Zahlung einer Entschädigung wegen der Tötung eines Menschen ableiten.

II. Überkompensation und Bereicherungsverbot

Weitergehend stellt sich die bereits bei der US-amerikanischen Diskussion zu den *hedonic damages* angesprochene Frage, ob die Gewährung einer Entschädigung gleichwohl zu einer Überkompensation des eingetretenen Schadens führt.

In den USA ist festzustellen, dass der Wert des statistischen Lebens wesentlich größer als der Zeitwert des Einkommens eines Individuums ist, welches dem entsprechenden statistischen Risiko ausgesetzt ist.[943] Aufgrund der unsicheren Datenlage zu den ausgeurteilten Schadensersatzzahlungen in Tötungsfällen[944] schätzt *Cooter*, dass die subjektiven Risikokosten zu einem um mehr als 200% größeren Schadensersatz führen könnten.[945]

Allein aus der Tatsache, dass die Anwendung des Risikoschadensersatzes zu höheren Schadensersatzsummen führt, lässt sich eine Überkompensation jedoch nicht ableiten. Das Modell des Risikoschadensersatzes stellt vielmehr ein Korrektiv dar zu den Schwächen des falsch verstandenen Ausgleichsprinzips und der im Übrigen nur beschränkten Ersatzfähigkeit von Schäden im Zusammenhang mit der Tötung eines Menschen nach deutschem Recht. In der Begründung des Modells zum Risikoschadensersatz wurde gezeigt, dass dieser zu effizienten Anreizen zur Schadensvermeidung führt. Das Modell stellt damit einen gelungenen Ausgleich des grundsätzlich bestehenden Spannungsverhältnisses zwischen effizienter Anreizwirkung und optimaler Kompensation beim Ersatz immaterieller Einbußen dar.

Verfehlt ist insofern die Befürchtung, eine durch den Tod ausgelöste Verpflichtung zur Zahlung eines Schadensersatzes stelle eine Überkompensation dar und verschaffe den Hinterbliebenen lediglich eine zusätzliche Einnahmequelle. Es wurde gezeigt, dass die Höhe der Entschädigung so festgesetzt werden muss, dass das Haftungsrecht seine Anreizstruktur optimal entfalten kann. Diese Orientierung am Präventionsziel gibt einem potentiellen Verletzer des Rechtsguts die Möglichkeit, sein Verhalten entsprechend zu steuern und eine Verletzung des Rechtsguts nicht geschehen und damit eine Verpflichtung zum Schadensersatz erst gar nicht entstehen zu lassen. Präventions- und Ausgleichsfunktion dürfen folglich nicht gegeneinander ausgespielt oder bei der Analyse getrennt wer-

---

943 *Viscusi*, The Value of Life in Legal Contexts: Survey and Critique, American Law and Economics Review, 2000 (2/1), S. 195 (S. 197).

944 Vgl. dazu die Ausführungen in Kapitel 4 auf S. 175 ff.

945 *Cooter*, Hand Rule Damages for Incompensable Losses, San Diego Law Review, 2003 (40), S. 1097 (S. 1113 f.).

den. Die Erkenntnisse der ökonomischen Analyse des Rechts zeigen, dass Prävention und Kompensation miteinander verflochten sind und einander gegenseitig bedingen.[946] Die *Möglichkeit* einer „Bereicherung" der Hinterbliebenen relativiert sich vor dem Hintergrund, dass die drohende Entschädigung dem potentiellen Verletzer den Anreiz vermittelt, es erst gar nicht zu einer Rechtsgutsverletzung und in ihrem Gefolge zu einer Verpflichtung zum Schadensersatz und damit „Bereicherungsmöglichkeit" der Hinterbliebenen kommen zu lassen.

Für den Fall, dass eine Entschädigung gezahlt wird, ist allerdings dem im Schadensersatzrecht geltenden sogenannten „Bereicherungsverbot" Beachtung zu schenken. Danach soll verhindert werden, dass der Geschädigte durch den Schadensfall besser gestellt wird, als er ohne Eintritt des schädigenden Ereignisses stünde.[947] Der BGH sieht dieses Prinzip als Element des deutschen *Ordre Public* an.[948] Es wird zum „überkommenen Kern schadensrechtlichen Denkens" auf dem europäischen Kontinent gezählt.[949] Gleichwohl wird anerkannt, dass es nicht konsequent durchgehalten werden kann, die Durchbrechungen aber nicht zur vollkommenen Aufgabe des Bereicherungsverbots zwingen. Ausnahmen seien immer dort anzuerkennen, wo rechtliche Wertungen dies erforderlich machten.[950] Mit der Begründung, dass die §§ 249 ff. BGB ein Verbot der Bereicherung nicht ausdrücklich benennen, wird es teilweise sogar ganz abgelehnt.[951]

Der Geschädigte, also der Getötete, wird bei der Anwendung der hier vertretenen Grundsätze nicht bereichert. Denn er wird durch den Schadensfall keinesfalls besser gestellt, da er ohne Eintritt des schädigenden Ereignisses noch am Leben wäre. Die Schadensersatzsumme, die fiktiv in seiner und für seine Person entsteht, ist nach den Erörterungen im Rahmen der Ansätze zum statistischen Wert des Lebens aber gerade nicht als Bereicherung anzusehen. Sie stellt eine Annäherung der Bewertung des eigenen Lebens dar.

Im Hinblick auf die Erben dieses Ersatzanspruchs kann das schadensersatzrechtliche Bereicherungsverbot nicht greifen, da es sich nicht um einen originären, sondern einen geerbten Anspruch der Hinterbliebenen handelt. Die Gewährung

---

[946] In diesem Sinne auch *Wagner*, Geldersatz für Persönlichkeitsverletzungen, ZEuP, 2000, S. 200 (S. 207 ff.), im Hinblick auf die Funktionen des Schmerzensgeldes.

[947] *Oetker*, in: Münchener Kommentar zum Bürgerlichen Gesetzbuch, Band 2 a, 4. Auflage, München, 2003, § 249 Rn. 20.

[948] BGHZ 118, S. 312 (S. 338 ff.).

[949] *Schiemann*, in: Staudinger, Kommentar zum Bürgerlichen Gesetzbuch, §§ 249-254, 13. Bearbeitung, Berlin, 1998, Vorbem zu §§ 249 ff. Rn. 2.

[950] *Lange/Schiemann*, Schadensersatz, 3. Auflage, Tübingen, 2003, S. 10; vgl. auch *Stoll*, Haftungsfolgen im bürgerlichen Recht, Heidelberg, 1993, S. 181 ff.

[951] *Grunsky*, in: Münchener Kommentar zum Bürgerlichen Gesetzbuch, Band 2, 3. Auflage, München, 1994, vor § 249 Rn. 6 a.

eines Schadensersatzes für den immateriellen Schaden der Tötung eines Menschen vergrößert ebenso zufällig die Erbmasse, wie dies beim Erbanfall sonstiger Vermögenswerte auch geschieht. Die Erben werden durch den Erbfall prinzipiell immer ohne Zutun einer eigenen Leistung bereichert. Insbesondere wird dies deutlich in den Fällen des sogenannten „Erbonkels", den der Erbe nie gekannt hat. Hieraus lässt sich ein Argument gegen die Vererblichkeit dieses Ersatzanspruchs nicht herleiten.

Auch ist zu berücksichtigen, dass im Rahmen der erbrechtlichen Universalsukzession etwaige Verbindlichkeiten des Erblassers auf den Erben bzw. die Erbengemeinschaft übergehen. Löst die Tötung eine Verpflichtung zur Leistung eines Schadensersatzes aus, vergrößert sich die Haftungsmasse zu Gunsten der Gläubiger des Erblassers.

Schließlich werden auch Schmerzensgeldansprüche vererbt, die vor dem Tod des Opfers in dessen Person entstanden sind. Dabei ist anerkannt, dass dieser erbrechtliche Erwerb nicht zu einer Anspruchskürzung führt.[952] Es wurde gezeigt, dass die Gerichte in den Fällen der sogenannten Zerstörung der Persönlichkeit Schmerzensgelder bis zu 500.000 Euro anerkennen. Auch diese Ansprüche können grundsätzlich vererbt werden. Eine haftungsrechtlich unzulässige Bereicherung wird darin - richtigerweise - nicht gesehen.

Dieser Blick auf die Hinterbliebenen und die Erben leitet jedoch über auf eine sich aus der Ausgleichsfunktion ergebende weitere Aufgabe des Haftungsrechts, die Versicherungsfunktion.

III. Versicherungsfunktion und Selbstbehalt

Tritt trotz der präventiven Wirkung des Haftungsrechts ein Schaden ein, so wird vom Grundsatz her der Verlust des Geschädigten durch die Zahlung des Schadensersatzes ausgeglichen. Mithin tritt dieselbe Wirkung ein, als hätte sich der Geschädigte vor dem Schadenseintritt gegen ein bestimmtes Risiko versichert. Mit Verwirklichung des Risikos, d.h. mit dem Schadenseintritt, wird die Versicherungssumme in Gestalt des Schadensersatzes ausgezahlt. Sofern dieser Anspruch auf Schadensersatz auch durchsetzbar ist, wirkt ein effizientes Haftungssystem folglich wie eine Versicherung.[953]

Grundsätzlich versucht das Rechtssystem, auch dem möglichen Verletzten einen Anreiz zu sorgfältigem Verhalten zu geben. Dies geschieht über den Einwand des Mitverschuldens gemäß § 254 BGB. Versicherungen lösen dieses Problem

---

952 Siehe dazu die Ausführungen in Kapitel 3 auf S. 88 ff.

953 *Adams*, Warum kein Ersatz von Nichtvermögensschäden?, in: *Ott/Schäfer (Hrsg.)*, Allokationseffizienz in der Rechtsordnung, Berlin, 1989, S. 210 (S. 213 ff.).

des sogenannten *moral hazard*[954] unter anderem über die Vereinbarung von Selbstbehalten. Diese sollen den Versicherten Anreize zu sorgfältigem Handeln geben. *Adams* sieht die grundsätzliche Nichtersatzfähigkeit immaterieller Schäden als einen entsprechenden Selbstbehalt des Haftungsrechts an.[955] Dieser sei sinnvoll, da Nichtvermögensschäden in der Regel keinerlei Bedarf nach zusätzlichen Geldmitteln auslösten. Damit sei eine Versicherung gegen immaterielle Einbußen für den Geschädigten sinnlos und nicht erwünscht, da die Geldumschichtung lediglich Kosten und keinen Nutzengewinn verursache. Folglich sollte auch das Haftungsrecht in diesen Fällen keinen Ersatzanspruch gewähren. So ändere beispielsweise der (Unfall-)Tod eines Kindes nicht das Bedürfnis der Eltern nach Geld, zumal sich die Eltern durch den Tod sogar Aufwendungen für Erziehung, Ausbildung und Unterhalt ersparten. Gegen diesen Nichtvermögensschaden würden sich die Eltern folglich auch nicht versichern wollen, da er keinen finanziellen Mehrbedarf hervorruft.[956] Daraus folgert *Adams*, dass die Eltern grundsätzlich auch eine durch das Haftungsrecht vermittelte Versicherungswirkung in Gestalt der Zahlung eines Schadensersatzes nicht wünschen würden. Zudem sei zu bedenken, dass dies beispielsweise den Preis für Kinderspielzeug in die Höhe treibe, da die Hersteller bei der Kalkulation etwaige Schadensersatzzahlungen für den Fall tödlicher Unfälle berücksichtigten.[957]

Bei dieser Argumentation bleibt jedoch die Anreizwirkung des Haftungsrechts unberücksichtigt. Sofern der potentielle Verletzer keiner Schadensersatzpflicht unterliegt, hat er keinen Anreiz, einen entsprechenden Aufwand zur Vermeidung tödlicher Unfälle zu tätigen. Damit dürfte aber z.B. ein Hersteller vergleichsweise gefährlicheres Spielzeug produzieren. Auch wenn die Eltern keine Versicherung und damit keinen Schadensersatz für den Fall der Tötung ihres Kindes wünschten, so hätten sie doch in jedem Fall Interesse an einem Spielzeug, dass die Gefahr von tödlichen Unfällen reduziert oder zumindest nicht vergrößert. Insoweit ist die im Beispiel aufgestellte Schlussfolgerung nur gültig, wenn das

---

954 Vgl. dazu bereits die Ausführungen in Kapitel 3 auf S. 132 ff., insbesondere die Nachweise in Fn. 550 auf S. 134.

955 Vgl. zum Folgenden *Adams*, Warum kein Ersatz von Nichtvermögensschäden?, in: *Ott/Schäfer (Hrsg.)*, Allokationseffizienz in der Rechtsordnung, Berlin, 1989, S. 210 (S. 215 f.).

956 Ebenso *Rubin/Calfee*, Consequences of Damage Awards for Hedonic and Other Nonpecuniary Losses, in: *Ireland/Ward (Hrsg.)*, The New Hedonics Primer for Economists and Attorneys, 2. Auflage, Tucson, 1996, S. 245 ff.; zum Problem der nicht gewünschten Versicherung(swirkung) bei immateriellen Schäden vgl. auch *Calfee/Rubin*, Some Implications of Damage Payments for nonpecuniary Losses, Journal of Legal Studies, 1992 (21), S. 371 (S. 374 ff.); *Schieren*, The Economic Framework Of Personal Injury/Wrongful Death Damages, Journal of Forensic Economics, 1998 (11/1), S. 33 (S. 43 f.).

957 *Adams*, Warum kein Ersatz von Nichtvermögensschäden?, in: *Ott/Schäfer (Hrsg.)*, Allokationseffizienz in der Rechtsordnung, Berlin, 1989, S. 210 (S. 215 f.).

billigere Spielzeug in seiner Qualität dem teureren gleicht. Diese Annahme dürfte in der Realität jedoch nicht zutreffend sein. Darüber hinaus gilt das Beispiel nicht für Unfälle, die kein kaufvertragliches Element aufweisen. Im Ergebnis lehnt *Adams* die Nichtersatzfähigkeit des immateriellen Schadens bei der Tötung, insbesondere nicht unterhaltsverpflichteter Menschen, aber ebenfalls ab, da der Nichtvermögensschaden in diesem Fall fast den gesamten Schaden darstelle.[958] Das zentrale Argument für die Ersatzfähigkeit entsprechender Schäden ist wiederum die präventive Wirkung des Schadensersatzes.

Gleichwohl ist an dieser Stelle auf die Begründung zurückzukommen, dass eine durch das Haftungsrecht vermittelte Versicherungswirkung insbesondere im Fall der Tötung eines Menschen nicht erwünscht sei. *Adams* begründet diese Annahme mit dem Argument, dass die Eltern auch eine Lebensversicherung für den Fall des Todes des Kindes nicht abschließen würden, da der Tod ihres Kindes keinen Mehrbedarf an Geld auslösen würde. Zudem sei eine solche Lebensversicherung auf den Tod des eigenen Kindes aus *moral hazard*-Gründen abzulehnen.[959] Dahinter verbirgt sich die Befürchtung, den Eltern bzw. etwaigen Erben könnte durch die Möglichkeit der Erlangung eines beachtlichen Entschädigungsanspruchs ein Mordanreiz vermittelt werden. Dies könnte ein Grund sein, einen Schadensausgleich und die Vererbung des zu Grunde liegenden Anspruchs zu versagen. Hierbei ist jedoch hinsichtlich der denkbaren Anspruchsberechtigten zu differenzieren.

B. Anspruchsberechtigte und Anreizwirkung

Als mögliche Begünstigte eines Ersatzanspruchs für den immateriellen Schaden des Verlusts des Lebens kommen die Erben des Getöteten, sonstige Hinterbliebene oder staatliche Institutionen in Betracht. Für die Verhaltenssteuerung eines potentiellen Verletzers über Anreize ist es gleichgültig, ob die gegenwärtige zivilrechtliche Anreizlücke beim Schutz des menschlichen Lebens durch eine auf die Erben, andere Angehörige oder den Staat übergehende Schadensersatzzahlung ausgeglichen wird.[960]

Diese Tatsache wird auch herangezogen, um die vermeintliche Unvereinbarkeit der Präventionsfunktion mit der Aufgabe der Kompensation und der Versicherungswirkung des Schadensersatzes bei immateriellen Einbußen aufzulösen. Sofern der aus präventiven Gesichtspunkten notwendige Schadensersatz den kom-

---

[958] *Adams*, Warum kein Ersatz von Nichtvermögensschäden?, in: *Ott/Schäfer (Hrsg.)*, Allokationseffizienz in der Rechtsordnung, Berlin, 1989, S. 210 (S. 215 f.).

[959] *Adams*, Warum kein Ersatz von Nichtvermögensschäden?, in: *Ott/Schäfer (Hrsg.)*, Allokationseffizienz in der Rechtsordnung, Berlin, 1989, S. 210 (S. 215 f.).

[960] *Adams*, Ökonomische Analyse der Gefährdungs- und Verschuldenshaftung, Heidelberg, 1985, S. 180, Fn. 279.

pensationsfähigen Schaden übersteige, solle der überschießende Betrag nicht an den Verletzten, sondern an den Staat gezahlt werden. Damit werde dem Haftungsrecht seine präventive Wirkung nicht genommen und gleichzeitig eine Überkompensation vermieden.[961] Für den Fall einer Berechtigung des Staates würde zudem das Problem eines Mordanreizes zurücktreten.

Eine Berechtigung der Erben oder naher Angehöriger ist jedoch unter dem Aspekt vorzugswürdig, dass ein zuverlässiger privater Anreiz zur Durchsetzung des Schadensersatzanspruchs und damit zur Durchsetzung der Anreizwirkung des Haftungsrechts insgesamt besser geeignet erscheint als staatliche Regulierungen, die häufig Vollzugs- und Durchsetzungsdefizite aufweisen.[962] Zudem wäre eine Lösung über eine staatliche Berechtigung mit zusätzlichen Kosten verbunden, da die entsprechenden institutionellen Voraussetzungen geschaffen und unterhalten werden müssten.

Nach der hier vertretenen Lösung kommen folglich die Erben des Getöteten als Begünstigte des Schadensersatzanspruchs in Betracht. Für diesen Fall werden von *Wagner* jedoch Bedenken erhoben. Es sei mit „erheblichem moralischen Risiko" zu rechnen, z.B. in Form fingierter Verkehrsunfälle. Mit dem - wie gezeigt wurde, allerdings verfehlten[963] - Hinweis auf das Strafrecht als geeignetem und ausreichendem „Präventionsinstrument" lehnt *Wagner* einen entsprechenden Ersatzanspruch insgesamt ab.[964] Für eine endgültige Bewertung sind jedoch etwaige Missbrauchsmöglichkeiten zu unterscheiden. Eine *moral hazard*-Gefahr besteht einerseits durch das Opfer selbst und andererseits durch die Erben des Opfers.

---

961 *Shavell,* Foundations of Economic Analysis of Law, Cambridge (Massachusetts), 2004, S. 271 ff., der die entsprechende Zahlung an den Staat als *supplemental fine* bezeichnet.

962 *Adams*, Ökonomische Analyse der Gefährdungs- und Verschuldenshaftung, Heidelberg, 1985, S. 180, insbesondere Fn. 279. Ebenso *Wagner*, Neue Perspektiven im Schadensersatzrecht - Kommerzialisierung, Strafschadensersatz, Kollektivschaden, Gutachten A für den 66. Deutschen Juristentag, in: *Ständige Deputation des Deutschen Juristentages (Hrsg.)*, Verhandlungen des sechsundsechzigsten Deutschen Juristentages, Stuttgart 2006, Band I, Gutachten, Teil A, München, 2006, A 62.

963 Siehe dazu die Ausführungen in Kapitel 2 auf S. 35 ff.

964 *Wagner*, Neue Perspektiven im Schadensersatzrecht - Kommerzialisierung, Strafschadensersatz, Kollektivschaden, Gutachten A für den 66. Deutschen Juristentag, in: *Ständige Deputation des Deutschen Juristentages (Hrsg.)*, Verhandlungen des sechsundsechzigsten Deutschen Juristentages, Stuttgart 2006, Band I, Gutachten, Teil A, München, 2006, A 62; zustimmend *Medicus*, Zum 66. Deutschen Juristentag, Neue Perspektiven im Schadensersatzrecht - Kommerzialisierung, Strafschadensersatz, Kollektivschaden, JZ, 2006, S. 805 (S. 808).

I. Moral hazard-Gefahr durch die Erben

Diese Möglichkeit eines Missbrauchs setzt zunächst voraus, dass neben dem Opfer und dem erbrechtlich Berechtigten des Ersatzanspruchs eine dritte Person als Verletzer und Haftpflichtiger hinzutritt. Hierbei könnten der Erbe und der Haftpflichtige kollusiv zum Nachteil des Opfers zusammenwirken. Ein freiwilliges Mitwirken des Dritten ist jedoch nur denkbar, wenn letztlich eine Versicherung den Schaden trägt. Dies ist beispielsweise im Fall eines „fingierten Autounfalls" gegeben, da in diesem Bereich die Pflichtversicherung für die immateriellen Schäden aufkommt. Würden die Beteiligten enttarnt, woran die Versicherungswirtschaft ein starkes Interesse hätte, so würden strafrechtliche Sanktionen greifen, die gleichsam abschreckend auf ein entsprechendes Vorgehen wirken. Zivilrechtlich wäre die erbrechtliche Regel zur Erbunwürdigkeit nach § 2339 I Nr. 1 BGB zur Anwendung zu bringen. Danach wird derjenige erbunwürdig, der den Erblasser vorsätzlich und widerrechtlich getötet oder zu töten versucht hat.

Andererseits ist es aber auch möglich, dass keine Absprache zwischen Haftpflichtigem und Erben stattfindet. Letzterer könnte die besondere Situation des Opfers, beispielsweise dessen Alter oder eine Krankheit, auszunutzen, um sich als Erbe des Entschädigungsanspruchs zu bereichern. Beispielsweise könnten die Eltern ihr Sorgfaltsniveau bei der Ausübung ihrer Aufsichtspflicht verringern und so einen tödlichen Unfall ihres Kindes provozieren bzw. darauf „hoffen", dass ihr Kind einem Verkehrsunfall zum Opfer fällt. Eine andere Möglichkeit wäre, dass notwendige Hilfeleistungen in Notsituationen unterlassen werden.[965] Hier wäre ein Nachweis eines Missbrauchs gewiss schwieriger als bei einem abgesprochenen Zusammenwirken. Letztlich würde ein entsprechendes Verhalten aber wiederum zumindest unter billigender Inkaufnahme des Todes und damit vorsätzlich im Sinne des Strafrechts geschehen.[966] Auch ist die Wahrscheinlichkeit, dass ein solches einseitiges Vorgehen zu dem erhofften „Erfolg" der Tötung durch einen Dritten führt, wesentlich geringer als bei einem kollusiven Zusammenwirken von Haftpflichtigem und Erben. Unabhängig von der Fallgestaltung ist schließlich zu berücksichtigen, dass eine etwaige *moral hazard*-Gefahr mit der Anzahl der Erben sinkt.

In der Literatur zum US-amerikanischen Haftungsrecht finden sich keinerlei Anhaltspunkte, dass das Problem des *moral hazard* tatsächlich in dieser Form auftritt. Dabei ist es unerheblich, dass *hedonic damages* in der US-amerikanischen Gerichtspraxis überwiegend keine Anwendung finden. Es wurde

---

[965] *Adams*, Ökonomische Analyse der Gefährdungs- und Verschuldenshaftung, Heidelberg, 1985, S. 181 f.

[966] Im Übrigen sollte ein Mitverschulden der gesetzlichen Vertreters stets anspruchsmindernd berücksichtigt werden; vgl. dazu *Lange/Schiemann*, Schadensersatz, 3. Auflage, Tübingen, 2003, S. 603 f.

gezeigt, dass die stattdessen möglichen Ansprüche durchaus bedeutende Größenordnungen erreichen können.[967] Folglich könnten sie einen entsprechenden Fehlanreiz ebenfalls auslösen. Gleichfalls ist zu bedenken, dass auch nach dem geltenden deutschen Recht in Fällen schwerster Verletzungen Schmerzensgeldsummen bis zu 500.000 Euro gezahlt werden. Auch hier bestünde demnach ein Anreiz, eine entsprechende Verletzung vorsätzlich herbeizuführen. Dies mag zwar schwieriger sein als die Tötung eines Menschen, ausgeschlossen sind solche Szenarien aber ebenfalls nicht.

Gegen die Gewährung eines Entschädigungsanspruchs sprechen auch nicht die in der jüngeren Vergangenheit in Deutschland aufgetretenen Fälle von zum Tode führender Kindesvernachlässigung. Beispielhaft sei hier der Fall der mit 7 Jahren qualvoll verhungerten *Jessica* aus Hamburg-Jenfeld genannt. Das Kind war über Jahre verwahrlost in seinem Kinderzimmer wie in einem Gefängnis gehalten worden und musste zum Teil Teppichreste essen.[968] Solche Verbrechen spielen sich zumeist im Schutz des Verborgenen ab und werden so ermöglicht. Einerseits kann dabei die zur Erlangung einer Entschädigungszahlung notwendige Deckung durch eine Versicherung nicht eingreifen. Andererseits würde die Provokation eines Unfalltodes mit großer Wahrscheinlichkeit auch zu einer Offenbarung der tatsächlichen Verhältnisse führen. Der hier interessierenden *moral hazard*-Gefahr wird folglich durch die zur Erlangung einer Entschädigungsleistung notwendigerweise herzustellende Öffentlichkeit entgegengewirkt.

Mit dem Argument der Erzeugung fehlerhafter Anreize könnten auch gegenüber der Institution des Erbrechts insgesamt Bedenken geäußert und für dessen Abschaffung plädiert werden. Für den Fall der Vererbung größerer Vermögenswerte besteht ebenfalls ein Anreiz, den potentiellen Erblasser zu töten. Hier sind verschiedenste Fallgestaltungen denkbar. So kann beispielsweise ein gesetzlicher Erbe töten, um vorzeitig in den Genuss der Erbschaft zu kommen. Auch ist denkbar, dass ein gesetzlicher oder testamentarisch bedachter Erbe eine vom Erblasser geplante „Enterbung" durch dessen Tötung verhindern möchte. Hierbei darf allerdings das gesetzlich verbriefte Recht auf den Pflichtteil, welches insofern anreizmindernd wirken kann, nicht außer Acht gelassen werden.

Ungeachtet der konkreten Fallgestaltung führt bereits die Tötung des Erblassers zu dem beabsichtigten Erfolg in Gestalt des Anfalls der Erbschaft. Anders als bei der Gewährung eines originären Schadensersatzanspruchs wegen der Tötung und dessen Vererbung bedarf es keines hinzutretenden Haftpflichtigen oder einer Versicherung, die den Schaden trägt. Andererseits besteht der erbrechtliche

---

967 Siehe dazu ausführlich in Kapitel 4, insbesondere S. 150 ff., 175 ff.

968 Die Eltern wurden zu lebenslanger Haft wegen Mordes durch Unterlassen und Misshandlung von Schutzbefohlenen verurteilt; vgl. Hamburger Abendblatt vom 17.10.2006 (http://www.abendblatt.de/daten/2006/10/17/625496.html, 23.12.2006).

Mordanreiz nur bei vermögenden Personen, denen dieses damit auch bewusst sein kann. Die schadensersatzrechtliche *moral hazard*-Gefahr ist dagegen gerade auch bei vermögenslosen Personen, beispielsweise Kindern, denkbar. Diese verfügen aufgrund ihrer sich erst entwickelnden Reife auch nicht über die Kenntnis ihrer Gefährdung. Insgesamt ist der Vergleich zum Erbrecht damit nicht in vollem Umfang zielführend.

Zurückzukommen ist an dieser Stelle auf den Einwand von *Adams*, dass der Abschluss einer Lebensversicherung auf den Tod des eigenen Kindes aus *moral hazard*-Gründen abzulehnen sei.[969] Nach der gesetzlichen Regelung in § 159 VVG besteht diese Versicherungsmöglichkeit minderjähriger Kinder. Allerdings sieht § 159 II VVG vor, dass zu einer Versicherung auf den Tod eines anderen, die den Betrag der gewöhnlichen Beerdigungskosten übersteigt, die schriftliche Einwilligung dieser Person erforderlich ist. Dadurch soll die „Spekulation mit dem Leben anderer" unterbunden werden. Insbesondere soll der Gefahr entgegengewirkt werden, „die sich daraus ergibt, dass der Versicherungsnehmer oder ein sonstiger Beteiligter in der Lage ist, den Versicherungsfall herbeizuführen."[970]

Für Kinder findet sich eine Sonderregelung in § 159 III VVG. Schließt danach der Vater oder die Mutter eine Versicherung auf die Person ihres minderjährigen Kindes, so bedarf es einer Einwilligung des Kindes als Gefahrperson nur, wenn der Versicherer auch vor Vollendung des siebten Lebensjahres zur Leistung verpflichtet sein soll und die vereinbarte Leistung den Betrag der gewöhnlichen Beerdigungskosten übersteigt. Da das Kind nach § 104 Nr. 1 BGB nicht höchstpersönlich zustimmen kann, muss gemäß §§ 1693, 1901 I BGB die Einwilligung eines Ergänzungspflegers eingeholt werden, der vom Vormundschaftsgericht zu bestellen ist.[971] Der Gesetzgeber sieht hier besondere Gefahren also nur bis zum siebten Lebensjahr des minderjährigen Versicherungsnehmers.

Diese Einschätzung kann mit den Zusammenhängen der sogenannten interdependenten Nutzenfunktionen erklärt werden. Danach besteht zwischen Kindern und Eltern aber auch zwischen Lebenspartnern eine wechselseitige Beziehung der jeweiligen Nutzenfunktionen.[972] Dies besagt, dass der Nutzen einer Person ansteigt, wenn auch der Nutzen der nahe stehenden Person gesteigert wird. Dieser Annahme würde es widersprechen, dass Eltern ihre Kinder schädigen oder

---

969 Vgl. dazu den Nachweis in Fn. 959 auf S. 240.

970 BGH, NVersZ, 1999, S. 258 (S. 259) mit Verweis auf die Motive des VVG; vgl. auch BGH, NJW-RR, 1989, S. 1183 (S. 1184).

971 *Hülsmann*, Zum Einwilligungserfordernis nach § 159 VVG im Lichte der Rechtsprechung, NVersZ, 1999, S. 550 (S. 552).

972 Vgl. dazu *Bergstrom*, Puzzles, Love and Spaghetti, The Opportunity Cost of Virtue, Journal of Economic Perspectives, 1989 (3/2), S. 165 ff.

gar töten, um selbst einen Vorteil daraus zu ziehen. Fälle, in denen dieses passiert, stellen (krankhafte) Ausnahmen dar und erfolgen aus besonders gelagerten Motivationen.[973]

Insgesamt erscheinen die befürchteten *moral hazard*-Gefahren von Seiten etwaiger Erben nicht so groß, dass sie die Ablehnung eines Entschädigungsanspruchs rechtfertigen könnten.

II. Moral hazard-Gefahr durch das Opfer

Schließlich besteht noch die Gefahr des *moral hazard* durch das Opfer selbst. Es könnte einen Selbstmord begehen und diesen als Unfall tarnen, der die Ersatzpflicht eines Dritten auslöst, damit seine Erben versorgt sind.[974] Problematisch könnte hier der Nachweis des Verschuldens des Opfers sein, das gemäß § 846 BGB anzurechnen ist. Entsprechende Fälle sollten jedoch zu vernachlässigen sein. Dies ergibt sich aus der bereits erwähnten Tatsache, dass einem entsprechenden Vermächtnismotiv zu Gunsten der Erben ein geringerer (statistischer) Wert zukommt als der (statistischen) Bewertung des eigenen Lebens.[975] Zudem besteht eine ähnliche Missbrauchsmöglichkeit bereits nach dem geltenden Recht. Der Versicherte einer Lebensversicherung könnte entsprechend agieren, um die Auszahlung der Versicherungssumme an die Bezugsberechtigten herbeizuführen. Entsprechende Fallgestaltungen dürften demnach nur auf krankhafte Persönlichkeitsstörungen zutreffen oder in menschlichen Ausnahmesituationen zum Tragen kommen. Wegen der insoweit geringen praktischen Bedeutung sollten diese Fälle bei der Frage nach der generellen Einführung eines Schadensersatzanspruchs im Fall der Tötung eines Menschen nicht berücksichtigt werden. Mit verbleibenden, vereinzelt vorkommenden Missbräuchen sollten die bestehenden zivilrechtlichen Instrumentarien zur Berücksichtigung des Mitverschuldens und der Verteilung der Beweislast umzugehen wissen.

C. Leistungsfähigkeit des Haftpflichtigen

Als Kehrseite des bereits erörterten Problems einer möglichen - im Ergebnis aber abzulehnenden - Bereicherungsmöglichkeit der Hinterbliebenen kann sich auf Seiten des Haftpflichtigen die Situation ergeben, dass eine Schadensersatzverpflichtung wegen der Tötung eines Menschen die Grenze der finanziellen Leistungsfähigkeit des Schuldners überschreitet.

---

973 Ausführlich dazu *Raič*, Die Tötung von Kindern durch die eigenen Eltern, Aachen, 1997; *Lask*, Die Tötung der Eltern durch ihre eigenen Kinder, Dissertation Universität Düsseldorf, 1990.

974 *Adams*, Ökonomische Analyse der Gefährdungs- und Verschuldenshaftung, Heidelberg, 1985, S. 181.

975 Vgl. dazu die Ausführungen auf S. 235 und den Nachweis in Fn. 942.

I. Möglichkeiten und Erfordernis einer Haftungsbegrenzung

Dieser Fall kann insbesondere dann eintreten, wenn eine Haftpflichtversicherung nicht besteht oder den Schaden nur zum Teil oder gar nicht abdeckt. Letzteres kann beispielsweise die Folge eines grob fahrlässigen oder vorsätzlichen Handelns des Haftpflichtigen sein. Der Versicherer wird dann gemäß § 61 VVG von der Leistungspflicht frei. Der Schuldner kann so Gefahr laufen, bis an das Ende seines Lebens auf die Grenze des pfändungsfreien Existenzminimums beschränkt zu bleiben. Es stellt sich die Frage, ob und wie die Rechtsordnung auf diese Problematik reagieren sollte.

1. Befürwortende Ansichten

Ein im Jahre 1967 vom Bundesministerium der Justiz veröffentlichter Referentenentwurf empfahl die Einführung einer schadensersatzrechtlichen Reduktionsklausel durch den Gesetzgeber. Für den Fall eines außergewöhnlich hohen Schadens sah der Entwurf in § 255 a BGB vor, dass „das Gericht die Ersatzpflicht insoweit einschränken" kann, „als sie für den Ersatzpflichtigen auch unter Berücksichtigung der berechtigten Interessen des Gläubigers zu einer schweren Unbilligkeit führen würde."[976] In der rechtswissenschaftlichen Literatur wurden *de lege ferenda* weitere Ansätze zur Verhinderung einer wirtschaftlichen Existenzgefährdung des Haftpflichtigen diskutiert. In einem Gutachten für das Bundesministerium der Justiz im Jahre 1981 forderte auch *Hohloch* eine Abmilderung des „Alles-oder-Nichts-Prinzips" durch eine Reduktionsklausel.[977] Keiner dieser Vorschläge mündete allerdings in ein Gesetzgebungsverfahren ein.

Bereits auf der Grundlage des geltenden Rechts sieht *Canaris* das verfassungsrechtliche Übermaßverbot[978] als Schranke „ruinöser" sowie „katastrophaler", d.h. die finanzielle Leistungsfähigkeit des Haftpflichtigen übersteigender Schadensersatzverpflichtungen.[979] Diese stellten einen überaus schweren Eingriff in das Recht auf freie Entfaltung der Persönlichkeit nach Art. 2 I GG dar, der im Regelfall auch den Schutzbereich von Art. 1 I GG berühre. Sofern der Geschädigte seine legitimen Bedürfnisse auch ohne die Ersatzleistung voll oder teilwei-

---

[976] *Bundesministerium der Justiz (Hrsg.)*, Referentenentwurf eines Gesetzes zur Änderung und Ergänzung schadensersatzrechtlicher Vorschriften, Band 1, Karlsruhe, 1967, § 251a I BGB.

[977] Vgl. *Hohloch,* Allgemeines Schadensrecht, Empfiehlt sich eine Neufassung der gesetzlichen Regelung des Schadensrechts (§§ 249-255BGB)?, in: *Bundesministerium der Justiz (Hrsg.)*, Gutachten und Vorschläge zur Überarbeitung des Schuldrechts, Band 1, 1981, S. 375 (S. 459 ff.).

[978] Ausführlich zum Verhältnis von Zivil- und Verfassungsrecht bereits in Kapitel 2 auf S. 37 ff.

[979] *Canaris*, Verstöße gegen das verfassungsrechtliche Übermaßverbot im Recht der Geschäftsfähigkeit und im Schadensersatzrecht, JZ, 1987, S. 993 (S. 995 f., 1001 ff.).

se befriedigen könne, sei sein Anspruch gemäß § 242 BGB jedenfalls dann betragsmäßig zu reduzieren, wenn seine volle Befriedigung für den Schädiger „ruinös" wäre. Diese Voraussetzung sieht *Canaris* als gegeben an, wenn der Schuldner bis an sein Lebensende auf das pfändungsfreie Existenzminimum beschränkt würde. Gleiches solle für sogenannte „katastrophale" Schäden gelten, die beispielsweise das gesamte in Jahrzehnten erworbene Vermögen des Schuldners aufzehren würden. Dabei sei auch der der Abschluss einer Versicherung zu berücksichtigen: auf Seiten des Geschädigten wirke sie sich anspruchsmindernd aus, sofern sie seinen schadensbedingten finanziellen Mehrbedarf bereits finanziell abdecke. Eine Haftpflichtversicherung des Schädigers solle sich hingegen in vollem Umfang anspruchserhöhend auswirken. *Canaris* begründet dies mit der These, dass das verfassungsrechtliche Übermaßverbot zwar zum Schutz des Schädigers heranzuziehen sei, nicht jedoch zur Entlastung einer Versicherung.[980] Nach den Vorbedingungen von *Canaris* dürfte diese Gestaltung hingegen weder zum Anwendungsbereich der „ruinösen" noch der „katastrophalen" Schadensersatzverpflichtungen zählen, da diese nach seiner Lesart bei der Leistungsverpflichtung einer Versicherung gerade nicht vorliegen.

Rechtstechnisch will *Canaris* das Problem über eine Abwägung nach dem Grundsatz der Verhältnismäßigkeit lösen, bei dem die Vermögensverhältnisse von Schädiger und Geschädigtem im Mittelpunkt stehen. Hierbei bezieht *Canaris* auch die Funktion des Haftungsrechts mit ein. Danach sei der mit „ruinösen" Schadensersatzverpflichtungen einhergehende Eingriff in das Recht auf freie Entfaltung der Persönlichkeit - zumindest in Fällen einer betragsmäßig nicht beschränkten Gefährdungshaftung - nicht durch die Präventionsfunktion des Haftungsrechts gerechtfertigt. Andererseits könne die seiner Ansicht nach „wesentlich wichtigere" Ausgleichsfunktion eine solch „extreme Rechtsfolge" nicht rechtfertigen, sofern der Ersatzberechtigte auf die Schadensersatzleistung nicht angewiesen sei.[981]

Für den besonderen Fall der Begrenzung der Haftung eines Minderjährigen hat das Bundesverfassungsgericht in einem Beschluss des Jahres 1998 festgestellt, dass aus verfassungsrechtlicher Sicht weder der Wille des vorkonstitutionellen Gesetzgebers noch der Wortlaut des § 828 II BGB (a.F., nunmehr ersetzt durch § 828 II und III BGB n.F.) einer Einschränkung der Minderjährigenhaftung aus Billigkeitsgründen gemäß § 242 BGB entgegenstehe.[982] Im Fall fuhr ein 16-Jähriger ohne Fahrerlaubnis mit seinem Moped und nahm seine 13-jährige

---

980 *Canaris*, Verstöße gegen das verfassungsrechtliche Übermaßverbot im Recht der Geschäftsfähigkeit und im Schadensersatzrecht, JZ, 1987, S. 993 (S. 1001 f.).

981 *Canaris*, Verstöße gegen das verfassungsrechtliche Übermaßverbot im Recht der Geschäftsfähigkeit und im Schadensersatzrecht, JZ, 1987, S. 993 (S. 1001 f.).

982 BVerfG, NJW, 1998, S. 3557 f.

Freundin mit. Eine Haftpflichtversicherung bestand nicht. Der Junge verschuldete einen Verkehrsunfall, bei dem das Mädchen schwerst verletzt wurde. Der Krankenversicherungsträger nahm nun den 16-Jährigen in Regress für bereits geleistete Krankenbehandlungskosten in Höhe von rund 78.000 Euro und begehrte Feststellung, dass auch weitergehende materielle Schäden im Rahmen der Überleitungsfähigkeit nach § 116 SGB X zu ersetzen seien. Ob eine Haftungseinschränkung nach § 242 BGB geboten sei, kann nach Ansicht des BVerfG nicht pauschal, sondern nur für jeden Einzelfall entschieden werden und obliegt in jedem Fall den zuständigen Zivilgerichten und nicht dem Verfassungsgericht.

2. Ablehnende Stimmen

Im Bereich des Arbeitrechts ist der BGH[983] jedoch ähnlichen Überlegungen des Großen Senats des BAG[984] zur Haftungsbegrenzung kritisch entgegengetreten. Inhaltlich geht es in diesem Zusammenhang um die Einschränkung der Haftung des Arbeitnehmers bei betrieblich veranlassten Tätigkeiten, sofern diese zu Schadensrisiken führen, die den Arbeitnehmer unzumutbar belasten oder seine wirtschaftliche Existenz bedrohen. Im Hinblick auf die Gefahr einer Aufhebung und nicht bloßen Modifizierung der gesetzgeberischen Konzeption der vollen Haftung für jedes Verschulden in den §§ 249, 276 BGB sei eine solche richterliche Fortentwicklung des Haftungsrechts nach Ansicht des BGH „von Verfassungs wegen weder geboten noch zulässig.“[985]

Auch der überwiegende Teil des rechtswissenschaftlichen Schrifttums ist dem Ansatz einer bereits aus dem Grundgesetz abzuleitenden Begrenzung der Haftung kritisch entgegengetreten.[986] Maßgebendes Argument ist dabei, dass eine Haftungseinschränkung zwar als Ausprägung der grundrechtlichen Schutzpflichten zu begreifen sei. Als zwingende Folge sei eine Haftungsbegrenzung aus der Verfassung aber ganz überwiegend nicht überzeugend ableitbar. Dementsprechend komme dem Gesetzgeber in dieser Frage ein weiter Gestaltungsspielraum

---

[983] BGH, AP § 611, Haftung des Arbeitnehmers, Nr. 102.

[984] BAG, AP § 611, Haftung des Arbeitnehmers, Nr. 101 und 103.

[985] BGH, AP § 611, Haftung des Arbeitnehmers, Nr. 102.

[986] Vgl. beispielhaft *Oetker*, in: Münchener Kommentar zum Bürgerlichen Gesetzbuch, Band 2 a, 4. Auflage, München, 2003, § 249 Rn. 14 f. mit weiteren Nachweisen; eingehend dazu auch *Medicus*, Der Grundsatz der Verhältnismäßigkeit im Privatrecht, AcP, 1992 (192), S. 35 (S. 65 ff.).

zu.[987] Bei einer gegenteiligen Auslegung sei die Grenze der möglichen Verfassungsinterpretation durch die richterliche Gewalt „deutlich überschritten".[988]

3. Stellungnahme

Diese Ansicht ist vorzugswürdig. Dabei sei dahingestellt, ob man die durch die bereits angeführte Entscheidung des Bundesverfassungsgerichts[989] eröffnete Möglichkeit wahrnehmen sollte, um im Einzelfall eine Haftungsbeschränkung zu Gunsten minderjähriger Haftpflichtiger zu konstruieren. Das OLG Celle hat im Jahr 2002 ein entsprechendes Vorgehen beispielsweise abgelehnt im Fall der Verurteilung eines Minderjährigen zur Zahlung eines Schmerzensgeldes in Höhe von rund 38.300 Euro. Verfassungsmäßige Bedenken seien bei diesem Betrag nach Ansicht des OLG zumindest dann nicht gegeben, wenn der Geschädigte ebenfalls minderjährig sei, von dritter Seite keine Zahlung erwarten könne und das Verschulden des Haftpflichtigen erheblich sei.[990] Es ist hervorzuheben, dass eine Haftungsreduzierung unter allen Umständen auf klar zu definierende Ausnahmefälle beschränkt sein sollte.[991]

Dies wird gestützt durch eine frühere Entscheidung des Bundesverfassungsgerichts zur Haftung eines gerichtlichen Sachverständigen. Danach sei es „nicht Sache des an Gesetz und Recht gebundenen Richters, im Wege der Rechtsfortbildung Haftungsansprüche zu verkürzen, die das Gesetz in Einklang mit der in Art. 2 II GG verkörperten Grundentscheidung gewährt."[992] In dem Fall begehrte der Beschwerdeführer Schadensersatz und Schmerzensgeld wegen der Unterbringung in einer geschlossenen Abteilung eines Krankenhauses. In dem zu Grunde liegenden Strafverfahren hatte dies der Sachverständige angeregt, da er zu Unrecht die Unzurechnungsfähigkeit des Beschwerdeführers angenommen hatte. Der BGH lehnte eine Haftung für die Folgen dieser lediglich fahrlässigen

---

[987] *Oetker*, in: Münchener Kommentar zum Bürgerlichen Gesetzbuch, Band 2 a, 4. Auflage, München, 2003, § 249 Rn. 15.

[988] So ausdrücklich *Medicus*, Der Grundsatz der Verhältnismäßigkeit im Privatrecht, AcP, 1992 (192), S. 35 (S. 66).

[989] Vgl. oben in Fn. 982 auf S. 247 (BVerfG, NJW, 1998, S. 3557 f.).

[990] OLG Celle, VersR, 2002, S. 241 f.

[991] Ansätze zur Einschränkung der Minderjährigenhaftung aus Billigkeitsgründen über § 242 BGB finden sich bei *Rolfs*, Neues zur Deliktshaftung Minderjähriger, JZ, 1999, S. 233 (S. 240 f.). Kritisch zu Beschränkungsbestrebungen *Krause*, Haftungsbegrenzung kraft Verfassungsrechts?, JR, 1994, S. 494 (S. 496 ff.); *Esser/Schmidt*, Schuldrecht, Band 1: Allgemeiner Teil, Teilband 2, 8. Auflage, Heidelberg, 2000, S. 207; zur begrenzten Anwendbarkeit des Verhältnismäßigkeitsprinzips im Privatrecht vgl. *Wagner*, in: Münchener Kommentar zum Bürgerlichen Gesetzbuch, Band 5, 4. Auflage, München, 2004, Vorbemerkung § 823 Rn. 59.

[992] BVerfGE 49, S. 304 (S. 320).

Falschbegutachtung ab. In dieser restriktiven Auslegung des § 823 I BGB sah das Verfassungsgericht eine Verletzung des Grundrechts auf Freiheit der Person gemäß Art. 2 II 2 GG.

Da die §§ 249, 278 BGB eine Haftungsbeschränkung nicht vorsehen, steht es im Einklang mit dieser Entscheidung des Verfassungsgerichts, der Rechtsprechung grundsätzlich nicht die Befugnis einzuräumen, Haftungsansprüche aufgrund von Verhältnismäßigkeitserwägungen zu verkürzen. Zu einer allgemeingültigen Neuinterpretation der §§ 249, 276 BGB ist nur der Gesetzgeber berufen.

a. Haftungsbegrenzung und Anreizwirkung

Neben diesen von Verfassungs wegen aus Gründen der Gewaltenteilung zu ziehenden inhaltlichen Grenzen der richterlichen Rechtsfortbildung spricht insbesondere auch der hier vertretene Ansatz zu den Aufgaben und der Wirkung des Haftungsrechts im Sinne der ökonomischen Analyse des Rechts für die Ablehnung einer Haftungsbegrenzung bzw. gegen die Einführung einer schadensersatzrechtlichen Reduktionsklausel.[993] Danach vermag das Haftungsrecht seine verhaltenssteuernde Wirkung nur zu entfalten und widerspruchsfreie Anreize zu setzen, wenn alle entstandenen Einbußen dem Haftpflichtigen auch tatsächlich angelastet werden. Für eine Haftungsreduzierung auf der Rechtsfolgenseite bleibt dabei kein Raum. Andernfalls würden die Anreize zum Rechtsgüterschutzes beschnitten, was angesichts des Stellenwertes des Rechtsguts Leben nicht hinnehmbar erscheint. Die daraus möglicherweise erwachsende Gefahr der finanziellen Überforderung und einer wirtschaftlichen Existenzgefährdung des Schuldners stellt das notwendige Spiegelbild des hier vertretenen Konzepts dar.

b. Pfändungsbeschränkungen und Restschuldbefreiung

Um den Haftpflichtigen vor dieser Notlage zu bewahren, hat der Gesetzgeber seinen bereits dargelegten Gestaltungsspielraum in rechtlich klarer und damit Rechtssicherheit schaffender Form im Vollstreckungsrecht wahrgenommen und durch die Ausgestaltung des Vollstreckungsschutzes ausgefüllt. Diese Regelungen gewährleisten jedem Menschen ein der Menschenwürde und dem Recht auf freie Entfaltung der Persönlichkeit geschuldetes Leben mit den gebotenen Entfaltungsmöglichkeiten. Zu einer Existenzgefährdung oder gar -vernichtung durch eine Verpflichtung zur Zahlung eines Schadensersatzes kann es somit nicht kommen.

Sofern dem Haftpflichtigen eine Inanspruchnahme wegen der Tötung eines Menschen droht, hält das geltende Zivilrecht eine existentielle Grundsicherung insbesondere in Gestalt der Pfändungsbeschränkungen der §§ 850 ff. ZPO bereit. Diese Vorschriften werden durch das insolvenzrechtliche Verfahren der

---

[993] Ausführlich dazu in Kapitel 2 auf S. 23 ff. sowie in Kapitel 3 auf S. 126 ff.

Restschuldbefreiung nach den §§ 286 ff. InsO ergänzt.[994] Dass diese Instrumentarien auch für Schadensersatzansprüche wegen der Vernichtung eines Menschenlebens hinreichend sind, belegt ein Blick auf die gegenwärtige Rechtslage. Bereits im Fall einer Körperverletzung und daran geknüpfter lebenslanger Rentenzahlungen können erhebliche Schadensersatzzahlungen auf den Haftpflichtigen zukommen.[995] Dies ist zwar kein Argument gegen eine aus der Verfassung abzuleitende Reduktionsklausel im Allgemeinen. Der Vergleich zeigt aber, dass das geltende Recht Schadensersatzzahlungen in vergleichbaren Größenordnungen zu bewältigen vermag. Die mögliche Höhe eines Schadensersatzanspruchs wegen der Vernichtung eines Menschenlebens ist folglich kein Grund für dessen Ablehnung. Er stellt insoweit keine dem geltenden Recht wesensfremde Rechtsfolge dar. Gleiches gilt für einen damit möglicherweise notwendig werdenden Vollstreckungsschutz.

c. Abschließende Beurteilung

Darüber hinaus mangelt es dem Vorschlag von *Canaris* an der notwendigen Rechtsklarheit und Rechtssicherheit für die an einem Schadensfall beteiligten Individuen. So bleiben insbesondere Fragen offen, die die praktische Umsetzbarkeit betreffen. Hinsichtlich der Voraussetzungen einer aus der Verfassung abzuleitenden Schadensersatzreduktion ist beispielsweise fraglich, ob dies vom Verschuldensgrad oder vom Bezug des Verschuldens auf den Schaden abhängen sollte. Beim Fehlen einer Versicherung auf Seiten des Haftpflichtigen - die nach *Canaris* anspruchsmindernd wirkt - stellt sich die Frage, ob und unter welchen Voraussetzungen es dem Haftpflichtigen nicht auch zum Nachteil gereichen kann, dass er eine Versicherung nicht abschlossen hat.[996] Entsprechende Unwägbarkeiten entstehen bei der hier befürworteten Lösung über einen Vollstreckungsschutz nicht.

Zudem hat jeder potentielle Schuldner grundsätzlich die Möglichkeit, sein Haftpflichtrisiko zu versichern, z.B. durch den Abschluss einer privaten Haftpflichtversicherung. Die im Vergleich zum heutigen Niveau höheren Versicherungsprämien im Fall der Anerkennung einer Schadensersatzverpflichtung bei der schuldhaften Tötung eines anderen Menschen sind nicht bloß hinzunehmen, sondern stellen die notwendige Folge des hier vertretenen Konzepts dar. Sofern das Versicherungssystem die aufgezeigten Prämissen eines effizienten Versiche-

---

[994] Diese nun bestehende Möglichkeit hatte *Medicus*, Der Grundsatz der Verhältnismäßigkeit im Privatrecht, AcP, 1992 (192), S. 35 (S. 66), zur Absicherung vor einer „Existenzvernichtung“ und „Ähnlichem“ bereits *de lege ferenda* gefordert.

[995] Vgl. dazu die Ausführungen in Kapitel 3 auf S. 87 ff.

[996] Vgl. dazu die eingehende Kritik bei *Medicus*, Der Grundsatz der Verhältnismäßigkeit im Privatrecht, AcP, 1992 (192), S. 35 (S. 65 ff.).

rungssystems erfüllt, verliert die drohende Schadensersatzverpflichtung auch nicht seine verhaltenssteuernde Wirkung.[997]

II. Das judgement proof-Problem

Auf der anderen Seite besteht aber auch die Möglichkeit, dass der Haftpflichtige das drohende Haftungsrisiko bewusst nicht versichert, da er beispielsweise der Ansicht ist, seine Einkünfte bzw. sein Vermögen seien nicht hinreichend, um einen möglichen Schadensersatzanspruch im Fall der Tötung eines Menschen zu erfüllen. Im Rahmen der Literatur zur ökonomischen Analyse des Rechts spricht man in diesem Zusammenhang vom sogenannten *judgement proof*-Problem. Danach wirken die Anreize in Form eines drohenden Schadensersatzes nicht bzw. nur eingeschränkt bei denjenigen potentiellen Haftpflichtigen, die ihr Haftungsrisiko in Anbetracht ihrer beschränkten oder gar nicht gegebenen finanziellen Leistungsfähigkeit bewusst ausblenden.[998]

Dem aufgrund des *judgement proof*-Problems bestehenden und nicht zu leugnenden Durchsetzungsdefizit des Haftungsrechts kann durch die Einführung einer obligatorischen Haftpflichtversicherung abgeholfen werden.[999] Dies ordnet zum Beispiel § 1 PflVG für den Halter eines Kraftfahrzeugs an. In diesem Fall verhindert eine Versicherungspflicht, soweit ihr ein versicherungsstatistisch optimales Versicherungssystem zu Grunde liegt, dass der Haftpflichtige sein durch den Haftpflichtfall möglicherweise ausgelöstes Insolvenzrisiko unterschätzt oder sein Haftungsrisiko bewusst in Kauf nimmt. *Kötz/Wagner* weisen darauf hin, dass eine Strategie der bewussten Inkaufnahme insbesondere bei Schäden ins Kalkül gezogen werden könnte, die erst lange Zeit nach der haftungsbegründenden Handlung auftreten. Solche Langzeitschäden könnten beispielsweise im Bereich der Umweltverschmutzung auftreten, weshalb zu begrüßen sei, dass § 19 UmweltHG eine Verpflichtung zur Deckungsvorsorge bzw. zum Abschluss einer Haftpflichtversicherung für die Betreiber von Abfallbeseitigungsanlagen vorsehe.[1000] Durch die Zwangsversicherung kann sichergestellt werden, dass den Anlagenbetreibern drohende zukünftige Schäden bereits zum Zeitpunkt der haf-

---

[997] Vgl. dazu die Ausführungen in Kapitel 3 auf S. 132 ff.

[998] Eingehend dazu *Shavell*, Foundations of Economic Analysis of Law, Cambridge (Massachusetts), 2004, S. 275 ff.; *ders.*, Minimum Asset Requirements and Compulsory Liability Insurance as Solutions to the Judgement-Proof Problem, RAND Journal of Economics, 2005 (36), S. 63 ff.; siehe auch *Kötz/Wagner*, Deliktsrecht, 10. Auflage, München, 2006, Rn. 82.

[999] Eine weitere Maßnahme, die Anreize des Zivilrechts aufrecht zu erhalten, ist die Begrenzung der Haftung durch Höchstsummen, vgl. *Adams*, Ökonomische Analyse der Produkthaftung, in: *ders. (Hrsg.)*, Ökonomische Theorie des Rechts, Konzepte und Anwendungen, 2. Auflage, Frankfurt/Main, S. 183 (S. 219, Fn. 58).

[1000] *Kötz/Wagner*, Deliktsrecht, 10. Auflage, München, 2006, Rn. 59 ff.

tungsbegründenden Handlung angelastet werden, indem sie Eingang in die Kalkulation der Versicherungsprämie finden.[1001] Dies setzt allerdings voraus, dass die möglichen Schäden und deren Eintrittswahrscheinlichkeit dem Versicherer ersichtlich sind.

Jenseits der Lebensbereiche, die einer Pflicht zum Abschluss einer Haftpflichtversicherung unterliegen, ist eine möglicherweise nicht ausreichende Leistungsfähigkeit des Haftpflichtigen jedoch kein Grund, einen Schadensersatzanspruch wegen der Tötung eines Menschen gänzlich in Frage zu stellen. Sollte das Zivilrecht seine Abschreckungswirkung für den Fall eines mittellosen Haftpflichtigen nicht entfalten können, so wird es in solchen Konstellationen durch das Strafrecht ergänzt. Dies gilt jedoch nur, wenn nicht ausschließlich eine verschuldensunabhängige Gefährdungshaftung zu einer Schadensersatzpflicht führt. Die Tatsache aber, dass eine Strafdrohung an ein zumindest fahrlässiges Handeln geknüpft ist, nimmt dem Strafrecht nicht diese Ergänzungsfunktion zur zivilrechtlichen Abschreckungswirkung des Schadensersatzes. Die verbleibende Regelungslücke bei einer unverschuldeten Handlung ist als dem Strafrecht systemimmanent hinzunehmen, zumal derartige Anwendungsfälle in der Minderzahl sein dürften. In vielen besonders gefahrträchtigen Lebensbereichen finden sich Regelungen zur Gefährdungshaftung, so beispielsweise für den Bereich des Straßenverkehrs.[1002] Die verschuldensunabhängige Haftung von Fahrzeughalter und -führer wird wiederum durch die bereits erwähnte Pflicht zum Abschluss einer Haftpflichtversicherung ergänzt. Damit fällt eine etwaige Mittellosigkeit des Haftpflichtigen nicht ins Gewicht.

D. Ersatzfähigkeit des Objektschadens und Vorteilsanrechnung

Die Schadensersatzpflicht nach dem BGB umfasst grundsätzlich sowohl den unmittelbaren Objektschaden als auch die mittelbaren immateriellen und Vermögensschäden.[1003] Da nach überwiegender Ansicht der unmittelbare Objektschaden, also im vorliegenden Zusammenhang der Verlust des Lebens, auch dann auszugleichen ist, wenn spätere Ereignisse hypothetisch zu einem Wegfall des Schadensobjekts geführt hätten, ist die Anknüpfung der Schadensersatzpflicht an den unmittelbaren immateriellen Objektschaden auch unter diesem Gesichtspunkt vorzugswürdig. Der hier vertretene Lösungsansatz des Risikoschadensersatzes fügt sich in das geltende Schadensersatzrecht ein, hypothetische Beeinträchtigungen des Rechtsguts Leben sind nicht zu berücksichtigen. Mit dem Tod ist der Schaden als abgeschlossen anzusehen. Die Erben sind da-

---

[1001] Vgl. *Wagner*, Haftung und Versicherung als Instrumente der Techniksteuerung, VersR, 1999, S. 1441 (S. 1444 ff.).

[1002] Vgl. darüber hinaus die beispielhafte Aufzählung von Tatbeständen der Gefährdungshaftung in Fn. 19 auf S. 17.

[1003] Siehe dazu die Ausführungen in Kapitel 3 auf S. 69.

mit nicht mit dem sogenannten „Sachrisiko“ zu belasten, welches hier besser als Rechtsgutrisiko zu bezeichnen ist.

Alle sonstigen denkbaren mittelbaren Folgeschäden einer Tötung sind, unabhängig von der Gewährung und Vererbung eines Anspruchs für den unmittelbaren immateriellen Schaden, grundsätzlich zu ersetzen. Dazu zählen die materiellen Einbußen der Hinterbliebenen durch den Verlust etwaiger Unterhaltsleistungen sowie etwaige immaterielle Schäden, beispielsweise in Gestalt der sogenannten Schockschäden. Werden nicht alle eingetretenen Einbußen berücksichtigt, kommt es zu fehlerhaften Anreizen. Soweit das *de lege ferenda* vorgeschlagene Angehörigenschmerzensgeld als eine Sanktion der rechtswidrigen Tötung selbst angesehen wird, ist diese Vorstellung durch den hier vertretenen Vorschlag hinfällig. Im Übrigen erscheint die Einführung eines entsprechenden Anspruchs jedenfalls nicht mehr vordringlich.

Schließlich sind die allgemeinen Regeln der Vorteilsanrechnung anzuwenden. Danach ist der Anfall der Erbschaft, einschließlich des Schadensersatzanspruchs wegen der Tötung, als Vermögensstamm nicht schadensmindernd zu berücksichtigen. Nur die Erträge aus der Erbmasse sind anzurechnen.[1004] Dies hat zur Folge, das etwaige Zinsen aus der Erbschaft zur entsprechenden Minderung von möglicherweise bestehenden Ansprüchen wegen eines Unterhaltsschadens führen. Angesicht der hier vorgeschlagenen Größenordnung der Entschädigung dürfte dies zur weitgehenden Vernachlässigbarkeit der Unterhaltsansprüche führen.

E. Ergebnis

Es bleibt damit festzuhalten, dass keine Gründe ersichtlich sind, die gegen die Einführung eines Entschädigungsanspruchs wegen der Tötung eines Menschen sprechen. Vielmehr gebietet die präventive Wirkung des Haftungsrechts, einen solchen Schadensersatzanspruch und damit einhergehend einen entsprechenden Ausgleich zuzulassen. Der Anspruch entsteht in der Person des Getöteten und wird nach den allgemeinen Regeln vererbt. Dabei ist unerheblich, dass dem Verstorbenen kein Nutzenvorteil mehr gewährt werden kann. Der gegenteiligen Ansicht liegt ein falsches Verständnis der Ausgleichsfunktion des Schadensersatzes zu Grunde, dass insbesondere den erbrechtlichen Übergang von Rechten und Pflichten außer Acht lässt.

Es liegt kein Verstoß gegen das sogenannte Bereicherungsverbot vor. Dieses ist nur im Schadensersatzrecht anzuwenden, nicht beim erbrechtlichen Erwerb eines Ersatzanspruchs. Im Fall der Tötung vergrößert dieser ebenso zufällig die Erbmasse, wie ein vor dem Tode des Verletzten entstandener Schmerzensgeld-

[1004] Vgl. *Wagner*, in: Münchener Kommentar zum Bürgerlichen Gesetzbuch, Band 5, 4. Auflage, München, 2004, § 844 Rn. 78.

anspruch. Auch die Versicherungsfunktion des Schadensersatzes spricht nicht gegen die Zulassung eines Schadensersatzanspruchs wegen der Tötung. Zwar lösen Nichtvermögensschäden in der Regel keinerlei Bedarf nach zusätzlichen Geldmitteln aus. Eine Versicherung gegen immaterielle Einbußen ist damit für den Geschädigten sinnlos und nicht erwünscht. Für den Ersatzanspruch wegen eines immateriellen Schadens gilt dies aber nicht. Andernfalls würde die fehlende präventive Wirkung des Haftungsrechts zu Fehlanreizen beim Schutz immaterieller Rechtsgüter führen.

Zur wirksamen Durchsetzung des Schadensersatzanspruchs ist die Berechtigung der Erben des Getöteten besser geeignet als eine Rechtsverfolgung durch staatliche Stellen, die oftmals Vollzugs- und Durchsetzungsdefizite aufweist. Die Gefahr des *moral hazard* durch die Erben erscheint nicht so groß, dass sie eine Ablehnung des Ersatzanspruchs rechtfertigen würde. Dies zeigen die in den USA gemachten Erfahrungen. An der Aufdeckung von Missbräuchen hat zudem die Versicherungswirtschaft ein großes Interesse. Abschreckend wirken zudem strafrechtliche Sanktionen. Zivilrechtlich greift die erbrechtliche Regel zur Erbunwürdigkeit nach § 2339 I Nr. 1 BGB. Schließlich besteht zwischen einander nahe stehenden Personen, beispielsweise zwischen Kindern und Eltern oder zwischen Lebenspartnern, eine wechselseitige Beziehung der jeweiligen Nutzenfunktionen. Danach steigt der Nutzen einer Person an, wenn auch der Nutzen der nahe stehenden Person gesteigert wird. Missbräuche, bei denen beispielsweise Eltern ihre Kinder schädigen oder gar töten, um selbst einen Vorteil zu erlangen, stellen krankhafte Ausnahmen dar. Diese sollten bei der grundsätzlichen Frage nach der Zulassung eines Ersatzanspruchs außer Betracht bleiben. Gleiches gilt für die Gefahr des *moral hazard* durch das Opfer selbst, z.B. durch einen als Unfall getarnten Selbstmord zur Absicherung der Erben. Die ähnlich gelagerte Missbrauchsmöglichkeit bei Abschluss einer Lebensversicherung wird ebenfalls in Kauf genommen. Verbleibenden Missbrauchsfällen sollte mit den zivilrechtlichen Instrumentarien zur Berücksichtigung des Mitverschuldens und der Verteilung der Beweislast begegnet werden können.

Eine Haftungsbegrenzung zu Gunsten des Haftpflichtigen ist abzulehnen. Sie würde zu fehlerhaften Anreizen führen. Die bestehenden Regelungen der Pfändungsbeschränkungen nach §§ 850 ff. ZPO sowie das insolvenzrechtliche Verfahren der Restschuldbefreiung gemäß §§ 286 ff. InsO stellen eine ausreichende Grundsicherung dar. Andererseits stellt die Möglichkeit, dass die Einkünfte bzw. das Vermögen des Haftpflichtigen nicht ausreichen, um einen möglichen Schadensersatzanspruch im Fall der Tötung eines Menschen zu erfüllen, keinen Grund für dessen grundsätzliche Ablehnung dar. Diesem sogenannten *judgement proof*-Problem, dass zu einem Leerlaufen der Anreizwirkung des Zivilrechts führt, kann durch die Pflicht zum Abschluss einer Haftpflichtversicherung begegnet werden. Ergänzend greifen die strafrechtlichen Sanktionen ein.

Neben dem unmittelbaren immateriellen Schaden der Tötung sind alle sonstigen mittelbaren Folgeschäden der Hinterbliebenen grundsätzlich zu ersetzen. Werden nicht alle materiellen und immateriellen Einbußen berücksichtigt, kommt es zu fehlerhaften Anreizen. Aus der Anwendung der Regeln zur Vorteilsanrechnung folgt, dass etwaige Zinsen aus der Erbschaft - zu der auch der Ersatzanspruch wegen der Tötung zählt - zur entsprechenden Minderung von möglicherweise bestehenden Ansprüchen wegen eines Unterhaltsschadens führen.

F. Rechtspolitische Schlussfolgerungen

Aus den Ergebnissen der vorliegenden Arbeit sind folgende rechtspolitische Schlussfolgerungen zu ziehen.

I. Haftungsrecht

Um einen präventiven haftungsrechtlichen Schutz des menschlichen Lebens zu ermöglichen, ist ein Entschädigungsanspruch für den Ersatz des immateriellen Schadens der Tötung zuzulassen. Dazu ist es notwendig, Vorschriften des Haftungsrechts zu ändern.

Da die Verletzung des Rechtsguts Leben nach § 823 I BGB einen unmittelbaren immateriellen Schaden hervorruft, steht einem solchen Ersatzanspruch die Vorschrift des § 253 I BGB entgegen. Danach kann eine Entschädigung in Geld „wegen eines Schadens, der nicht Vermögensschaden ist", nur in den gesetzlich bestimmten Fällen gefordert werden. Praktisch bedeutendster Anwendungsfall ist der seit 1. August 2002 in § 253 II BGB geregelte Schmerzensgeldanspruch.[1005] Bei diesem besteht das Problem, dass nach dem Wortlaut - neben der vorliegend nicht relevanten Verletzung der Freiheit oder der sexuellen Selbstbestimmung - nur eine Körperverletzung als Grundlage für einen Ersatzanspruch in Betracht kommt. Hiervon auch die Tötung als schwerste Form der Körperverletzung als umfasst anzusehen, geht über den Wortlaut hinaus. Systematisch ergibt sich dies auch aus einem Vergleich mit § 823 I BGB, der sowohl das Leben als auch den Körper als geschützte Rechtsgüter benennt. Dies zeigt, dass das Gesetz zwischen beiden Rechtsgütern unterscheidet.

Eine andere Möglichkeit wäre, die Vorschrift des § 823 I BGB als einen gesetzlich bestimmten Fall eines ersatzfähigen immateriellen Schadens im Sinne von § 253 I BGB anzusehen. Denn geschütztes Rechtsgut in § 823 I BGB ist das Leben, dem ohne eine entsprechende Gesetzesauslegung nur ein vergleichsweise beschränkter Anwendungsbereich, insbesondere im Bereich des negatorischen Rechtsschutzes[1006], verbleibt. Nach dieser vom Wortlaut ausgehenden Überle-

---

[1005] Geändert durch das „Zweite Gesetz zur Änderung schadensersatzrechtlicher Vorschriften" (2. SchÄndG), BGBl. I, 2002, S. 2674; ausführlich dazu in Kapitel 3 auf S. 87 ff.

[1006] Siehe dazu die Ausführungen in Kapitel 3 auf S. 74.

gung könnte bei der Tötung eines Menschen ein ersatzfähiger immaterieller Schaden gewährt werden. Hiergegen spricht allerdings ein systematisches Argument. Bei einer solchen Auslegung würde die Grenzziehung zwischen haftungsbegründendem und haftungsausfüllendem Tatbestand aufgehoben. Die haftungsbegründende Norm allein würde letztlich über Haftungsgrund und -höhe entscheiden, was der Gesetzessystematik widerspricht. Eine entsprechende Auslegung der bestehenden Vorschriften entspricht zudem nicht der dargestellten Rechtswirklichkeit im Fall der Tötung eines Menschen.

Aus Klarstellungsgründen erscheint daher allein eine Änderung des § 253 II BGB vorzugswürdig. Der Wortlaut ist zu erweitern auf Fälle der „Verletzung des Lebens". Damit erfolgt eine systematisch korrekte Einordnung im Regelungsbereich des Ersatzes für immaterielle Schäden. Diese Verortung im allgemeinen Schuldrecht hat zudem den Vorteil, dass die Schadensersatzpflicht erweitert wird auf die Tatbestände der Gefährdungshaftung.[1007]

Im Hinblick auf die Höhe eines Entschädigungsanspruchs für den Fall der Tötung, also den Wert eines Menschenlebens, sollte keine konkrete gesetzliche Regelung erfolgen. Die im Rahmen der vorliegenden Arbeit dargestellte Möglichkeit der statistischen Bewertung des Lebens sollte aber Eingang in die Gesetzesmaterialien finden und somit zur Grundlage der Rechtsprechung in Tötungsfällen gemacht werden. Dies ermöglicht zudem, in der ersten Zeit nach der Gesetzesänderung eine sprunghafte Verteuerung aller mit tödlichen Unfällen verbundenen Tätigkeiten zu vermeiden und die jeweiligen Schadensersatzsummen im Zeitverlauf anzupassen. Damit ist gewährleistet, dass die weitere Entwicklung der Forschung zum statistischen Wert des Lebens berücksichtigt werden kann. Allerdings sind im Rahmen der Gefährdungshaftung die Haftungshöchstgrenzen[1008] für den Fall der Tötung anzuheben.

Weiterhin sollte bei der Rechtsanwendung in Schadensfällen mit tödlichem Ausgang der statistische Wert des menschlichen Lebens entsprechend den Vorgaben der ökonomischen Analyse des Rechts berücksichtigt werden. Für Judikative und Anwaltschaft bedeutet dies beispielsweise, bei der Bestimmung des Fahrlässigkeitsmaßstabs entsprechend der *Learned Hand*-Methode zu verfahren.[1009] Gleiches gilt für die Fehlerbestimmung in Produkthaftungsfällen. So hät-

---

[1007] Vgl. dazu die Ausführungen in Kapitel 3 auf S. 99 ff.

[1008] Ausführlich dazu *Jaeger/Luckey*, Schmerzensgeld, 2. Auflage, Krefeld, 2005, Rn. 144 ff.; *Lange/Schiemann*, Schadensersatz, 3. Auflage, Tübingen, 2003, S. 660 ff.

[1009] *Wagner*, Neue Perspektiven im Schadensersatzrecht – Kommerzialisierung, Strafschadensersatz, Kollektivschaden, Gutachten A für den 66. Deutschen Juristentag, in: *Ständige Deputation des Deutschen Juristentages (Hrsg.)*, Verhandlungen des sechsundsechzigsten Deutschen Juristentages, Stuttgart 2006, Band I, Gutachten, Teil A, München, 2006, A 21, weist darauf hin, dass die Rechtsprechung diesen Ansatz zwar nicht ausdrücklich anerkenne, die Kosten möglicher Sicherheitsmaßnahmen und die Schwere des

ten beispielsweise die Hersteller von Tabakprodukten den immateriellen Schaden in Gestalt der an den Folgen des Tabakkonsums vorzeitig verstorbenen Raucher im Rahmen ihrer Aufwendungen zur Schadensvermeidung zu berücksichtigen.

II. Öffentlich-rechtliche Regulierungspraxis

Obwohl das Thema der vorliegenden Arbeit die Bewertung des menschlichen Lebens im Haftungsrecht ist, gebieten die Ergebnisse einen Seitenblick auf die öffentlich-rechtliche Regulierungspraxis. Die statistische Bewertung des menschlichen Lebens sollte zukünftig im Rahmen von Kosten-Nutzen-Analysen öffentlich-rechtlicher Regulierungen, die Einfluss auf die Gesundheit bzw. das Sterblichkeitsrisiko der Bevölkerung haben, konsequent zur Anwendung kommen. Dies ermöglicht die Berücksichtigung aller, auch der immateriellen Kosten und Nutzengewinne. Besonders geeignet ist dabei die Methode des Werts eines statistischen Lebensjahres, wie das Beispiel der „Kosten des Rauchens" zeigt.[1010]

Eine entsprechende Bewertung ermöglicht die Berücksichtigung und richtige Gewichtung der immateriellen Einbuße, der in Deutschland jährlich an den Folgen des Tabakkonsums vorzeitig versterbenden 110.000 bis 140.000 Menschen. Bei der Regulierung von Tabakprodukten wird dieser Schaden bislang nicht hinreichend bzw. gar nicht berücksichtigt. Eine Vielzahl krebsverdächtiger und krebserregender Stoffe wird in der TabakVO und der AromenVO immer noch als „erlaubte Inhaltsstoffe" aufgeführt. Dies gilt auch für Zusätze, die bei der Pyrolyse Kanzerogene entstehen lassen. Schließlich werden auch Substanzen, die zur Suchtverstärkung beitragen und Kindern und Jugendlichen den Raucheinstieg erleichtern, von den Verantwortlichen nicht aus der Liste der „erlaubten Inhaltsstoffe" gestrichen.

Um die begrenzten öffentlichen Mittel zur Verringerung etwaiger Gesundheits- und Sterblichkeitsrisiken effizient einzusetzen, sollte schließlich das sogenannte Nettorisiko berücksichtigt werden. Die Verminderung bestimmten Gesundheits- oder Sterblichkeitsrisiken durch eine Regulierung ruft stets Opportunitätskosten hervor, da die insoweit aufgewendeten Mittel nicht für andere Aufgaben, beispielsweise ebenfalls auf dem Gebiet der Gesundheitsvorsorge, zur Verfügung stehen. Mit Hilfe der Risikoanalyse kann ermittelt werden, welches Ausgabenniveau, ausgedrückt in Kosten pro gerettetes Leben, zum statistischen Verlust eines Lebens bzw. allgemein gesprochen zu einer negativen Beeinflussung bestimmter Risiken führt. Der Vorteil dieser Methode ist, dass nicht die originären

---

ex-ante drohenden Schadensersatzes aber bereits die entscheidenden Anhaltspunkte bei der Prüfung des Fahrlässigkeitsvorwurfs darstellten.

[1010] Siehe dazu die Ausführungen in Kapitel 5 auf S. 216 f.

Kosten einer Regelung als Effizienzmaßstab herangezogen werden. Nicht Geld und Leben werden gegenübergestellt, sondern gerettete Leben und nicht vermiedene Todesfälle. Folglich ist eine Regulierung in diesem Sinne nicht effizient, wenn sie netto zu einer Erhöhung des Sterblichkeitsrisikos führt.

Kapitel 7: Zusammenfassung

Nach der geltenden Rechtslage in Deutschland lösen die bei der Tötung eines Menschen entstehenden immateriellen und materiellen Einbußen zum überwiegenden Teil keine Verpflichtung zur Zahlung eines Schadensersatzes aus. Mit Ausnahme der Übernahme der Beerdigungskosten nach § 844 I BGB stellt das deutsche Haftungsrecht den Verletzer von jeglicher zivilrechtlicher Haftung frei, wenn er einen Menschen tötet, der keiner anderen Person gemäß § 844 II BGB kraft Gesetzes unterhaltspflichtig oder einem Dritten gegenüber zu einer Dienstleistungspflicht im Sinne von § 845 BGB verpflichtet war. Damit ist die Tötung nicht unterhaltspflichtiger Personen, wie z.B. Kindern, Alleinstehender und alter Menschen zivilrechtlich weitgehend kostenlos. Zudem können weitere Faktoren eine theoretisch bestehende Unterhaltsverpflichtung einschränken, beispielsweise die mangelnde Bedürftigkeit des Unterhaltsberechtigten oder die fehlende Leistungsfähigkeit des Unterhaltsverpflichteten.

Diese Rechtslage lässt unberücksichtigt, dass insbesondere der Getötete selbst seinem Leben einen Wert beimisst. Dieser Wert des Lebens wird im deutschen Zivilrecht mit Null angesetzt. Aber auch der Wert, den das familiäre Umfeld dem Leben des Getöteten beimisst, wird vom deutschen Recht nur eingeschränkt gewürdigt. Die Ausgestaltung des Unterhaltsschadens macht deutlich, dass der Gesetzgeber den Hinterbliebenen eine irgendwie geartete „Bereicherungsmöglichkeit" nicht eröffnen will. Dementsprechend wird auch der seelische Schmerz über den Verlust eines Familienangehörigen, sofern er keine krankhaften Ausmaße annimmt, nicht als ersatzfähiger immaterieller Schaden anerkannt. Für den Schädiger ist es unter dem Gesichtspunkt der zu erwartenden Schadensersatzhöhe somit günstiger, wenn der von ihm Verletzte zu Tode kommt.

Diese Rechtslage widerspricht den Erkenntnissen der ökonomischen Theorie des Rechts. Danach hat das Haftungsrecht eine Steuerungsfunktion und soll so ausgestaltet sein, dass das Schadensaufkommen und der Schadensvermeidungsaufwand auf ein gesamtgesellschaftlich optimales Niveau gelenkt werden. Da das menschliche Verhalten von den zu erwartenden Folgen, beispielsweise einer drohenden Schadensersatzzahlung, beeinflusst wird, kann das Zivilrecht verhaltenssteuernd wirken. Ein Haftungssystem kann seine optimale Anreizwirkung jedoch nur dann entfalten, wenn alle Nutzenverluste, d.h. sowohl alle materiellen als auch alle immateriellen Schäden, bei der Höhe des angedrohten Schadensersatzes berücksichtigt werden. Da die Vernichtung eines Menschenlebens nicht zu einer Schadensersatzpflicht führt, besteht hier grundsätzlich keine optimale Anreizstruktur.

Entgegen der überwiegend in der juristischen Literatur vertretenen Ansicht, wird die zivilrechtliche Anreizlücke nicht durch das strafrechtliche Sanktionssystem geschlossen. Im Vergleich mit einem effizient gestalteten zivilrechtlichen Haftungssystem weist das Strafrecht sowohl von der Tatbestands- als auch von der

Rechtsfolgenseite her ein Anreizdefizit auf. Zudem verursacht ein Strafprozess höhere soziale Kosten als ein Zivilprozess. Bei der Steuerung menschlichen Verhaltens stellen Zivil- und Strafrecht nur in begrenztem Umfang Substitute dar. Auch aus der Tatsache, dass bestimmte öffentlich-rechtliche Vorschriften (auch) dem Lebensschutz dienen, kann nicht gefolgert werden, dass ein präventiver Lebensschutz über die verhaltenssteuernden Anreize des Haftungsrechts überflüssig ist. Vielmehr ergänzen beide Rechtsgebiete einander. Dies gilt sowohl für unerkannte, nicht bzw. noch nicht behobene als auch für bewusst in Kauf genommene Anreizdefizite des öffentlichen Rechts.

Die juristische Dogmatik behandelt den Ersatz materieller und immaterieller Schäden von Grund auf unterschiedlich. Den Verlust des Lebens als immateriellen Schaden und seine Nichtersatzfähigkeit vermögen die in der Rechtswissenschaft vertretenen Ansichten zur Funktion des Haftungsrechts und im Hinblick auf die Behandlung anderer Nichtvermögensschäden jedoch nicht widerspruchsfrei zu begründen. Bei Verletzungen mit dauerhaften schwersten Folgeschäden, der sogenannten Zerstörung der Persönlichkeit, erkennt die Rechtsprechung beispielsweise Schmerzensgelder bis zu 500.000 Euro an. Bei der Verletzung des allgemeinen Persönlichkeitsrechts wird die Gewährung einer Entschädigung im Hinblick auf den verfassungsrechtlichen Schutzauftrag und der in diesen Fällen erforderlichen präventiven Wirkung des Schadensersatzes erst begründet. Im Übrigen wird die Steuerungswirkung des Haftungsrechts jedoch weitgehend abgelehnt. Gleiches gilt dementsprechend für die Prävention als Aufgabe des Haftungsrechts.

Diese Rechtsauffassung ist Ursache weiterer Widersprüche. Wenn ein präventiver Aspekt nicht unterstellt wird bzw. werden kann, sieht sich die juristische Dogmatik oftmals an ihre Grenzen gebracht. Die Anerkennung bzw. Ablehnung eines Ersatzanspruchs oder seine konkrete Ausgestaltung vermögen die in der Rechtswissenschaft vertretenen Ansichten oftmals nur unter Schöpfung weiterer Aufgaben des Haftungsrechts zu begründen. Ein Beispiel hierfür ist die angebliche Genugtuungsfunktion des Schmerzengeldes. Attribute wie Genugtuung sowie auch Sühne oder Strafe knüpfen jedoch allesamt an den Schadensausgleich an. Erst die Zahlung einer Entschädigung kann ihnen zur Entstehung verhelfen. Ob eine entsprechende Wirkung tatsächlich eintritt, ist eine empirische Frage. Davon macht die juristische Dogmatik die Gewährung des entsprechenden Anspruchs jedoch nicht abhängig. Deshalb sollten alle dem Haftungsrecht neben der Präventions- und Ausgleichsfunktion zugesprochenen Aufgaben aufgegeben werden. Der Schadensausgleich ist Voraussetzung für die verhaltenssteuernde Wirkung des Haftungsrechts. Diese Anreizwirkung wird durch empirische Ergebnisse, insbesondere in dem vielfach untersuchten Bereich von (tödlichen) Autounfällen, weitestgehend bestätigt.

Der Ausgleichsfunktion kann darüber hinaus nicht entnommen werden, ob ein Schaden zu ersetzen ist oder sein sollte. Abzulehnen ist das daraus abgeleitete herrschende Rechtsverständnis, dass ein Ersatzanspruch wegen der Tötung eines Menschen abzulehnen sei, da der Geschädigte tot sei, folglich keine Ansprüche mehr haben und ihm deshalb auch nichts (mehr) ausgeglichen werden könne. Die Begründung mit dem angeblich nicht erreichbaren Ausgleichsziel ist verfehlt. Dies zeigt ein Vergleich mit der Rechtslage bei anderen - immateriellen als auch materiellen - Schäden im Zusammenhang mit einem Todesfall. Beispielsweise bleibt der aus einer vor dem Tod erfolgten Eigentumsverletzung entstandene materielle Schaden nach dem Tod ersatzfähig. Er ist von den Erben geltend zu machen. Auch ein vor dem Tod entstandener Schmerzensgeldanspruch ist vererblich. Ein Ersatzanspruch wegen der Tötung eines Menschen kann ebenfalls auf den Nachlass übergehen, wenn man diesen Anspruch für eine logische Sekunde in der Person des Opfers entstehen lässt.

Auch die übrigen dargestellten europäischen Rechtsordnungen erkennen einen solchen unmittelbaren Anspruch wegen der Vernichtung eines Menschenlebens nicht an. Sie sind in der Regel aber sowohl beim Ersatz der materiellen als auch der immateriellen Schäden großzügiger als das deutsche Recht. Im Vergleich zur deutschen und den europäischen Rechtsordnungen sind die in den USA im Fall der Tötung eines Menschen zugesprochenen Schadensersatzsummen deutlich höher. Dies liegt zum Teil an den Besonderheiten des amerikanischen Prozessrechts. Diese stellen im Allgemeinen den wesentlichen Unterschied zu den europäischen Rechtsordnungen dar, da das materielle Recht grundsätzlich zu weitgehend übereinstimmenden Lösungen führt. Eine Ausnahme ist jedoch die Ersatzfähigkeit von Schäden bei der Tötung eines Menschen.

Die bundesstaatlichen *wrongful death* sowie auch einige *survival statutes* ermöglichen in der Regel den Ersatz des Zeitwerts des verlorenen Lebenszeiteinkommens des Opfers als Vermögensschaden des Opfers bzw. der Angehörigen. Dieser Schaden entspricht im Hinblick auf seinen Ausgangspunkt dem Unterhaltsschaden i.S.v. § 844 II BGB. Der Umfang der ersatzfähigen Schäden ist in Deutschland jedoch in vielerlei Hinsicht beschränkt. Demgegenüber ist dem US-amerikanischen Recht beispielsweise eine Bedürftigkeit der Hinterbliebenen als Anspruchsvoraussetzung fremd. Auch führt der Ersatz des vernichteten Lebenszeiteinkommens in aller Regel zu betragsmäßig höheren Schadensersatzzahlungen für den entgangenen Unterhalt. Schließlich sind die unmittelbaren immateriellen Schäden der Hinterbliebenen in weitaus größerem Umfang ersatzfähig. In den USA ist die Tötung eines Menschen folglich mit sehr viel höheren Kosten verbunden als in Deutschland. Allerdings ist die Höhe der in den USA jeweils zugesprochenen Schadensersatzsummen sehr unterschiedlich. Dies führt zu einer unklaren Abschreckungswirkung.

Sofern dem Schadensersatz als maßgebliche Positionen der materielle Schaden des verlorenen Lebenszeiteinkommens und die immateriellen Einbußen der Hinterbliebenen zu Grunde liegen, bleibt jedoch der unmittelbare immaterielle Schaden der Tötung in den USA ebenfalls unberücksichtigt. In der Gerichtspraxis hat es deshalb Bestrebungen gegeben, sogenannte *hedonic damages* als Ersatz für den Verlust des Lebens geltend zu machen. Auf dieser Grundlage hat 1985 eine Jury einen Schadensersatz in Höhe von 850.000 US$ anerkannt. Obwohl sich *hedonic damages* in der Gerichtspraxis bislang nicht durchgesetzt haben, da bei deren Zulassung insbesondere eine Überkompensation der Erben befürchtet wird, erlauben fünf Bundesstaaten ausdrücklich die Geltendmachung von Ansprüchen wegen des sogenannten *hedonic loss*.

Hedonic damages liegt das Konzept der statistischen Bewertung eines Menschenlebens zu Grunde. Dieses setzt bei der Frage an, welchen Wert ein Individuum seinem eigenen Leben beimisst. Zu deren Beantwortung wird eine bestimmte Zahlungsbereitschaft eines Individuums abgefragt, aus der ein Rückschluss auf die der jeweiligen Antwort innewohnenden Bewertung des eigenen Lebens gezogen wird. Dabei wird ermittelt, welchen Betrag ein Individuum bereit ist aufzuwenden, um für sich kleine, d.h. relativ unwahrscheinliche Todesfallrisiken auszuschließen (sogenannter *willingness to pay*-Ansatz) bzw. welcher Betrag an das Individuum ausgezahlt werden muss, damit es sich einem bestimmten, ebenfalls kleinen Todesfallrisiko aussetzt (sogenannter *willingness to accept*-Ansatz). Aus der daraus gewonnenen Bewertung des eigenen Lebens wird aufgrund der empirischen Vorgehensweise der statistische Wert eines Menschenlebens hochgerechnet. Kosten-Nutzen-Analysen öffentlicher Regulierungen, z.B. auf dem Gebiet der Gesundheitsvorsorge, der Produktsicherheit oder des Umweltschutzes sind der Hauptanwendungsfall dieses Konzepts, insbesondere in den Vereinigten Staaten von Amerika.

Empirische Studien zum Arbeitsmarkt bestätigen, dass eine Risikoprämie im Sinne des *willingness to accept*-Ansatzes beispielsweise für das mit einer Berufsausübung verbundene Sterblichkeitsrisiko in Form eines erhöhten Lohns ausgezahlt wird. Entsprechendes gilt für Konsumenten-Entscheidungen auf Produktmärkten hinsichtlich der Abwägung zwischen dem mit einem Produkt verbundenen Sterblichkeitsrisiko und dessen Preis. Den Abwägungsvorgängen liegt eine Präferenzstruktur hinsichtlich des eigenen Lebens und anderer Güter zu Grunde. Eine monetäre Bewertung des menschlichen Lebens ist folglich grundsätzlich möglich.

Für eine daraus abgeleitete Bemessung der Entschädigung für den immateriellen Schaden des Verlusts des Lebens ist das Modell des Risikoschadensersatzes heranzuziehen. Maßgeblicher Anknüpfungspunkt für die Bewertung sollte aus ökonomischer Sicht der Aufwand sein, der getätigt werden sollte, um einen Schaden zu vermeiden. Dabei ist das Prinzip der sogenannten „integrierten Person“ anzuwenden. Der Schadensersatz muss folglich aus der Sicht einer dem Risiko des Todes ausgesetzten Person und danach bestimmt werden, wie viel die bedrohte Person typischerweise aufwenden würde, wenn nur sie selbst und nicht der Schädiger die Wahrscheinlichkeit der Risikoverwirklichung in Gestalt des Todes beeinflussen könnte. Dies entspricht dem Ansatz zur statistischen Bewertung des menschlichen Lebens. Im Fall der vorwerfbaren Tötung eines Menschen hat der Haftpflichtige diesen Betrag als Schadensersatz zu leisten. Potentielle Verletzer werden dadurch gezwungen, die Kosten ihrer Handlungen gerade auch im Hinblick auf tödliche Verletzungen zu internalisieren. Damit wird eine optimale Abschreckungswirkung entfaltet.

Die Höhe eines Entschädigungsanspruchs sollte sich an den für Deutschland gefundenen empirischen Ergebnissen zur statistischen Bewertung des Lebens orientieren. Eine Studie aus dem Jahr 2004 errechnet einen durchschnittlichen Wert von 1,65 Millionen Euro. Im Jahr 2005 empfiehlt eine andere Untersuchung einen Ansatz von 2,9 Millionen Euro. Im Vergleich sind die US-amerikanischen Ergebnisse teilweise deutlich höher. Nach einer Meta-Analyse aus dem Jahr 2003 beträgt der Medianwert der untersuchten Studien zum US-amerikanischen Arbeitsmarkt etwa 7 Millionen US$ (bezogen auf das Jahr 2000). Allerdings relativiert sich dieser Unterschied angesichts einer anderen vergleichenden Studie aus dem Jahre 2002, die einen Wert zwischen 1,5 und 2,5 Millionen US$ (bezogen auf das Jahr 1998) ermittelt. Auch ist zu berücksichtigen, dass die Einführung eines Schadensersatzanspruchs wegen der Tötung eines Menschen zu einer sprunghaften Verteuerung aller mit tödlichen Unfällen verbundenen Tätigkeiten führt. Mit der gebotenen Zurückhaltung sollte für Deutschland ein Schadensersatzanspruch in der Größenordnung von etwa 1 Million Euro angesetzt werden. Dies ist auch im Hinblick auf die in den Fällen schwerster Verletzungen gezahlten Schmerzensgelder von bis zu 500.000 Euro sachgerecht.

Die Gewährung eines Schadensersatzes für die immaterielle Einbuße des Verlusts des Lebens verstößt nicht gegen das sogenannte Bereicherungsverbot. Dieses ist nur im Schadensersatzrecht anzuwenden, nicht beim erbrechtlichen Erwerb eines Ersatzanspruchs. Im Fall der Tötung vergrößert dieser ebenso zufällig die Erbmasse, wie beispielsweise ein vor dem Tode des Verletzten entstandener Schmerzensgeldanspruch. Ebenso wenig spricht die Versicherungsfunktion des Schadensersatzes gegen die Zulassung eines Schadensersatzanspruchs wegen der Tötung. Zwar lösen Nichtvermögensschäden in der Regel keinerlei Bedarf nach zusätzlichen Geldmitteln aus. Eine Versicherung gegen immaterielle Einbußen ist damit für den Geschädigten sinnlos und nicht erwünscht. Für den Ersatzanspruch wegen eines immateriellen Schadens gilt dies aber nicht. Andernfalls würde die fehlende präventive Wirkung des Haftungsrechts zu Fehlanreizen beim Schutz immaterieller Rechtsgüter führen.

Die Berechtigung der Erben ist zur wirksamen Durchsetzung des Schadensersatzanspruchs des Getöteten besser geeignet als eine Rechtsverfolgung durch staatliche Stellen. Letztere weist häufig Vollzugs- und Durchsetzungsdefizite auf. Die Gefahr des *moral hazard* durch die Erben erscheint nicht so groß, dass sie eine Ablehnung des Ersatzanspruchs rechtfertigen würde. Dies zeigen die in den USA gemachten Erfahrungen. Andernfalls könnten mit dem Argument möglicher fehlerhafter Anreize auch gegenüber der Institution des Erbrechts insgesamt Bedenken geäußert werden. Zudem hat die Versicherungswirtschaft an der Aufdeckung etwaiger Missbräuche ein großes Interesse. Abschreckend wirken zudem strafrechtliche Sanktionen; zivilrechtlich greift die erbrechtliche Regel zur Erbunwürdigkeit nach § 2339 I Nr. 1 BGB. Schließlich besteht zwischen einander nahe stehenden Personen, beispielsweise zwischen Kindern und Eltern oder zwischen Lebenspartnern, eine wechselseitige Beziehung der jeweiligen Nutzenfunktionen. Der Nutzen einer Person steigt an, wenn der Nutzen der nahe stehenden Person gesteigert wird. Missbräuche, bei denen beispielsweise Eltern ihre Kinder schädigen oder gar töten, um selbst einen Vorteil zu erlangen, stellen krankhafte Ausnahmen dar. Diese sollten bei der grundsätzlichen Entscheidung über die Zulassung eines Ersatzanspruchs außer Betracht bleiben. Gleiches gilt für die Gefahr des *moral hazard* durch das Opfer selbst, beispielsweise durch einen als Unfall getarnten Selbstmord zur Absicherung der Erben. Die zivilrechtlichen Instrumentarien zur Berücksichtigung des Mitverschuldens und der Verteilung der Beweislast erscheinen als geeignet und ausreichend, um verbleibenden Missbrauchsgefahren zu begegnen.

Trotz der vorgeschlagenen Höhe des Ersatzanspruchs ist eine Haftungsbegrenzung zu Gunsten des Haftpflichtigen abzulehnen. Sie würde zu fehlerhaften Anreizen führen. Eine ausreichende Grundsicherung stellen die bestehenden Regelungen der Pfändungsbeschränkungen nach §§ 850 ff. ZPO sowie das insolvenzrechtliche Verfahren der Restschuldbefreiung gemäß §§ 286 ff. InsO dar. Zur Ablehnung einer Entschädigung führt auch nicht das sogenannte *judgement proof*-Problem. Darunter versteht man das Leerlaufen der haftungsrechtlichen Anreizwirkung, sofern die Einkünfte bzw. das Vermögen des Haftpflichtigen nicht ausreichen, um einen möglichen Schadensersatzanspruch (im Fall der Tötung eines Menschen) zu erfüllen. Dieser Anreizlücke kann durch die Pflicht zum Abschluss einer Haftpflichtversicherung begegnet werden. Ergänzend greifen die strafrechtlichen Sanktionen ein.

Neben dem unmittelbaren immateriellen Schaden der Tötung sind alle sonstigen mittelbaren Folgeschäden der Hinterbliebenen grundsätzlich zu ersetzen. Werden nicht alle materiellen und immateriellen Einbußen berücksichtigt, kommt es zu fehlerhaften Anreizen. Aus der Anwendung der Regeln zur Vorteilsanrechnung folgt, dass etwaige Zinsen aus der Erbschaft - zu der auch der Ersatzanspruch wegen der Tötung zählt - zur entsprechenden Minderung von möglicherweise bestehenden Ansprüchen wegen eines Unterhaltsschadens führen.

Aufgrund der Ergebnisse der vorliegenden Arbeit ist rechtspolitisch ein Entschädigungsanspruch für den Ersatz des immateriellen Schadens der Tötung zu empfehlen. Damit wird ein präventiver haftungsrechtlicher Schutz des menschlichen Lebens ermöglicht und der verfassungsrechtliche Schutzauftrag, das menschliche Leben vor Eingriffen Dritter zu schützen, im Zivilrecht verankert. Dazu ist es notwenig, die Vorschrift des § 253 II BGB zu ändern. Der Wortlaut ist zu erweitern auf Fälle der „Verletzung des Lebens“. Neben einer systematisch korrekten Einordnung im Regelungsbereich des Ersatzes immaterieller Schäden hat diese Verortung im allgemeinen Schuldrecht zur Folge, dass die Schadensersatzpflicht erweitert wird auf die Tatbestände der Gefährdungshaftung. Dort sind die Haftungshöchstgrenzen für den Fall der Tötung entsprechend anzuheben.

Die im Rahmen der vorliegenden Arbeit dargestellte Möglichkeit der statistischen Bewertung des Lebens sollte Eingang in die Gesetzesmaterialien finden und somit zur Grundlage der Rechtsprechung in Tötungsfällen gemacht werden. Dies ermöglicht, die weitere Entwicklung der Forschung zum statistischen Wert des Lebens zu berücksichtigen und die jeweiligen Schadensersatzsummen im Zeitverlauf anzupassen.

Der statistische Wert des menschlichen Lebens sollte in Schadensfällen mit tödlichem Ausgang entsprechend den Vorgaben der ökonomischen Analyse des Rechts auch bei der Bestimmung des Fahrlässigkeitsmaßstabs nach der *Learned Hand*-Methode berücksichtigt werden. Gleiches gilt für bei der Fehlerbestimmung in Produkthaftungsfällen.

Außerhalb des Haftungsrechts sollte die statistische Bewertung des menschlichen Lebens zukünftig auch im Rahmen von Kosten-Nutzen-Analysen öffentlich-rechtlicher Regulierungen, die Einfluss auf die Gesundheit bzw. das Sterblichkeitsrisiko der Bevölkerung haben, konsequent angewandt werden. Besonders geeignet ist dabei die Methode des Werts eines statistischen Lebensjahres. Um die begrenzten öffentlichen Mittel zur Verringerung etwaiger Gesundheits- und Sterblichkeitsrisiken effizient einzusetzen, sollte zudem das sogenannte Nettorisiko berücksichtigt werden. Mit Hilfe der Risikoanalyse kann ermittelt werden, welches Ausgabenniveau, ausgedrückt in Kosten pro gerettetes Leben, zum statistischen Verlust eines Lebens bzw. allgemein gesprochen zu einer negativen Beeinflussung bestimmter Risiken führt. Danach ist eine Regulierung nicht effizient, wenn sie netto zu einer Erhöhung des Sterblichkeitsrisikos führt.

Literaturverzeichnis

Abelson, Peter: The Value of Life and Health for Public Policy, The Economic Record, 2003 (79/Special Issue), S. S2 ff.

Adams, Michael: New Activities and the Efficient Liability Rules, in: *Michael Faure/Roger van den Bergh (Hrsg.)*, Essays in Law and Economics - Corporations, Accident Prevention and Compensation for Losses, Antwerpen, 1989, S. 103 ff.

Adams, Michael: Ein Vergleich des Kostenersatzrechtes in Deutschland, Österreich und den USA, in: *ders. (Hrsg.)*, Ökonomische Theorie des Rechts: Konzepte und Anwendungen, 2. Auflage, Frankfurt/Main, 2004, S. 349 ff.

Adams, Michael: Ökonomische Analyse der Gefährdungs- und Verschuldenshaftung, Heidelberg, 1985

Adams, Michael: Ökonomische Analyse der Produkthaftung, in: *ders. (Hrsg.)*, Ökonomische Theorie des Rechts, Konzepte und Anwendungen, 2. Auflage, Frankfurt/Main, S. 183 ff.

Adams, Michael: Ökonomische Analyse der Verschuldens- und Gefährdungshaftung, in: *ders. (Hrsg.)*, Ökonomische Theorie des Rechts, Konzepte und Anwendungen, 2. Auflage, Frankfurt/Main, S. 141 ff.

Adams, Michael: Warum kein Ersatz von Nichtvermögensschäden?, in: *Claus Ott/Hans-Bernd Schäfer (Hrsg.)*, Allokationseffizienz in der Rechtsordnung, Berlin, 1989, S. 210 ff.

Adams, Michael/Carsten Merten: Anmerkung zum Beschluss des OLG Hamm vom 14.7.2004, EWiR § 1 ProdHaftG 1/04, S. 935 f.

Alberini, Anna/Maureen Cropper/Alan Krupnick/Nathalie B. Simon: Willingness to Pay for Mortality Risk Reductions: Does Latency Matter?, Fondazione Eni Enrico Mattei, Mailand, Working Paper 53/2004 (http://www.feem.it/NR/rdonlyres/30422951-0DAA-4D96-B455-226EE5793E71/1110/5304.pdf, 20.6.2005)

Alberini, Anna/Alan Krupnick/Maureen Cropper/Nathalie Simon/Joseph Cook: The Willingness to Pay for Mortality Risk Reductions: A Comparison of the United States and Canada, CESifo Working Paper No. 668 (8), 2002 (http://papers.ssrn.com/sol3/papers.cfm?abstract_id=303701, 20.6.2005)

Albrecht, Gary R.: The Application of the Hedonic Damages Concept to Wrongful Death and Personal Injury Litigation, in: *Thomas R. Ireland/John O. Ward (Hrsg.)*, The New Hedonics Primer for Economists and Attorneys, 2. Auflage, Tucson, 1996, S. 267 ff.

Altmeppen, Holger: Deliktshaftung in der Personengesellschaft, NJW, 2003, S. 1553 ff.

Arnould, Richard J./Len M. Nichols: Wage-Risk Premiums and Workers' Compensation: A Refinement of Estimates of Compensating Wage Differential, Journal of Political Economy, 1983 (91/2), S. 332 ff.

Atkinson, Scott E./Robert Halvorsen: The Valuation of Risks to Life: Evidence from the Market for Automobiles, Review of Economics and Statistics, 1990 (72/1), S. 133 ff.

Bamberger, Heinz Georg/Herbert Roth (Hrsg.): Kommentar zum Bürgerlichen Gesetzbuch, Band 2, München, 2005

Bar, Christian von: Deliktsrecht, in: *Bundesminister der Justiz (Hrsg.)*, Gutachten und Vorschläge zur Überarbeitung des Schuldrechts, Band II, Köln, 1981, S. 1681 ff.

Becker, Gary S.: Crime and Punishment: An Economic Approach, Journal of Political Economy, 1968 (76/2), S. 169 ff.

Becker, William E./Richard A. Stout: The Utility of Death and Wrongful Death Compensation, in: *Thomas R. Ireland/John O. Ward (Hrsg.)*, The New Hedonics Primer for Economists and Attorneys, 2. Auflage, Tucson, 1996, S. 229 ff.

Behr, Volker: Punitive Damages in American and German Law - Tendencies Towards Approximation of Apparently Irreconcilable Concepts, Chicago-Kent Law Review, 2003 (78), S. 105 ff.

Bellmann, Lutz: Entlohnung als Risikokompensation, Mitteilungen aus der Arbeitsmarkt- und Berufsforschung, 1994, S. 351 ff. (http://doku.iab.de/mittab/1994/1994_4_MittAB_Bellmann.pdf, 16.12.2006)

Berger, Mark C./Paul E. Gabriel: Risk Aversion and the Earnings of U.S. Immigrants and Natives, Applied Economics, 1991 (23/2), S. 311 ff.

Bergstrom, Ted: Puzzles, Love and Spaghetti, The Opportunity Cost of Virtue, Journal of Economic Perspectives, 1989 (3/2), S. 165 ff.

Bick, Udo: Die Haftung für psychisch verursachte Körperverletzungen und Gesundheitsschäden im deutschen und anglo-amerikanischen Deliktsrecht, Diss. Freiburg i.B., 1970

Blomquist, Glenn: Value of Life Saving: Implications of Consumption Activity, Journal of Political Economy, 1979 (87/3), S. 540 ff.

Blomquist, Glenn C./Ted R. Miller/David T. Levy: Values of Risk Reduction Implied by Motorist Use of Protection Equipment, Journal of Transport Economics and Policy, 1996 (30/1), S. 55 ff.

Brown, Charles: Equalizing Differences in the Labor Market, Quarterly Journal of Economics, 1980 (94/1), S. 113 ff.

Brown, Ralph J.: Saving rate estimates for single persons by income, age, and gender, Journal of Legal Economics, 1998 (8/2), S. 49 ff.

Brüggemeier, Gert: Haftungsfolgen, Entwicklungstendenzen im europäischen und deutschen Schadensersatzrecht, in: *Claus Ott/Hans-Bernd Schäfer (Hrsg.)*, Die Präventivwirkung zivil- und strafrechtlicher Sanktionen, Tübingen, 1999, S. 171 ff.

Brüggemeier, Gert: Haftungsrecht - Struktur, Prinzipien, Schutzbereich, Berlin, 2006

Brüggemeier, Gert: Prinzipien des Haftungsrechts, Eine systematische Darstellung auf rechtsvergleichender Grundlage, Baden-Baden, 1999

Buchner, Benedikt/Friedrich J. Wiebel: Die Fehlerhaftigkeit des Produkts Zigarette, VersR, 2001, S. 29 ff.

Bundesministerium der Justiz (Hrsg.): Referentenentwurf eines Gesetzes zur Änderung und Ergänzung schadensersatzrechtlicher Vorschriften, Band 1, Karlsruhe, 1967

Bunte, Hermann Josef: Der Gedanke der normativen Prävention im deutschen Zivilrecht, in: *Walter J. Habscheid/Hans-Joachim Hoffmann-Nowotny/ Willy Linder/Arthur Meier-Hayoz (Hrsg.)*, Freiheit und Zwang, Festschrift für Hans Giger, Bern, 1989, S. 55 ff.

Bürgerliches Gesetzbuch, Handkommentar, herausgegeben von *Heinrich Dörner u.a.*, 2. Auflage, Baden-Baden, 2002

Calabresi, Guido: The Costs of Accidents - A Legal and Economic Analysis, New Haven, 1970

Calfee, John E./Paul H. Rubin: Some Implications of Damage Payments for nonpecuniary Losses, Journal of Legal Studies, 1992 (21), S. 371 ff.

Camerer, Colin/George Loewenstein/Drazen Prelec: Neuroeconomics: How Neuroeconomics Can Inform Economics, Journal of Economic Literature, 2005 (43), S. 9 ff.

Canaris, Claus-Wilhelm: Grundrechte und Privatrecht, AcP, 1984 (184), S. 201 ff.

Canaris, Claus-Wilhelm: Verstöße gegen das verfassungsrechtliche Übermaßverbot im Recht der Geschäftsfähigkeit und im Schadensersatzrecht, JZ, 1987, S. 993 ff.

Carlin, Paul S./Robert Sandy: Estimating the Implicit Value of a Young Child's Life, Southern Economic Journal, 1991 (58/1), S. 186 ff.

Chestnut, Lauraine G./Daniel M. Violette: The Relevance of Willingness-to-Pay Estimates of the Value of a Statistical Life in determining Wrongful Death Awards, in: *Thomas R. Ireland/John O. Ward (Hrsg.)*, The New Hedonics Primer for Economists and Attorneys, 2. Auflage, Tucson, 1996, S. 179 ff.

Chorvat, Terrence/Kevin McCabe/Vernon Smith: Law and Neuroeconomics, George Mason University, Law and Economics Working Paper Series, 2004-07 (http://ssrn.com/abstract=501063, 15.2.2006)

Ciecka, James/Seth Epstein: A Comment on the Use of Value of Life Estimates in Wrongful Death Litigation, in: *Thomas R. Ireland/John O. Ward (Hrsg.)*, The New Hedonics Primer for Economists and Attorneys, 2. Auflage, Tucson, 1996, S. 299 ff.

Coester-Waltjen, Dagmar: Der nasciturus in der hirntoten Mutter, in: *Hermann Lange/Knut Wolfgang Nörr/Harm Peter Westermann (Hrsg.)*, Festschrift für Joachim Gernhuber, Tübingen, 1993, S. 837 ff.

Cohen, Lloyd R.: Towards an Economic Theory of the Measurement of Damages in a Wrongful Death Action, Emory Law Journal, 1985 (34), S. 295 ff.

Cohen, Alma/Rajeev Dehejia: The Effect of Automobile Insurance and Accident Liability Laws on Traffic Fatalities, Journal of Law and Economics, 2004 (47/2), S. 357 ff.

Cohen, Mark A./Ted R. Miller: „Willingness to award" nonmonetary damages and the implied value of life from jury awards, International Review of Law and Economics, 2003, S. 165 ff.

Cole, Daniel H./Peter Z. Grossman: Principles of Law and Economics, Upper Saddle River, 2005

Cooter, Robert: Hand Rule Damages for Incompensable Losses, San Diego Law Review, 2003 (40), S. 1097 ff.

Cooter, Robert/Thomas Ulen: Law and Economics, 4. Auflage, Boston, 2004

Costa, Dora L./Matthew E. Kahn: Changes in the Value of Life, 1940-1980, Journal of Risk and Uncertainty, 2004 (29/2), S. 159 ff.

Cummings, K. M./C. P. Morley/J. K. Horan/C. Steger/N.-R. Leavell: Marketing to America's youth: evidence from corporate documents, Tobacco Control, 2002 (11), Suppl I, S. i5 ff.

Curti, Henning: Abschreckung durch Strafe, Eine ökonomische Analyse der Kriminalität, Wiesbaden, 1999

Cutler, David M./Elizabeth Richardson: Measuring the Health of the U.S. Population, Microeconomics, 1997, S. 217 ff.

Cutler, David M./Elizabeth Richardson: The Value of Health: 1970-1990, AEA Papers and Proceedings, 1998 (88/2), S. 97 ff.

Davis, Lucas W.: The Effect of Health Risk on Housing Values: Evidence from a Cancer Cluster, The American Economic Review, 2004 (94/5), S. 1693 ff.

Deutsch, Erwin: Allgemeines Haftungsrecht, 2. Auflage, Köln, 1996

Deutsch, Erwin: Die Zwecke des Haftungsrechts, JZ, 1971, S. 244 ff.

Deutsch, Erwin: Haftungsrecht, Erster Band: Allgemeine Lehren, Köln, 1976

Deutsch, Erwin: Haftungsrecht und Strafrecht, in: *Klaus Müller/Hermann Soell (Hrsg.)*, Rechtswissenschaft und Gesetzgebung, Festschrift für Eduard Wahl, Heidelberg, 1973, S. 339 ff.

Deutsch, Erwin/Hans-Jürgen Ahrens: Unerlaubte Handlungen, Schadensersatz, Schmerzensgeld, 4. Auflage, Köln, 2002

Deutsche Hauptstelle für Suchtgefahren (Hrsg.): Informationen zur Suchtkrankenhilfe 1/2003, Aktionsplan Tabak 2003, 2003 (http://www.dhs-intern.de/pdf/Aktionsplan_Tabak_2003.pdf, 15.11.2004)

Deutsches Krebsforschungszentrum (Hrsg.): Die Tabakindustriedokumente I: Chemische Veränderungen an Zigaretten und Tabakabhängigkeit, Heidelberg, 2005

Deutsches Krebsforschungszentrum (Hrsg.): Erhöhte Gesundheitsgefährdung durch Zusatzstoffe in Tabakerzeugnissen - Konsequenzen für die Produktregulation, Heidelberg, 2005

Deutsches Krebsforschungszentrum/Institut für Gesundheitsökonomie und Klinische Epidemiologie der Universität zu Köln (Hrsg.): Auswirkungen der Tabaksteuererhöhungen von 2002 bis 2004, 2005 (http://www.tabakkontrolle.de/pdf/Factsheet_Tabaksteuererhoehungen_2002_2004.pdf, 3.5.2006)

Devlin, Rose Anne: Some Welfare Implications of No-Fault Automobile Insurance, International Review of Law and Economics, 1990 (10/2), S. 193 ff.

Dewees, Don/David Duff/Michael Trebilcock: Exploring the Domain of Accident Law, Taking the Facts Seriously, New York, 1996

Diederichsen, Uwe: Zur gesetzlichen Neuordnung des Schuldrechts, AcP, 1982 (182), S. 101 ff.

Dillingham, Alan E.: The Influence of Risk Variable Definition on Value-of-Life Estimates, Economic Inquiry, 1985 (23/2), S. 277 ff.

Dolzer, Rudolf/Thomas Valen: Mehr Rechtssicherheit im Schadensersatzrecht der USA, RIW, 2006, S. 252 ff.

Dorman, Peter/Paul Hagstrom: Wage Compensation for Dangerous Work Revisited, Industrial and Labor Relations Review, 1998 (52/1), S. 116 ff.

Dreier, Horst (Hrsg.): Grundgesetz Kommentar, Band I, 2. Auflage, Tübingen, 2004

Dreyfus, Mark K./W. Kip Viscusi: Rates of Time Preference and Consumer Valuations of Automobile Safety and Fuel Efficiency, Journal of Law and Economics, 1995 (38/1), S. 79 ff.

Eeckhoudt, Louis R./James K. Hammitt: Does risk aversion increase the value of mortality risk?, Journal of Environmental Economics and Management, 2004 (47), S. 13 ff.

Eichholtz, Stephanie: Die US-amerikanische Class Action und ihre deutschen Funktionsäquivalente, Tübingen, 2002

Eisenhardt, Ulrich: Deutsche Rechtsgeschichte, 4. Auflage, München, 2004

Erman, Walter/Harm Peter Westermann (Hrsg.): Bürgerliches Gesetzbuch, Band 1, 11. Auflage, Köln, 2004

Esser, Josef/Eike Schmidt: Schuldrecht, Band I, Allgemeiner Teil, Teilband 2, 8. Auflage, Heidelberg, 2000

EU-Kommission (Hrsg.): Workshop on the Value of Reducing the Risk of Ill-Health or Fatal Illness, Brüssel, 13. November 2000 (http://europa.eu.int/comm/environment/enveco/others/proceedings_of_the_workshop.pdf, 8.7.2006)

Fairris, David: Compensating Wage Differentials in the Union and Nonunion Sectors, Industrial Relations, 1989 (28/3), S. 356 ff.

Falkenhausen, Joachim von: Vorverlegung der Haftung bei Verletzung von Unfallverhütungsvorschriften und Schutzgesetzen, Karlsruhe, 1981

Feinberg, Kenneth R./Camille S. Biros/Jordana Harris Feldman/Deborah E. Greenspan/Jacqueline E. Zins: Final Report of the Special Master for the September 11th Victim Compensation Fund of 2001, Volume 1, 2004 (http://www.usdoj.gov/final_report.pdf, 10.11.2005)

Frank, Rainer: Schadensersatzansprüche bei Tötung des Versorgers (§ 844 Abs. 2 BGB), in: *Gerhard Hohloch/Rainer Frank/Peter Schlechtriem (Hrsg.)*, Festschrift für Hans Stoll, Tübingen, 2001, S. 143 ff.

Funkel, Thorsten: Schutz der Persönlichkeit durch Ersatz immaterieller Schäden in Geld, München, 2001

Gayer, Ted/James T. Hamilton/W. Kip Viscusi: Private Values of Risk Tradeoffs at Superfund Sites: Housing Market Evidence on Learning About Risk, Review of Economics and Statistics, 2000 (82/3), S. 439 ff.

Gegax, Douglas/Shelby Gerking/William Schulze: Perceived Risk and the Marginal Value of Safety, Review of Economics and Statistics, 1991 (73/4), S. 589 ff.

Geiß, Karlmann: Konfliktbewältigung in Verkehrssachen durch die Justiz, DAR, 1998, S. 416 ff.

Gerdtham, Ulf-G./Magnus Johannesson: Do Life-Saving Regulations Save Lives?, Journal of Risk and Uncertainty, 2002 (24/3), S. 231 ff.

Gertler, Paul/Manisha Shah/Stefano M. Bertozzi: Risky Business: The Market for Unprotected Commercial Sex, Journal of Political Economy, 2005 (113/3), S. 518 ff.

Gilbert, Roy F.: In Defense of the Application of Hedonic Models to Wrongful Death and Personal Injury Litigation, in: *Thomas R. Ireland/John O. Ward (Hrsg.)*, The New Hedonics Primer for Economists and Attorneys, 2. Auflage, Tucson, 1996, S. 285 ff.

Göthel, Stephan R.: Verfassungsmäßigkeit von punitive damages: Der U.S. Supreme Court spricht ein Machtwort, RIW, 2003, S. 610 ff.

Griliches, Zvi (Hrsg.): Price Indexes and Quality Change, Studies in New Methods of Measurement, Cambridge (Massachusetts), 1971

Gruber, Jonathan: Youths and Risky Behavior, AEA Papers and Proceedings, 2001 (91/2), S. 85 ff.

Hamermesh, Daniel S.: Changing Inequality in Markets for Workplace Amenities, Quarterly Journal of Economics, 1999 (114/4), S. 1085 ff.

Hammitt, James K./Jin-Tan Liu: Effects of Disease Type and Latency on the Value of Mortality Risk, Journal of Risk and Uncertainty, 2004 (28/1), S. 73 ff.

Händel, Konrad: 33. Deutschen Verkehrsgerichtstag, NJW, 1995, S. 1602 f.

Hastings, Gerard/Lynn MacFadyen: A Day in the Life of an Advertising Man: Review of Internal Documents from the UK Tobacco Industry's Principal Advertising Agencies, British Medical Journal, 2000 (321), S. 366 ff.

Havrilesky, Thomas: The Misapplication of the Hedonic Damages Concept to Wrongful Death and Personal Injury Litigation, in: *Thomas R. Ireland/John O. Ward (Hrsg.)*, The New Hedonics Primer for Economists and Attorneys, 2. Auflage, Tucson, 1996, S. 259 ff.

Hay, Peter: US-Amerikanisches Recht, 3. Auflage, München, 2005

Hersch, Joni/W. Kip Viscusi: Cigarette Smoking, Seatbelt Use, and Differences in Wage-Risk-Tradeoffs, Journal of Human Resources, 1990 (25/2), S. 202 ff.

Hirte, Heribert: Spielt das amerikanische Rechtssystem verrückt?, NJW, 2002, S. 345 f.

Hirte, Heribert/Karsten Otte/Marcus Willamowski: Die Rechtsentwicklung im Haftungsrecht in den Vereinigten Staaten von Amerika von 1996 bis 2000 (Teil 1), VersR, 2002, S. 678 ff.

Hoffmann-Riem, Wolfgang/Eberhard Schmidt-Aßmann (Hrsg.): Öffentliches Recht und Privatrecht als wechselseitige Auffangordnungen, Baden-Baden, 1996

Hogarth, Robin M.: Cognitive Processes and the Assessment of Subjective Probability Distributions, Journal of the American Statistical Association, 1975 (70), S. 271 ff.

Hohloch, Gerhard: Allgemeines Schadensrecht, Empfiehlt sich eine Neufassung der gesetzlichen Regelung des Schadensrechts (§§ 249-255BGB)?, in: *Bundesministerium der Justiz (Hrsg.)*, Gutachten und Vorschläge zur Überarbeitung des Schuldrechts, Band 1, 1981, S. 375 ff.

Hoppe, Tilman: Persönlichkeitsschutz durch Haftungsrecht, Berlin, 2001

Huber, Christian: Schmerzensgeld ohne Schmerzen bei nur kurzzeitigem Überleben der Verletzung im Koma - eine sachlich gerechtfertigte Transferierung von Vermögenswerten an die Erben?, NZV, 1998, S. 345 ff.

Hülsmann, Christoph: Zum Einwilligungserfordernis nach § 159 VVG im Lichte der Rechtsprechung, NVersZ, 1999, S. 550 ff.

Hwang, Hae-shin/W. Robert Reed/Carlton Hubbard: Compensating Wage Differentials and Unobserved Productivity, Journal of Political Economy, 1992 (100/4), S. 835 ff.

Ippolito, Pauline M./Richard A. Ippolito: Measuring the Value of Life Saving from Consumer Reactions to New Information, Journal of Public Economics, 1984 (25/1), S. 53 ff.

Ireland, Thomas R./Walter D. Johnson/James D. Rodgers: Why Hedonic Measures Are Irrelevant to Wrongful Death Litigation, in: *Thomas R. Ireland/John O. Ward (Hrsg.)*, The New Hedonics Primer for Economists and Attorneys, 2. Auflage, Tucson, 1996, S. 197 ff.

Ireland, Thomas R./James D. Rodgers: Hedonic Damages in Wrongful Death/Survival Actions: Equitable Compensation or Optimal Life Protection, in: *Thomas R. Ireland/John O. Ward (Hrsg.)*, The New Hedonics Primer for Economists and Attorneys, 2. Auflage, Tucson, 1996, S. 215 ff.

Ireland, Thomas R./John O. Ward: Evaluating Child Loss in Child Injuries and Fatalities: Roles of an Economic Expert, in: *dies. (Hrsg.)*, Assessing Damages in Injuries and Deaths of Minor Children, Tucson, 2002, S. 5 ff.

Ireland, Thomas R./John O. Ward (Hrsg.): The New Hedonics Primer for Economists and Attorneys, 2. Auflage, Tucson, 1996

Jaeger, Lothar: Höhe des Schmerzensgeldes bei tödlichen Verletzungen im Lichte der neuen Rechtsprechung des BGH, VersR, 1996, S. 1177 ff.

Jaeger, Lothar/Jan Luckey: Schmerzensgeld, 2. Auflage, Krefeld, 2005

Jaeger, Carsten/Thomas Trölitzsch: Unternehmerisches Ermessen des Aufsichtsrats bei der Geltendmachung von Schadensersatzansprüchen gegenüber Vorstandsmitgliedern, ZIP, 1995, S. 1157 ff.

Jarass, Hans D.: Bausteine einer umfassenden Grundrechtsdogmatik, Archiv des öffentlichen Rechts, 1995 (120), S. 345 ff.

Jenkins, Robin R./Nicole Owens/Lanelle Bembenek Wiggins: Valuing Reduced Risks to Children: The Case of Bicycle Safety Helmets, Contemporary Economic Policy, 2001 (19/4), S. 397 ff.

John, Ulrich/M. Hanke: Tabakrauch-attributable Mortalität in den deutschen Bundesländern, Das Gesundheitswesen, 2001 (63), S. 363 ff.

Jones-Lee, M. W.: The Value of Transport Safety, Oxford Review of Economic Policy, 1990 (6/2), S. 39 ff.

Juris Praxiskommentar BGB, herausgegeben von *Markus Junker*, Band 2.1, 2. Auflage, Saarbrücken, 2004

Kadner, Thomas: Schmerzensgeld für Angehörige - Angemessener Ausgleich immaterieller Schäden oder exzessiver Ersatz mittelbarer Schäden?, ZEuP, 1996, S. 135 ff.

Kahneman, Daniel/Jack L. Knetsch/Richard H. Thaler: Experimental Tests of the Endowment Effect and the Coase Theorem, Journal of Political Economy, 1990 (98/6), S. 1325 ff.

Keeton, W. Page (Hrsg.): Prosser and Keeton on The Law of Torts, 5. Auflage (9. Nachdruck), St. Paul (Minnesota), 2001

Khwaja, Ahmed/Frank Sloan/Martin Salm: Evidence on preferences and subjective beliefs of risk takers: The case of smokers, International Journal of Industrial Organization, 2006 (24), S. 667 ff.

Kirchgässner, Gebhard: Homo Oeconomicus - Das ökonomische Modell individuellen Verhaltens und seine Anwendung in den Wirtschafts- und Sozialwissenschaften, 2. Auflage, Tübingen, 2000

Klose, Thomas: Der Wert besserer Gesundheit, Frankfurt/Main, 2001

Kluth, Frank: Bad Reichenhall ist überall! - Zur baurechtlichen Überwachungskontrolle, NJW, 2006, S. 822 ff.

Kniesner, Thomas J./John D. Leeth: Compensating Wage Differentials for Fatal Injury Risk in Australia, Japan, and the United States, Journal of Risk and Uncertainty, 1991 (4/1), S. 75 ff.

Kniesner, Thomas J./W. Kip Viscusi/Christopher Woock/James P. Ziliak: How Unobservable Productivity Biases the Value of a Statistical Life, Harvard Law School, Cambridge (Massachusetts), Discussion Paper No. 524, 09/2005 (http://www.law.harvard.edu/programs/olin_center/papers/pdf/Viscusi_et%20al_524.pdf, 16.12.2006)

Kniesner, Thomas J./W. Kip Viscusi/James P. Ziliak: Life-Cycle Consumption and the Age-Adjusted Value of Life, Harvard Law School, Cambridge (Massachusetts), Discussion Paper No. 459, 02/2004 (http://papers.ssrn.com/sol3/papers.cfm?abstract_id=580761, 20.6.2005)

Koch, Harald: Klagetourismus für höheren Schadensersatz bei Großschäden? Forum shopping in den USA und seine Grenzen, in: *Harald Koch/Armin Willingmann (Hrsg.)*, Modernes Schadensmanagement bei Großschäden, Baden-Baden, 2002, S. 15 ff.

Koch, Bernhard A./Helmut Koziol: Vergleichende Analyse, in: *dies. (Hrsg.)*, Compensation for Personal Injury in a Comparative Perspective, New York, 2003

Köndgen, Johannes: Haftpflichtfunktionen und Immaterialschaden am Beispiel von Schmerzensgeld bei Gefährdungshaftung, Berlin, 1976

Kötz, Hein/Hans-Bernd Schäfer: Economic Incentives to Accident Prevention: An Empirical Study of the German Sugar Industry, International Review of Law and Economics, 1993 (13/1), S. 19 ff.

Kötz, Hein/Gerhard Wagner: Deliktsrecht, 10. Auflage, München, 2006

Krasney, Otto Ernst: Aufgaben eines „Ombudsmannes“ für die Opfer von Massenunfällen - Möglichkeiten und Grenzen, in: *Harald Koch/Armin Willingmann (Hrsg.)*, Modernes Schadensmanagement bei Großschäden, Baden-Baden, 2002, S. 67 ff.

Krause, Rüdiger: Haftungsbegrenzung kraft Verfassungsrechts?, JR, 1994, S. 494 ff.

Krueger, Kurt V./John O. Ward: Assessing Economic Damages in Personal Injury and Wrongful Death Litigation: the State of Missouri, Journal of Forensic Economics, 2003 (16/1), S. 101 ff.

Krüger-Nieland, Gerda: Referat zur Verpflichtung zum Geldersatz für immaterielle Schäden, in: *Ständige Deputation des Deutschen Juristentages (Hrsg.)*, Verhandlungen des fünfundvierzigsten Deutschen Juristentages, Band II, Berlin, 1965, C 31 ff.

Kwaja, Ahmed/Frank Sloan/Sukyung Chung: Learning about individual risk and the decision to smoke, International Journal of Industrial Organization, 2006 (24), S. 683 ff.

Laber, Jörg: Der Schutz des Lebens im Strafrecht, Frankfurt/Main, 1997

Lackner, Karl/Kristian Kühl: Strafgesetzbuch Kommentar, 25. Auflage, München, 2004

Laffert, Götz von: Rauchen, Gesellschaft und Staat, Wiesbaden, 1998

Lange, Hermann/Gottfried Schiemann: Schadensersatz, 3. Auflage, Tübingen, 2003

Lanoie, Paul/Carmen Pedro/Robert Latour: The Value of a statistical Life: A Comparison of Two Approaches, Journal of Risk and Uncertainty, 1995 (10/3), S. 235 ff.

Larenz, Karl: Lehrbuch des Schuldrechts, Erster Band, Allgemeiner Teil, 14. Auflage, München, 1987

Larenz, Karl/Claus-Wilhelm Canaris: Lehrbuch des Schuldrechts, II. Band: Besonderer Teil, 2. Halbband, 13. Auflage, München, 1994

Lask, Olaf: Die Tötung der Eltern durch ihre eigenen Kinder, Dissertation Universität Düsseldorf, 1990

Laufs, Albrecht: Haftung für Nachkommenschaftsschäden nach § 823 BGB, NJW, 1965, S. 1053 f.

Layard, P. Richard G./Alan A. Walters: Microeconomic Theory, New York, 1978

Leebron, David. W.: Final Moments: Damages for Pain & Suffering Prior to Death, New York University Law Review, 1989 (64), S. 256 ff.

Leigh, J. Paul: Compensating Wages for Occupational Injuries and Diseases, Social Science Quarterley, 1981 (62/4), S. 772 ff.

Leigh, J. Paul: Compensating Wages, Value of a Statistical Life, and Inter-Industry Differentials, Journal of Environmental Economics and Management, 1995 (28/1), S. 83 ff.

Leigh, J. Paul: No Evidence of Compensating Wages for Occupational Fatalities, Industrial Relations, 1991 (30/3), S. 382 ff.

Liu, Jin-Tan/James K. Hammitt: Perceived Risk and Value of Workplace Safety in a Developing Country, Journal of Risk Research, 1999 (2/3), S. 263 ff.

Lorenz, Egon: Immaterieller Schaden und unbillige Entschädigung in Geld, Berlin, 1981

Lorenz, Wilhelm/Joachim Wagner: Gibt es kompensierende Lohndifferentiale in der Bundesrepublik Deutschland?, Zeitschrift für Wirtschafts- und Sozialwissenschaften, 1988, S. 371 ff.

Lott, John R./Richard L. Manning: Have Changing Liability Rules Compensated Workers Twice for Occupational Hazards? Earnings Premiums and Cancer Risks, Journal of Legal Studies, 2000 (29), S. 99 ff.

Low, Stuart A./Lee R. McPheters: Wage Differentials and the Risk of Death: An Empirical Analysis, Economic Inquiry, 1983 (21/2), S. 271 ff.

Löwe, Henning: Der Gedanke der Prävention im deutschen Schadensersatzrecht, Die Flucht in den Geldersatz immaterieller Schäden, Frankfurt/Main, 2000

Magnus, Ulrich: Vergleich der Vorschläge zum europäischen Deliktsrecht, ZEuP, 2004, S. 562 ff.

Mansfield, Edwin/W. Bruce Allen/Neil A. Doherty/Keith Weigelt: Managerial Economics, Theory, Application, and Cases, 5. Auflage, New York, 2002

Mataja, Victor: Das Recht des Schadenersatzes vom Standpunkte der Nationalökonomie, Leipzig, 1888

Maurer, Hartmut: Allgemeines Verwaltungsrecht, 16. Auflage, München, 2006

Medicus, Dieter: Allgemeiner Teil des BGB, 9. Auflage, Heidelberg, 2006

Medicus, Dieter: Bürgerliches Recht, 20. Auflage, München, 2004

Medicus, Dieter: Der Grundsatz der Verhältnismäßigkeit im Privatrecht, AcP, 1992 (192), S. 35 ff.

Medicus, Dieter: Schuldrecht I, Allgemeiner Teil, 16. Auflage, München, 2005

Medicus, Dieter: Zum 66. Deutschen Juristentag, Neue Perspektiven im Schadensersatzrecht - Kommerzialisierung, Strafschadensersatz, Kollektivschaden, JZ, 2006, S. 805 ff.

Merten, Carsten: Zigaretten - ein fehlerhaftes Produkt, Zivilrechtliche Haftung und strafrechtliche Verantwortung der Zigarettenindustrie, VersR, 2005, S. 465 ff.

Mertens, Hans-Joachim: Der Begriff des Vermögensschadens im Bürgerlichen Recht, Stuttgart, 1967

Mincke, Wolfgang: Der Ersatz des immateriellen Schadens bei Persönlichkeitsrechtsverletzungen, JZ, 1980, S. 86 ff.

Mommsen, Friedrich: Beiträge zum Obligationenrecht II, Zur Lehre von dem Interesse, Braunschweig, 1855

Moore, Michael J./W. Kip Viscusi: Discounting Environmental Health Risks: New Evidence and Policy Implications, Journal of Environmental Economics and Management, 1990 (18), S. S-51 ff.

Moore, Michael J./W. Kip Viscusi: Models for Estimating Discount Rates for Long-Term Health Risks Using Labor Market Data, Journal of Risk and Uncertainty, 1990 (3/4), S. 381 ff.

Mörsdorf-Schulte, Juliana: Strafschadensersatz - eine deutsche Hassliebe?, NJW, 2006, S. 1184 ff.

Motive zu dem Entwurfe eines Bürgerlichen Gesetzbuches für das Deutsche Reich, Amtliche Ausgabe, Band II, Berlin und Leipzig, 1888

Motsch, Richard: Schadensersatz als Erziehungsmittel, JZ, 1984, S. 211 ff.

Mrozek, Janusz R./Laura O. Taylor: What Determines the Value of Life? A Meta-Analysis, Journal of Policy Analysis and Management, 2002 (21/2), S. 253 ff.

Müller, Gerda: Zum Ausgleich des immateriellen Schadens nach § 847 BGB, VersR, 1993, S. 909 ff.

Müller, Gerda: Zum Entwurf eines Zweiten Gesetzes zur Änderung schadensersatzrechtlicher Vorschriften, ZRP, 1998, S. 258 ff.

Müller, Peter: Punitive Damages und deutsches Schadensersatzrecht, Berlin, 2000

Münchener Kommentar zum Bürgerlichen Gesetzbuch, herausgegeben von *Franz Jürgen Säcker und Roland Rixecker*, Band 1, 5. Auflage, München, 2006

Münchener Kommentar zum Bürgerlichen Gesetzbuch, herausgegeben von *Kurt Rebmann* und *Franz Jürgen Säcker*, Band 2, 3. Auflage, München, 1994

Münchener Kommentar zum Bürgerlichen Gesetzbuch, herausgegeben von *Kurt Rebmann, Franz Jürgen Säcker und Roland Rixecker*, Band 2 a, 4. Auflage, München, 2003

Münchener Kommentar zum Bürgerlichen Gesetzbuch, herausgegeben von *Kurt Rebmann* und *Franz Jürgen Säcker*, Band 5, 3. Auflage, München, 1997

Münchener Kommentar zum Bürgerlichen Gesetzbuch, herausgegeben von *Kurt Rebmann, Franz Jürgen Säcker und Roland Rixecker,* Band 5, 4. Auflage, München, 2004

Münchener Kommentar zum Bürgerlichen Gesetzbuch, herausgegeben von *Kurt Rebmann, Jürgen Säcker und Roland Rixecker*, Band 9, 4. Auflage, München, 2004

Murphy, Kevin M./Robert H. Topel: The Value of Health and Longevity, Journal of Political Economy, 2006 (114/5), S. 871 ff.

Murswiek, Dietrich: Die staatliche Verantwortung für die Risiken der Technik, Berlin, 1985

Musielak, Hans-Joachim: Zur gerichtlichen Praxis bei der Bemessung des Schmerzensgeldes - Ergebnisse einer Befragung von Richtern, VersR, 1982, S. 613 ff.

Nehlsen-v. Stryk, Karin: Schmerzensgeld ohne Genugtuung, JZ, 1987, S. 119 ff.

Nörr, Dieter: Zum Ersatz des immateriellen Schadens nach geltendem Recht, AcP, 1959/1960 (158), S. 1 ff.

Odersky, Walter: Schmerzensgeld bei Tötung naher Angehöriger, München, 1989

Ott, Claus/Hans-Bernd Schäfer: Begründung und Bemessung des Schadensersatzes wegen entgangener Sachnutzung, ZIP, 1986, S. 613 ff.

Ott, Claus/Hans-Bernd Schäfer: Schmerzensgeld bei Körperverletzungen - Eine ökonomische Analyse, Diskussionsbeiträge zu Ökonomie und Recht, Nr. 2, Hamburg, 1990, S. 20 ff.

Ott, Claus/Hans-Bernd Schäfer: Schmerzensgeld bei Körperverletzungen, JZ, 1990, S. 563 ff.

Palandt, Otto: Bürgerliches Gesetzbuch, 65. Auflage, München, 2006

Pardey, Frank: Berechnung von Personenschäden, 3. Auflage, Heidelberg, 2005

Park, Dong-Jin: Grund und Umfang der Haftung für Schockschäden nach § 823 I BGB, München, 1997

Petersen, Jan-Hendrik: Die Änderungen im Recht der US-Sammelklagen durch den Class Action Fairness Act of 2005, RIW, 2005, S. 812 ff.

Peto, Richard/Alan D. Lopez/Jillian Boreham/Michael Thun: Mortality from Smoking in Developed Countries 1995-2000, 2. Auflage, 2006 (http://www.ctsu.ox.ac.uk/~tobacco/C4085.pdf, 22.12.2006)

Pindyck, Robert S./Daniel L. Rubinfeld: Mikroökonomie, 6. Auflage, München, 2005

Planck, Gottlieb: Kommentar zum Bürgerlichen Gesetzbuch, herausgegeben von *Emil Strohal*, II. Band, 2. Hälfte, 4. Auflage, Berlin, 1928

Posner, Richard A.: Economic Analysis of Law, 4. Auflage, Cambridge (Massachusetts), 1992

Posner, Richard A.: Recht und Ökonomie: Eine Einführung, in: *Heinz-Dieter Assmann/Christian Kirchner/Erich Schanze (Hrsg.)*, Ökonomische Analyse des Rechts, Kronberg/Ts., 1978, S. 93 ff.

Posner, Eric A./Cass R. Sunstein: Dollars and Death, University of Chicago Law Review, 2005 (72), S. 537 ff.

Pötschke-Langer, Martina/Alexander Schulze/Reinhold Klein: Zusatzstoffe in Tabakprodukten - neue Erkenntnis oder altes Wissen?, in: *Anil Batra (Hrsg.)*, Tabakabhängigkeit, Wissenschaftliche Grundlagen und Behandlung, 2005, S. 64 ff.

Protokolle der Kommission für die zweite Lesung des Entwurfs des Bürgerlichen Gesetzbuchs, im Auftrage des *Reichs-Justizamts*, bearbeitet von *Achilles/Spahn/Gebhard*, Band I, Berlin, 1897

Protokolle der Kommission für die zweite Lesung des Entwurfs des Bürgerlichen Gesetzbuchs, im Auftrage des *Reichs-Justizamts*, bearbeitet von *Achilles/Spahn/Gebhard*, Band II, Berlin, 1898

Quah, Euston/William Rieber: Value of children in compensation for wrongful death, International Review of Law and Economics, 1989 (9/2), S. 165 ff.

Quatember, Andreas: Statistik ohne Angst vor Formeln, München, 2005

Raič, Diana: Die Tötung von Kindern durch die eigenen Eltern, Aachen, 1997

Raymond, Richard: The Use, or Abuse, of Hedonic Value-of-Life Estimates in Personal Injury and Death Cases, Journal of Legal Economics, 2000 (9), S. 69 ff.

Reimann, Mathias/Hans-Peter Ackmann: Einführung in das US-amerikanische Privatrecht, München, 2. Auflage, München, 2004

Rogers, W. V. Horton: Compensation for Personal Injury in England, in: *Bernhard A. Koch/Helmut Koziol (Hrsg.),* Compensation for Personal Injury in a Comparative Perspective, New York, 2003, S. 76 ff.

Rolfs, Christian: Neues zur Deliktshaftung Minderjähriger, JZ, 1999, S. 233 ff.

Rosengarten, Joachim: Der Präventionsgedanke im deutschen Zivilrecht - Höheres Schmerzensgeld, aber keine Anerkennung und Vollstreckung US-amerikanischer punitive damages?, NJW, 1996, S. 1935 ff.

Rubin, Paul H./John E. Calfee: Consequences of Damage Awards for Hedonic and Other Nonpecuniary Losses, in: *Thomas R. Ireland/John O. Ward (Hrsg.)*, The New Hedonics Primer for Economists and Attorneys, 2. Auflage, Tucson, 1996, S. 245 ff.

Ruland, Herbert: Die Arbeitskraft als vermögenswertes Rechtsgut im Schuldrecht, Pfaffenweiler, 1984

Schäfer, Hans-Bernd/Claus Ott: Begründung und Bemessung des Schadensersatzes wegen entgangener Sachnutzung, ZIP, 1986, S. 613 ff.

Schäfer, Hans-Bernd/Claus Ott: Lehrbuch der Ökonomischen Analyse des Zivilrechts, 4. Auflage, Berlin, 2005

Schaffner, Sandra/Hannes Spengler: Der Einfluss unbeobachteter Heterogenität auf kompensatorische Lohndifferentiale und den Wert eines statistischen Lebens: Eine mikroökonomische Parallelanalyse mit IABS und SOEP, Darmstadt Discussion Papers in Economics Nr. 152, 2005 (http://www.bwl.tu-darmstadt.de/vwl/forsch/veroeff/papers/ddpie_152.pdf, 16.12.2006)

Schelling, T. C.: The Life You Safe May Be Your Own, in: *Samuel B. Chase (Hrsg.)*, Problems in Public Expenditure Analysis, 1966, S. 127 ff.

Schieren, George A.: The Economic Framework Of Personal Injury/Wrongful Death Damages, Journal of Forensic Economics, 1998 (11/1), S. 33 ff.

Schmidt, Eberhard: Einführung in die Geschichte der deutschen Strafrechtspflege, 3. Auflage, 1983, unveränderter Nachdruck 1995

Schmidt, Jürgen: Prävention als Zielbestimmung im Zivilrecht, KritV, 1986, S. 83 ff.

Schönke, Adolf/Horst Schröder (Begr.): Strafgesetzbuch, Kommentar, 27. Auflage, München, 2006

Schuschke, Winfried: Lebensschutz contra Eigentumsgarantie - Zu den Grenzen des § 765 a ZPO in der Räumungsvollstreckung, NJW, 2006, S. 874 ff.

Selb, Walter: Schädigung des Menschen vor Geburt - ein Problem der Rechtsfähigkeit?, AcP, 1966 (166), S. 76 ff.

Shavell, Steven: Economic Analysis of Accident Law, Cambridge (Massachusetts), 1987

Shavell, Steven: Foundations of Economic Analysis of Law, Cambridge (Massachusetts), 2004

Shavell, Steven: Liability for Harm versus Regulation of Safety, in: *Donald A. Wittman (Hrsg.)*, Economic Analysis of the Law, Selected Readings, Malden (Massachusetts), 2003, S. 59 ff.

Shavell, Steven: Minimum Asset Requirements and Compulsory Liability Insurance as Solutions to the Judgement-Proof Problem, RAND Journal of Economics, 2005 (36), S. 63 ff.

Shavell, Steven: The Optimal Structure of Law Enforcement, Journal of Law and Economics, 1993 (36), S. 255 ff.

Shepard, Donald S./Richard J. Zeckhauser: Survival versus Consumption, Management Science, 1984 (30/4), S. 423 ff.

Shogren, Jason F./Tommy Stamland: Skill and the Value of Life, Journal of Political Economy, 2002 (110/5), S. 1168 ff.

Siekmann, Helmut/Gunnar Duttge: Staatsrecht I, Grundrechte, 3. Auflage, Frankfurt/Main, 2000

Simitis, Spiros: Produzentenhaftung: Von der strikten Haftung zur Schadensprävention, in: *Hans-Martin Pawlowski/Günther Wiese/Günther Wüst (Hrsg.)*, Festschrift für Konrad Duden, München, 1977, S. 605 ff.

Simon, Herbert A.: bounded rationality, in: *John Eatwell/Murray Milgate/ Peter Newmann (Hrsg.)*, The New Palgrave: A Dictionary of Economics, Band 1, London (1987), korrigierter Nachdruck 1991

Slizyk, Andreas: Beck'sche Schmerzensgeld-Tabelle, 4. Auflage, München, 2001

Sloan, Frank A./Jan Ostermann/Gabriel Picone/Christopher Conover/ Donald H. Taylor: The Price of Smoking, Cambridge (Massachusetts), 2004

Sloan, Frank A./W. Kip Viscusi/Harrell W. Chesson/Christopher J. Conover/Kathryn Whetten-Goldstein: Alternative Approaches to Valuing Intangible Health Losses: The Evidence from Multiple Sclerosis, Journal of Health Economics, 1998 (17/4), S. 475 ff.

Slovic, Paul: The Psychology of Protective Behaviour, Journal of Safety Research, 1978 (10), S. 58 ff.

Smith, Adam: An Inquiry into the Nature and Causes of the Wealth of Nations, The Glasgow Edition of the Works and Correspondence of Adam Smith, Vol. I, Oxford, 1976

Smith, Stan V.: Hedonic Damages in Personal Injury and Wrongful Death Litigation, in: *Thomas R. Ireland/John O. Ward (Hrsg.)*, The New Hedonics Primer for Economists and Attorneys, 2. Auflage, Tucson, 1996, S. 15 ff.

Soergel, Hans Theodor (Begr.): Bürgerliches Gesetzbuch, Band 5/2 (Stand: Frühjahr 1998), 12. Auflage, Stuttgart, 1999

Soergel, Hans Theodor (Begr.): Bürgerliches Gesetzbuch, Band 12 (Stand: Sommer 2005), 13. Auflage, Stuttgart, 2005

Spengler, Hannes: Kompensatorische Lohndifferenziale und der Wert eines statistischen Lebens in Deutschland, Darmstadt Discussion Papers in Economics Nr. 133, 2004 (http://www.bwl.tu-darmstadt.de/vwl/forsch/veroeff/papers/ddpie_133.pdf, 20.6.2005)

Stahmer, Nina: Entschädigung von Nichtvermögensschäden bei Tötung, Hamburg, 2004

Staudinger, Ansgar: Schadensersatzrecht - Wettbewerb der Ideen und Rechtsordnungen, NJW, 2006, S. 2433 ff.

Staudinger, Julius von: Kommentar zum Bürgerlichen Gesetzbuch, §§ 249-254, 13. Bearbeitung, Berlin, 1998

Staudinger, Julius von: Kommentar zum Bürgerlichen Gesetzbuch, §§ 823-825, 13. Bearbeitung, Berlin, 1999

Staudinger, Julius von: Kommentar zum Bürgerlichen Gesetzbuch, §§ 826-829 - Produkthaftungsgesetz, 13. Bearbeitung, Berlin, 2003

Steffen, Erich: Das Schmerzensgeld im Wandel eines Jahrhunderts, DAR, 2003, S. 201 ff.

Steiner, Gert H.: Schadensverhütung als Alternative zum Schadensersatz, Köln, 1983

Stokey, Edith/Richard Zeckhauser: A Primer for Policy Analysis, New York, 1978

Stoll, Hans: Empfiehlt sich eine Neuregelung der Verpflichtung zum Geldersatz für immateriellen Schaden?, in: *Ständige Deputation des Deutschen Juristentages (Hrsg.)*, Gutachten für den 45. Deutschen Juristentag, Band I, Teil 1, München, 1964

Stoll, Hans: Haftungsfolgen im bürgerlichen Recht, Heidelberg, 1993

Stoll, Hans: Zur Deliktshaftung für vorgeburtliche Gesundheitsschäden, in: *Rolf Dietz/Heinz Hübner (Hrsg.)*, Festschrift für Hans Carl Nipperdey, Band I, München, 1965, S. 739 ff.

Sunstein, Cass R.: Are Poor People Worth Less Than Rich People?, Disaggregating the Value of Statistical Lives, The University of Chicago Law School, John M. Olin Law & Economics Working Paper Series No. 207, 2004, http://papers.ssrn.com/sol3/papers.cfm?abstract_id=506142, 20.6.2005)

Sunstein, Cass R.: Bad Deaths, Journal of Risk and Uncertainty, 1997 (14), S. 259 ff.

Sunstein, Cass R.: Lives, Life-Years, and Willingness to Pay, Columbia Law Review, 2004 (104), S. 205 ff.

Sunstein, Cass R.: Valuing Life: A Plea for Disaggregation, Duke Law Journal, 2004 (54), S. 385 ff.

Taupitz, Jochen: Ökonomische Analyse des Haftungsrechts - Eine Zwischenbilanz, AcP, 1996 (196), S. 114 ff.

Thaler, Richard H./Sherwin Rosen: The Value of Saving a Life: Evidence from the Labor Market, in: *Nestor E. Terleckyj (Hrsg.)*, Household Production and Consumption, New York, 1975, S. 265 ff.

Thiele, Christian: Die zivilrechtliche Haftung der Tabakindustrie, Tübingen, 2003

Thompson, Mark S.: Health versus Money: Value Judgements in the Perspective of Decision Analysis, Medical Decision Making, 1983 (3), S. 285 ff.

Tinari, Frank D./Kevin E. Cahill/Elias Grivoyannis: Did the 9/11 Victim Compensation Fund Accurately Assess Economic Losses?, Topics in Economic Analysis & Policy, 2006 (6/1), S. 1 ff.

Triebold, Karin: Schadensersatzansprüche bei Tötung oder Verletzung einer Hausfrau und Mutter und Bewertung der Haushaltsarbeit, Münster, 1995

Tröndle, Herbert/Thomas Fischer: Strafgesetzbuch und Nebengesetze, 53. Auflage, München, 2006

Tversky, Amos/Daniel Kahneman: Judgment under Uncertainty: Heuristics and Biases, in: *Daniel Kahneman/Paul Slovic/Amos Tversky (Hrsg.)*, Judgment under Uncertainty: Heuristics and Biases, Cambridge, 1982, Nachdruck 1999, S. 3 ff.

United States Environmental Protection Agency (EPA): Technical Addendum: Methodologies for the Benefit Analysis of the Clear Skies Initiative, 2002 (http://www.airimpacts.org/documents/local/Tech_adden.pdf, 10.12.2006)

United States Environmental Protection Agency (EPA): The Benefits and Costs of the Clean Air Act 1990 to 2010, EPA Report to Congress Nr. 410-R-99-001, 1999 (http://www.epa.gov/air/sect812/1990-2010/fullrept.pdf, 8.7.2006)

Viscusi, W. Kip: Employment Hazards: An Investigation of Market Performance, Cambridge (Massachusetts), 1979

Viscusi, W. Kip: How Do Judges Think about Risk?, American Law and Economics Review, 1999 (1), S. 26 ff.

Viscusi, W. Kip: Misuses and Proper Uses of Hedonic Values of Life, Harvard Law School, Cambridge (Massachusetts), Discussion Paper No. 292, 8/2000 (http://www.law.harvard.edu/programs/olin_center/papers/pdf/292.pdf, 16.12.2006)

Viscusi, W Kip: The Value of Life: Estimates with Risks by Occupation and Industry, Economic Inquiry, 2004 (42/1), S. 29 ff.

Viscusi, W. Kip: The Value of Life in Legal Contexts: Survey and Critique, American Law and Economics Review, 2000 (2/1), S. 195 ff.

Viscusi, W. Kip: The Value of Risks to Life and Health, Journal of Economic Literature, 1993 (31), S. 1912 ff.

Viscusi, W. Kip: Union, Labor Market Structure, and the Welfare Implications of the Quality of Work, Journal of Labor Research, 1980 (1/1), S. 175 ff.

Viscusi, W. Kip: Wealth Effects and Earnings Premiums for Job Hazards, Review of Economics and Statistics, 1978 (60/3), S. 408 ff.

Viscusi, W. Kip/Joseph E. Aldy: The Value of a Statistical Life: A Critical Review of Market Estimates throughout the World, Journal of Risk and Uncertainty, 2003 (27/1), S. 5 ff.

Viscusi, W. Kip/William N. Evans: Utility Functions That Depend on Health Status: Estimates and Economic Implications, American Economic Review, 1990 (80/3), S. 353 ff.

Viscusi, W. Kip/Joseph E. Harrington, Jr./John M. Vernon: Economics of Regulation and Antitrust, 4. Auflage, Cambridge (Massachusetts), 2005

Viscusi, W. Kip/Joni Hersch: Cigarette Smokers as Job Risk Taker, Review of Economics and Statistics, 2001 (83/2), S. 269 ff.

Viscusi, W. Kip/Michael J. Moore: Rates of Time Preference and Valuations of the Duration of Life, Journal of Public Economics, 1989 (38/3), S. 297 ff.

Wagner, Gerhard: Das neue Schadensersatzrecht, Baden-Baden, 2002

Wagner, Gerhard: Geldersatz für Persönlichkeitsverletzungen, ZEuP, 2000, S. 200 ff.

Wagner, Gerhard: Haftung und Versicherung als Instrumente der Techniksteuerung, VersR, 1999, S. 1441 ff.

Wagner, Gerhard: Neue Perspektiven im Schadensersatzrecht – Kommerzialisierung, Strafschadensersatz, Kollektivschaden, Gutachten A für den 66. Deutschen Juristentag, in: *Ständige Deputation des Deutschen Juristentages (Hrsg.)*, Verhandlungen des sechsundsechzigsten Deutschen Juristentages, Stuttgart 2006, Band I, Gutachten, Teil A, München, 2006

Wagner, Gerhard: Prävention und Verhaltenssteuerung durch Privatrecht - Anmaßung oder legitime Aufgabe?, AcP, 2006 (206), S. 352 ff.

Wagner, Joachim/Wilhelm Lorenz: Einkommensfunktionsschätzungen mit Längsschnittdaten für vollzeiterwerbstätige deutsche Männer, Konjunkturpolitik, 1989, S. 99 ff.

Ward, John O.: Estimating Economic Loss in the Case of a Death of a Child, Journal of Forensic Economics, 1989 (2/3), S. 19 ff.

Weinstein, Neil: Eidliche Aussage im Verfahren *USA v. Philip Morris et al.*, United States District Court for the District of Columbia, Civil Action No. 99-CV-02496 (GK), (http://www.usdoj.gov/civil/cases/tobacco2/01_Weinstein%20Written%20Direct%20Testimony.pdf, 4.8.2006)

Welte, Robert/Hans-Helmut König/Reiner Leidl: The costs of health damage and productivity losses attributable to cigarette smoking in Germany, European Journal of Public Health, 2000 (10/1), S. 31 ff.

Wenglorz, Georg/Patrick S. Ryan: „Die Katze in der Mikrowelle?“, Anmerkungen zum US-amerikanischen System der punitive damages, RIW, 2003, S. 598 ff.

Weyers, Hans-Leo: Unfallschäden, Frankfurt/Main, 1971

White, Michelle J.: Asbestos and the Future of Mass Torts, Journal of Economic Perspectives, 2004 (18/2), S. 183 ff.

Wichelhaus, Peter: Die Ersatzansprüche der Angehörigen des Geschädigten im amerikanischen Deliktsrecht, Rechtsvergleichende Untersuchungen zu den §§ 844-846 BGB, Diss. Münster, 1977

Willingmann, Armin: Eschede, Concorde, Kaprun und die Folgen - Gründe und Konsequenzen der Bewältigungskultur aktueller Großschadens-Ereignisse, in: *Deutsche Gesellschaft für Reiserecht (Hrsg.)*, DGfR Jahrbuch 2001, Baden-Baden, 2002, S. 29 ff.

Winkler, Victor: Ökonomische Analyse des Rechts - vor Hundert Jahren!, German Working Papers in Law and Economics, 2003, Paper 16 (http://www.bepress.com/cgi/viewcontent.cgi?article=1068&context=gwp, 2.6.2005)

Winkler, Rolf M./Kai Graf von der Recke: US-amerikanischer Gerichtsstand für Klagen gegen ausländische Unternehmen - Aktuelle Entwicklungen in der amerikanischen Rechtsprechung, NZG, 2005, S. 241 ff.

Young, Shik C.: Personal consumption during retirement in wrongful death analysis, Journal of Legal Economics, 1995 (5/3), S. 69 ff.

Zeckhauser, Richard/Donald Shepard: Where now for Saving Lives?, Law and Contemporary Problems, 1976 (40/4), S. 5 ff.

Zekoll, Joachim: Die Haftung der Zigarettenindustrie - amerikanische Erfahrungen und deutsche Perspektiven, NJW, 1999, S. 2722 ff.

Schriftenreihe Ökonomische Analyse des Rechts
Law and Economics

Herausgegeben von Michael Adams

Band 1 Michael Adams: Ökonomische Theorie des Rechts. Konzepte und Anwendungen. 2., korrigierte und ergänzte Auflage. 2004.

Band 2 Till Tolkemitt: Die deutsche Glücksspielindustrie. Eine wirtschaftswissenschaftliche Analyse mit rechtspolitischen Schlussfolgerungen. 2002.

Band 3 Jens Maßmann: Nonproftis. Analyse, Entwicklung und Rechtspolitik. 2003.

Band 4 Claus C. Roggatz: Informationspflichten von Investmentgesellschaften. Analyse der gesetzlichen Publizitätsvorschriften zur Verbesserung der investmentrechtlichen Transparenz und des Anlegerschutzes. 2003.

Band 5 Maja Kraas: Produkthaftung und Warnhinweise. Eine rechtsökonomische Analyse am Beispiel von Coca-Cola. 2004.

Band 6 Christian Eilinghoff: Ökonomische Analyse der Religion. Theoretische Konzepte und rechtspolitische Empfehlungen. 2004.

Band 7 Henning Curti: Vertragsvermittler und opportunistisches Verhalten. Ein Lösungsvorschlag aus Sicht der ökonomischen Analyse des Rechts. 2005.

Band 8 Carsten Merten: Die Bewertung des menschlichen Lebens im Haftungsrecht. 2007.

www.peterlang.de

Kathrin Sailer

Prävention im Haftungsrecht

Frankfurt am Main, Berlin, Bern, Bruxelles, New York, Oxford, Wien, 2005.
265 S.
Europäische Hochschulschriften: Reihe 2, Rechtswissenschaft. Bd. 4204
ISBN 978-3-631-52843-3 · br. € 45.50*

Die Untersuchung geht der Frage nach, ob und welche Rolle der Präventionsgedanke für das zivile Haftungsrecht spielt. Neben den Positionen der Lehre wird insbesondere die Rechtsprechung zum Persönlichkeitsschutz und zur Vollstreckbarkeit US-amerikanischer *punitive damages*-Urteile in Deutschland beleuchtet. Über den *effet utile* findet die Idee der Schadensprävention Eingang in die Rechtsprechung des EuGH. Auch in den europäischen Richtlinien zum Schutz immaterieller Güter steht der Zweck der Abschreckung vor Rechtsverletzungen an vorderer Stelle. Die Ökonomische Analyse des Rechts schließlich sieht in der Senkung der Unfallkosten die zentrale Aufgabe eines Haftungsinstruments. Sie bietet Lösungen zur Erreichung einer wohlfahrtsoptimalen Risiko- und Schadensverteilung.

Aus dem Inhalt: Prävention als Sinn und Zweck des zivilen Haftungsrechts · Rechtsprechung und Lehre, europarechtliche Tendenzen · Persönlichkeitsschutz, Anerkennung und Vollstreckbarkeit von *punitive damages*-Urteilen in Deutschland · Europarecht: *effet utile*; „Courage", „Draempael" (EuGH); Schutz des Rechts am geistigen Eigentum, Antidiskriminierungsrichtlinien und Umsetzung in Deutschland · Ökonomische Analyse des Rechts, Ökonomische Analyse von Haftungsregeln, Allokationseffizienz, Einfluss von Versicherungen, zur Ausgestaltung eines wohlfahrtsökonomisch effizienten Haftungsrechts, Umwelthaftung, immaterielle Schäden in der Ökonomischen Analyse des Rechts

FSC
www.fsc.org
MIX
Papier | Fördert
gute Waldnutzung
FSC® C083411

Kolibri 360 GmbH
Ferdinand-Jühlke-Straße 7
99095 Erfurt, Deutschland
produktsicherheit@kolibri360.de

Druck:
CPI Druckdienstleistungen GmbH
im Auftrag der
Kolibri 360 GmbH
Ferdinand-Jühlke-Str. 7
99095 Erfurt